朝鮮初期 官衙研究

한 충 희

국학자료원

□ 목 차

제1부 官衙의 淵源과 構造

제2부 中央官衙의 整備와 運營

□ 표·그림 목차

제4장 議政府

제5장 六曹

제6장 承政院

□ 책 머리에

1979년 계명대학교 대학원 사학과에 입학하여 崔承熙 교수님으로부터 "議政府에 대해 정리해 보는 것이 좋을 것 같다"는 지도를 받고 이후 2년간 ≪朝鮮王朝實錄≫을 독파 및 의정부 관련 기사를 발췌·종합하면서 서투른 솜씨로 <朝鮮初期 議政府硏究>를 정리하여 석사학위 논문으로 제출하였다. 이어 1981년에 그 성과를 ≪韓國史硏究≫(31, 32집)에 게재하였다.

이 때의 ≪조선왕조실록≫ 독파, 의정부와 관련된 六曹, 承政院, 六曹屬衙門 등에 관한 자료의 수집과 이들 아문에 대한 이해의 토대 위에서 오늘에 이르기까지 조선초기의 중앙과 지방 관아를 주제로 하거나 그 운영과 관련된 십수편의 논문을 발표하였다.

석사학위 논문에서는 末松保和 선생의 <朝鮮議政府攷>를 과감히 비판하면서 논지를 전개였는데, 그 이후 내가 쓴 글들을 살펴보니 말송선생의 <조선의정부고>에 비할 바가 아니다. 선생께 죄송함은 물론 동학제현에게도 부끄러움을 금할 수가 없다.

그런데도 불구하고 그간에 발표한 논문들을 보완하여 이렇게 간행하게 된 것은 조선초기의 관아연구를 종합적으로 검토한 연구가 없기도 하거니와 '정치제도연구는 노력에 비해 그 성과가 적다'는 인식에

도 불구하고 그간 심혈을 기울여 연구한 성과를 정리해 보고픈 열망
에서이다. 이 분야 연구에 도움이 되기를 바라마지 않는다.

　본서는 그간에 조선초기 중앙과 지방 아문을 주제로 한 연구를 주
로 하고, 아문의 연원·구조와 그 정비·운영상을 검토한 성과를 덧붙여
서 총 9편의 논문을 단행본의 체제로 꾸민 것이다. 본서에 수록된 논
문과 그 게재잡지는 아래와 같다.

제8장 六曹屬衙門의 國政運營行政體系(<朝鮮初期 六曹屬衙門의 行政體系에
　　　　對하여>, ≪(계명대)韓國學論集≫ 10, 1983, 부분 보완).
제9장 直啓衙門의 葛藤과 協助(≪朝鮮初期 六曹와 統治體系≫(계명대학교출판
　　　　부, 1998) 제6장 六曹의 統治體系上의 地位, 부분 보완)

　본서에 수록된 논문의 대부분은 기왕에 발표된 것이고, 본고에서
다룬 관아는 그 기능과 운영배경 등이 비슷한 관계로 서술에 중복됨
이 많았으며, 의정부 등은 서술내용을 많이 줄이면서 정리하였다. 단
행본인 관계로 기존연구의 검토·연구방향과 결어가 제시되어야 하겠
지만 본서의 성격상 생략하였다. 또 文才의 소치로 논지의 전개가 순
조롭지 못하고 사료의 한계상 추측됨이 많다. 동학제현의 질정과 이
해를 바란다.
　본서가 이처럼 출간을 보게 된 것은 대학 재학 이래로 오늘날까지
필자로 하여금 학문을 길을 걷도록 깨우쳐 주시고 이끌어 주신 崔承
熙 서울대학교 명예교수님과 李秉烋 경북대학교 명예교수님, 박사학
위논문을 지도하고 편달을 아끼지 않으신 閔賢九 고려대학교 교수님
그리고 곁에서 늘 조언해 준 계명대학교 사학과 동료교수님의 도움이

있었기에 가능하였다. 평소의 은덕에 재삼 감사의 말씀을 드린다. 편집과 교정을 맡아 준 김봉숙·임삼조 강사와 고소진 양에게도 고마운 마음을 전한다.

　본서는 2005년에 도서출판 사람에서 '朝鮮初期 官衙硏究'로 간행한 것을 오자와 탈자를 바로잡고 부분적으로 보완한 것이다. 어려운 출판여건 속에서 본서의 간행을 허락한 국학자료원 사장님과 간행의 실무를 담당한 출판부 여러분께 감사의 말씀을 드린다.

2007년 4월
와룡산 계명동산에서 明齋 韓忠熙 근서

1부
官衙의 淵源과 構造

제1장 官衙의 淵源

1. 序言

조선의 官階·官職·官衙制, 즉 政治制度는 1392년(태조 1) 개국과 함께 文·武散階, 門下府 左政丞·諸道 都觀察黜陟使 이하 각급 경외 文·武·雜職, 門下府·道 이하 경외 각급 관아를 두면서 성립되었다. 이들 정치제도는 '太祖卽位敎書'에 "儀章法制는 한결같이 고려의 그것을 계승한다"[1] 라고 하였고, 이어서 이들이 망라된 관제를 반포한 것에서 고려말의 관제가 계승되었을 것이라고 추측된다.

그런데 고려의 정치제도는 성종대~문종대에 唐·宋의 제도를 받아들여 정비되었고, 원제의 영향으로 개변되었다가 문종대의 그것으로 복구되면서 고려말까지 운영되었다.[2] 이 점에서 조선 개국 때의 경·외 정치기구는 당·송제를 받아들여 정비·운영되면서 고려말까지 계승

---

1) ≪태조실록≫ 권1, 1년 7월 정미 儀章法制一依前朝故事.
2) ≪고려사≫ 권76·77, 백관 1·2, 邊太燮, 1971, ≪高麗政治制度史研究≫, 一潮閣, 朴龍雲, 1980, ≪高麗時代 臺諫制度硏究≫, 一志社, 河炫綱, 1977, ≪高麗 地方制度의 硏究≫, 韓國研究院, 외.

된 고려 문종대의 경·외 정치기구에서 연원된 것으로 추측된다.

실제로도 지금까지 朝鮮初期의 六曹,[3] 承政院,[4] 司憲府·司諫院,[5] 道·郡縣[6] 등을 주제로 한 연구에서 이들 관아가 당·송제를 받아들여 정비되었다가 고려말까지 운영된 문종대의 고려관제에서 기원되었음이 규명되었다.

여기에서는 지금까지 규명된 중요 경·외 관아의 연원을 참고하면서 조선개국과 함께 설치된 모든 경·외 정치기구를 대상으로 그 연원이 어떠하였는가를 중앙관아와 지방관아로 구분하여 살펴본다.

2. 中央 官衙

조선 개국과 함께 성립된 중앙 정치기구에는 宰樞들의 합의기구인 都評議使司를 필두로 門下府 등 10여 宰樞衙門, 6曹 등 30여 堂下衙門, 司膳署·料物庫 등 20여 參上衙門, 義鹽倉·架閣庫 등 10여 參下衙門, 養賢庫 등 10여 流外衙門 등 총 80여 아문이 있었다.[7]

먼저 이들 80여 아문의 명칭을 보면 대부분의 아문은 고려시대에 등장하였고, 일부만이 조선의 개국과 함께 등장한 것이었다. 즉, 뒤의 표와 같이 都評議使司·式目都監 등 10여 아문과 門下府·三司 등 60여 아문은 고려초 이래로 고려말까지 계승되거나 고려시대에 운영된 아문이었고, 世子官屬·軍資監·敬興府 등 10여 아문은 東宮官·軍資寺·王妃府가 계승된 것이었다. 단지 訓鍊觀·義興親軍衛·東西窯·

---

3) 韓忠熙, 1998, ≪朝鮮初期 六曹와 統治體系≫, 啓明大學校出版部.
4) 한충희, 1987, <朝鮮初期 承政院硏究>, ≪韓國史硏究≫, 59.
5) 崔承熙, 1976, ≪朝鮮初期 言官·言論硏究≫, 서울대학교출판부.
6) 한충희, 2004, <朝鮮初期 道制와 郡縣制 整備>, ≪啓明史學≫ 15.
7) ≪태조실록≫ 권1, 1년 7월 정미.

雅樂署 등 10여 아문만이 새로이 설치된 것이었다.

또 고려일대에 운영된 관아 중 40여 宰樞·堂下衙門의 관아명을 중국 唐·宋·元代의 그것과 비교하여 보면 <표 1>에서와 같이 都評議使司·經筵·閤門·典校寺·司宰寺를 제외한 문하부·중추원·육조 등 모두가 당·송대의 관아와 명칭이 같거나 그것이 토대가 되어 조정된 것이었다. 즉, 三司(송), 東宮官(당), 御史臺(당·송), 六部(이·병·호·형·예·공부, 당·송), 國子監(당·송), 太常寺(당), 太僕寺(당·송), 司農寺(당), 大府寺(당), 將作監(당·송), 小府監(당), 軍器監(송) 등은 당·송과 당이나 송의 관아명이 그대로 계승되었다. 門下府(당 門下省), 中樞院(송 樞密院), 開城府(당 京兆府, 송 開封府), 尙瑞司(원 典書院), 宗簿寺(당 宗正寺), 司天臺(송 司天監), 都府署(당·송 都水監), 太醫監(당 太醫署), 王妃府(당 中宮), 藝文春秋館(원 翰林兼國史院), 禮賓寺(당·송 鴻臚寺), 2軍6衛(당 南衛 16衛) 등은 당의 문하성과 송의 추밀원 등을 토대로 운영된 관아였다.

이상에서 조선 개국과 함께 성립된 중앙 관아는 당·송·원제를 참작하여 성립·변개되면서 운영된 고려 문종대의 관직에서 연원되고 공양왕대의 관직에서 기원되었다고 하겠다.

<표 1> 역대 중국·고려, 조선 태조 1년 중앙관아[8]

역대 중국				역대 고려				조선 태조 1년	
唐	宋	元	明	문종대 (이전)	충렬·충선왕대	공민왕대	공양왕 (이전)		
門下省 →		中書省	內閣	中書門下省 (三司)	都僉議使司 僉議府	門下府	→	도평의사사 문하부	재추아문
	三司 秘書省	翰林兼國史院 史院	翰林院		藝文春秋館 密直司		→	삼사 예문춘추관	
	樞密院			(中樞院) (經筵官)				중추원 경연관 세자관속	
東宮官 御史臺 京兆府	開封府	儲政院 大都	都察院	東宮官 어사대 (開城府)	司憲府		→	사헌부 개성부 義興親軍 左·右衛	
六部 →		典書院	尙寶司	(육부)	六曹 (政房)	육부	육조 (尙瑞司) →	육조 상서사	당하아문
國子監 →				(국자감) (閣門)	成均館			성균관 각문	
太常寺 →		太常禮儀院		(太常)	奉常寺	태상시		봉상시	
宗正寺 →		大宗正府	宗人府	殿中寺	宗簿寺			전중시 訓鍊觀	
太僕寺 →				大僕寺	司僕寺			사복시	
司農寺 →		大司農司 太府監		司農	典農寺	司農寺		사농시	
大府寺 →				대부시	內府寺			내부시	
鴻臚寺 →				(禮賓寺)	典客寺	禮賓寺		예빈시	
				(秘書省)	典校寺			校書監	
將作監 →		將作院		(將作監)	繕工監	선공시		선공감	
光祿寺 →				사재시	司宰監			사재감	
衛尉寺 →				小府監	小府寺		軍資寺	군자감	

8) 《태조실록》 권1, 1년 7월 정미, 《新唐書》·《宋史》·《元史》·《明史》 職官志 및 《고려사》 百官志, 姜文奎, 1987, 《中國歷代政制考》, 國立編譯館 등에서 종합.

역대 중국				역대 고려				조선 태조 1년	
唐	宋	元	明	문종대 (이전)	충렬·충선왕대	공민왕대	공양왕 (이전)		
小府監 都水監 太醫署 中宮 南衛16 衛	軍器監 司天監	太醫院 中政院	欽天監	(軍器監) (司天臺) (太醫監) 王妃府 (2軍6衛)	혁 都府署 書雲觀 典醫寺	군기감	司水寺 → 8衛	군기감 사수감 서운관 전의감 敬興府 8위	당 하 아 문
大倉署 平準署				(尙食局) 良醞署 (備用司) 大府上庫 右倉 左倉 (京市署) (中尙署) (5部)	司膳署 司醞監 料物庫 義盈庫 長興庫 豊儲倉 廣興倉 供造署 都府外	典解庫	濟用庫	사선서 사온서 요물고 의영고 장흥고 풍저창 광흥창 제용고 解典庫 경시서 공조서 5부 도부외	참 상 아 문
織染署 大理寺 →			大理寺	都染署 典獄署 (典廐署) 延慶宮提 擧司	혁 大淸觀	義鹽倉 架閣庫 전옥서	전옥서 書籍鋪 律學 算學 (혁)	의염창 가각고 도염서 전옥서 전구서 書籍院 壽昌宮提 擧司 율학 산학 대청관	참 하 아 문
5軍			5군	(式目都 監) 養賢庫			3軍	3군 식목도감 양현고	유 외 아 문

역대 중국				역대 고려				조선 태조 1년	
唐	宋	元	明	문종대 (이전)	충렬·충선왕대	공민왕대	공양왕대 (이전)		
				東西大悲院 社稷壇? →→→→→→→			惠民典藥局	惠民局 동서대비원 社稷壇 東西窯	유외아문
內侍府 掖庭局 太樂署			司禮監	(掖庭局) (大樂署)	內侍府 典樂署	혁(우왕)	내시부	내시부 액정서 전악서 雅樂署	잡직아문

3. 地方 官衙

조선 개국과 함께 설치된 지방 정치기구에는 중간 행정기구인 7道·2面과 군현인 府尹府·大都護府·牧·都護府·知州·知郡·縣令·監務官이 있었다.[9] 도·면과 군현에는 都觀察黜陟使·都巡問使와 府尹·大都護府使·牧使·都護府使·知州事·知郡事·縣令·監務가 파견되었다. 도관찰출척사·도순문사는 왕명을 받아 부윤 이하의 수령을 지휘·감독하면서 관내의 정치·군사를 총관하였고, 부윤 이하 수령은 도관찰출척사·도순문사의 지휘·감독을 받으면서 그 지역의 백성을 다스렸다.

먼저 이들 도·면과 부윤부 이하 지방 정치기구의 명칭을 보면 <표 2>와 같이 道는 고려초에, 面은 공민왕대에 界가 개칭되면서 각각 정착되었다가 조선으로 계승되었다. 府尹府는 공민왕대 이전에 留守

---

9) 개국직후에 반포된 관제에서는 지방 관아가 언급되지 않았다. 그러나 지방 관아는 지방정치의 담당관아였고, 개국 직후부터 ≪조선왕조실록≫·≪세종실록지리지≫·≪신증동국여지승람≫에 지방 관아의 치폐와 승강 등이 확인되었다. 이에서 개국과 함께 고려의 외관제를 계승하여 7도·2면과 계림·평양부윤부 이하 300여 군현을 두어 지방을 통치한 것으로 파악한다.

府가 개칭되면서, 大都護府·牧·都護府·郡·縣은 고려초에 각각 정착
되었다가[10] 조선으로 계승되었다. 또 고려의 도와 대도호부·도호부·
주·군·현은 당·송에서 지방 정치기구로 운영되었고, 부윤부는 당의 都
牧과 통일신라의 小京에서 연원되었다.[11]

<표 2> 역대 중국·고려와 통일신라 및 조선 태조 1년 지방 관아

역대 중국				통일신라	역대 고려			조선 태조 1년
당	송	원	명		문종대 이전	공민왕대 (이전)	공양왕대 (이전)	
道	路	行省	행성	州	道界	面 →→	→→	도 면
都牧 大都護府 州 都護府 郡 縣	→→ →→	→→ →→	남경 →→ →→	小京 郡 縣	留守府 大都護府 州牧 都護府 郡 縣	(府尹府) →→ →→ →→ (州) →→	→→ →→ →→ →→ →→ →→	부윤부 대도호부 주목 도호부 주(군, 현) 군 현

다음으로 외관을 두어 지방을 통치한 군현제와 중간 행정기구를 두
어 군현을 통치한 지방 통치구조를 보면 위의 표와 같이 조선의 道·面
과 府尹府·大都護府·牧·都護府·州·郡·縣 모두는 고려의 그것을 계승
한 것이었다. 고려의 도·계(면)와 부윤부 이하 군현은 계를 제외하고는
모두가 당·송에서 유래되었다. 즉 도(당)·대도호부(당)·도호부(당)·주(당·
송·원)·군(당)·현(당·송·원)은 당이나 당·송·원대의 명칭이 그대로 계승되

---

10) ≪고려사≫ 권77, 지30, 백관2 외직조.
11) ≪신당서≫ 직관지 백관 외관, ≪송사≫ 직관지 백관 외직, ≪삼국사기≫ 직관지 외관조
　　참조.

었고, 유수부(당 都牧)·목(당·송·원 州)은 당의 도목과 당·송·원의 주를 토대로 운영된 것이었다.

4. 結語

조선은 개국과 함께 고려말의 경·외 관아를 계승하여 都評議使司·門下府 이하 80여 중앙관아와 7道·2面 및 府尹府 이하 300여 군현을 두어 국가를 통치하였다.

조선 개국과 함께 설치된 도평의사사·문하부 이하 80여 중앙관아는 도평의사사·식목도감 등 10여 아문은 고려 초 이래의 도병마사·식목도감 등이 계승된 것이었고, 의흥친군위·훈련관 등 10여 아문은 신치된 것이었으며, 그 외의 문하부 등 모두는 당·송제에서 기원되었고, 당·송제를 받아들여 정비하고 계승한 고려말의 관제가 계승된 것이었다.

조선 개국과 함께 설치된 鷄林·平壤府尹府 이하 300여 지방관아는 모두가 당·송제에서 기원되었고, 당·송제를 받아들여 정비하고 계승한 고려말의 관제가 계승된 것이었다.

이상에서 조선 개국과 함께 설치된 경·외 정치기구는 당·송제를 참작하여 정비하고 멸망 때까지 개변되면서 계승된 고려의 그것을 계승하면서 성립된 것이었다. 즉, 조선의 경·외 정치기구는 중국의 당·송 등의 관제에서 기원되었고, 당·송 등의 관제를 참작하여 정비한 고려의 관제가 계승된 것이었다.

제2장 官衙의 構造

1. 序言

　朝鮮初期의 官衙는 그 소재지, 국정수행체계, 소속관원의 출신, 장
관의 지위, 직장, 운영시기와 관련되어 中央·地方衙門, 直啓·六曹屬
衙門, 東班·西班·雜職衙門, 堂上·堂下·參上·參下衙門, 政務·侍從·
軍事·禮遇衙門, 常置·臨時衙門으로 구분되었다.[1]

　이들 관아는 중앙과 지방, 좌우와 상하 등으로 유기적이고도 긴밀
히 연결되면서 국왕을 받들고 중앙과 지방의 정치·경제·사회·문화 등
모든 국정을 분장하고 집행하였다.

　이들 관아는 이러한 성격에도 불구하고 지금까지 이들 관아를 망라
한 즉, '朝鮮初期 官衙構造'를 주제로 한 연구는 없었다. 그러나 朝
鮮初期 政治機構의 整備,[2] 世宗代 中央政治機構의 정비,[3] 地方政
治制度,[4] 軍事制度,[5] 禮遇衙門,[6] 兩班研究[7] 등에[8] 관한 연구를

---

1)《경국대전》권1~6 모두, 권1 이전·권4 병전 경·외관직조.
2) 한충희, 1994, <政治構造의 整備와 政治機構>,《한국사》23, 국사편찬위원회.
3) 한충희, 2001, <중앙 정치 기구의 정비>,《세종문화사대계》3, 세종대왕기념사업회.

통하여 중앙·지방아문, 직계·육조속아문, 서반·군사아문, 예우아문 등
의 정비와 국정운영에 끼친 역할 등은 종합적으로나 단편적으로 규명
되었다. 또 조선초기의 모든 관제는 ≪經國大典≫ 이·병전에 종합적
이고도 체계적으로 정리되어 있다.

이점에서 비록 '조선초기 관아구조'를 주제로 한 연구는 없었지만
조선초기 관아의 구조와 그에 속한 아문, 아문간의 관계 등이 개략적
으로 규명되었다.[9] 그러나 중앙·지방 아문 등이 각각 어떻게 정비되
었고, 국정운영에서 끼친 영향이 어떠하였는가 등은 구체적이고도 종
합적으로 정리되지 못하였다.

이 장에서는 지금까지에 걸친 연구성과를 수렴하고 ≪朝鮮王朝實
錄≫, ≪經國大典≫ 등의 관아 관계 기사를 참고하여 조선초기 관아
의 구조를 살펴보고, 이를 토대로 조선초기 관아구조와 정치운영의
특징을 정리하고자 한다.

---

4) 李樹健, 1989, ≪朝鮮時代 地方行政史≫, 民音社, 李存熙, 1990, ≪朝鮮時代 地方行政
   制度史研究≫, 一志社.
5) 車文燮, 1973, ≪朝鮮時代軍制研究≫, 단국대출판부, 閔賢九, 1983, ≪朝鮮初期의 軍事制
   度와 政治≫, 韓國研究院.
6) 南智大, 1994, <朝鮮初期 禮遇衙門의 成立과 整備>, ≪東洋學≫ 24, 檀國大學校 東洋
   學研究所.
7) 李成茂, 1980, ≪朝鮮初期 兩班研究≫, 一潮閣.
8) 그 외에 議政府·六曹 등 개별 관아와 權力構造 등에 대한 연구도 조선초기 관아의 구조에
   대한 이해를 높였다. 그 몇 연구를 적기하면 다음과 같다.
   韓忠熙, 1980, 1981, <朝鮮初期 議政府研究> 상, 하, ≪韓國史研究≫ 31, 32.
   한충희, 1987, <朝鮮初期 承政院研究>, ≪韓國史研究≫ 59.
   한충희, 1991, <朝鮮前期(太祖~宣祖 24년)>의 權力構造研究 - 議政府·六曹·承政院을
   중심으로 ->, ≪國史館論叢≫ 30.
   한충희, 1998, ≪朝鮮初期 六曹와 統治體系≫, 계명대학교 출판부.
9) 특히 한충희는 앞 <중앙 정치 기구의 정비> 제2절 중앙관부의 구성에서 중앙관부를 동반아
   문과 서반아문 및 잡직아문, 당상아문과 당하·참상·참하아문, 상치아문과 임시아문, 직계아문
   과 육조속아문, 정무·시종·군사아문과 예우아문으로 나누어 그 성립배경과 정비, 당상아문 등
   의 국정운영에서 점하는 위치 등을 개관하여 본 연구의 토대를 제공하였다.

2. 中央官衙와 地方官衙

朝鮮初期의 中央官衙와 地方官衙는 개국과 함께 고려말의 관제를 계승하여 都評議使司·門下府 이하 80여 관아와[10] 京畿 左·右道 등 7도 및 東北·西北面을 두고 그 아래에 鷄林(경주)·平壤府 등 2府尹府·2大都護府·16牧·24都護府·82郡·161縣의 총 300여 외관을[11] 두어 국가를 통치하면서 정착되었다.

中央官衙는 개국과 함께 성립될 때 그 관아에 소속된 관원의 출신, 장관의 職秩, 기능 등과 관련되어 東班·西班·雜職衙門, 宰樞·堂下·參上·參下衙門, 政務·軍事衙門 등으로 구분되었다. 이후 1454년(단종 2)까지[12] 이것에 왕권의 강화도모, 육조 중심의 국정운영, 관제의 정비 등과 관련되어 정무·군사아문이 政務·侍從·軍事·禮遇衙門으로 구분되고, 새로이 直啓·六曹屬衙門과 常置·臨時衙門 등으로 구분되면서 정착되었다. 이것이 그후에 다시 부분적으로 정비되었다가 1485년(성종 16)에 반포된 마지막 ≪경국대전≫에 법제화되면서 확립되었다.

地方官衙는 개국과 함께 성립될 때 京畿左·京畿右·慶尙·全羅·楊廣·江陵交州·西海의 7道 및 東北·西北의 2面과 300여 外官(군현)이 설치되었다. 7도·2면은 태조대에 양광·강릉교주·서해도가 각각 忠淸·江原·豊海道로 개칭되었고,[13] 태종대에 서북·동북면과 경기좌·우도가 平安·永吉道와 京畿道로 개칭·통합되고 다시 풍해·영길도가 黃海·

---

10) ≪태조실록≫ 권1, 1년 7월 정미.
11) ≪세종실록지리지≫ 8도, ≪조선왕조실록≫ 태조 1년~성종 16년, ≪경국대전≫ 권1, 이전 외관조에서 종합.
12) 이 때 충훈사가 충훈부로 승격·개칭됨에 따라(≪단종실록≫ 권10, 2년 1월 을묘) 최종적으로 예우아문이 정착되면서 본고에서 검토하는 모든 아문의 원형이 정립되었다.
13) ≪태조실록≫ 권7, 4년 6월 을해.

咸吉道로 개칭되면서(경상·전라도는 그대로 계승)[14] 8도제로 정착되었다.[15] 군현은 태조~정종대에는 지방제도의 정비 등에 따라 全州府尹府 등 1부윤부·1대도호부·1목·9도호부·13군·24현 등 50여관이 증가하고 晉州·全州牧 등 2목·4도호부·8군·12현 등 30여관이 감소되었다.[16] 그러나 태종대에는 중앙집권의 강화를 위한 관제의 정비와 함께 대대적인 邑 名號의 改定·昇降·統廢合·置廢·任內整理가 행해지면서 조선의 토대가 된 군현제로 정비되었다. 즉 "고려말에 문란된 군현의 등급과 명호를 면적과 인구를 참작하여 전면적으로 개정해야 한다"[17] 고 한 주장에 따라 군현의 등급이 정립되고[18] 명호가 대대적으로 조정되었으며,[19] 邑格이 대대적으로 승강되는[20] 등[21] 1부윤

---

14) 《태종실록》 권26, 13년 10월 신유, 권27, 14년 1월 계사.
15) 동시에 도역이 대대적으로 조정되었고, 개국 이래로 도순문사로 불리던 평안·영길도 장관의 명칭이 남방 6도와 같이 도관찰출척사겸감창등사로 통일되었다. 그 구체적인 정비 배경과 과정은 이수건, 앞 책, 37~42쪽 참조.
16) 《조선왕조실록》 태조 1년~정종 2년조.
17) 《태종실록》 권6, 3년 윤11월 임술(사간원), 권12, 6년 7월 임자(이조).
18) 부윤부는 종2품관이 되었고, 대도호부·목, 도호부, 군, 현은 각각 정3품, 종3품, 종4품, 종5(현령)·종6품(현감)관이 되었다(《태종실록》 권26, 13년 10월 신유).
19) 府尹·大都護府使·牧使官 외에 '州' 자로 된 60여 都護府官 이하의 명호를 모두 '山'(36읍)·'川'(25)·'陽'(1)·'原'(1) 字로 개정하였다. 陽字로 개정된 읍은 襄陽이고, 原자로 개정된 읍은 高原이며, 定州는 定州牧과 구분하기 위해 定平으로 개칭되었다. 산자와 천자로 개정된 61읍은 다음과 같다(이수건, 앞 책, 76~77쪽에서 제시한 산자 36읍과 천자 23읍 중 孟山을 제외하고 寧山·甫川·宜川을 추가시켜 파악한다(《세종실록지리지》, 《태종실록》 등에서 종합).
  경기도(5) ; 果川, 衿川, 抱川, 漣川, 仁川.
  충청도(12); 槐山, 堤川, 沃川, 竹山, 木川, 牙山, 鎭川, 林川, 韓山, 舒川, 瑞山, 沔川.
  경상도(8) ; 梁山, 蔚山, 永川, 榮川, 基川, 善山, 陜川, 泗川.
  전라도(3) ; 珍山, 錦山, 益山.
  강원도(2) ; 春川, 通川.
  황해도(5) ; 鳳山, 谷山, 信川, 平山, 白川, 豊川.
  평안도(20); 成川, 肅川, 慈山, 順川, 价川, 德川, 孟山, 殷山, 麟山, 龍川, 鐵山, 郭山, 撫山, 隋川, 嘉山, 雲山, 博川, 泰川, 熙川, 理山.
  영안도(4) ; 文川, 宜川, 端川, 甲山.

부·4목·14도호부·14군·30현(현령 6·감무 24) 등 63관이 증가되고 1대
도호부·1목·9도호부·16군·20현 등 47관이 감소되면서 4府尹府·2大都
護府·18牧·34都護府·85郡·183縣의 336官으로 정비되었다. 또 府使
(單府)·監務官이 都護府·縣監官으로 개칭되면서 조선 외관의 원형이
성립되었다.[22] 이것이 이후 1485년(성종 16)까지 통치체제의 정비·호
구증가로 인한 읍호승격 등과 함께 다시 부분적으로 읍호가 개정·승
강되면서 1부윤부·3대도호부·5목·17도호부·21군·10현 등 57관이 증가
하고 1부윤부·1대도호부·3목·7도호부·24군·18현 등 54관이 감소하면
서 4부윤부·4대도호부·20목·44도호부·82군·175현(현령 34·현감 141) 등

---

20) 咸州牧과 星州·和州都護府가 府尹府와 牧으로 승격되고 晉州大都護府가 牧으로 강격
되는 등 31관이 승격되고 14관이 강격되었다. 도호부 이하로 승격되고 강격된 각관은 다음
과 같다(≪태종실록≫ 1~18년, ≪세종실록≫ 지리지 등에서 종합).

　　군 → 도호부; 原平, 驪興, 林州, 密陽, 善山.　　목 → 도호부; 永興.
　　　　　　　　　春川, 平山, 朔州, 肅川, 鏡城,　　도호부 → 군; 永興, 林州, 密陽,
　　　　　　　　　永興, 京山.　　　　　　　　　　　　　　　　　驪興, 原平.
　　현령 → 도호부; 昌原, 義昌, 懷源,　　군 → 현령 ; 京山. 金堤.
　　현감 → 도호부; 安邊,　　　　　　　　　도호부 → 현감; 安邊.
　　현령 → 군; 金堤, 瑞興, 載寧.　　　　　군 → 현감 ; 稷山, 三岐.
　　현감 → 군; 長湍, 朔寧, 槐州, 永寧, 稷山.　현령 → 현감; 江東.
　　현감 → 현령; 軍威, 俠溪, 順安.

21) 泥城과 昌州가 통합되어 昌州郡으로 개편되는(2년) 등 40여 관이 20여 관으로 통폐합되었
고(곧 종속된 군현의 반발로 1~2년 내에 대부분이 복구), 제주도에 濟州牧·大靜縣·旌義縣
이 신치되고 겸감무관인 礪山 등과 상주 임내인 靑山 등이 감무관이 되는 등 20현이 설치
되었다. 그 외에도 전라도의 鄕·所·部曲 등 任內가 가까운 군·현에 소속되거나 主縣으로
독립되는 등 전국의 임내가 크게 정리되면서 거의 소멸되었다. 이 중 통폐합된 군현은 다
음과 같다(( )는 연대, 이수건, 앞 책, 78~79쪽, ≪태종실록≫ 2~18년, ≪세종실록지리지≫
등에서 종합).

　　雲州+靑山=雲山郡(3),　　貞海+餘美=海美縣(7),　　高峰+陽德=高陽郡(13),
　　碧團+陰潼=陰潼郡(3),　　茂松+長沙=茂長縣(7),　　德川+孟山=德孟郡(13),
　　利山+德豊=德山縣(5),　　珍島+海南=海珍郡(9),　　長湍+臨江=長湍郡(14),
　　同福+和順=福順縣(5),　　龍安+咸悅=安悅縣(9),　　道康+耽津=康津縣(17),
　　定戎+寧德+靈州+寧判　　咸豊+牟平=咸平縣(9),　　減陰+利安=安陰縣(17),
　　　=定寧縣(5),　　　　　　泰山+仁義=泰仁縣(9),　　結城+和順=順城縣(17).

22) ≪태종실록≫ 권26, 13년 10월 신유.

339관으로 정립되었다.[23] 또 外官 職秩과 명칭이 종2~종6품(종2 - 유수관, 정3 당하 - 대도호부·목관, 종3 - 도호부관, 종4 - 지군사관, 종5 - 현령관· 판관, 종6 - 현감관)과[24] 知郡事가 郡守로[25] 상정·개칭되면서 정립되 었다. 조선초기 지방관아의 정비를 표로 재정리하여 제시하면 다음과 같다.

<표 3> 조선초기 군현정비[26]

	고려말	태조~정종			태종대			세종~성종 15년			《경국대전》	비고
		증	감	계	증	감	계	증	감	계		
부윤부	2	1	0	3	1	0	4	1	1	4	4	
대도호부	2	1	0	3	0	1	2	3	1	4	4	
목	16	1	2	15	4	1	18	5	3	20	20	
도호부	24	9	4	29	14	9	34	17	7	44	44	
군	82	13	8	87	14	16	85	21	24	82	82	
현 현령	37	2	2	37	6	7	36	0	2	34	34	
현감	124	22	10	139	24	13	147	10	16	141	141	
계	161	24	12	176	30	20	183	10	18	175	175	
합계	297	49	26	320	63	47	336	57	54	339	339	

23) 이수건, 앞 책, 93~94쪽, 《조선왕조실록》 세종 즉위~성종 16년, 《세종실록지리지》 등 에서 종합.
24) 《세종실록》 권51, 13년 1월 정축.
25) 세조 12년 1월 관제개변 때에는 지군사였고, 세조 12년 7월과 11월에 군수가 확인되었음에 서 세조 12년 1월~7월의 어느 시기에 지군사가 군수로 개칭되었다고 하겠다(《세조실록》 권38, 12년 1월 무오, 권39, 12년 7월 병자(金暎璧), 권40, 12년 11월 경오(전영천군수 申 命之, 여산군수 趙崇智, 평해군수 朴纘祖, 전수안군수 鄭崇義).
26) 《조선왕조실록》 태조 1년~성종 16년조·《세종실록지리지》 8도조, 《신증동국여지승람》 8 도조, 《경국대전》 권1, 이전 외관조, 이수건, 앞 책, 94쪽 <시기별 군현통계표> 등에서 종합. 《경국대전》의 읍명과 읍격은 《경국대전》 이전 외관조 참조.

3. 直啓衙門과 六曹屬衙門

直啓衙門은 그 관아의 정사를 국왕에게 직접으로 보고하고 지시를 받으면서 처리하는 관청이었고, 六曹屬衙門은 그 관아의 정사를 그 아문이 소속된 曹(仰曹, 該曹)와 議政府·六曹 등의 정3품 당상관 이상이 겸한 都提調(정1품)·提調(종1~종2)·副提調(정3당상) 등을 통하여 국왕에게 보고하고 지시를 받거나 仰曹·提調 등의 지휘를 받으면서 처리하는 관청이었다.[27]

直啓衙門은 개국 이래로 운영되었지만,[28] 그 정사수행체계와 관련되어 직계아문과 육조속아문으로 정착된 것은 1405년(태종 5)에 태종이 도모한 육조중심 국정운영에 따라 육조가 政策·庶務 分掌機關이 되고 육조속아문제가 실시되면서부터였다.[29]

1405년 육조속아문제 성립 때에는 직계아문에는 의정부 등 20여 아문이 있었고, 육조속아문에는 吏曹에 承寧府 등 11아문이 소속되는 등 100여 아문이 있었다.[30] 이후 1485년(성종 16)까지 관제정비 등과 관련되어 直啓衙門은 敦寧府·宗親府·駙馬府·中樞院·忠勳府·義禁府·五衛都摠府·兼司僕·內禁衛·開城府·經筵 등이 편입되었고, 義興府·三軍都摠制府·集賢殿·詹事院 등이 혁거되는 것 등으로 개변되었

---

27) 한충희, 1983, <朝鮮初期 六曹屬衙門의 行政體系에 대하여>, ≪(계명대)韓國學論集≫ 10, 364~366쪽. 직계아문은 ≪경국대전≫ 권3, 예전 用文字式조에 "二品衙門直啓直行移 其餘衙門並報屬曹"라고 하였듯이 대개 2품 이상 아문이었고(3품아문이나 그 기능이 중시된 사간원·승정원 포함), 이들 아문을 제외한 모든 아문은 육조속아문이 되었다.
28) 2품 이상 아문인 도평의사사, 문하부, 삼사(→사평부), 한성부, 사헌부, 중추원(→ 승추부), 의흥삼군부, 삼군도총제부 등은 그 소관사를 국왕에게 직접으로 보고하고 지시를 받으면서 처리하였다(≪조선왕조실록≫ 태조 1년~태종 4년조).
29) ≪태종실록≫ 권9, 5년 1월 임자·3월 정유. 그 실시배경과 구체적인 내용은 한충희, 앞 책, 46~48쪽 참조.
30) ≪태종실록≫ 권9, 5년 3월 병신.

다.[31] 六曹屬衙門은 弘文館·忠翊府 등이 편입되었고, 漿官署·雅樂署 등이 혁거되는 등으로 개변되었다.[32] 이리하여 ≪경국대전≫에는 議政府 등 20여 직계아문과 忠翊府 등 110여 육조속아문으로 법제화되었다.[33]

직계아문과 육조속아문은 국정운영체계, 그 관아의 지위·직장 및 그에 편제된 관직과 관련되어 직계아문인 議政府·六曹 등은 그 수는 적지만 宗簿寺 등 100여 육조속아문을 지휘하면서 국정운영을 주도하였다. 반면에 육조속아문은 수는 많으나 직계아문의 지휘를 받으면서 그에 규정된 직사를 수행하였다.[34] 그러나 성종대의 弘文館은 성종의 호학 및 언관우대에 따라 직계아문인 司憲府·司諫院과 함께 3司로 통칭되면서 국정에 큰 영향력을 발휘하였다.[35]

4. 東班衙門과 西班衙門 및 雜職衙門

東班衙門과 西班衙門은 개국과 함께 고려말의 제도를 계승하여 모든 중앙정치기구를 都評議使司·門下府·三司 등 70여 아문, 義興親軍左·右衛 등 10위, 內侍府·掖庭署로 나누면서 정착되었다.[36] 雜職衙門은 개국초 관제반포 때에 내시부 등을 동반·서반아문과 구분하여 '流外'로 파악한 것에서 기원이 찾아지나, 1445년(세종 27) 서반

---

31) 한충희, 앞 <중앙 정치 기구의 정비>, 40~41쪽 <별표 1> 직계아문조.
32) 한충희, 위 논문, 41~46쪽 <별표 1> 이·호·예·병·형·공조 속아문조.
33) ≪경국대전≫ 권1~6, 이·호·예·병·형·공전 모두, 한충희, 위 <중앙 정치 기구의 정비>, 40~46쪽 <별표 1> 참조.
34) 한충희, 앞 <朝鮮初期 六曹屬衙門의 行政體系에 대하여>, 367~372쪽, 金松姬, 1998, ≪朝鮮初期 堂上官 兼職制研究≫, 한양대학교출판부, 117~225쪽.
35) 崔異敦, 1986, <成宗代 弘文館의 言官化 過程>, ≪震檀學報≫ 61, 27~42쪽.
36) ≪태조실록≫ 권1, 1년 7월 정미.

직에 제수되어 있던 工匠·雜技者 등을 문, 무반과 구별하기 위해 雜職階를 제정하고 上林園에 소속시켜 잡직으로 차별하면서[37] 정착되었다.

東班·西班衙門은 개국 초부터 구분되나 그 체계적인 분류는 태종 5년 六曹屬衙門制의 제정에[38] 따라 議政府 등 直啓衙門과 吏·戶·刑·禮·工曹屬衙門에 소속된 80여 아문이 동반아문이 되고, 三軍都摠制府와 兵曹屬衙門에 소속된 軍政·軍事 관계 20여 아문이 서반아문이 되면서 정립되었다. 이로써 동반아문은 개국초의 訓鍊觀 등 병정·군사관계 아문이 제외되었고, 서반아문은 10司 등 군사기구에 中軍·左軍·右軍·訓鍊觀·義勇巡禁司·忠順扈衛司·別侍衛·鷹揚衛·引駕房 등 병정·군사관계아문이 편입되면서 그 수가 증가되었다.

그후 태종대까지 관제정비 등에 따라 都評議使司가 議政府로 개편되고 敦寧府·門下府 등이 신치·혁거되면서 세종 즉위직전에는 議政府·敦寧府 등 90여 동반아문과 三軍都摠制府 등 20여 서반아문으로 조정되었다.[39] 세종대에는 신치된 宗親府와[40] 中樞院이 서반아문이 되고 돈령부가 서반아문으로 옮겼다.[41] 또 集賢殿과 3군도총제부 등이 신치되고 혁거되며,[42] 새로이 雜職이 설치되어 동·서반직과 구별됨에[43] 따라 內直院·掖庭署가 동반아문에서 잡직아문으로 변경되었다.[44] 이에 따라 세종말에는 동반아문은 의정부 등 100여 아문,

---

37) ≪세종실록≫ 권105, 26년 윤7월 임오. 잡직계는 한충희, 1994, <관직과 관계>, ≪한국사≫, 국사편찬위원회, 118~119쪽 참조.
38) ≪태종실록≫ 권9, 5년 3월 정유.
39) 한충희, 앞 <세종대 중앙정치기구의 정비>, 5~9쪽.
40) ≪세종실록≫ 권50, 12년 12월 계사.
41) ≪세종실록≫ 권50, 12년 윤12월 경술.
42) 한충희, 위 논문, 12~18쪽.
43) 한충희, 위 논문, 28쪽.
44) 내시부의 관원은 문산계를 받으나 환관으로 제수되고, 그 관아는 ≪경국대전≫(이전)에 잡직

서반아문은 돈령부 등 20여아문, 잡직아문은 내직원·액정서로 정착되었다.

세종말의 이것이 宗親府·돈령부가 다시 동반아문이 되고 10司가 5司 → 5衛로 개편되었으며, 弘文館·集賢殿 등이 신치·혁거되면서 정립되었다가[45] 마지막 반포된 ≪經國大典≫에 議政府 등 80여 동반아문,[46] 中樞府 등 10여 서반아문,[47] 掖庭署 등 잡직아문으로[48] 법제화되었다.

이들 아문의 운영은 동반이 중심이 된 관계·관직·국정운영과 잡직 제수자의 신분·限品敍用 및 이와 관련된 아문구성과 관련되어 서반아문은 외형적으로는 동반아문과 병렬되나 실제로는 동반아문에 종속되었고, 잡직아문은 유명무실하였다.

5. 堂上衙門과 堂下·參上·參下(參外)衙門

조선초기의 중앙 관아는 그 장관의 職秩에 따라 堂上(宰樞), 堂下, 參上, 參下衙門으로 구분되면서 운영되었다. 이러한 관아분류의 준거가 된 堂上官 등은 제 아문 정사논의 때의 좌석, 조회 참가 여부 등에 따라 官職(官階)의 상하를 구분한 용어였다. 즉 堂上官과 堂下官은 제 아문회의 때에 堂上의 交椅에 앉는가? 앉지 못하는가? 에 따라 구분된 것이었고, 參上官과 參下官은 조회에 참여할 수 있는가?

아문과 구별하여 동반 9품아문의 뒤에 기재되었음에서 잡직아문은 아니지만 잡직아문의 성격을 띠었다고 하겠다.

45) 한충희, 앞 논문, 29~33쪽.
46) ≪經國大典≫ 권1, 이전 경관직 종친부~연은전조.
47) ≪經國大典≫ 권4, 병전 경관직 5위도총부~세자익위사조.
48) ≪經國大典≫ 권1, 이전 경관직 잡직 액정서조, 권4, 병전 경관직 잡직 파진군·대졸조.

못하는가? 에 따라 구분된 것이었다.[49]

<표 4> 세종대 산계별 당상·당하·참상·참하관[50]

	동반계	서반계	종친계	의빈계	잡직계	비고
정1품 상 ~	大匡輔國崇祿大夫	좌동	顯祿大夫	綏祿大夫	당상관	
종2품 하	嘉善大夫	좌동	正義大夫	順義大夫		
정3품 상	通政大夫	折衝將軍	明善大夫	奉順大夫		
정3품 하 ~	通訓大夫	禦侮將軍	彰善大夫	正順大夫		당하관
종3품 하 ~				敦信大夫		
종4품 하	朝奉大夫	宣略將軍	光徽大夫			
정5품 상 ~	通德郞	果毅校尉	通直郞		奉事校尉	참상관
종6품 하	宣務郞	秉節校尉	從順郞		愼課校尉	
정7품 ~	務工郞	迪順副尉			服效副尉	참하관
종8품 ~					尙功副尉	
종9품	將仕郞	展力副尉				

조선에서는 文散階, 武散階, 宗親階, 儀賓階, 雜職階가 운영되었다. 문산계와 무산계는 개국과 함께 운영되었다.[51] 그러나 종친계는 세종 25년, 의빈계는 세종 26년, 잡직계는 세종 26년에 각각 제정되었다.[52] 또 앞의 표와 같이 문·무산계는 정1~종9품계가 운영되었지만

---

49) 이성무, 앞 책, 85쪽 주170). 당상관은 세종 26년까지는 종2품 이상이었던 만큼 재추와 통용되었다. 이점에서 이 시기의 당상아문은 재추아문으로 이해해도 무방할 것이다.

50) ≪태조실록≫ 권1, 1년 7월 정미, ≪세종실록≫ 권102, 25년 12월 을축·권105, 26년 7월 무신·윤7월 임오조에서 종합. 생략된 산계는 한충희, 앞 <관직과 관계>, 115쪽 <표 8>(문산계), 117쪽 <표 9>(무산계)·<표 10>(종친계), 118쪽 <표 11>(의빈계), 119쪽 <표 12>(잡직계) 참조.

51) ≪태조실록≫ 권1, 1년 7월 정미.

52) ≪세종실록≫ 권102, 25년 12월 을축, 권105, 26년 7월 무신, 권105, 26년 윤7월 임오. 각

종친계 등은 정1~종6품, 정1~종3품, 정5~종8품계만 운영되었다.

　堂上官의 경우 문반은 조선개국~세종 26년에는 종2품 嘉善大夫 이상이었고, 세종 26년 이후에는 정3품 通政大夫 이상으로 정립되었다.[53] 무반은 개국~세조 12년에는 종2품 가선대부 이상이었고, 세조 12년 이후에는 정3품 折衝將軍 이상으로 정립되었다.[54] 종친과 의빈은 세종 26년까지는 문·무반과 같았고, 그 이후에는 정3품 明善大夫와 奉順大夫 이상이었다. 이러한 당상관의 변천과 관련되어 堂下官의 경우 문관은 개국~세종 26년에는 정3품 통정대부 이하였고, 세종 26년 이후는 정3품 通訓大夫 이하였다. 무관은 개국~세조 12년에는 정3품 절충장군 이하였고, 세조 12년 이후에는 정3품 禦侮將軍 이하였다. 종친과 의빈은 세종 26년까지는 문·무반과 같았고, 그 이후는 彰善大夫와 正順大夫 이하였다. 參上官의 경우 개국 이래로 문관은 宣務郎 이상이었고, 무반은 秉節校尉 이상이었다. 종친은 세종 26년까지는 문·무반과 같았고, 그 이후는 從順郎 이상이었다. 잡직자는 세종 27년까지는 문·무반과 같았고, 그 이후는 愼果校尉 이상이었다. 참하관은 문관과 무관은 개국 이래로 務工郎과 迪順副尉 이하였고, 잡직자는 세종 27년까지는 문·무반과 같았으나 그 이후는 服效副尉 이하였다. 이 중 당하관과 참상관은 하한과 상한이 불명하나 대개 종4품 이상은 당하관, 정5품 이하는 참상관으로 이해되고 있다.[55]

관계의 성립배경과 정비는 한충희, 앞 <관직과 관계>, 117~119쪽 참조.

53) ≪세종실록≫ 권105, 26년 6월 갑오. 그러나 세종 12년부터 통정대부가 당상관에 준하는 대우를 받기 시작하였다. 즉 12년에 전함 3품 당상관이 당상관에 준하는 예우를 받았고, 14년에 통정대부도 2품관과 같이 특지로 승자되었으며, 16년에 참의·승지·첨지중추·첨지돈령·집현전부제학이 당상관의 座目에 포함되었다. 또 절충장군도 18년부터 특지로 임명하였다(金松姬, 앞 책, 55~56쪽).

54) ≪세조실록≫ 권38, 12년 1월 무오.

55) ≪경국대전≫ 이·병전 경관직 한품규정과 이성무, 앞 책, 95~103쪽의 분류에 따라 정3품 하계~종4품 하계를 당하관, 정5품 상계~종6품 하계를 참상관으로 파악한다.

이에 따라 1392년 조선의 관제 성립 때는 당상아문에는 都評議使司·門下府·三司·藝文春秋館·中樞院·世子官屬·司憲府·開城府, 당하아문에는 六曹(이·병·호·형·예·공)·尙瑞司·10衛 등 36아문, 참상아문에는 司膳署 등 16아문, 참하아문에는 義鹽倉 등 10아문이 각각 있었다.[56] 1444년(세종 26)에는 당상아문에는 議政府·宗親府·敦寧府·駙馬府·中樞府·六曹·義禁府·漢城府·開城府·3軍都摠制府·義興府·義建府(직계아문)와 恭安府·仁壽府·慶昌府·仁寧府·慶順府(이조속아문) 등 20여 아문이 운영되었다. 당하아문에는 經筵·承政院·詹事院(이상 직계아문)과 成均館·藝文館·春秋館·諸 寺·諸 監·通禮門·承文院·司譯院·內醫院·書雲觀·書筵·宗學·校書館·諸 倉·忠勳司 등 60여 아문, 참상아문에는 東平館·北平館·世子翊衛司·內需司·司礡局·諸庫·諸 署 등 20여아문, 참하아문에는 社稷署·道流房·大淸觀·文昭殿 등이 각각 운영되었다.[57] 1444년 이후에는 당상아문이었던 3군도총제부·의흥부·의건부·공안부·인녕부·경순부가 혁거되었고, 당하아문이었던 경연·집현전·승정원·첨사원·성균관이 당상아문이 되었으며, 참하아문이 모두 참상아문으로 승격되면서 20여 당상아문, 60여 당하아문, 20여 참상아문으로 운영되었다가[58] ≪경국대전≫에 법제화되었다.

이들 아문의 정사는 그 아문의 지위·기능과 관련되어 당상아문은 대개 直啓하면서 장관 등 당상을 중심으로 운영되었다. 당하아문 이하는 장관이 당상관으로 겸대된 領事·都提調 이하·仰曹(당상겸관 설

---

56) ≪태조실록≫ 권1, 1년 7월 정미조에서 종합. 종2품직 이상이 겸관인 예문춘추관·세자관속은 그 기술순서를 볼 때 당상아문으로 분류되었다고 생각되어 당상아문으로 파악한다.
57) 제 시·감은 宗簿寺·內資寺·內贍寺·典農寺·奉常寺·禮賓寺·司僕寺·軍資監·濟用監·軍器監·繕工監·司宰監이고, 제 창은 豊儲倉·廣興倉이고, 제 고·서는 義盈庫·長興庫·養賢庫·架閣庫·沉臧庫·司膳署·司贍署·繰官署·京市署·宗廟署·司醞署·社稷署·典廏署·膳官署·典獄署·都染署이다(한충희, 앞 <중앙 정치 기구의 정비>, 40~46쪽 <별표 1>에서 종합).
58) 아문과 그 변천은 한충희, 위 <중앙 정치 기구의 정비>, <별표 1> 참조.

치아문)나 仰曹(당상겸관 무설치아문)의 지휘를 받으면서 수행하였다.[59] 또 관원의 褒貶에 있어서 당하아문과 참상아문은 正이하가 행하였지만 참외아문은 앙조 당상관이 행하였다.[60] 또 이들 아문에는 직종·신분에 따른 限品敍用과 관련되어 당상아문은 양반으로만 제수되었지만, 당하아문 등은 양반아문과 본업인·서얼이 제수된 기술아문이 포괄되었다.[61]

또 국정운영은 당상아문과 당상관을 중심한 정치운영과 관련되어 의정부·육조·승정원 등 소수의 당상·직계아문이 주도하고 다수의 당하·참상아문은 육조·제조의 지휘를 받으면서 소관사를 집행하도록 규정되었다. 그러나 정3품 아문인 諸 寺·監 등의 정사는 장관인 正 등의 책임하에 자율적으로 처리하는 경향이 현저하였다.[62]

6. 政務 · 侍從 · 軍事衙門과 禮遇衙門

조선초기의 중앙관아는 그 관아의 기능과 관련되어 정책을 논의·결정하고 집행하는 政務衙門, 왕측근에서 시종·시위에 종사하는 侍從衙門, 도성 방어 등 제반 군사업무에 종사한 軍事機構, 예우는 받되 정사에는 참여하지 못한 禮遇衙門으로 구분되었다.

정무·시종·군사아문은 태조 개국과 함께 모든 중앙 관아를 동반과 서반아문으로 나누어 규정하면서[63] 비롯되었고, 태종대에 承政院을

---

59) 한충희, 앞 <조선초기 육조속아문의 행정체계에 대하여>, 364~365쪽, 김송희, 앞 책, 117~225쪽.
60) ≪세종실록≫ 권48, 12년 12월 을미.
61) 이성무, 앞 책, 87쪽 <표 11>.
62) 한충희, 위 논문, 372~382쪽.
63) ≪태조실록≫ 권1, 1년 7월 정미.

독립아문으로 삼고[64] 內禁衛·兼司僕 등 시위군을 설치하는[65] 등에 따라 정착되었다. 예우아문은 태종 14년에 왕·세자의 처족을 우대하기 위해 敦寧府를 설치하면서 비롯되었고,[66] 세종대에 宗親府·駙馬府를 1품아문으로 설치하고 功臣都監과 三軍都摠制府를 忠勳司와 中樞院으로 개편하면서 정비되었으며,[67] 단종대에 충훈사가 忠勳府로 승격·개칭되면서[68] 정립되었다.[69] 그러나 중추부는 領事(정1) 이하 당상관이 의정부 의정·육조판서 등 이하와 교체되고,[70] 대소 정사의 논의에 참여하여 그 결정에 영향력을 발휘하였기 때문에 정무관아의 성격이 강하였다. 그 외에도 공신·고위관료의 자제를 우대하기 위하여 이들을 형식적으로 군역을 지게 한 후 관계를 수여하는 忠義·忠贊·忠順衛가[71] 운영되었다.

정무기관은 대소국정운영을 주도하고 담당하였지만 그 중에서도 핵심이 된 기관은 議政府·六曹와 司憲府·司諫院[72] 등이었다. 시종기관인 承政院·內禁衛 등은 그 직장에서 국왕의 신임을 받았고 관직제수 등에서 우대를 받았다.[73] 그러나 10司(12司→5司→5衛)[74] 등 군

---

64) 1400년(정종 2) 중추원(합속)에서 독립아문이 되었고, 1401년 승추부에 합속되었다가 1405년(태종 5) 다시 독립관아가 되면서 정착되었다(한충희, 앞 <조선초기 승정원연구>, 32~34쪽).
65) 즉위년에 別侍衛가 설치되었고, 이후 鷹揚衛(4년), 內禁衛(7), 兼司僕(9), 內侍衛(9)가 차례로 설치되었다.
66) ≪태종실록≫ 권27, 14년 1월 계묘.
67) ≪세종실록≫ 권55, 14년 3월 갑술·을해, 권65, 16년 9월 을해.
68) ≪단종실록≫ 권10, 2년 1월 정묘.
69) 이들 아문의 구체적인 정비과정과 기능은 南智大, 앞 논문, 128~142쪽 참조.
70) 한충희, 1987, <朝鮮初期 六曹硏究 添補>, ≪大丘史學≫ 33, 10~16쪽.
71) 이들 아문의 성립·정비와 그 관아의 성격은 車文燮, 1967, <鮮初의 忠義·忠贊·忠順衛에 대하여>, ≪史學硏究≫ 19(1973년 ≪朝鮮時代 軍制硏究≫(단국대출판부)에 재수록) 참조.
72) 한충희, 앞 책, 179~228쪽, 최승희, 1976, ≪朝鮮初期 言官·言論硏究≫(서울대학교 한국문화연구소), 31~65쪽.
73) 한충희, 앞 <朝鮮初期 承政院硏究>, 50~75쪽, 車文燮, 1964, <鮮初의 內禁衛에 대하

사기관은 그에 속한 대부분의 관직이 근무기간에만 녹봉을 받는 遞
兒職인[75] 등 문반에 비해 차별대우를 받았다.

7. 常置衙門과 臨時衙門

조선초기 중앙관아는 그 운영시기와 관련되어 상시로 운영된 상치
아문과 필요시마다 임시로 운영된 임시아문으로 구분되었다. 그 중
임시아문에는 都監·所·色·廳 등이 있었다.

상치아문은 태조 개국과 함께 都評議使司 이하 80여 아문을 두면
서[76] 정착되었고, 임시아문은 1392년(태조 1)에 開國功臣의 책록을
위한 開國功臣都監을 두면서 비롯되었다.[77] 이후 1485년(성종 16)까
지 상치아문은 都評議使司 등이 議政府 등으로 개칭되고 門下府·
集賢殿 등이 혁거 및 弘文館·司譯院 등이 신치되는 것 등으로 변개
되면서 100~130여 아문으로 운영되었다.[78] 임시아문은 奴婢辨定都
監·城門都監·六典修撰色·國葬都監·實錄廳·儀禮詳定所·貢法詳定所
등 20~30여 아문이 치·폐되면서 운영되었다.[79] 상치아문은 ≪경국대
전≫에 의정부 등 130여 아문으로 법제화되었다.

임시아문에는 都提調 이하 각급 겸관이 설치되어 부여된 일을 집

여>, ≪史學研究≫ 18(1970년 ≪조선초기 군제연구≫에 재수록), 108~115쪽.
74) 그 치폐연혁과 관아명은 千寬宇, 1962, <朝鮮初期 五衛의 形成>, ≪歷史學報≫ 17·18
   합(1979년 ≪近世朝鮮史研究≫에 재수록), 64~65쪽 <표 C> 참조.
75) ≪경국대전≫에 규정된 상호군 이하 서반 군직 2,773직 중 3,005직이 체아직이었다(한충희,
   앞 <관직과 관계>, 106쪽 <표 4>, 112쪽 <표 6-ㄴ>).
76) ≪태조실록≫ 권1, 1년 7월 정미.
77) ≪태조실록≫ 권1, 1년 8월 신해.
78) 한충희, 앞 <중앙 정치 기구의 정비>, 12~24쪽, 60~67쪽 <별표 1> 참조.
79) 한충희, 앞 논문, 9·18~19쪽.

중적으로 수행하였다. 이중 국장도감, 노비변정도감, 실록청, 육전수찬색, 의례상정소, 공법상정소 등은 도제조 이하 수십명의 겸관이 설치되어[80] 국장, 개국이래로 20여년간 계속된 노비쟁송, 역대 ≪실록≫ 수찬, 의례의 정리, 공법실시 등을 정리하고 주관하였다. 이들 임시기관이 수행한 국사는 상설아문이 수행한 그것에 못지 않게 조선초기의 典考整理·통치체제의 확립에 기여하였다.

8. 結語 · 官衙의 構造와 政治運營의 特徵

조선의 中央·地方官衙는 개국과 함께 都評議使司 등 80여 아문과 7道 2面·300여 郡縣을 두면서 정착되었다. 이후 태종대에 대대적으로 정비되고 다시 세종대 이후에 부분적으로 정비되면서 議政府 등 130여 관아와 8道·340여 郡縣으로 정립되어 마지막 반포된 ≪경국대전≫에 법제화되었다.

直啓·六曹屬衙門은 1405년(태종 5)에 소수의 당상관과 六曹 중심의 국정운영도모에 따라 議政府 등 20여 당상아문이 직계아문이 되고 그 외의 100여 중앙관아가 六曹에 分屬되면서 정착되었다. 이후 태종·세종대에 크게 조정되고 문종대 이후에 부분적으로 정비되면서 議政府 등 20여 직계아문과 忠翊府 등 110여 속아문으로 정립되었다.

東班·西班·雜職衙門은 개국과 함께 都評議使司 등 70여 동반아문과 10衛 등 서반아문을 설치한 것에서 비롯되었고, 세종대에 掖庭署 등을 잡직아문으로 삼으면서 정착되었다. 이후 태종·세종대에 크

---

80) 세종 4년에 설치된 성문도감의 경우에 提調 수십인과 使·副使·判官 각 4명, 錄事 8명을 두었는데, 그 중 제조 6명은 右議政·兵曹參判·工曹參判·中軍爲頭摠制·判漢城府事·漢城府尹이 例兼하였다(≪세종실록≫ 권15, 4년 2월 신해).

게 조정되었고, 다시 문종대 이후에 부분적으로 정비되면서 議政府 등 120여 동반아문, 中樞府 등 10여 서반아문, 掖庭署 등 잡직아문으로 정립되었다.

堂上(宰樞)·堂下·參上衙門은 개국과 함께 都評議使司 등 10여 재추아문, 六曹 등 40여 당하아문, 司膳署 등 20여 참상아문, 義鹽倉 등 10여 참하아문을 두면서 정착되었다. 이후 태종·세종대에 육조가 정2품아문으로 승격하고 당상관이 通政大夫·折衝將軍 등(정3품 상계) 이상으로 조정됨에 따라 새로이 六曹·承政院 10여 아문이 당상아문이 되고 문종대 이후에 참하아문이 참상아문으로 승격되면서 의정부 등 30여 당상아문, 尙瑞院 등 30여 당하아문, 內需司 등 60여 참상아문으로 정립되었다.

政務·侍從·軍事·禮遇衙門은 개국과 함께 都評議使司 등 70여 정무아문, 義興親軍左·右衛 등 시종아문, 8衛 등 군사아문을 설치한 것에서 비롯되었고, 세종대에 中樞府·宗親府·儀嬪府·敦寧府 등 예우아문을 두면서 정착되었다. 이후 태종대와 단종대에 承政院·內禁衛 등 시종아문·五衛都摠府·10司 등 군사아문이 정비되고 忠勳府가 추가로 예우아문이 되면서 정비되었고, 세조대 이후에 다시 부분적으로 정비되면서 議政府 등 90여 정무아문, 承政院·內禁衛·弘文館 등 시종아문, 五衛都摠府·五衛 등 군사아문, 宗親府·中樞府 등 예우아문으로 정립되었다.

常置·臨時衙門은 개국과 함께 都評議使司 등 80여 중앙아문과 7도 2면·300여 군현을 두면서 비롯되고 이 직후에 開國功臣 책록을 위한 開國功臣都監을 두면서 정착되었다. 이후 상치아문은 중앙집권 강화·관제정비 등과 관련되어 태종대까지 都評議使司가 議政府로 개편되고 六曹가 정2품아문으로 승격되는 등과 같이 정비되었고, 세종대 이후에 集賢殿이 설치되었다가 혁거되고 弘文館이 설치되는 등 130여 아문으로 정립되었다. 임시아문은 문물제도의 정리·국상·실록편찬 등과 관련되어 儀禮詳定所·國葬都監·實錄廳·六典修撰色 등 20여 도감·소·색 등이 치폐되면서 운영되었다.

조선초기에는 중앙집권을 강화하고 국정을 효율적으로 수행하기 위하여 議政 이하 100여의 堂上官과 議政府·六曹 등 소수의 京衙門 즉, 堂上·直啓·政務衙門을 중심으로 국정을 영위하였다. 이에 따라 의정부·육조 등 20여 당상·직계·정무아문이 군현과 당하·육조속아문 등을 지휘하면서 국정을 주도하였고, 당하·육조속아문 등은 당상·직계 아문 등의 지휘하에 소관사를 수행하였다.

이상에서 朝鮮初期의 京·外衙門, 直啓·六曹屬衙門, 東班·西班· 雜職衙門, 堂上·堂下·參上衙門, 政務·侍從·軍事·禮遇衙門은 개국과 함께 성립되고 태종·세종대에 정비되면서 토대가 구축되었으며, 문종대 이후에 다시 정비되면서 정립되었다. 조선초기의 국정운영은 태종대에 議政府·六曹 등 10여 당상·직계·정무아문이 주도하는 것으로 정착되었고, 이것이 큰 변동없이 후대로 계승되었다.

요컨대 조선초기의 관아는 그 관아에 편제된 관직의 출신·지위 등과 관련되어 상하·좌우로 엄격하게 구분되면서 체계화되었고, 그 중에서도 議政府·六曹 등 10여 당상·직계아문이 국정운영의 중심이 되었다고 하겠다. ≪경국대전≫에 법제화된 조선초기 관아구성을 표로 재정리하여 제시하면 다음과 같다.

<표 5 - ㄱ> 조선초기 관아 구조와 소속 관아[81]

	성립	정립	소속관아(≪경국대전≫)			
京·外衙門	태조1(1392)	태종~세조대	議政府·六曹·承政院·사헌부·사간원·한성부·의금부·중추부·종친부·충익부·내시부 등			경기도 등 8도, 개성부 이하 부윤부·대도호부·목·도호부·군·현 등
直啓·六曹屬衙門	태종5(1405)	태종~세조대	議政府·六曹·承政院·사헌부·사간원·한성부·의금부·중추부 등			충익부·내시부·상서원·종부시·사옹원·내수사·액정서 등
東班·西班·雜職衙門	태조1(1392)	세종~세조대	議政府·六曹·承政院·의금부·종친부 등			중추부·오위도총부·오위·내금위·훈련원 등
堂上·堂下·參上·參下衙門	태조1(1392)	세종~성종대	議政府·六曹·承政院·의금부·중추부 등	상서원·춘추관·승문원·통례원·봉상시·군자감·세자시강원 등	종학·수성금화사·전설사·풍저창·소격서·의영고 등	
政務·侍從·軍事·禮遇衙門	세종대	세종대	議政府·六曹·한성부·상서원·성균관·종부시·군자감·전설사·풍저창·소격서·의영고 등	承政院·홍문관·내시부 등	5위도총부·5위·내금위 등	종친부·충훈부·의빈부·돈령부·중추부 등
常置·臨時衙門	태조1(1392)	태종~성종대	議政府·六曹·承政院·사헌부·사간원·홍문관·한성부·의금부 등 도·부윤부 등 외관			제 도감·소·색 등

---

81) ≪경국대전≫ 권1~6 이·호·예·병·형·공전 모두, 이·병전 경·외직조에서 종합.

<표 5 - ㄴ> 조선초기 관아구조 종합(『경국대전』)

			직계·속아문		당상·당하·참상아문			정무·시종·군사·예우아문				중심
상치아문	경아문	동반아문	직계	속	당상	당하	참상	정무	시종	군사	예우	관아
		宗親府	↑		↑						↕	
		議政府						↕				↕
		忠勳府									↑	
		儀賓府									↕	
		敦寧府										
		義禁府						↑				↑
		六曹										
		漢城府										
		司憲府										
		開城府	↓					↓				
		忠翊府		↕							↕	
		承政院	↕						↕			↕
		掌隷院		↕				↕				
		司諫院	↕									↕
		經筵		↑					↕			↕
		弘文館						↑				
		藝文館										
		成均館			↓							
		尙瑞院 등 33아문 *1					↕					
		內需司 등 40아문 *2					↓	↕				
		內侍府	↓		↕				↕			↕

				직계·속아문		당상·당하·참상아문			정무·시종·군사·예우아문				중심관아
				직계	속	당상	당하	참상	정무	시종	군사	예우	
상치아문	경아문	서반아문	中樞府 五衛都摠府 五衛 兼司僕 內禁衛 訓練院 世子翊衛司	↕ ↕	↕ ↕	↕	↕	↕	↕	↕	↕	↑ ↕	↕
		잡직아문	(內侍府) 掖庭署		↕								

*1. 尙瑞院, 春秋館, 承文院, 通禮院, 奉常寺, 宗簿寺, 校書館, 司饔院, 內醫院, 尙衣院, 司僕寺, 軍器寺, 內資寺, 內贍寺, 司䆃寺, 禮賓寺, 內贍寺, 軍器監, 濟用監, 繕工監, 司宰監, 掌樂院, 觀象監, 典醫監, 司譯院, 世子侍講院, 宗學, 修城禁火司], 典設司, 豊儲倉, 廣興倉, 典艦司, 典涓司.

*2. 內需司, 昭格署, 宗廟署, 社稷署, 平市署, 司醞署, 義盈庫, 長興庫, 氷庫, 掌苑署, 司圃署, 養賢庫, 典牲署, 司蓄署, 造紙署, 惠民署, 圖畵署, 典獄署, 活人署, 瓦署, 歸厚署, 4學(중·동·서·남학), 5部(중·동·서·남·북부).

2_부

中央官衙의 整備와 運營

제3장 中央官衙의 整備

1. 序言

조선초기의 중앙정치기구는 개국과 함께 고려의 관제를 계승하면서 성립되었다. 최고 의결·국정기관에 都評議使司가 있고, 그 아래로 門下府·三司·中樞院·司憲府·開城府·六曹·尙瑞司·成均館 등과 奉常寺·校書監 등 諸 寺·監, 司膳署·料物庫·豊儲倉 등 諸署·庫·倉 및 義興親軍左衛·右衛 등 10衛(이상 朝官으로 제수), 內侍府(환관)·典樂署(악공) 등이 등차적으로 편제되어 각각의 직장을 관장하였다.[1]

이들 관아의 국정수행을 보면 都評議使司는 六曹와 諸 寺·監·倉·庫·署 등 百司를 총령하면서 국정을 논의·의결하고 그 집행을 지휘하였다.[2] 육조와 제 시·감·창·고·서는 그 관아의 정사를 직접 국왕에

---

1) ≪太祖實錄≫ 권1, 1년 7월 정미. 동조에 적기된 81아문(4 외방 牧監 제외)은 고려말의 그것과 비교할 때 도평의사사 등 60관아는 그대로 계승되나, 敬興府 등 4관아가 신설되고 軍器寺 등 7관아와 校書監 등 6관아가 軍器監 등과 典校寺 등으로 개칭되었다
2) 韓忠熙, 1980, <朝鮮初期 議政府硏究> 상(≪韓國史硏究≫ 31), 116~118쪽.

게 奏達하여 재결을 받아 시행하기도 하나[3] 대개는 도평의사사의 지휘를 받으면서 각각에 규정된 정무를 집행하였다.[4] 六曹는 尙瑞司·承樞府·司平府의 대두로 국정을 명확히 분장하지 못하였고,[5] 장관인 典書의 직질이 정3품에 불과하여 직접 朝政에 참여하지 못한 관계로 제 시·감·창·고·서를 지휘하지 못하였다.[6] 또 각 관아의 관원구성을 보면 1~2품 아문과 5품 이하 아문은 대개 최고 관인의 수가 1인이나[7] 정3품 아문은 상서사·성균관·훈련관을 제외한 모두가 장관과 차관이 2명이며,[8] 낭관도 祿職(전임관)과 겸직이 복합되었다.[9] 관직명은 官品이 같아도 관아별로 서로 달랐고, 관품은 관직명이 같아도 관아의 지위에 따라 상이하였다.[10]

이러한 개국초의 정치구조는 이후 마지막 ≪經國大典≫이 반포되는 1485년(성종 16)까지에 걸쳐 국왕 중심의 국정운영 도모, 議政府·六曹기능, 효율적인 국정운영도모, 경비의 절감과 관아의 사무를 고려한 관아·관원의 조정 등과 함께 조선적인 것으로 정립되었다. 즉 都評議使司를 議政府로 개편하고 六曹를 정3품아문에서 정2품아문으로 승격시켜 서무를 분장하게 하였으며, 六曹 屬司·屬衙門制와 提調制 등 당상관 겸직제를 정비하고 여러 관아는 1인의 장관을 정점

---

3) 崔承熙, 1987, <朝鮮 太祖의 王權과 政治運營>(≪震檀學報≫ 64), 159~160쪽.
4) 한충희, 앞 논문, 116~118쪽.
5) 상서사는 문·무반의 인사를 관장하였고, 승추부는 甲兵(군사)을 관장하였고, 사평부는 재정을 관장하였다.
6) 한충희, 1998, ≪朝鮮初期 六曹와 統治體系≫(계명대학교 출판부), 40~41쪽.
7) 개성부 만이 정2품 판사가 2명이었다(≪태조실록≫ 권1, 1년 7월 정미 개성부조).
8) ≪태조실록≫ 권1, 1년 7월 정미 이·병·호·형·예·공조, 봉상시·전중시·사복시·사농시·내부시·예빈시·교서감·선공감·사재감·군자감·군기감·사수감·서운관·전의감조.
9) ≪태조실록≫ 권1, 1년 7월 정미 제 시·감, 서운관조. 그 외에도 權務職(임시직)과 7품 이하로 去官(퇴직)하는 서리가 있었다.
10) ≪태조실록≫ 권1, 태조 1년 7월 정미 상서사·성균관·각문, 제 시·감·서·고·창, 敬興府·5부·서적원 등 관아의 丞·注簿·博士·錄事 등 관직 참조.

으로 한 획일적인 관직명으로 정비·체계화 하였다.[11] 또 의정부 등 120여 아문을 그 관아의 지위·기능과 관련하여 直啓衙門과 六曹屬 衙門으로 체계화하였다.[12] 이에 따라 의정부는 백관을 통령하고 육조 를 지휘하면서 국정을 지휘하였고, 육조는 서정을 분장하는 국정의 중심기관이 되었으며, 육조속아문은 육조(당상관)와 제조의 지휘를 받 으면서 관장한 정무를 집행하였다. 이와 같이 정비되고 체계화된 정 치기구 – 정치구조가 1485년(성종 16) ≪경국대전≫의 반포와 함께 이후로 계승되면서 국가통치의 근간이 되었다.

조선개국 이후 ≪경국대전≫에 법제화 된 조선초기의 정치기구는 그들이 국가통치에 끼친 역할과 관련되어 이미 조선왕조 때에 관아· 관직의 연원과 변천, 기능 및 관인의 활동상이 정리되면서[13] 여러 정 치기구·관직에 대한 이해를 높였다. 그러나 이들에 대한 이해는 1950 년대 이후 末松保和의 의정부를 주제로 하거나[14] 李相佰의 조선초 기의 정치구조를 개괄한[15] 연구 등으로[16] 심화되고 체계화되었다. 이

---

11) 한충희, 1994, <정치구조의 정비와 정치기구>(≪한국사≫ 23, 국사편찬위원회), 58쪽.
12) 한충희, 1989, <朝鮮初期 六曹屬衙門의 行政體系에 대하여>(≪한국학논집≫ 10), 364~366 쪽. 직계아문은 그 관아의 정사를 국왕에게 직접으로 보고하고 지시를 받으면서 처리하는 관 청이고, 육조속아문은 그 관아의 정사를 그 아문이 소속된 曹(仰曹)와 의정부·육조 등의 정3 품 당상관 이상이 겸한 都提調(정1품관) 등을 통하여 국왕에게 보고하고 지시를 받거나 양조· 제조 등의 지휘를 받으면서 처리하는 관청이다. 직계아문은 ≪경국대전≫ 권3, 예전 用文字式 조에 "二品衙門直啓直行移 其餘衙門並報屬曹"라고 하였듯이 대개 2품 이상 아문이었고(3품 아문이나 그 기능이 중시된 司諫院·承政院 포함), 이들 아문을 제외한 모든 아문은 육조속아 문이 되었다.
13) ≪增補文獻備考≫ 職官考, ≪燃藜室記述 別集≫ 官職典故.
14) 末松保和, 1954, <朝鮮議政府攷>, ≪朝鮮學報≫ 9.
15) 李相佰, 1962, <朝鮮王朝의 政治的構造>, ≪韓國史≫ 近世前期篇, 乙酉文化社.
16) 그 대표적인 업적은 다음과 같다. 특히 한충희는 3 논문에서 조선초의 정치에 큰 영향력을 발휘한 도평의사사·문하부·의흥삼군부·집현전과 ≪경국대전≫에 수록된 모든 관아를 직계아 문과 육조속아문으로 구분하여 그 연혁과 직장·관원 및 특기사항을 체계적으로 정리하여 조선초기 관아·관직에 대한 이해를 심화시켰다.
　1. 韓祐劤 외, 1986, ≪譯註 經國大典≫ 註釋篇, 韓國精神文化研究院.

러한 연구성과로 인해 태조대에 성립된 조선의 정치기구·국정운영체
계는 태종대와 세종대에 크게 정비되고 세조대에 정립되었다가 성종
대의 ≪경국대전≫ 반포로 법제화되었음이 규명되었다. 이 장에서는
지금까지의 연구성과를 수렴하고 ≪조선왕조실록≫ 등의 사료를 검토
하면서 조선초기 중앙관아의 정비상을 태조~태종대, 세종대, 문종~
성종 16년(≪경국대전≫)으로 구분하고 다시 그 각각을 직계아문·육
조속아문·임시아문 및 기타아문으로 세분하여 고찰한다.

2. 車文燮, 1974, <정치구조>, ≪한국사≫ 10, 국사편찬위원회.
3. 한충희, 1994, <정치구조의 정비와 정치기구>, ≪한국사≫ 23, 국사편찬위원회.
4. 閔賢九, 1983, ≪朝鮮初期의 軍事制度와 政治≫, 韓國研究院.
5. 한우근, 1961, <麗末鮮初 巡軍研究>, ≪震檀學報≫ 22.
6. 千寬宇, 1962, <朝鮮初期 五衛의 形成>, ≪歷史學報≫ 17·18.
7. 金潤坤, 1964, <麗末鮮初의 尙瑞司>, ≪歷史學報≫ 25.
8. 崔承熙, 1967, 1968, <集賢殿研究> 상, 하, ≪역사학보≫ 32, 33.
9. 한충희, 1980, 1981, <조선초기 의정부연구> 상, 하, ≪韓國史研究≫ 31, 32.
10. 元永煥, 1981, <漢城府研究(1) - 行政制度와 管轄區域을 중심으로->, ≪향토서울≫ 39.
11. 한충희, 1981, <朝鮮初期 六曹研究 - 制度의 確立과 實際機能을 중심으로>, ≪大
丘史學≫ 20·21합호.
12. 한충희, 1983, <朝鮮初期 六曹屬衙門의 行政體系에 대하여>, ≪(계명대)韓國學論集≫ 10.
13. 金昌鉉, 1986, <朝鮮初期의 承政院에 관한 연구>, ≪(한양대)한국학논집≫ 10.
14. 金松姬, 1987, <朝鮮初期의 「提調」制에 관한 연구>, ≪(한양대)한국학논집≫ 12.
15. 한충희, 1991, <朝鮮前期(太祖~宣祖 24년) 權力構造研究 - 議政府·六曹·承政院을
중심으로 ->, ≪國史館論叢≫ 30.
16. 南智大, 1993, <朝鮮初期 中央政治制度研究>(서울대 박사학위논문)
17. 한충희, 2000, <朝鮮 太宗代(定宗 2년~世宗 4년) 摠制研究>, ≪李樹健敎授停年紀
念 韓國中世史論叢≫, 논총간행위원회.

2. 太祖~太宗代

1) 太祖 · 定宗代

조선 개국초에 반포된 관제에서는 都評議使司 등 80여 東班衙門과 義興親軍左衛·右衛 등 西班衙門, 內侍府 등 4 流外職衙門이 적기되었다. 그런데 三軍都摠制府와 德泉庫·延慶宮 등은 이 때에 적기 되지는 않았지만 이 직후부터 존치가 된 것으로 추측된다.[17] 이들 아문은 고려말까지 운영되었을 뿐만 아니라 개국초에 "의장법제는 한결같이 고려의 옛 제도를 준용한다(儀章法制 一依前朝故事)"[18]라고 하였듯이 개국과 함께 그대로 조선으로 계승되면서 운영되었다고 하겠다.

개국초의 중앙 관아는 태조대에는 부분적으로 변개되면서 운영되었다. 왕 1년(1392) 開國功臣都監의 설치를 시작으로 尙衣院(2년경)·司譯院(2)·慣習都監(2년경)·復興庫(3)·景福宮提擧司(4)·漢城府 五部(5)·濟生院(6)·有備庫(6) 등의 관아가 설치되었다(( )는 설치년, ≪태조실록≫). 이와 동시에 2년에 삼군도총제부가 義興三軍府로 개칭되었고,[19] 3년에 의흥삼군부에 判事(1품겸) 등의 관원을 두고 그 휘하에 10衛를 지휘할 中·左·右軍과 판사를 보좌할 鎭撫所(사무국) 鎭撫(5~6품)를 두었다.[20] 4년에는 한양천도에 따라 漢陽府(종2품아문)가 漢城府(정2품아문)로 승격·개칭되고 개성부가 開城留侯司로 개칭되었으며,[21] 10위가 4侍衛司와 6巡衛司로 개칭되었다.[22]

---

17) ≪태조실록≫ 권4, 2년 9월 병진, ≪태종실록≫ 권5, 3년 6월 을해.
18) ≪태조실록≫ 권1, 1년 7월 정미.
19) ≪태조실록≫ 권4, 2년 9월 병진.
20) 한충희, 1994, <조선초(태조 2년~태종 1년) 의흥삼군부연구>, ≪계명사학≫ 5, 4쪽 및 10~11쪽 <도 1>, <표 1> 참조. 3군에 분속된 10위는 뒤 <표 8>참조.
21) ≪태조실록≫ 권7, 4년 6월 무진·을해.

이 중에서도 義興三軍府는 내외의 군사를 총관하는 최고의 군사기구로 설치되었고, 또 그 운영이 태조의 신임을 토대로 당시의 정치·군사를 주도하였던 鄭道傳에 의하여 주도되었다. 이에 따라 의홍삼군부는 정치·군사 등 모든 국정을 주도한 도평의사사의 군사기능을 약화시키면서 도평의사사와 양립하는 권부로 대두되었다.[23]

정종대에는 왕 2년 2월과 6월에 世子(靖安君 李芳遠)와 太上王(太祖)의 관아로 仁壽府(종2품아문)와 承寧府(정2)를 차례로 두었다.[24] 또 왕 1년 開城留後司로의 천도에 따라 다시 개성유후사가 개성부로 개칭되었다.[25] 2년에 세자의 주도하에 도평의사사가 議政府(정1품아문)로 개편되고 문하부·삼사의 2품관 이상이 의정부를 구성하고 정치를 관장하게 되었다.[26] 동시에 의홍삼군부가 三軍府로 개칭되고 中樞院이 삼군부에 병합되면서 삼군부가 경외의 모든 군사를 관장하게 되었으며, 中樞院 都承旨 이하가 承政院(정3품아문)으로 독립되었다.[27]

이러한 도평의사사와 의홍삼군부·중추원의 의정부와 삼군부로의 개편 및 정치권과 군사권의 분리는 태조대 도평의사사·의홍삼군부의 운영과 함께 고려후기 이래의 도평의사사체제에서 조선적인 정치제도로

22) 《태조실록》 권7, 4년 2월 정축. 뒤 <표 8>참조.
23) 한충희, 앞 논문, 20~25쪽. 정도전은 判三司事(태조 3. 1~3.7)로서나 奉化伯(3. 7~7. 8)으로서 장관인 판사를 겸대하였다. 특히 왕 6년 이후에 악화된 조명관계에 따라 본격화된 요동정벌 준비 - 진법훈련실시 - 가 진행되면서는 도평의사를 압도하는 경향을 보이기도 하였다.
24) 《정종실록》 권3, 2년 2월·6월.
25) 《정종실록》 권1, 1년 1월 무인. 이와 함께 백관의 반은 개성으로 옮겨가고, 반은 한성부에 잔류시킴으로서 이후 태종 4년 다시 한성부로 천도하기까지는 개성부와 한성부의 양도체제로 운영되었다.
26) 《정종실록》 권4, 2년 4월 신축. 그러나 곧 예문춘추관·삼군부의 2품 이상도 구성원이 되었다(《정종실록》권4, 2년 4월 계축).
27) 《정종실록》 권4, 2년 4월 신축.

이행하는 토대가 되었다고 하겠다.

2) 太宗代

태종대에는 왕권강화 도모 및 효율적이고도 체계적인 국정운영 등과 관련되어 제 정치기구의 신설·혁파·개칭·지위승강, 관직의 설치·증감, 육조·육조속아문·군령체제의 정비와 육조직계제의 실시 등 제 정치기구가 크게 개정·보완되면서 조선적인 정치기구로 정착되었다.

정치기구의 정비는 즉위와 함께 上王(定宗)과 王妃(閔氏)의 지대를 위한 恭安府(종2품아문)와 仁寧府(종2),[28] 別侍衛를 두면서[29] 비롯되었고, 왕 5년 六曹의 政策·庶政機關化 및 이와 관련된 六曹屬衙門제의 실시와 함께 본격적으로 추진되었다. 왕 1년에는 門下府 左·右散騎常侍 이하 郎舍가 司諫院(정3품아문)으로 독립되었고,[30] 司贍署(종5)가 설치되었다. 2년과 4년에 敬承府(종4)와 鷹揚衛(정3)가 설치되었다.[31] 1년에 문하부가 혁파되고 승정원이 承樞府에 합병되었으며,[32] 3년에 德泉庫와 延慶宮 등 5庫 7宮과 內藏庫 등이 그 직장이 유사한 內贍寺와 承寧府 등에 합병되면서 혁파되었다.[33] 1년에 三司가 司平府, 義興三軍府가 承樞府, 藝文春秋館이 藝文館과 春秋館, 殿中寺가 宗簿寺 등으로 각각 개칭되었고,[34] 2년에 三軍府와 巡軍萬戶府가 三軍都摠制府와 巡衛府로 개칭되었으며,[35] 3년에 다

---

28) ≪정종실록≫ 권6, 2년(태종 즉위년) 11월 계유.
29) ≪정종실록≫ 권6, 2년(태종 즉위) 12월 기유.
30) ≪태종실록≫ 권1, 1년 4월 갑자, 권2, 1년 7월 경자.
31) ≪태종실록≫ 권3, 2년 5월 경진, 권8, 4년 9월 정유.
32) ≪태종실록≫ 권2, 1년 7월 경자.
33) ≪태종실록≫ 권5, 3년 6월 을해.
34) ≪태종실록≫ 권2, 1년 7월 경자.
35) ≪태종실록≫ 권3, 2년 6월 임술·을묘.

시 순위부가 義勇巡禁司로 개칭되었다.[36]

9년에 內侍衛·三軍鎭撫所,[37] 10년에 司瞻庫,[38] 11년에 敦寧府, 18년에 義興府가 각각 설치되었다. 5년에 승추부와 사평부가 그 기능을 兵曹와 戶曹에 귀속시키면서 혁파되었고,[39] 10년에 供造署가 工曹에, 11년에 승령부가 典農寺에 각각 병합되면서 혁파되었다.[40] 5년에 이, 호, 예, 병, 형, 공조 모두가 정3품아문에서 정2품아문으로 승격되었고,[41] 7년에 典廐署가 6품아문으로 승격되었고,[42] 9년에 濟用庫(6품아문)가 濟用監(정3)으로 개칭·승격되었다.[43] 6년에 刑曹都官(정4)이 5품아문으로 강격되었고,[44] 8년에 道流房과 引駕房이 참외아문으로 강격되었다.[45] 5년경에 世子官屬이 書筵으로 개칭되었고,[46] 7년에 內上直이 內禁衛로 개칭되었고,[47] 9년에 삼군진무소가 義興府, 봉상시가 典農寺, 전농시가 典祀寺로 각각 개칭되었고[48] 4侍衛司·6巡禁司가 1순금사·9시위사로 개칭·개편되었으며,[49] 11년에 文書應奉司가 承文院으로 개칭되었다.[50] 12년에 혁파된 삼군진무소가 다시 설치되었고(15경, 18년),[51] 14년에 종부시가 在內諸君所에

36) ≪태종실록≫ 권5, 3년 6월 을해.
37) ≪태종실록≫ 권17, 9년 6월 경술, 권18, 9년 8월 경술.
38) ≪태종실록≫ 권20, 10년 7월 신미. 3년에 혁파된 사서서의 후신이었다.
39) ≪태종실록≫ 권9, 5년 1월 임자.
40) ≪태종실록≫ 권20, 10년 7월 신미, 권21, 11년 6월 무신.
41) ≪태종실록≫ 권9, 5년 1월 임자.
42) ≪태종실록≫ 권14, 7년 10월 기해.
43) ≪태종실록≫ 권18, 9년 12월 신유.
44) ≪태종실록≫ 권11, 6년 2월 임신.
45) ≪태종실록≫ 권9, 8년 12월 경신·을유.
46) ≪태종실록≫ 권9, 5년 3월 정유.
47) ≪태종실록≫ 권14, 7년 10월 신축.
48) ≪태종실록≫ 권18, 9년 8월 정묘.
49) ≪태종실록≫ 권18, 9년 10월 무진.
50) ≪태종실록≫ 권21, 11년 6월 무신.
51) ≪태종실록≫ 권29, 15년 4월 병술(민현구는 앞 책, 279~280쪽 주 49)에서 군제의 운영상과

예속되었으며, 氷庫가 內侍院에 병합되면서 혁파되었다.[52] 14년에
巡衛府와 忠順扈衛司가 義禁府와 忠扈衛로 개칭되고 재내제군소가
在內諸君府로 개칭되었으며,[53] 17년에 異姓諸君所가 功臣諸君府로
개칭되었고,[54] 18년에 경승부가 順承府로 개칭되었다.[55]

또 현안사나 돌발사를 집중적으로 처리하기 위한 都監, 所, 色 등
의 임시관아와 그 외 관아가 운영되었다. 대표적인 임시아문에는 태
조의 국장을 관장하기 위한 國葬都監(8.5~8.9),[56] 각 관아의 財政과
貢賦를 상정하기 위한 刷券色(9, 18),[57] 의례를 상정하기 위한 儀禮
詳定所(10 ~세종17),[58] 노비결송을 집중적으로 심리하기 위한 奴婢
辨定都監(14),[59] ≪續六典≫의 편찬을 위한 續六典修撰色(7.8~12.4
),[60] ≪태조실록≫의 수찬을 위한 實錄廳(9~13)등이 있었다(( )는 설치
및 운영시기).

한편 태종대에는 태종의 왕권강화, 국왕중심의 국정운영도모와 관
련되어 의정부기능의 약화와 육조중심의 국정운영 즉, 육조가 정책·서
무분장기관이 되고 의정부서사제를 육조직계제로 전환시킬 것이 도모
되고 실현되었다. 이에 따라 왕 5년에 六曹 屬司(사무국)·屬衙門制
가 정비되었다.

屬司制는 왕 5년 2월까지는 吏曹 考功司의 1속사만이 운영되었

관련시켜 태종 13년 8월~15년 4월의 어느 시기로 추정하였다), 권36, 18년 8월 정해.
52) ≪태종실록≫ 권 27, 14년 2월 신해, 권28, 14년 12월 임진.
53) ≪태종실록≫ 권28, 14년 8월 신유, 권27, 14년 6월 신유.
54) ≪태종실록≫ 권33, 17년 2월 기사.
55) ≪태종실록≫ 권35, 18년 6월 을유.
56) ≪태종실록≫ 권15, 8년 5월 임신, 권16, 8년 9월 갑인. 국장을 위한 殯殿·國葬·造墓(山
陵)·齋의 4도감이 운영되었다.
57) ≪태종실록≫ 권17, 9년 4월 신묘, 권35, 18년 3월 정사.
58) ≪태종실록≫ 권20, 10년 9월 임술.
59) ≪태종실록≫ 권27, 14년 4월 정사, 권28, 14년 10월 신사.
60) ≪태종실록≫ 권14, 7년 8월 기해, 권23, 12년 4월 무진.

다. 그러다가 왕 5년에 태종의 육조 중심의 국정운영과 관련된 육조
의 정2품아문으로의 승격 및 서무분장과 함께 육조의 직무수행을 뒷
받침하기 위해서 6조에 각 3속사 - 총 18속사로 확대되면서 정비되었
으며,[61] 이것이 그대로 태종말까지 계승되었다.

　屬衙門制는 태종 5년에 태종의 육조를 중심한 국정운영의 도모에
따라 육조로 하여금 3품 이하의 군소아문을 지휘하도록 국정운영체계
를 정비하면서 성립되었다. 당시까지 존속된 120여 중앙 관아 중에서
기능이 중요하고 관아의 지위가 높은 議政府, 吏·兵·戶·刑·禮·工曹,
漢城府, 開城留守府, 司憲府, 承政院, 司諫院, 三軍都摠制府 등
장관의 직질이 정3품 당상관 이상인 20여 관아를 제외한 100여 관아
를 그 관아의 직장과 육조의 직장과를 관련시켜 다음과 같이 이조에
는 承寧府 등 11관아, 병조에는 中軍 등 13관아, 호조에는 典農寺
등 18관아, 형조에는 分都官 등 4관아, 예조에는 藝文館 등 35관아,
공조에는 繕工監 등 11관아를 각각 나누어 소속시키면서 성립되었
다.[62] 이어 복설된 三軍鎭撫所·義興府가 직계아문이 되었고, 義勇
巡禁司(병조속아문)가 義禁府(종1품아문)로 개칭·승격되면서 직계아문
이 되었다. 신설된 造紙所 등이 공조속아문 등에 편입되었고, 典農
寺(호)와 奉常寺(예)가 典祀寺와 전농시로 개칭되면서 예조와 호조속
아문이 되었으며, 承寧府(이) 등이 혁거되면서 운영되었다.[63]

　　吏曹; 承寧府, 恭安府, 宗簿寺, 仁寧府, 尙瑞司, 司膳署, 內侍府, 功臣
　　　　都監, 內侍院, 藥房, 司甕房.
　　兵曹; 中軍, 左軍, 右軍, 十司(뒤 <표 8> 참조), 訓鍊觀, 義勇巡禁司,

61) 18속사와 직장은 뒤 197~200쪽 <표 25> 참조.
62) ≪태종실록≫ 권9, 5년 3월 병신.
63) 그 외의 변개는 뒤 <표 6, 7> 참조.

　　　　　忠順扈衛司, 別侍衛, 鷹揚衛, 引駕房, 各殿 行首牽龍.
　戶曹; 典農寺, 內資寺, 司贍寺, 軍資監, 豊儲倉, 廣興倉, 供正庫, 濟用
　　　　庫, 京市署, 義盈庫, 長興庫, 養賢庫, 各道倉庫, 東部, 南部, 西
　　　　部, 北部, 中部.
　刑曹; 分都官, 典獄署, 律學, 各道刑獄.
　禮曹; 藝文春秋館, 經筵, 書筵, 成均館, 通禮門, 奉常寺, 禮賓寺, 典醫
　　　　監, 司譯院, 書雲觀, 校書館, 文書應奉司, 宗廟署, 司醞署, 濟生
　　　　院, 惠民局, 雅樂署, 典樂署, 司臠所, 膳官署, 道流房, 東西大悲
　　　　院, 氷庫, 種藥色, 大淸觀, 昭格殿, 圖畫院, 架閣庫, 典廏署, 社
　　　　稷壇, 慣習都監, 僧錄司, 各道學校, 醫學.
　工曹; 繕工監, 司宰監, 供造署, 都染署, 沉藏庫, 別鞍色, 尙衣院, 尙林
　　　　院, 東西窯, 各道鹽場, 屯田.

　　이처럼 태종대에는 의정부·육조와 삼군도총제부·삼군진무소 등 정
치·군령기구, 육조 속사·속아문 등이 상정되면서 정비되었다. 이러한
정치기구의 정비와 왕을 정점으로 한 의정부·육조체제의 정립은 후대
로 계승되면서 ≪경국대전≫에 법제화된 정치기구·행정체계의 토대가
되었다.

3. 世宗代

1) 直啓衙門

　　세종 즉위직전의 직계아문에는 議政府, 六曹(이·호·예·병·형·공조),
三軍都摠制府·三軍鎭撫所·義興府, 司憲府·司諫院, 承政院, 漢城
府, 開城留後司, 義禁府와 敦寧府가 있었다.[64] 이들 아문의 명칭은

---

64) 뒤 77~78쪽 <표 6> 참조.

세종대를 통하여 의정부, 육조, 사헌부, 사간원, 승정원, 한성부, 의금부와 돈령부는 그대로 계승되었다. 그러나 삼군도총제부 등은 다음과 같이 관아가 혁파되거나 관아의 명칭 등이 개변되면서 계승되었다.

ㄱ) 즉위년에 의흥부가 義建府로 개칭되었고,[65] 삼군진무소는 三軍府로 개칭되고 다시 의건부가 삼군부에 병합되어 혁파되었다.[66] 이것은 상왕이 삼군부와 의건부로 시위군을 양분하여 자신과 세종의 시위를 관장하는 것보다는 삼군부가 전장하는 것이 좋겠다는 생각에서 이루어졌다.

ㄴ) 12년에 在內諸君府는 태종 14년 이래로 府에 합속되어 있으면서 종친의 비위를 규찰하던 宗簿寺가 10년에 독립되어 나감과 관련되어 정1품아문인 宗親府로 개칭·승격되면서 직계아문이 되었다.[67]

ㄷ) 14년에 삼군도총제부와 그 구성원인 判都摠制府事(종1) 이하가 복설된 국초의 中樞院과 判中樞院事(종1) 이하로 계승되면서 혁파되었다. 이것은 삼군도총제부가 군정을 관할하지 않음으로 인해 야기된 명칭과 기능이 서로 괴리된 현상을 시정하기 위해서였다.[68] 이 직후에 다시 중추원의 운영에 수반되어 삼군부가 三軍鎭撫所로 개칭되면서 병조속아문으로 격하되었다.[69]

ㄹ) 20년에 정2품아문인 개성유후사가 開城府留守司(종2)로 개칭·강격되었다.[70] 이것은 세종 13년에 중국 周나라의 관제를 참작하여 모든 외관을 종2품 留守官 이하로 정비한 것에서 기인된 것이었다.[71]

65) ≪태종실록≫ 권36, 18년(세종 즉위) 8월 정해.
66) ≪세종실록≫ 권1, 즉위년 9월 기미.
67) ≪세종실록≫ 권42, 10년 11월 기사, 권50, 12년 11월 병인·12월 기사.
68) ≪세종실록≫ 권55, 14년 3월 갑술·을해.
69) ≪세종실록≫ 권57, 14년 9월 임신.
70) ≪세종실록≫ 권83, 20년 10월 병인.
71) ≪세종실록≫ 권51, 13년 1월 정축.

이와 함께 2년에 정3품 당상아문으로 설치된 集賢殿과[72] 예조속아문인 經筵이 직계아문이 되었다.[73] 26년에는 이성제군부가 駙馬府로 개칭되면서 직계아문이 되었고,[74] 27년경에 세자의 집정부로 설치된 詹事院이 직계아문이 되었다.[75] 그 외에도 병조는 아문의 지위에는 변화가 없었지만 그 기능의 발휘에 있어서는 상왕 태종의 병조를 중심한 국정지휘와 관련되어 세종 즉위~4년까지 상왕에게 소속되고 判書·參判·參議·知兵曹事(1인, 정3품 당상겸)는 승정원 승지의 예에 따라 상왕의 명령을 출납하였고,[76] 상왕의 훙서와 함께 본래의 위치로 환원되었다. 또 즉위년에 6조의 서열이 이, 병, 호, 형, 예, 공조에서 중국 周의 관제에 따라 이, 호, 예, 병, 형, 공조로 조정되었다.[77]

2) 六曹屬衙門

세종 즉위 직전의 육조속아문에는 다음과 같이 이조속아문인 恭安

---

72) ≪세종실록≫ 권7, 2년 2월 갑신. 신치된 집현전이 직계아문인가? 육조속아문인가? 는 그에 대한 언급이 없어 명확하지 못하다. 그런데 녹관의 수가 20~30여명이었고, 정3품 당상관인 부제학(1원)의 반열이 직계아문인 사간원의 장관인 좌·우사간대부의 상위인 등 모든 녹관이 '동품직에서 가장 상위의 지위(本品行頭)' 를 누렸다(최승희, 앞 <집현전연구> 상, 10~18쪽). 이에서 비록 집현전의 후신으로 성종 7년에 설치된 홍문관이 예조속아문이었음과는 달리 직계아문이었다고 추측하여 직계아문으로 파악한다.
73) 경연은 태종 5년~성종 16년의 어느 시기에 직계아문이 되었다. 그 시기는 불명하나 세종의 즉위와 함께 知事(정2)·同知事(종2) 각 1인이 증치되면서 경연이 활성화되었으며, 2년에 설치된 집현전관이 경연을 전담하였다. 이에서 2년 전후에 직계아문이 된 것으로 파악한다.
74) ≪세종실록≫ 권105, 26년 7월 무신.
75) 직계아문여부와 직계아문이 된 시기는 불명하다. 설치시에는 관원이 3원(종3 첨사 1[승지겸]·정4 동첨사 2[겸])에 불과하였고(세종 24년 9월 경신), 27년부터 서무를 재결하였으며(27년 5월 기묘), 30년부터는 백관의 조하를 받으면서 承華堂에서 집무하고(30년 3월 신해) 6승지가 모두 첨사를 겸하였다(30년 8월 경오). 이에서 첨사원은 직계아문이 되었고, 그 시기는 27년경이라고 추측된다.
76) ≪세종실록≫ 권1, 즉위년 10월 기묘.
77) ≪세종실록≫ 권2, 즉위년 12월 경인.

府·宗簿寺 등을 비롯하여 120여 아문이 있었다(( )는 최고위 녹관의 직질78)).

이조; 恭安府(정2), 仁寧府(종2), 順承府(종2), 尙瑞司(정4), 宗簿寺(정3), 茶房(?), 司饔房(녹관 무), 內藥房(?), 司膳署(종5), 功臣都監(7品), 內侍府(종2), 內侍院(?), 掖庭署(6品).79)

호조; 內資寺(정3), 內贍寺(정3), 司贍署(종5), 軍資監(정3), 濟用監(정3), 豊儲倉(종5), 廣興倉(종5), 供正庫(종5), 京市署(종5), 義盈庫(종5), 長興庫(종5), 養賢庫(유외), 東部(종6), 남부(종6), 서부(종6), 북부(종6), 중부(종6).

예조; 藝文館(정3), 春秋館(녹관 무), 成均館(정3), 經筵(녹관 무), 承文院(정3), 通禮門(정3), 典農寺(정3), 校書館(종5), 禮賓寺(정3), 雅樂署(종5), 典樂署(종5), 書雲觀(정3), 典醫監(정3), 司譯院(정5), 書筵(정3), 昭格殿(종9), 宗廟署(종8), 司醞署(종5), 濟生院(종7), 社稷壇(品외), 典廐署(종7), 司臠所(?), 惠民局(종7), 圖畫院(?), 膳官署(?), 道流房(7品), 東·西活人院(品외), 歸厚所(녹관 무), 中部儒學(6品), 남부유학(6), 동부유학(6), 서부유학(6), 架閣庫(종7), 復興庫(녹관 무), 大淸觀(종9), 慣習都監(종4), 僧錄司(?), 醫學(종8), 文昭殿(종9).

병조; 中軍(정3), 좌군(정3), 우군(정3), 12司(정3, 사명은 뒤 <표8> 참조), 訓鍊觀(종3), 司僕寺(정3), 軍器監(정3), 別侍衛(?), 內侍衛(?), 忠扈衛(5品), 引駕房(?), 各殿 行首·牽龍(8品).

형조; 刑曹都官(刑曹分都官, 정4), 典獄署(종7), 律學(종8).

공조; 尙衣院(녹관 무), 繕工監(정3), 司宰監(정3), 都染署(정8), 上林園(녹관무), 造紙所(녹관 무), 東·西窰(녹관 무), 別瓦(別窰, 녹관 무).

78) ≪조선왕조실록≫ 태조 1년~태종 18년조에서 종합.
79) 태종 5년 속아문 성립시에는 제외되었고, ≪경국대전≫에 포함되어 있다. 이에서 태종 5년~성종 16년의 어느 시기에 속아문에 편입되었다고 하겠다. 여기에서는 태종대의 관제정비와 관련하여 태종대에 속아문에 편입된 것으로 파악한다.

세종 즉위초부터 육조속아문은 세종말까지 상서사 등 70여 아문은 그대로 계승되었다. 그러나 그 외의 아문의 경우 봉상시는 소속이 변경되었고, 순승부 등 십 수 아문은 인수부 등으로 개칭되었으며, 공안부와 공정고 등 10여 아문은 인녕부 등에 병합되면서 혁거되었다.

2년에 예조속아문인 전사시가 奉常寺로 개칭되면서 호조속아문으로 변경되었고,[80] 25년에 이조속아문인 藥房이 內醫院으로 개칭되면서 예조속아문으로 변경되었다.[81]

즉위년에 순승부(이조속아문)가 仁壽府로 개칭되고[82] 도염서가 6품아문으로 승격되었으며,[83] 3년에 인녕부(이)가 慶順府로 개칭되고[84] 경순부(이)가 仁順府로 개칭되었다.[85] 4년에 供正庫(호)가 濟官署로 개칭되었고,[86] 5년에 12司(병)가 10사로 감축되었으며,[87] 8년에 사직단(9품아문, 예)이 社稷署(7품)로 개칭·승격되었다.[88] 10년에 在內諸君府에 합속되어 있던 종부시가 독립아문이 되면서 이조속아문이 되었고,[89] 16년에 율학(9품아문, 형)이 司律院(6품아문)으로 개칭·승격되고[90] 공신도감(이)이 忠勳司로 개칭되었다.[91] 27년에 다시 10사가 12사로 확충되고[92] 내시원(이)이 內直院으로 개칭되었으며,[93] 29년에

---

80) ≪세종실록≫ 권7, 2년 윤1월 기묘. 소속은 언급이 없지만 ≪경국대전≫에 호조속아문으로 적기되었음에서 이 때 호조속아문이 된 것으로 추측된다.
81) ≪세종실록≫ 권100, 25년 6월 무술. 속아문에 대한 언급은 없지만 ≪경국대전≫에 예조속아문으로 적기되었음에서 이 때 예조속아문에 편입된 것으로 추측된다.
82) ≪세종실록≫ 권1, 즉위년 8월 임진.
83) ≪세종실록≫ 권6, 1년 12월 병자.
84) ≪세종실록≫ 권13, 3년 10월 을묘.
85) ≪세종실록≫ 권14, 3년 12월 계사.
86) ≪세종실록≫ 권17, 4년 9월 기묘.
87) ≪세종실록≫ 권22, 5년 12월 갑인.
88) ≪세종실록≫ 권32, 8년 6월 신미.
89) ≪세종실록≫ 권42, 10년 10월 임인·11월 기사.
90) ≪세종실록≫ 권65, 16년 8월 경오.
91) ≪세종실록≫ 권65, 16년 9월 을해.

다방(이)이 司鐏院으로 개칭되었다.[94]

1년에 응양위(병)가 혁거되었고,[95] 2년에 공안부(이)가 인녕부(이)에 병합되면서 혁거되었고,[96] 4년에 공정고(호)가 도관서(호)에 병합되면서 혁거되고 대청관(예)이 혁거되었으며,[97] 6년에 승록사(예)가 혁거되고[98] 7년에 인가방(병)이 견룡방에 병합되면서 혁거되었다.[99] 13년 이후에 견룡방이 혁거되었다.[100]

또 신치되거나 정식관아가 된 慶昌府·禮葬都監 등 십 수 아문이 속아문에 편입되었다. 즉 즉위년에 신치된 慶昌府가 이조속아문이 되었고,[101] 禮葬都監이 정식관아가 되면서 예조속아문이 되었으며,[102] 7년에 景福宮과 昌德宮이 이조속아문이 되었고,[103] 7년 이전에 태종 17년에 혁거되었다가 복설된 沈贓庫가 공조속아문이 되었다.[104] 8년에 城門都監과 禁火都監이 합병되면서 성립된 修城禁火司가 공조속아문이 되었다.[105] 11년에 世子翊衛司와 신치된 宗學이 병조와 예조 속아문이 되었다.[106] 12년에 內需別坐가 內需所로 개칭되고 정식관아가 되면서 이조속아문이 되었고,[107] 20년에 상치아문이 된 東平

92) ≪세종실록≫ 권109, 27년 7월 경인.
93) ≪세종실록≫ 권108, 27년 4월 경오.
94) ≪세종실록≫ 권115, 29년 2월 병진.
95) ≪세종실록≫ 권3, 1년 2월 기해.
96) ≪세종실록≫ 권7, 2년 2월 갑신.
97) ≪세종실록≫ 권17, 4년 9월 기묘, 권18, 4년 11월 신미.
98) ≪세종실록≫ 권24, 6년 4월 경술.
99) ≪세종실록≫ 권30, 7년 12월 무자.
100) ≪세종실록≫ 권52, 13년 6월 병진.
101) ≪세종실록≫ 권1, 즉위년 8월 임진.
102) ≪세종실록≫ 권2, 즉위년 11월 정사. 속아문 편입여부는 불명하나 그 기능상 예조속아문이 되었다고 생각되어 예조속아문으로 파악한다.
103) ≪세종실록≫ 권30, 7년 11월 계묘.
104) ≪세종실록≫ 권28, 7년 6월 경자.
105) ≪세종실록≫ 권33, 8년 7월 기해.
106) ≪세종실록≫ 권45, 11년 9월 신해.

館(5품)과 北平館(5품)이 예조속아문이 되었고,[108] 27년에 궐내에서 화약을 제조한 合藥所가 司㷁局으로 개칭되면서 병조속아문이 되었고,[109] 30년에 신치된 世孫講書院이 예조속아문이 되었다.[110]

이들 아문의 변개는 상왕 태종의 지대 등 정치상황에서 기인된 것도 있다.[111] 그러나 대개 이조가 "부마로서 봉군된 자는 공신이 아니니 명실이 합당하지 못하다. 다시 이성제군부로 칭하소서" 라는 주장에 따라 공신제군부를 이성제군부로 개칭하였다.[112] 의정부가 이조의 모에 의거하여 "내시원과 내시부는 명호가 서로 같으니 내시원을 내직원으로 고치소서" 라는 상계에 따라 내시원을 내직원으로 고쳤듯이[113] 명실을 일치시키고 명호를 구분하는 것에서 기인된 것이었다.

이러한 변천을 거쳐 세종말에는 다음과 같이 종부시 등 110여 아문이 육조속아문으로 정착되었다(고딕은 ≪경국대전≫ 등재아문).

> 이조; 인순부, 인수부, 경창부, 상서사(→**상서원**), **종부시**, 사준원, 사옹방(→**사옹원**), **사선서, 충훈사**(→**충훈부, 직계아문**), 내수소(→**내수사**), **내시부, 내직원, 액정서, 경복궁, 창덕궁**.
>
> 호조; **내자시, 내섬시,** 도관서(→ **사도시**), **사섬서,** 전농시(→**사섬시**), **군자감, 제용감, 풍저창, 광흥창,** 경시서(→**평시서**), **의영고, 장흥고, 양현고,** 동·남·서·북·중부(→**5부**).

---

107) ≪세종실록≫ 권48, 12년 6월 갑오. 속아문 편입에 대해서는 언급되지 않았으나 이 때에 이조속아문에 편입된 것으로 파악한다.
108) ≪세종실록≫ 권80, 20년 3월 계미, 권81, 20년 4월 병진. 속아문은 언급되지 않았지만 그 기능상 예조에 편입되었을 것이라고 생각된다.
109) ≪세종실록≫ 권109, 27년 9월 정유.
110) ≪세종실록≫ 권119, 30년 2월 기미, 권120, 30년 4월 무오. 소속은 언급되지 않았지만 그 기능상 예조에 편입된 것으로 파악한다.
111) ≪세종실록≫ 권1, 즉위년 8월 임진.
112) ≪세종실록≫ 권1, 즉위년 9월 계유.
113) ≪세종실록≫ 권108, 27년 4월 경오.

예조; 예문관, 춘추관, 성균관, 승문원, 통례문(→통례원), 봉상시, 교
　　　서관, 내의원, 예빈시, 아악서·전악서(→ 장악원), 서운관(→관
　　　상감), 전의감, 사역원, 서연(→세자시강원), 종학, 소격전(->소
　　　격서), 종묘서, 사온서, 제생원, 사직서, 전구서(→ 전생서), 사
　　　련소, 혜민국(→혜민서), 도화원(→도화서), 선관서, 도류방, 동·
　　　서활인원(→동·서활인서), 동평관, 북평관, 귀후소(→귀후서),
　　　예장도감, 중학·남학·동학·서학(→4학), 가각고, 복흥고, 세손강
　　　서원, 관습도감, 의학, 문소전.
병조; 3군진무소(→5위도총부, 직계아문), 중군·좌군·우군, 12사(→5
　　　위), 훈련관)→훈련원), 사복시, 군기감, 별시위, 충호위(→전설
　　　사), 세자익위사, 사표국.
형조; 형조도관(→장예원), 전옥서, 사율원.
공조; 상의원, 선공감, 사재감, 도염서, 침장고(→사포서, 호조), 상림
　　　원, 조지소(→조지서), 동·서요(→와서), 별요, 수성금화사.

3) 임시아문 및 기타아문

태조 개국~태종대에는 현안사나 상례사 등을 처리하기 위한 제 도
감·소·색 등의 임시기관이 광범하게 설치·운영되었지만,[114] 세종대에
도 전대의 관행이 계승되면서 도감, 청, 소, 색 등 많은 임시기관이
설치되어 운영되었다.

1~4년과 28년에 상왕 정종, 태종비 元敬王后, 상왕 태종, 왕비 昭
憲王后의 장례를 위한 국장도감을 운영하였다.[115] 4년과 8년에 도성
의 방어와 방화를 위해 城門都監(~ 8년)과 禁火都監(~ 8)을 운영하
였다.[116]

6~13년에 ≪정종실록≫과 ≪태종실록≫의 수찬을 위해 실록청을

---

114) 앞 61쪽 참조.
115) ≪세종실록≫ 1~4년·28년조.
116) ≪세종실록≫ 권15, 4년 2월 신해, 권31, 8년 2월 경인, 권33, 8년 7월 기해.

운영하였고,[117) 25년에 훈민정음과 관련된 사업을 위해 諺文廳(正音廳)을 설치하였다.[118)

태종 10년에 설치된 의례상정소가 왕 17년까지 운영되었고,[119) 18~25년에 공법을 논의하고 상정할 貢法詳定所가 운영되었으며,[120) 25년에 공법상정소가 상정한 공법과 새로운 공법(전분 6등 연분 9등)을 추진하기 위해 田制詳定所를 운영하였다.[121) 태종 4년에 설치되어 도성내의 치안을 관장한 都城警守所가 왕 18년까지 운영되었다.[122)

즉위년에 貢賦詳定色이 설치되었고,[123) 4~8년과 13~15년에 ≪續六典≫과 ≪新撰經濟六典≫을 수찬한 六典修撰色이 운영되었으며,[124) 18년 이후에 漕運 등을 관장한 修城戰艦色(18~)·轉運色(25~27)·司水色(28 ~)이 운영되었다.[125)

또 태종 2년과 9년 이래로 중군에 소속되어 시위에 종사하던 內禁衛와 兼司僕·內侍衛,[126) 세종 즉위년과 27년에 양반특수군으로 설치된 忠義衛와 忠順衛가[127) 세종대를 통하여 운영되었다. 그 외에도 세종대를 통하여 分禮賓寺와 武學·算學·天文學·風水學·陰陽學·漢

---

117) ≪정종실록≫·≪태종실록≫ 부록 수찬관조.
118) ≪세종실록≫ 권114, 28년 11월 임신.
119) ≪세종실록≫ 권70, 17년 11월 병술.
120) ≪세종실록≫ 권73, 18년 윤6월 기묘.
121) ≪세종실록≫ 권102, 25년 11월 경자, 金泰永, 1983, ≪朝鮮前期 土地制度史硏究≫, 知識産業社, 288~317쪽.
122) ≪세종실록≫ 권71, 18년 3월 무진.
123) ≪세종실록≫ 권1, 즉위년 9월 신미.
124) 박병호, 앞 논문, 201~203쪽.
125) ≪세종실록≫ 권100, 25년 6월 갑진, 권112, 28년 5월 신미.
126) ≪태종실록≫ 권27, 14년 6월 무진. 겸사복은 언급되지 않았지만 그 기능상 내금위 등과 같이 중군에 소속되었다고 추측되어 함께 파악한다.
127) ≪세종실록≫ 권2, 즉위년 11월 기유, 권109, 27년 7월 갑신·경인.

學·蒙學·倭學·女眞學[128) 등이 운영되었다.

이상에서 세종말의 직계아문은 정치기관인 의정부·육조(이·호·예·병·형·공조) 등, 언론기관인 사헌부·사간원, 학문기관인 경연·집현전, 왕권의 행사와 체제유지를 위한 승정원·의금부, 종친 등을 예우하는 종친부·돈령부·부마부로 정리되었다. 또 多岐하였던 군령기구가 왕 14년 이후에 삼군부 → 삼군진무소로 일원화 되었고, 집현전이 대두하면서 문운 융성과 문치주의의 중심기관이 되었다. 육조속아문은 전대 왕과 왕비를 지대하던 공안부 등과 기능이 타 관아와 중복된 공정고·대청관 등은 혁거되거나 통합되었고, 중요한 임시기관인 성문도감·내약방 등은 정식관아로 개편되었으며, 도염서·율학 등은 참상아문으로 승격되었다. 또 세자를 위한 서연·익위사와 종실과 양반자제를 위한 종학·4학제가 정비되었다. 이러한 직계아문과 육조속아문의 기능별 정비와 체계화 및 군령기구의 정비 등은 후대로 계승되면서 ≪경국대전≫에 정연히 법제화된 중앙정치기구의 토대가 되었다.

4. 文宗~成宗代(≪經國大典≫)

1) 文宗 · 端宗代

문종·단종대에는 그 재위기간이 짧고 정치가 불안정하여 큰 변화가 없었다. 그러나 문종대에는 즉위(1450)와 함께 詹事院과 예조속아문인 世孫講書院이 혁거되었다.[129) 1년에 병조속아문인 12司가 5司(義

---

128) 뒤 <표 9> 임시·기타아문 참조.
129) ≪문종실록≫ 권1, 즉위년 3월 계축, 권2, 즉위 7월 임술.

興·忠佐·忠武·龍驤·虎賁司)로 통폐합됨에 따라 국초이래로 당시까지 변천되면서 운영되어 온 3軍 - 12司의 군령체제가 3軍 - 5司제로 개편되면서[130] 세조대에 정립된 五衛都摠府 - 五衛제의 토대가 되었다.

단종대에는 단종이 13세의 유년으로 즉위하였음과 관련되어 영의정과 좌의정인 皇甫仁과 金宗瑞(계유정변 이전)나 領議政府事兼判吏兵曹事內外兵馬都統使(계유정변 이후)인 首陽大君이 국정을 전단하였고,[131] 그나마 재위 3년 만에 수양대군에 의하여 폐위되었기 때문에 별다른 변화가 없었다. 단지 2년에 이조속아문인 참외아문 충훈사가 정1품아문 忠勳府로 승격되고 개칭되면서 직계아문이 되었다.[132]

2) 世祖代

세조는 즉위와 함께 강압적으로 議政府署事制를 六曹直啓制로 전환하고 국정전반을 총람하였으며,[133] 재위기를 통해 창업주를 자처하면서 개국이래 당시까지에 걸친 제법전과 법령·조례를 집성하여 통치규범이 될 법전인 ≪경국대전≫의 편찬을 도모하였다.[134] 또 단종 1년과 세조 1년에 책록된 靖難功臣(43명)과 佐翼功臣(44명)에게 10,600여 결의 공신전이 賜給되었기에[135] 경비의 절감이 절실하였다. 이에 따라

---

130) ≪문종실록≫ 권8, 1년 7월 무술.
131) 한충희, 앞 <왕권의 재확립과 제도의 완성>, 112~114쪽.
132) ≪단종실록≫ 권10, 2년 1월 정묘.
133) 한충희, 앞 논문, 116~120쪽.
134) 즉위와 함께 시작되었고, 세조가 6전상정관이 올린 내용을 친히 검토하고 수정하면서 6년과 7년에 호전과 형전을 반행하였다. 이·예·병·공전도 왕 11년까지 초안이 작성되고 12년부터 수정에 들어가 완료를 도모하였지만, 세조의 신병악화, 이시애난, 세조의 신중한 편찬방침에 따라 완성을 보지 못하였다가 예종·성종대로 이어져 완성되었다(朴秉濠, 앞 논문, 250~253쪽).
135) 韓永愚, 1973, <王權의 確立과 制度의 完成(世祖~成宗)>, ≪한국사≫ 9, 국사편찬위

세조대에는 직계아문은 부분적으로 보완됨에 그쳤지만, 육조속아문은
관아의 혁파와 명칭개정, 관직명의 통일, 관원의 증감 등이 대대적으로
행해지면서 ≪경국대전≫에 법제화될 관제로 정립되었다.

직계아문은 왕 2년(1456)에 集賢殿이 혁거되었다.[136] 3년에 병조속
아문인 중군에 소속된 兼司僕·內禁衛가 친위병으로 확립되면서 직계
아문으로 승격되었다.[137] 12년에 직계아문인 중추원과 부마부가 中樞
府와 儀賓府로 개칭되었고, 5위진무소가 五衛都摠府로 개칭되면서
직계아문으로 승격되었으며, 개성부는 외관이 되면서 경기도에 예속
되었다.[138] 이 중에서 5위도총부의 직계아문화는 5위도총부 - 5위체
제의 정립을 의미하는 동시에 군정은 병조, 군령은 오위도총부가 각
각 전장하는 즉, 군정·군령 분립체제의 토대가 되었다.

육조속아문은 3년에 병조속아문인 5司가 5衛로 개칭되고 3군진무
소가 五衛鎭撫所로 개편되었으며, 別侍衛·忠義衛 등이 5위에 소속
되었다.[139] 6년 5월에 分禮賓寺·司饔所(예)와 東·西窯(공)가 각각 합
병되면서 司蓄所(예)와 瓦窯(공)라 개칭되고, 慶昌府(이)·藁官署(호)와
司贍署(호) 등 10여 아문이 司膳署(이)와 典農寺(호) 등에 병합되면
서 혁거되었다.[140] 6년 6월에 전농시(호)가 사섬시(호)로 개칭되었
다.[141] 12년에 정3품 당하아문인 훈련관(병)과 정4품아문인 형조도관
(형)이 訓練院과 辨定院으로 개칭되면서 정3품 당상아문으로 승격하
였고, 종5품 아문인 도관서(호)와 풍저창·광흥창(호)은 정3품 아문인

원회, 219쪽.
136) ≪세조실록≫ 권4, 2년 6월 갑진.
137) ≪세조실록≫ 권7, 3년 3월 기사·4월 갑오.
138) ≪세조실록≫ 권38, 12년 1월 무오.
139) ≪세종실록≫ 권7, 3년 4월 갑오.
140) ≪세조실록≫ 권20, 6년 5월 기묘.
141) ≪세조실록≫ 권20, 6년 6월 신축.

사섬시와 정4품아문으로 개칭되고 승격되었다. 4부유학(예) 등은 4학 등으로 개칭되면서 녹관아문이 되고 종학(예) 등도 녹관아문이 되었으며, 사율원(형)은 율학으로 개칭되면서 형조에, 산학(호)은 호조에 각각 합병되면서 혁거되었다.[142]

이를 볼 때 세조대에는 태조 개국~단종대까지에 걸쳐 정비되고 계승된 정치기구와 관직체계가 보완·체계화되면서 정치와 군사(군정·군령) 양립체제 즉, 의정부 - 6조 - 6조속아문체제와 병조 - 병조속아문·5위도총부 - 5위체제로 정립되면서 조선적인 정치기구·관직제로 확립되었다고 하겠다.

3) 예종~성종 16년

예종대에는 세조대에 거의 마무리된 ≪경국대전≫의 반포를 위한 수정작업이 계속되었다. 그러나 예종이 국상 중 재위 1년 만에 급서하였기 때문에 정치기구의 개변에 관심을 쏟을 겨를이 없었다고 추측되고, 실제로도 그 변개상이 거의 확인되지 않는다.[143]

성종대에는 예종대를 이어 ≪경국대전≫의 반포를 위한 수정·보완작업이 전개되었다. 또 성종 즉위~7년에는 13세로 즉위한 성종의 국정보좌 및 왕권보호를 위해 세조대의 국왕을 중심한 정치와는 달리 세조비 貞熹王后와 韓明澮·申叔舟 등 훈구대신인 10여 院相이 정치를 주도하였던 만큼[144] 정치기구에 많은 변개가 있지 않았겠느냐고 추측된다. 그러나 성종 16년에 반포된 ≪경국대전≫의 정치기구를 볼

---

142) ≪세조실록≫ 권38, 12년 1월 무오.
143) 왕 1년에 세종 1년 이래로 상설기관이었던 예장도감이 귀후소에 병합하면서 혁거되었다 (≪예종실록≫ 권3, 1년 1월 경진).
144) 金甲周, 1973, <院相制의 成立과 機能>, ≪東國史學≫ 12, 51~65쪽.

때 세조말의 그것이 부분적으로 보완됨에 그쳤음을 알 수 있다. 즉 왕 1년 이전에 와요(공)가 瓦署로 개칭·승격되고 임시기관인 轉運色이 典艦司로 개칭되면서 호조속아문이 되었으며,[145] 5년 11월 이전에 捕盜廳이 설치되었다.[146] 6년에 延恩殿이 설치되면서 예조속아문이 되었다.[147] 9년 이전에 도화원(예)이 도화서로 개칭되었고,[148] 9년에 예문관 관원 중 왕 1년에 증치되었던 구 집현전계의 관원이 弘文館으로 독립되고 예조속아문이 되었으며,[149] 도관서(호)가 司導寺로 개칭되었다.[150] 12년에 수성금화사가 복설되면서 공조속아문이 되었으며,[151] 14년에 양현고가 복설되면서 호조속아문이 되었고,[152] 15년에 전교서가 校書館으로 개칭되었다.[153]

이를 볼 때 예종·성종대에는 홍문관·포도청이 신설되기도 하나 세조대의 정치기구가 계승되고 보완되면서 종친부·의정부 등 20여 직계아문과 충익부·상서원·종부시·사옹원·내수사(이조속아문) 등 110여 육조속아문으로 정립되었다가 ≪經國大典≫에 법제화되면서 확정되었다고 하겠다. 조선초기의 직계아문·육조속아문과 軍衛 및 임시·기타아문의 변천과정을 표로 재정리하여 제시하면 다음과 같다.

---

145) ≪성종실록≫ 권4, 1년 4월 정사, 권6, 1년 6월 을축.
146) 李相寏, 1977, <捕盜廳의 設置에 관한 고찰>, ≪歷史學研究≫ 7, 26~30쪽.
147) ≪성종실록≫ 권60, 6년 10월 경인.
148) ≪성종실록≫ 권98, 9년 8월 계사.
149) ≪성종실록≫ 권4, 1년 4월 갑술, 권90, 9년 3월 신사.
150) ≪성종실록≫ 권95, 9년 8월 신묘.
151) ≪성종실록≫ 권127, 12년 3월 갑진.
152) ≪성종실록≫ 권5, 1년 5월 경인, 권161, 14년 12월 병인.
153) ≪성종실록≫ 권262, 15년 1월 무인.

<표 6> 조선초기 직계아문 변천 종합[154]

태조 1년	태종 5년	세종대	세조 12년	≪경국대전≫	비고
都評議使司 門下府	정종2. 議政府 1. 혁	12. 宗親府		宗親府 議政府	
			단종2. 忠勳府(←충훈사, 이조 속아문)	忠勳府	
		26. 駙馬府	儀賓府	儀賓府	
三司	14. 敦寧府 1.司平府→5. 혁			敦寧府	
	14.義禁府(← 병조속아문)			義禁府	
6曹(이, 병, 호, 형, 예, 공)	정2품아문	즉. 6조(이, 호, 예, 병, 형, 공)		6曹(이, 호, 예, 병, 형, 공)	
4. 漢城府				漢城府	
司憲府				司憲府	
開城府	4. 開城留守府	20. 開城府	13. 외관(경기도)	開城府	
中樞院堂後	1. 承政院→승 추부당후 5.승 정원			承政院	
		2. 集賢殿	2. 혁		
門下府郎舍	1. 司諫院			司諫院	
		經筵(←예조 속아문)		經筵	
中樞院	정종2.혁→1. 承樞府, 5.혁	14. 中樞院	中樞府	中樞府	
2. 義興三軍府	정.2.3軍府→1. 承樞府→5.혁, 9.3軍鎭撫所→ 9.義興府→12. 혁→18. 3군진 무소	즉.3군부→14.3 군진무소(병조 조속아문)			

154) ≪고려사≫ 백관지, ≪조선왕조실록≫에서 종합.

태조 1년	태종 5년	세종대	세조 12년	《경국대전》	비고
3軍	2.3軍都摠制府 18. 義興府	14. 혁(중추원) 즉. 義建府→혁 (3군부) 24.詹事院→27 경 직계아문	문종 즉. 혁 3. 兼司僕(←중군 겸사복) 3. 內禁衛(←중군 내금위) 5衛都摠府(←5군진무소, 병조속아문)	兼司僕 內禁衛 5衛都摠府	

\<표 7\> 조선초기 육조속아문 변천 종합155)

	태조1년	태종5년	세종대	세조 12년	《경국대전》	비고
이조속아문	敬興府 정종2. 承寧府 정2. 仁壽府	정종즉. 혁 9. 혁(典農寺) 즉. 혁 즉. 恭安府 즉. 仁寧府 3.敬承府→18.順承府	2. 혁(인녕부) 2.慶順府→3.仁順府 즉. 仁壽府 즉. 慶昌府	4. 혁 4. 혁 6. 혁(司膳署) 2. 忠翊司(←원종공신소)→ 12. 忠翊府 尙瑞院	忠翊府 尙瑞院	상왕정종부 세자부 상왕태종부 왕비부
	尙瑞司 殿中寺	1宗簿寺→14在內諸君府	10.종부시 12.宗親府(직계아문)		尙瑞院 宗簿寺	

155) 《고려사》 백관지, 《조선왕조실록》에서 종합.

	태조1년	태종5년	세종대	세조 12년	《경국대전》	비고
이조	茶房 司饔房 (내)藥房	→ → →	29. 司饔院 25. 內醫院(→예 조속아문)	혁 13.司饔院	司饔院	
	司膳署	→		13. 藥官署(→ 호조속아문)		
	開國功臣都 監 內需別坐		16. 忠勳司(←공 신도감) 12. 內需所(←내 수별좌)	단종2. 忠勳府(직계아문) 內需司	內需司	
	內侍府 內侍院 掖庭署	→ →	27.內直院	혁	內侍府 掖庭署	
호조	內府寺	1. 內資寺 3. 內贍寺	→ →		內資寺 內贍寺	
				13. 藥官署(← 이)→성종9. 司 饔寺	司饔寺	
	司農寺	1. 司贍署 1.典農寺→9. 典祀寺(→예조 속아문) 9.典農寺(← 예조)	→ →	6. 혁(전농시) 6. 司贍寺	司贍寺	
	軍資監 濟用庫	9. 濟用監	→		軍資監 濟用監	
	豊儲倉 廣興倉 料物庫	1. 供正庫	4. 藥官署	司宰監(←공조) 6. 혁(사선서) 성종1. 典艦司(←전운색)	司宰監 豊儲倉 廣興倉 典艦司	
	京市署	→	→	平市署 司醞署(←예)	平市署 司醞署	
	義盈庫 長興庫 解典庫				義盈庫 長興庫	

	태조1년	태종5년	세종대	세조 12년	《경국대전》	비고
호조				12. 司圃署(← 공조)	司圃署	
	養賢庫 →			11. 혁(풍저창) 성종11. 양현고	養賢庫	
		各道倉庫				
	5部(동, 남, 서, 북, 중) 義鹽倉 →			→	5部(중, 동 남, 서, 북)	
예조	藝文春秋館	1. 藝文館 →		성종9. 弘文館	弘文館 藝文館	
		1. 春秋館 →			春秋館	
	成均館 →				成均館	
	經筵官	經筵 1. 文書應奉司 →11. 承文院	2년경 직계아문		承文院	
	閤門 奉常寺	通禮門 9. 典農寺(→ 호조)	→	通禮院	通禮院	
		9. 典祀寺(←전 농시, 호조)	2. 奉常寺		奉常寺	
	校書監	1. 校書館	→	典校署→성15. 교서관	校書館	
			25.內醫院(←이 조, 약방)	→	內醫院	
	禮賓寺 →			→	禮賓寺	
	雅樂署 →			4. 혁(장악서)		
	典樂署 →			4掌樂署→12.掌 樂院	掌樂院	
	書雲觀 →			觀象監	觀象監	
	典醫監 →			→	典醫監	
	2. 司譯院 →			→	司譯院	
	世子官屬	書筵		世子侍講院	世子侍講院	
			11. 宗學		宗學	
	昭格殿 →			昭格署	昭格署	
	宗廟署 →			→	宗廟署	
	司醞署 →			호조속아문		
	6. 濟生院 →			6. 혁(혜민국)		
	社稷壇		8. 社稷署	→	社稷署	

	태조1년	태종5년	세종대	세조 12년	《경국대전》	비고
예조		氷庫→14.혁 (내시원)		7. 이전 빙고	氷庫	
	典廐署 分禮賓寺			6典牲署 6.司蓄所(← 분예 빈시·사련소) →12.司蓄署	典牲署 司蓄署	
	정종2. 이전 司饔所			6. 司蓄所		
	惠民局			惠民署	惠民署	
	정종2. 이전 圖畵署 膳官署 道流房	圖畵院		성종9년 이전 圖畵署 6.혁(도관서) 3. 圜丘署	圖畵署 혁(소격서)	
	東西大悲院	11.東西活人署 14. 施惠所(← 관곽색)→歸厚 所	19. 동서활인원	活人署 歸厚署	活人署 歸厚署	
			즉. 禮葬都監	예종 1. 혁(귀후 소)		
	架閣庫 書籍院 3. 福興庫	4.4部儒學(중, 남, 동, 서)		4學(중, 남, 동, 서) 14革 6. 혁(예빈시) 문종즉. 혁	4學(중, 남, 동, 서)	
		種藥色→11.혁 (전의감)	30. 世孫講書院			
	大淸觀 慣習都鑑		4. 혁	4. 樂學都監 → 12.혁(장악서)		
	醫學	僧錄司 各道學校	6. 혁		혁(전의감) 文昭殿	
		8. 文昭殿				
			7. 景福宮 7. 昌德宮	혁(전연사) 혁(전연사)		

	태조1년	태종5년	세종대	세조 12년	《경국대전》	비고
예조			7. 東平館 7. 北(西)平館	성종6. 延恩殿	諸陵殿 延恩殿	
병조	정종2. 中軍 정종2. 左軍 정종2. 右軍 10衛 訓鍊觀 巡軍萬戶府	18.12司 2.巡衛府 →3. 義勇巡禁司 → 14. 義禁府(직 계아문)	14. 3軍鎭撫所(←직계아문) 5.10사→27.12사	5. 5軍鎭撫所→ 12. 5衛都摠府 (직계아문) 3.혁(3군진무소) 〃 〃 문종1.5사 訓鍊院	5衛 訓鍊院	위·사는 <표8>참조 위·사명은 <표8>
	司僕寺 軍器監 司幕 정종2. 別侍 衛 引駕房	2. 忠順扈衛司 →14. 忠扈衛 4. 鷹揚衛 各殿行首牽龍 (견룡방)	1. 혁 7. 혁(견룡방) 11. 世子翊衛司 27. 司礦局(←합 약소)	軍器寺 典設司 3. 속5위(용양 위) ? 단종3. 혁	司僕寺 軍器寺 典設司 世子翊衛司	
형조	刑曹都官 典獄署 律學	各道刑獄	16. 司律院	辨定院 →13.掌 隸院 12. 律學(형조)	掌隸院 典獄署	

	태조1년	태종5년	세종대	세조 12년	≪경국대전≫	비고
공조	2. 尙衣院 繕工監 司宰監 典艦司 供造署 都染署 沉贓庫 壽昌宮提擧 司→4. 경복 궁제거사 東山色	 10. 혁(공조) 5.이전 치, 14. 혁, 16.복치, 17. 혁 別鞍色 3. 上林園 11. 造紙所 6. 別窯 各道鹽場 屯田	 7.이전 복치 8.修城禁火司(← 금화·성문도감)	 호조속아문 典艦司(← 전운 색) 6. 혁(제용감) 司圃署(→호조) 6.혁(공조, 한 성부), 성종12. 修城禁火司 典涓司 12 장원서 조지서 6.瓦窯─→성종1. 이전 瓦署	尙衣院 繕工監 典艦司 修城禁火司 典涓司 掌苑署 造紙署 瓦署	

<표 8> 조선초기 군위아문 변천 종합[156]

태조 1년	태조 4	태종 9	태종18	세종 5	세종27	문종	세조 3	《경》
중군							혁	
義興親軍左衛	義興侍衛司	→	義興司	→		義興司	義興衛	義興衛
義興親軍右衛	忠佐侍衛司	→	忠佐司	→		忠佐司	忠佐衛	忠佐衛
鷹揚衛	雄武侍衛司	→	雄武司	→		파		
金吾衛	神武侍衛司	忠武巡禁司	忠武司	→		忠武司	忠武衛	忠武衛
좌군							혁	
左右衛	龍驤巡衛司	龍驤侍衛司	龍驤司	→		龍驤司	龍驤衛	龍驤衛
神虎衛	龍騎巡衛司	龍騎侍衛司	龍騎司	→		파		
興威衛	龍武巡衛司	龍武侍衛司	龍武司	→		파		
			龍賁司	파	龍賁司	파		
우군							혁	
備巡衛	虎賁巡衛司	虎賁侍衛司	虎賁司	→		虎賁司	虎賁衛	虎賁衛
千牛衛	虎翼巡衛司	虎翼侍衛司	虎翼司	→		파		
監門衛	虎勇巡衛司	虎勇侍衛司	虎勇司	→		파		
			虎牙司	파	虎牙司	파		

<표 9> 조선초기 임시·기타아문 변천 종합[157]

태조 1년	태종 5년	세종대	세조 12년	《경국대전》	비고
貢賦詳定色		즉. 치			임시아문
都城警守所	4.치	18. 혁			
六典修撰色	7.치~12. 12.	4. ~9, 13~15	1.~14.		
國葬都監	8.치	1.~ 4, 29.	문종즉.~1. 단	예종즉.~ 1,	
			종즉~1.	성종 즉 ~1.	
城門都監		4.치→8.혁			
		(수성 금화사)			
實錄廳	9. 치~ 13. .	6.~13.	문종2.~단종3,	예종1.~성종2	
禁火都監		8.치~ 9.혁			
刷券色	9.치~9. 18.~	(수성 금화사)			
儀禮詳定所	10.치	즉. 貢賦詳定色			
		17. 혁			

---

156) 천관우, 앞 논문, 64~65쪽 <표 C>.
157) 《고려사》 백관지, 《조선왕조실록》에서 종합.

태조 1년	태종 5년	세종대	세조 12년	≪경국대전≫	비고
奴婢辨定都監	14.치				임시아문
諺文廳		15. 치			
開國功臣都監	17. 功臣都鑑	16. 忠勳司(이)	단종2. 忠勳府 (직계아문)		
貢法詳定所		18.치~25.			
田制詳定所		25.치			
轉運色		25.~28, 28.~	성종1. 典艦司		
內上直	7. 內禁衛 (속중군)		3. 직계아문		기타아문
	9. 兼司僕 (속중군)		3. 직계아문		
		즉. 忠義衛 (속중군)	3. 속5위(충좌위)		
	9. 內侍衛 (속중군)	6. 혁(내금위)			
		27. 忠順衛 (속중군)	3. 속5위(충무위)		
算學	⟶		혁(호조)		
天文學	⟶			혁(관상감)	
風水學	⟶	地理學		혁(관상감)	
陰陽學	⟶	命課學		혁(관상감)	
漢學	⟶			혁(사역원)	
蒙學	⟶			혁(사역원)	
倭學	⟶			혁(사역원)	
女眞學	⟶			혁(사역원)	

5. 結語

朝鮮의 中央 政治機構는 태조 개국과 함께 고려말의 관제를 계승하여 都評議使司·三軍都摠制府·內侍府 등 80여 東班·西班·流外衙門을 두면서 성립되었다.

太祖代에는 삼군도총제부가 義興三軍府로 개편되었고, 이 의흥삼군부가 도평의사사와 함께 양부가 되면서 군사와 정치를 총관하였다. 정종대에는 도평의사사와 의흥삼군부가 議政府와 삼군부로 개편되면서 양부가 되었고, 혁파된 내외의 사병이 삼군부로 귀속됨에 따라 병권집중이 이루어졌다.

太宗代에는 議政府가 門下府·三司 등의 합좌기구에서 단일기구가 되었고, 삼군부가 개칭된 승추부 등과 신설된 삼군도총제부가 군령기구가 되었으며, 內禁衛·兼司僕 등이 설치되어 기존의 別侍衛와 함께 시위기관이 되었다. 육조가 정2품아문으로 승격되고 屬司·屬衙門을 거느리고 서무를 분장하면서 의정부·삼군도총제부와 함께 국정의 중심기구가 되었다.

또 태종대에는 모든 중앙 정치기구가 그 관아의 지위·직장과 관련하여 直啓衙門과 六曹屬衙門으로 구분되었다. 敦寧府 등 20아문이 직계아문·속아문으로 편입되고 소속이 변경되거나 개칭되었으며, 承寧府 등 6아문이 혁거되었다.

世宗代에는 集賢殿·詹事院·經筵과 무임소 당상 등의 예우기관인 中樞府·宗親府·駙馬府가 직계아문이 되었고, 慶順府·忠勳司 등 30여 아문이 개칭되거나 속아문에 편입되었으며, 三軍都摠制府·恭安府 등 10여 아문이 혁거되었다. 이에 따라 집현전을 중심으로 한 成均館·宗學·四部儒學의 교육기구와 忠義衛·忠順衛의 양반특수군이 정비되고, 三軍鎭撫所가 단일 군령기관으로 정착되었다.

文宗·端宗代에는 세종대의 그것이 忠勳司가 忠勳府로 개칭되면서 직계아문이 되었고, 3軍에 소속된 12司가 5司로 개편되면서 운영되었다. 이 중 5사제는 세조대로 계승되면서 중앙의 군제가 '5衛都摠府 - 5衛制'로 정립되는 토대가 되었다.

世祖代에는 정치기구가 대대적으로 정비되면서 5衛都摠府·兼司

僕·內禁衛가 직계아문이 되었고, 겸사복·내금위를 제외한 모든 경외의 군사가 5위에 분속되면서 '5위도총부 – 5위제'로 체계화되었다. 그 외에 駙馬府가 儀賓府로 개칭되고 忠翊司가 속아문이 되는 등 40여 아문이 개칭 및 속아문에 편입되었으며, 集賢殿 등 20여 아문이 혁거되었다.

睿宗·成宗代에는 세조대의 그것에 단지 弘文館·捕盜廳이 설치되고 漿官署가 司饔寺로 개칭되는 등 10여 아문이 설치·개칭되면서 ≪경국대전≫에 법제화된 정치기구로 확립되었다.

요컨대 조선초기의 중앙 관아는 개국과 함께 고려제를 계승하면서 성립되었고, 태종대와 세종대에 조선의 독자적인 것으로 정착되고 정비되었으며, 세조대에 확립되었다가 마지막 반포된 ≪경국대전≫의 법제화되었다고 하겠다.

제4장 議政府

1. 序言

조선왕조를 개창한 태조 이성계와 그를 추대한 개혁파들은 비록 새 왕조를 개창하였지만 그에 따른 사회적 혼란과 민심의 수습을 위하여 새로운 제도와 문물을 마련하지 못하고 한결같이 고려의 그것을 계승하였다.[1] 그러므로 개국초에는 고려말 이래의 都評議使司가 최고의 정치기관이었고, 정종 2년의 관제개혁으로 도평의사사가 議政府로 개편되면서는 의정부가 최고의 국정기관이 되었다. 이후 의정부(제도)는 조선 전시기로 계승되면서 시대에 따라 성쇠는 있지만 정치·경제·사회·군사 등의 국정에 중심이 되는 기관으로 기능하였다.

그러나 의정부에 대한 연구는 소홀하여 末松保和의 <朝鮮議政府攷>[2] 1편 만이 있고, 그나마 소략하고 미흡한 부분이 많다.[3] 따라서

---

1) 《태조실록》 권1, 1년 7월 정미.
2) 1956, 《조선학보》 9
3) 末松保和의 <조선의정부고>를 보면, 의정부의 기원은 도평의사사로서만 설명하였고 주관과의 관계는 논급하지 않았다. 직제는 의정·찬성·참찬을 중심으로 하여 개략적인 변천과정을 논하였고, 사인·검상은 항목만을 제시하였으며, 사록 및 녹사·서리·조에 등의 변천은 전혀 논

의정부제도의 실제를 규명하는 작업의 필요성이 있다.

그러면 의정부제도는 어디에서 기원이 되었겠는가? 의정부는 고려 충렬왕 이래의 도평의사사를 계승하였다고 하지만 실제적으로는 중국의 周官에서 기원을 찾을 수 있다. 즉 도평의사사의 기능과 직제가 개혁파 유신들에 의하여 '周官三公制'를 유교정치의 이상으로 받아들임으로서 성립된다고 본다.

周官의 三公制는 殷代에 시작되어 '調陰陽'을 직무로 하였으며,[4] 삼공은 천문의 天極星을 둘러싼 三星에서 유래된 것으로 보인다.[5] 周의 三公은 '太師·太傅·太保'로서 '論道經邦·燮理陰陽'을 직무로 하였고, 삼공의 아래로 '少師·少傅·少保'의 三孤가 있어 삼공을 보좌하였으며,[6] 그 아래로 '宰士'가 있어 실무를 담당하였다.[7] 그리고 주공은 太師로서 六卿의 머리인 天官의 太宰를 겸하고 국정을 총괄하였는데,[8] 이 周公에 의한 冢宰와 三公·三孤制度가 의정부제도의 기원이 아닌가 한다. 그러한 방증으로 성종 8년 7월에 경연이 끝난 후 大司諫 孫比長이 "임금이 노고를 다하여 어진이를 구하면 그에게 정사를 맡겨야 합니다. 오늘의 3의정은 곧 옛적의 3공입니다"[9] 라고

급하지 않았다. 기능에 있어서는 조선 전시대에 걸쳐 장황하게 자료를 제시하면서 법제적인 면을 중심으로 그 시말만을 다루었기 때문에 실제적인 것은 규명하지 못하였다. 그리고 기능 변천의 구체적인 배경이나 과정도 논급하지 않았다.

4) 《通志》 권52, 三公總序 記曰 虞夏商周 有師保 有疑丞 設四輔及三公 (중략) 伊尹曰 三公調陰陽 (하략). 여기에서 우·하도 삼공이 있었다고 하나 역사시대가 상(은)으로부터 전개됨으로 상을 시초로 파악한다. 그리고 동조에 "紂王時에 箕子가 太師였고, 太甲時에 이윤이 太保였다"고 하였음에서 은대에도 주대와 같은 삼공제가 있었을 것으로 추측된다.

5) 《史記》 권27, 天官書 中宮天極星 其一明者 太一常居也 旁三星三公.

6) 《통지》 권52, 삼공총서.

7) 《增補文獻備考》 권126, 議政府 李克堪舍人司題名記曰 (중략) 而相之所曰與圖國政者 僚佐耳 周有宰士 漢有丞相長史 是其職也.

8) 《文獻通考》 권48, 太宰條.

9) 《성종실록》 권82, 8년 7월 정축.

한 등에서10) 찾을 수 있다.

그러면 우리나라의 제도와 의정부제도는 어떻게 연관이 되었는가? ≪三國史記≫에 의하면 수상에 해당되는 관직으로 '國相·大對盧(고구려), 內臣佐平(백제), 伊伐湌·中侍·侍中(신라), 匡治奈(태봉)' 등이 있었고, 관부로는 '稟主·執事府(신라), 廣評省(태봉)' 등이 있었다. 그 외에 발해도 政堂省·宣詔省·中臺省의 삼성과 大內相·左相·右相이 있었다. 그러나 이러한 관직이나 관부가 구체적으로 어떤 기능을 가졌고, 어떻게 중국의 그것과 연관이 되었으며, 고려에 영향을 끼쳤는가는 명백하지 못하다.

그렇지만 고려에 이르러 당·송의 영향을 받은 2省 6部나 합좌제인 도평의사사와 의정부제도가 연관이 있음을 추지할 수 있다. 즉 고려 말기의 도평의사사는 국정에 대한 최고 의결·집행기관의 기능을 가졌으므로11) 결국 中書門下省(門下府)의 '百揆庶務'와 尙書省의 '總領

---

10) 그 외의 몇 예증을 보면 다음과 같다.
　　㉠ ≪세종실록≫ 권1, 즉위년 9월 갑자 大司憲許遲言於知申事河演曰 議政府論道經邦.
　　㉡ ≪세종실록≫ 권72, 18년 4월 무신 敎曰 唐虞之際 百揆統九官十二牧 成周之時 冢宰統六卿六十屬 而冢宰實三公兼之 (중략) 我太祖開國之初 設都評議使司 以摠一國之政 後改爲議政府 其任如初 歲在甲午 禮曹啓 以大臣不宜親小事 軍國重事 議政府會議以聞 其餘令六曹 各以所職直啓施行 自是以後 事無輕重大小 皆歸於六曹 而不關於政府 政府所與聞 唯論決死囚而已 有違古者任相之意 (중략) 今依太祖成憲 六曹各以所職 皆先禀於議政府 議政府商度可否然後 啓聞取旨 還下六曹施行 (중략) 如此則庶合古者專任宰相之意.
　　㉢ ≪세조실록≫ 권2, 1년 8월 임자 御思政殿 兵曹判書李季甸 (중략) 工曹參議朴崝啓曰 臣等伏覩傳旨 六曹各以其職 直啓施行 臣等含議 我朝自太祖開國 事無大小 悉令政府擬議以啓 至甲午年 太宗罷之 世宗朝復立 以至于今 請仍舊 召承旨朴元亨 傳于季甸等 古者三公論道經邦 六卿分職 (중략) (河)緯地啓曰 周制 三公論道經邦 三孤貳公弘化 六卿分職 三公三孤 雖不與事 冢宰實兼治之 臣願從周制.
　　㉣ ≪성종실록≫ 권70, 7년 8월 병신 大司憲尹繼謙等上疏曰 (중략) 又聞書曰 三公論道經邦燮理陰陽 今之政府 卽古論道燮理之地也.
11) 邊太燮, 1971, <高麗都堂考>, ≪高麗政治制度史研究≫, 一潮閣, 104~105쪽. 실제로 전제·세·녹봉·화폐·형옥·의례·전주·군사·사대문서·진공·대외관계·기타 내외제사를 합의·시행하였음을 일일이 예시하면서 설명하였다.

百官'의 기능을 포괄하였다고 보겠다. 또 도평의사사는 門下府·三司·中樞院의 2품직 이상으로 구성되었고,[12] 그 중에서도 문하부 직제가 정종 2년에 성립된 의정부제의 중심을 이루었다.[13]

본고에서는 이렇게 성립된 의정부를 성종 9년까지를 대상으로 하여,[14] 어떠한 과정을 거쳐 조선의 독자적인 제도로 정비되고 확립되었는가를 규명하고, 의정부기능의 변천을 초래하게 한 요인은 무엇이며, 이와 관련한 의정부의 활동경향을 분석하고 나아가 의정부 구성원의 재직기간과 성부에 따른 의정부의 권한·활동과의 관계를 규명하고자 한다.

2. 議政府의 設置

1) 設置의 機緣

議政府는 都評議使司를 혁파하고 설치하였으므로 의정부 설치의 계기와 인연을 살피려면 먼저 도평의사사의 실제와 왕권과의 관계를 살펴야 하겠다.

여말의 도평의사사를 계승한 선초의 도평의사사는 門下府·中樞院·

---

12) 여말선초 도평의사사의 구성은 매우 복잡하였다. 각 시대별로 보면 도평의사사가 성립된 충렬왕 5년에는 僉議府와 密直司로서만 구성되었다. 그 후에는 이 두 계통을 계승한 관아 이외에 三司·資政院의 正職과 商議職까지 참여하였고, 창왕시에는 開城府·厚德府·慈惠府의 判事·尹까지도 참여하였다. 그러다가 공양왕시에 크게 정비되어 門下府·三司·密直司의 정원만이 구성원으로 되었다가 조선으로 계승되었다(밀직사는 中樞院으로 개칭).
13) 정종 2년에 성립된 의정부 구성원은 문하부 10명과 삼사 3명이었다.
14) 조선초의 제도는 ≪경국대전≫의 편찬으로 일단 확립된다. 현존하는 ≪경국대전(을사대전)≫이 비록 성종 16년에 반포된 것이라고는 하지만 제 여건을 고려할 때 세조말~성종초에 확립된 것으로 보인다. 또 성종 7년에 이르면 친정이 시작되고 섭정·원상제가 혁파되는 등으로 일단 그 이전과는 새로운 시대가 전개되었다. 이에 따라 선초를 ≪경국대전≫의 편찬 및 성종의 친정과 관련하여 성종 9년까지로 설정한다.

三司의 2품직 이상으로 구성된 최고의 국정기관으로서 정치는 물론 경제·군사에 이르는 전 국사를 총괄하였다. 그 구성을 표로 보이면 다음과 같다.

<표 10> 도평의사사 구성[15]

			구성원 직관 및 정원
都評議使司	判事	2	侍中
	同判事	11	門下府·三司 정2품 이상
	使	1	判中樞院事
	副使	15	中樞使 이하 中樞學士 이상
經歷司 (타관겸)	經歷	1	
	都事	1	
	六房錄事	각1	
	典吏	6	7品去官
檢詳條例司	檢詳	2	타관겸
	錄事	3	삼관겸

<표 11> 도평의사사 구성원 관직[16]

	관직과 정원 및 직질						비고
門下府	左·右侍中*	각1	정1품	知事	1	정2품	* 태조 3년 10월 병자 左·右政丞
	侍郎贊成事	2	종1	政堂文學	4	정2	
	參贊事	4	정2				
三司	判事	1	종1	左·右僕射	각1	정2	
中樞院	判事	1	정2	簽書事	1	종2	
	使	1	종2	副使	6	종2	
	知事	2	종2	學士	1	종2	
	同知事	4	종2				
합계			29				

15) 末松保和, 앞 논문, 6쪽.
16) ≪태조실록≫ 권1, 1년 7월 정미조에서 발췌.

<표 12> 태조 즉위초 도평의사사 재직자[17)

관직(본직)		성명	겸직	공신구분	비고
문하부	좌시중	裵克廉		開國1등공신	
	우시중	趙浚	京畿都統使	〃	
	시랑찬성사	金士衡	判八衛事	〃	
	〃	鄭道傳	義興親軍衛節制使	〃	
	참찬사	崔永沚		原從功臣	
	〃	慶儀			
	〃	鄭熙啓	八衛上將軍	개국1등	
	〃	李之蘭	義興親軍衛節制使		
	지사	金立堅		원종공신	
	정당문학	權仲和		〃	
삼사	판사	尹虎		개국1등	
	좌복야	李居仁			
	우복야	李恬			
중추원	판사	南誾	義興親軍衛同知節制事	개국1등	
	사	金仁贊	〃	〃	1년7월 가유졸(→趙琳
	지사	皇甫琳			
	〃	張思吉	의흥친군위동지절제사	개국1등	
	〃	趙胖		개국2등	
	〃	盧嵩			
	동지사	趙琦	의흥친군위동지절제사	개국2등	1년 11월 기묘 上鎭撫
	〃	朴永忠		원종공신	
	첨서사	鄭摠		개국1등	
	부사	趙仁沃		〃	
	〃	金稇		개국3등	
	〃	李薿		원종공신	
	〃	金乙貴		〃	
	〃	李承源			
	〃	柳爰廷		개국3등	
	학사	南在	大司憲	개국1등	
합계		29명	군직 9, 대사헌 1	개국 17, 원종 6	

---

17) 태조 1년 7월부터 裵克廉이 병으로 사직하는 태조 1년 11월 신축까지의 인사이다(≪조선왕조실록≫의 인사제수 및 전후의 기사에서 종합).

이 <표 10~12>를 보면 도평의사사는 都評議使司·經歷司·檢詳條例司의 3부분으로 구성되었다. 이 중에서 실권을 장악한 것은 門下府·三司·中樞院의 2품직 이상으로 구성된 도평의사사 즉 3司 합의체였다. 도평의사사 구성원은 29명인데, 이들의 면모를 보면 開國功臣 17명·原從功臣 6명으로 공신이 23명이나 되었고, 이 공신 가운데 10명이 도평의사사와는 별개인 軍職과 大司憲職을 겸대하였다. 이 겸직 중에서 특히 義興親軍衛는 조선개국초 군제의 핵심이 되는 것인데,[18] 이 의흥친군위의 節制使·同知節制事를 개국공신이 독점하였다. 결국 조선개창에 공이 큰 개국공신은 도평의사사를 주도하고 군직까지 겸대하면서 국정의 실권을 장악하였고, 왕권은 미약하여 이들의 결의를 재가하였다고 하겠다. 그리고 이러한 현상은 다소의 차이는 있을지언정 정종대까지 계속되었다.[19]

이 때의 구성원은 태조 1년 12월에 이르러 門下府商議府事(2직), 中樞院商議院事(3), 藝文春秋館 大學士·學士(각2), 開城府 判事·尹(각2)이 추가됨으로써[20] 종래의 29명에서 42명으로 증가되었다. 그 후 ≪조선왕조실록≫에 명확한 기술은 없지만 구성원은 계속 증가되어 태조 7년 4월에는 56명이나 확인되었다.[21] 이러한 구성원의 증가를 가져온 계기는 ≪태조실록≫에 기록된 당시의 국내외 정세를 종합할 때 다음의 몇 가지가 그 배경이 되었을 것으로 추측된다.

---

18) 千寬宇는 1979, <朝鮮初期 五衛의 形成>, ≪近世朝鮮史研究≫, 一潮閣, 62쪽에서 ≪태조실록≫ 권1, 1년 7월 정유에 "立義興親軍衛 罷都摠中外諸軍事府"라고 한 기사를 제시하면서 의흥친군위가 군사의 중추가 되었다고 하였다.
19) 정도전 일파가 복주되는 태조 7년 8월 기사 직후에 행한 정사공신의 분포를 보면 총 29명 가운데 도평의사사 구성원이 16명이나 되었다. 이 16명 중 10명이 군직·관육조사(3명), 군직(5), 기타직(2)을 겸직하였고, 조준·김사형 등 13명은 개국·정사공신이었다.
20) ≪태조실록≫ 권2, 1년 12월 기미.
21) ≪태조실록≫ 권13, 7년 4월 기묘.

① 開國功臣의 우대[22]

② 明과의 외교를 위한 사신파견[23]

③ 國都經營[24]

④ 明·女眞과의 관계악화로 인한 국경방어[25]

⑤ 宰樞의 군직겸대[26]

⑥ 檢校職의 남설[27]

⑦ 都評議使司 구성관직이 아닌 관직자의 도평의사사직 겸대[28]

그리고 이러한 구성원과 아울러 兵權의 문제가 또한 국가의 중대사로 등장하였다. 조선초의 군제는 고려의 2軍 6衛를 거의 답습하여 확대시킨 10衛로 된 중앙군, 고려말 이래의 成衆愛馬로 호칭된 사병과 지방군의 다원적인 군제를 운영하였다.[29] 이 때 이러한 군사 중에서 중심이 된 것은 왕실의 사병적인 성격을 지닌 10위 중의 義興親軍 左·右衛와 宗親·勳臣 개인에 의하여 통솔된 사병이었다.[30] 특히

---

22) 앞 <표 12], 주 17] 참조.

23) 개국초의 生釁·表箋問題를 둘러싼 명과의 불화는 외교관계를 복잡하게 하였다. ≪조선왕조실록≫에 의하면 태조 1년~정종 2년 4월까지 총 58회의 각종 사신이 파견되었다. 이 중 46회를 도평의사사 구성원이 담당하였다.

24) ≪태조실록≫ 권6, 3년 9월 무술·3년 10월 신묘. 신도궁궐조성도감의 판사는 재추로 임명되었고, 한양으로 천도한 후에는 개경에 分都評議使司를 설치·운영하였다.

25) ≪태조실록≫ 권5, 3년 3월 병인, 권9, 5년 3월 갑자.

26) 앞의 <표 12>에서도 그러한 경향을 볼 수 있지만 도평의사사 구성원은 중앙의 군직 이외에도 왜구의 방어를 위한 節制使·察理使·都巡問使·點兵使 등으로 파견되었다.

27) 韓㳓劤, 1966, <勳官檢校考>, ≪震檀學報≫ 29·30합집, 98~100쪽.

28) 태조 2년 2월 병술에 安景恭은 大司憲으로서 도평의사사를 겸하였고, 동왕 6년 12월 갑오에 金師幸은 判敬興府事로서 都評議使司同判事를 겸하였다.

29) 車文燮, 1974, <朝鮮初 軍事組織>, ≪한국사≫ 10, 68~75쪽. 10위는 義興親軍左·右衛와 鷹揚·金吾·左右·神虎·興威·備巡·千牛·監門衛이고, 成衆愛馬는 都府外·忠勇四衛·近侍四衛 등의 근시병이다.

30) 차문섭, 앞 논문, 69쪽.

앞의 <표 12>와 이제까지 살핀 군직·사병 이외에도 종친·훈신은 諸道의 군사를 分領하고[31] 지방 말단에 심복을 배치하는[32] 등으로 강력한 군사기능을 보유하였다. 이때 이러한 종친·대신의 군사기능은 개국초의 '人心未定 當備不虞之變'[33]에서 비롯된 것이지만 국가권력을 분산시키고 왕권을 약화시킨 결과를 초래하였다.

이러한 상황 아래서 개국공신을 중심한 도평의사사의 지나친 권력을 축소·분산하고 개인적인 군사를 국가에 집중시켜 국가의 기능을 정상화할 것이 요청됨은 너무나도 당연하였다. 그리하여 이 사업은 먼저 孟子의 왕도정치사상·민본이념 그리고 주례에 입각한 재상 중심의 정치를 이룩하려는 鄭道傳을 중심으로 하여 추진되었다.[34]

鄭道傳·南誾은 왕조 개창에 끼친 공이 지대하였을 뿐만 아니라 태조와 왕비 康氏의 신임이 대단하였다. 이들은 이러한 배경 아래에서

---

31) ≪太祖實錄≫ 권1, 1년 7월 정유, ≪定宗實錄≫ 권2, 1년 11월조.
32) 金成俊, 1964, <宗親府考>, ≪史學研究≫ 18, 22~25쪽. 각도의 都節制使는 직접 지방의 군사를 장악한 것이 아니고 지방에 있는 兵馬使·知兵馬使·兵馬副使·判官 등을 통하여 군사권을 행사하였다. 이 때 병마사 이하는 도절제사의 심복으로 구성되었다.
33) ≪太祖實錄≫ 권6, 3년 11월 경자, 외.
34) 한영우, 1973, ≪鄭道傳 思想의 研究≫, 韓國文化研究所, 107~118쪽. 동서에서 정도전은 "국왕은 재상을 선택·임명하는 권한과 재상과 정사를 협의·결정하는 권한을 가진다. 정사를 협의하는데 있어서는 모든 문제를 재상과 협의하고 처결하는 것이 아니라, 큰 문제에 관해서만 협의해야 하며 작은 일들은 재상의 독자적인 처리에 맡겨야 한다. 재상은 최고 정책결정자로서의 권한과 백관을 통솔하고 백성을 총괄하는 최고 정책집행권자로서의 권한을 가진다. 재상의 권한에는 인사권·군사권·재정관리권·작상형벌권·음양을 조화시키는 책임을 지는 것이 있다. 재상과 衆官과의 관계는 재상은 다만 도와 의리로서 사리를 도량하여 통치권의 대강만을 장악하고 세부적인 일은 9경 이하의 백사와 백료가 처결해야 한다. 재상의 이상적인 형태는 주관의 천관 즉 총재제도이다"라고 하면서 재상중심의 정치를 역설하였다. 그리고 실제의 재상권을 보면 정도전 당시에는 아직 의정부가 성립되지 않았지만 정도전·남은 등이 국정의 실권을 장악하였고, 의정부가 성립된 이후에는 3의정이 중심이 된 정치가 운영되었음에서 이러한 정도전의 사상이 큰 영향을 끼쳤음을 볼 수 있다. 또 태종 1년에 의정부의 법제적인 기능이 된 총백관·평서정·이음양·경방국은 정도전이 재상의 기능으로 예시한 바로 그것이라고 추지된다.

개국초의 문물제도를 집대성하였고, 判尙瑞司事, 世子師傅, 義興三軍府判事 등을 겸직하면서 재상정치의 구현을 기도하였다.[35] 그러나 당시의 정치에 영향력을 행사한 여타의 개국공신이 중심이 된 도평의사사나 사병이 엄존하는 상황에서 그들이 의도하는 바를 일방적으로 구사할 수 없었다. 그리하여 그 작업은 도평의사사를 약화시키면서 병권을 집중하는 방향으로 모색되었다.

정도전 등은 태조 2년 9월에 重房을 폐지하고 三軍都摠制府를 義興三軍府로 고치면서 도평의사사가 장악한 군사적인 기능을 여기에 귀속시켜 군사지휘계통의 확립을 도모하였다.[36] 이 의흥삼군부에는 장관으로 판사를 두고 그 밑에 中·左·右軍節制使를 두었으며, 또 한편으로는 鎭撫所를 두었다.[37] 그러나 아직도 의흥삼군부와 중추부·병조와의 관장관계는 모호하였다.[38] 이어 태조 3년 2월에 판의흥삼군

---

35) 아래에 제시된 정도전·남은의 태조대 경력은 이들의 정치력이 어떠하였는가를 잘 보여 준다고 하겠다.

	본직	겸직		기타
정도전	1.7 門下侍郞贊成事 2.9 判三司事 3.7 奉化伯	1.7~6.3 1.8~ 3.1~ 3.3 6.10 6.12~7.3 7.4	判尙瑞司事 世子師 判義興三軍府事 慶·全·楊廣道都統制使 有備庫提調 東北面都按撫巡察使 成均館提調	新宮·城門명명, 陣圖·蒐狩圖·經國典·經濟文鑑·樂歌 찬진, 고려국사수찬, 병권집중 추진
남은	1.7 判中樞院事 2.9 知門下府事 3.3 三司右僕射 4. 지문하부사 6. 宜山君	2.9~ 1.8~ 5.12~	義興三軍府節制使 世子傅 判尙瑞司事	병권집중 추진

36) 차문섭, 앞 논문, 81쪽.

37) 동상조.

38) 동상조. 그런데 한영우는 1974년에 <조선왕조의 정치·경제기반>(≪한국사≫ 9), 67쪽에서 "정도전을 수반으로한 의흥삼군부가 설치되고 군정이 여기에 귀속되면서 중추원의 군정기능은 유

부사 정도전 등의 상서를 좇아 4년 2월에는 10衛가 개편된 10司를 의흥삼군부에 分屬시켰다.[39] 그후 태조 3년 11월에 이르러 兵曹正郞 李薈와 대화를 나눈 적이 있는 殿中卿 卞仲良이 그 내용을 두고 종실인 宜安大君 李和에게

> 자고로 정권과 병권은 한 사람이 겸해서는 않되는 것입니다. 병권은 종친이 관장하고 정권은 재상이 관장해야 되는 것입니다. 지금 趙浚, 鄭道傳, 南誾 등은 이미 병권을 관장하고 있는데 다시 정권을 관장하는 것은 실로 옳지 못합니다.[40]

라고 말함으로서 대신의 병권겸직에 대한 문제가 제기되었다. 이때 이러한 정·병권 분리는 당연한 일이었지만 태조는 오히려 "이 몇 사람은 모두 내가 가장 믿는 신하이고 처음부터 끝까지 한 마음으로 나를 섬겨온 자다. 만일 이들을 의심한다면 누구를 믿을 수 있겠는가?"[41] 라고 하면서 변중량을 수금하고 국문하게 하였다. 이것은 결국 개국초의 왕권과 민심이 안정되지 못한 상황에서 연유된 것이고 태조는 이들 훈신에게 정권과 병권을 맡김으로서 안주할 수 있었음을 보여주는 것이라고 하겠다.

정도전 일파는 또 明과의 表箋問題를 기해 대명 강경노선을 취하여 비상군비를 준비하고 陣法訓練을 강화하면서 요동진출을 기도하였고, 왕자·훈신이 거느린 사병을 혁파하여 이를 국가의 군대로 삼고

명무실해지고 도평의사사의 기능 가운데서 군정이 탈락되어 오로지 정무만을 관장하는 기관으로 그 기능이 축소되었으며, 정무기관과 군정기능이 분리·독립되었다" 고 하였다. 그러나 후술되는 동기의 도평의사사 활동을 볼 때 군사에 대한 활동도 상당하므로 차문섭의 견해를 따랐다.
39) 차문섭, 앞 논문, 69쪽 및 천관우, 앞 논문, 67쪽.
40) ≪태조실록≫ 권6, 3년 11월 경자.
41) 동상조.

자 하였다. 이러한 상황은 태조 7년 3월에 남은이 태조에게

> 전하께서 잠저에 계실 때 군사를 관장하지 못하셨다면 어찌 오늘
> 이 있었겠습니까? 저희와 같은 신하들도 또한 목숨을 보전할 수 없
> 었을 것입니다. 개국의 초창기에는 여러 공신에게 명하여 군사를
> 맡기는 것이 옳겠지만 지금은 즉위한지도 오래 되었으니 여러 절제
> 사를 없애고 그들이 거느린 군사를 관군으로 편입하는 것이 만전을
> 기하는 일입니다.[42]

라고 진언한데서 잘 읽을 수 있다. 그러나 정도전 일파의 기도는 최
종적인 순간에서 좌절되었다. 즉 왕권약화, 정도전 일파의 독주로 인
한 여타 훈신의 반발, 정도전 일파의 북진책으로 인한 명과의 관계악
화, 훈신·종친의 사병혁파기도에 대한 반발 등에서 靖安君 李芳遠이
주동이 된 제1차 왕자의 난으로 정도전 일파가 복주당하였기 때문에
그 결실을 맺지 못하였다.

다음으로 수십 명에 달하는 도평의사사는 왕권을 위축시키면서 국
정에 큰 영향력을 끼쳤고, 동시에 정무의 번잡과 관기의 문란을 초래
하였다. 여기에서 왕권이 약한 위에 훈신의 우대에서 도평의사사를
혁파하지는 못하지만 이의 시정책을 추구하게 되었다. 그리하여 태조
7년 4월에 諫官 朴信 등이

> 고려말에 벼슬이 남수되면서 문하부와 중추원의 재상수가 70명의
> 다수가 되었습니다. 전하께서 즉위한 후 그 수를 크게 줄였습니다.
> 그러나 10년이 지나지 않아 그 수가 56명이 되었습니다. 원하건대
> 商議職과 添設職을 없애소서.[43]

---

42) ≪태조실록≫ 권13, 7년 3월 정묘.
43) ≪태조실록≫ 권13, 7년 4월 기묘.

라고 한 상소를 가납하여 태조 7년 5월에 商議 10·漢城尹 1·藝文春秋館의 大學士와 學士 각 2원이 감원되면서[44] 40여명으로 축소되었다. 이 때의 40여 명이 정종 2년 4월까지 그대로 계승되었고,[45] 이 인원을 두고 門下府에 의해 고려의 제도에 따라 상의직 모두와 한성부 판사의 혁거가 제기되었지만 "지금은 초창기인 만큼 시행할 수 없다"[46]는 이유로 실행되지 못하였다. 그런데 이때는 태조대와는 달리 태조 7년 8월과 정종 2년 1월의 양차에 걸친 왕자의 난을 계기로 하여 정안군의 정치·군사력이 정종의 왕권을 뒷받침하였음에도 불구하고 여전히 실행되지 못하였다.

그러나 정안군의 정치·군사적 실권장악, 차기 왕위계승자로서의 왕권강화, 정치안정과 중앙집권을 위한 도평의사사의 약화와 병권의 집중은 너무나도 당연하였다. 그리고 정안군이 비록 정도전을 비롯한 개국공신의 일부를 제거하였지만 그것은 정도전 등의 정치이상에 대한 반대라기보다는 장차 왕권강화를 위한 준비작업이었다고 본다. 그것은 정안군이 득세한 후에 정도전이 주장한 재상 중심의 정치나 병권집중책을 따르고 있는 것으로도 명백히 드러난다.

이어 정종 1년 11월에는 宗親·勳臣의 典兵이 크게 축소되었다.[47] 다시 정종 2년 4월에는 兼大司憲 權近 등이

> 원컨대 지금으로부터 수도에 머물러 있는 각도의 절제사를 모두 없애고 수도와 지방의 군사는 모두 삼군부에 소속시켜 국가의 군사로 삼으소서. 그렇게 한다면 조정의 체통이 서고 국기가 안정되고

---

44) ≪태조실록≫ 권14, 7년 5월 정묘.
45) ≪정종실록≫ 권4, 2년 4월.
46) ≪정종실록≫ 권4, 2년 4월 신축.
47) ≪정종실록≫ 권2, 1년 11월조. 이 때 靖安公·益安公·懷安公·李佇·李居易·趙英武·趙溫·李天祐 만이 전병에 참여하였고, 나머지는 모두 전병이 혁파되었다.

민심이 안정될 것입니다. 대전과 세자전을 숙위하는 군사를 제외한 개인을 숙직하는 군사는 모두 금지하소서.[48)]

라고 한 상소를 계기로 일체의 사병을 혁파하고 내외의 군사를 義興三軍府에 집중함으로써 병권을 일원화하였다. 그리고 같은 날에 臺省에서

원컨대 지금으로부터 중추원을 폐지하고 삼군부를 녹관으로 삼고, 문반 재상으로 군사를 지휘하기에 합당한 사람은 겸절제사에 제수하소서. 그 녹관은 중추원의 예에 따라 지삼군·동지삼군·첨서학사 각 1인을 두고, 그들은 문관이거나 무관이거나를 물론하고 지략이 있고 일을 판단할 수 있는 인물로 제수하여 도평의사사직을 겸하고 합좌하여 군국중사를 토의하게 하소서. 무릇 군사가 있으면 도평의사사로 하여금 왕에게 보고하고 승인을 받아 삼군부에 공문을 보내어 처리하게 하면 재상이 명령을 내려서 국정을 처리하는 법에 합치될 것입니다.[49)]

라고 올린 交章도 관련되어 門下侍郎贊成事 河崙에게 관제 개정의 명이 내려졌다. 그에 따라 하륜 등이

都評議使司를 議政府로 고치고, 中樞院을 三軍府로 고친다. 삼군부를 관장하는 자는 三軍府事에 전임하고 의정부에 참여하지 못한다. 三司 左·右僕射를 左·右使로 고치고 다시 藝文館에 大學士 1인·學士 2인을 두고 中樞院承旨를 承政院承旨로 고치고 都評議使司錄事를 의정부녹사로 고치며, 中樞院堂後를 승정원당후로 고친다.[50)]

---

48) ≪정종실록≫ 권4, 2년 4월 신축.
49) 동상조.
50) 동상조.

라고 올린 상소에 따라 의정부가 성립되었다. 그리고 이 개혁으로 법제적인 면에서 의정부와 삼군부의 기능 및 직제가 완전히 분리되어 의정부는 정치를 총관하고 삼군부는 군정을 총관하게 되었다.

결국 의정부가 성립된 근본배경은 정권과 병권을 장악한 대신·종친·도평의사사의 지나친 권력을 약화하고 왕권을 강화하는 방향에서의 권력기구 개편이었고, 이로써 국왕은 왕권을 강화하고 중앙집권을 이룩할 수 있는 토대를 구축하였다고 하겠다.

2) 職制

정종 2년 4월에 성립된 議政府는 門下府·三司의 2품 이상과 舍人[51] 그리고 檢詳條例司 檢詳·錄事로 구성되었다.[52] 이중에서 국정의 실권을 장악한 것은 문하부인데 그 구성원으로는 左·右政丞(각1직, 정1품), 侍郎贊成事(2, 종1), 參贊事 4·知事 1·政堂文學 1(각 정2)의 10직이 있었다.[53] 그리고 삼사에는 判事(1, 종1), 左·右使(각1, 정2)의 3직이 있었다.[54] 그 후 의정부 직제는 세조대에 이르기까지 왕권 및 의정부 기능과 밀접히 관련되면서 10여 차의 변천이 있었고, 이러한 변천을 통하여 점진적으로 조선의 독자적인 제도로 정립되었다.

의정부는 성립된 10여일 후에 최초의 변개가 있었다. 藝文春秋館

---

51) 사인의 연원에 있어서 1980년 본고의 발표시에는 도평의사사의 경력사 경력·도사로 파악하였지만(<조선초기 의정부연구> 상, 《한국사연구》 31, 100쪽 주52), 문하부에 사인이 있고 또 문하부관이 그대로 의정부관으로 계승되었음에서 문하사인이 계승된 것으로 고쳐 파악한다.
52) 《정종실록》 권4, 2년 4월 신축.
53) 《정종실록》 권4, 2년 4월 계축.
54) 정종 2년 4월의 의정부 성립시에는 중추원이 개정된 삼군부만이 참여하지 못한 것으로 되어있고, 또 주 57]에서의 '承樞司平者 或兼或不得兼'이라고 한 것에서 삼사는 구성원이 된 것으로 추측된다.

의 大學士(2)·學士(2)와 三軍府의 中·左·右軍摠制 각 2인이 새로 의정부 구성원이 되었고,[55] 이로써 의정부 구성원은 종래의 문하부·삼사 관원과 합하여 22명으로 증가되었다. 이 구성원은 종래의 도평의사사와 비슷한 것으로 비록 도평의사사가 의정부로 개편되기는 하였지만 아직 도평의사사적인 성격에서 완전히 벗어나지 못하였음을 보여주는 것이라고 하겠다.

제2차 변혁은 태종의 즉위와 함께 단행되었다. 태종은 왕 1년 7월에 河崙 등의 상소를 따라 문하부를 혁파하면서 문하부 좌·우정승을 의정부 좌·우정승으로, 문하시랑찬성사를 의정부찬성사로, 참찬문하부사를 참찬문하부사로, 정당문학을 의정부문학으로, 지문하부사(1)를 참지의정부사(2)로 고치고 증원하면서 이들만이 의정부에 참여하게 하였다. 동시에 문하부낭사는 사간원으로, 삼사는 사평부로, 의흥삼군부는 승추부로, 예문춘추관은 예문관과 춘추관으로 분리시켰다.[56] 이 변혁으로 의정부 관직이 문하부적인 명칭에서 의정부적인 것으로 개정되었을 뿐만 아니라 종래의 잡다한 인원이 제외되면서 좌·우정승 이하 11직으로 구성되게 되었다.[57] 그리고 동일의 ≪태종실록≫에는 언급되지 않았지만 領議政府事도 이 때에 설치되면서 구성원이 된 것으로 추측된다.[58]

---

55) ≪정종실록≫ 권4, 2년 4월 신축. 삼군총제의 정원은 그 수가 불명하지만 ≪조선왕조실록≫ 상의 인사와 전후의 기술에서 중·좌·우군의 3군과 각 군에 2인의 총제가 언급됨에서 추정한다.

56) ≪태종실록≫ 권2, 1년 7월 경자.

57) ≪태종실록≫ 권2, 1년 7월 경자 河崙等上疏 改官制 上覽之 至司平府掌錢穀 承樞府掌軍事 曰 議政府果爲何事乎 又至兼參贊議政府事 曰 爲承樞司平 或兼或不得兼 則不得兼者不無恨矣 兼除之.

58) 영의정부사는 태종 1년 7월 경자에 李舒가 처음으로 임명되었고, 또 태종 14년 4월 경자의 관제개혁시에 영의정부사도 언급되는 것으로 보아 이 태종 1년 7월의 개혁시에 判門下府事가 영의정부사로 개칭되면서 의정부 구성원이 된 것으로 보인다.

左·右政丞 각1직,　　參知議政府事　　2직,

贊成事　　　　2,　　議政府文學　　　1.

參贊議政府事 4,[59]

그런데 이 때의 의정부 구성원은 비록 종전에 비하여는 크게 감소
되었지만 아직도 12명의 많은 인원으로 되었는데, 이는 의정부가 국
정을 주도하였기 때문인 것으로 보인다. 결국 이 개편으로 의정부는
고려적인 관제에서 조선적인 관제로 이행되었고, 타사와의 잡다한 합
의기관에서 의정부만의 합좌기관이 되었다고 하겠다.

이 관제개편의 배경은 근본적으로는 태종의 왕권이었고, 부차적으
로는 유명무실한 문하부를 혁파하여 제도를 정비하는 것이었다. 그리
고 큰 영향을 끼쳤다고 보기는 어렵지만 태종 1년 6월에 문하부가

> 청컨대 인사를 신중히 하고 용관을 혁거하소서. (중략) 원컨대 지
> 금으로부터 모두 고려가 省5 樞7로 한 것에 따라 나머지는 모두 혁
> 거하소서. 의정부를 혁파하여 각각 본사에서 시무하게 하고, 대사가
> 있을 경우에 합좌하여 의논하게 하게 함으로서 재상의 직임을 중하
> 게 하소서.[60]

라고 한 상소를 계기로 비록 의정부를 혁파하지는 않았지만 '各坐本
司'란 건의가 의정부만의 합좌기관을 이루는데 영향을 주었을 것으
로 추측된다.

---

59) 정원은 불명하나 태종 1년 7월에 참찬문하부사가 참찬의정부사로 개편되었고, 태종 14년 4
　　월에 참찬 1원이 혁파되었음에서 태종 1년 7월~14년 4월의 어느 시기에 4명에서 1명으로
　　감소된 것으로 추측된다. 그런데 ≪태종실록≫을 보면 왕 13년까지는 4~2명이, 13년말~14
　　년초에는 1~2명이 각가 확인됨에서 13년말~14년초에 1명으로 조정된 것처럼 보인다. 따
　　라서 태종 1년 7월에는 이전의 4명이 그대로 계승된 것으로 생각된다.
60) ≪태종실록≫ 권1, 1년 6월 계유.

제3차의 개변은 태종 1년 12월에 있었는데 議政府文學이 知議政府事로 개칭되었다.[61] 지의정부사는 그 후 태종 4년 6월에 1원에서 2원으로 증가된 듯하다.[62]

제4차의 개변은 태종 14년 4월에 의정부가 관장한 서사를 나누어서 육조에 귀속시킨 의정부 기능의 축소에 수반되어 행해졌다. 이 개변으로 좌·우정승과 의정부찬성사(2)가 判府事(2)와 同判府事(2)로 개칭되면서 이 관직이 영의정부사와 함께 의정부를 구성하였고, 참찬·지의정부사·참지의정부사는 혁파되었다.[63] 그리고 사인은 종전과 같이 부의 실무를 담당하였으나 부속의 검상조례사는 혁파되고 검상·녹사는 예조에 병합되었다.[64]

제5차의 개변은 태종 14년 6월에 행하여졌다. 4차 개변 때에 개칭된 명칭이 다시 고쳐지면서 판부사(2)와 동판부사(2)가 左·右議政(각1)과 左·右參贊(각1)이 되었다.[65]

제6차의 개변은 태종 15년 1월에 행하여 졌다. 좌·우참찬을 찬성(1)과 참찬(1)으로 구분하면서 그 직질을 각각 종1품과 정2품으로 정하였다.[66] 이 개변으로 비록 그 인원은 다르지만 뒤에 확립될 의정·찬성·참찬의 직명과 직질의 원형이 성립되었다.

제7차의 개변은 태종 15년 12월에 행하여 졌는데 참찬 1원이 2원으로 증가되었다.[67]

---

61) ≪태종실록≫ 권2, 1년 12월 계해.
62) 태종 1년 7월 관제에서는 1원이었으나 태종 14년 4월의 관제에서는 2원이 혁파되었다. 따라서 태종 1년~14년에 1원이 증가된 것으로 보인다. 인원변천에 대한 구체적인 설명은 없지만 태종 4년 6월 을해의 인사로부터 2인이 임명됨에서 이를 전후한 시기에 2인이 된 것으로 추측된다.
63) ≪태종실록≫ 권27, 14년 4월 경신.
64) 동상조.
65) ≪태종실록≫ 권27, 14년 6월 계축.
66) ≪태종실록≫ 권29, 15년 1월 을축.

제8차의 개변은 세종 18년 4월에 議政府署事制 부활로 인한 의정부기능의 강화와 함께 행해졌다. 태종 14년에 六曹直啓制의 실시와 함께 예조에 병합되면서 혁거된 검상조례사 검상이 별립되면서 의정부의 관원이 되었다.[68]

제9차는 세종 19년 10월에 의정부의 상계를 좇아 행하였는데 찬성 1인이 가치되면서 찬성도 참찬과 같이 좌·우(각1)로 체계화되었다.[69] 이 개변은 세종 18년의 의정부서사제의 부활로 인한 의정부 기능의 강화에서 비롯된 것이었고, 이로써 조선의 의정부제는 거의 정립되었다.

최종적으로 세조 12년 1월에 영의정부사를 領議政으로, 검상조례사 녹사를 司錄으로 개칭하는 조치가 행해졌다.[70] 이로써 의정부는 총12명의 녹관이 '議政 - 贊成 - 參贊 - 舍人 - 檢詳 - 司錄'의 상하관계 및 '左·右議政 - 左·右贊成 - 左·右參贊'의 좌·우관계로 체계화되고 세분화되면서 정립되었다. 이것이 마지막 반포된 ≪경국대전≫에 법제화되면서 갑오경장 직전까지 계속되었다.

정1품 영·좌·우의정 각1직,   정4품 사인 2직,
종1품 좌·우찬성   각1,   정5품 검상   1,
정2품 좌·우참찬   각1,   정8품 사록   2.

그 외에 의정부와 의정부 구성원에 대한 대우를 ≪경국대전≫에서 뽑아 적기하면 다음과 같다.

---

67) ≪태종실록≫ 권30, 15년 12월 경오.
68) ≪세종실록≫ 권74, 18년 7월 정유. 그러나 그 내용 중에 "檢詳前此屬禮曹 但令文臣參外二人治之 別無官號 自議政府署事以後 別立檢詳之官 屬於議政府"라고 하였음에서 세종 18년 4월 의정부서사와 함께 부활된 것으로 보인다.
69) ≪세종실록≫ 권79, 19년 10월 경진.
70) ≪세조실록≫ 권38, 12년 1월 무오.

① 의정부구성원은 각각 科에 따라 1년에 중미 14석·조미 48석·전미 1석·황두 23석·소맥 10석·주 6필·정포 15필·저화 10장(영·좌·우의정, 1과)~중미 2석·조미 12석·전미 1석·황도 4석·소맥 2석·정포 4필·저화 2장(사록, 15과)을 받았다.[71]

② 영·좌·우의정은 각각 110結의 職田과 15負의 택지를 받았고, 좌·우찬성~사록도 직전 105결·택지 15부~직전 15결·택지 2부를 받았다.[72]

③ 의정부는 差備奴 24인·根隨奴 36인을 배정받았고, 의정·찬성은 각각 근수노 5인·반당 6인을, 사인·검상은 각각 근수 1인을 배정받았다.[73]

④ 의정부는 方 2촌 9분의 직인을 사용하였고,[74] 의정부 구성원은 그 직질에 해당되는 의장·관·복 등을 착용하였다.[75]

지금까지 살펴본 의정부관의 직제 변천을 표로 재정리하여 제시하면 다음과 같다.

---

71) ≪경국대전≫ 권2, 호전 녹과조.
72) ≪경국대전≫ 권2, 호전 직전·전택.
73) ≪경국대전≫ 권5, 형전 제사차비노·근수, 권4, 병전 반당.
74) ≪경국대전≫ 권3, 예전 용인.
75) ≪경국대전≫ 권3, 예전 의장관복.

<표 13> 의정부관 직제 변천 종합 (≪조선왕조실록≫·≪경국대전≫)

		정종		태종			
		2년 4월 신축	2.4. 계축	1.7. 경자	1.12. 계해	14.4. 경신	14.6.계축
의정부	議政府	(判門下 1)	→	領議政府事1	→	→	→
		門下左政丞 1	→	議政府左政丞1		判府事 2	左議政 1
		門下右政丞 1	→	議政府右政丞1			右議政 1
		門下侍郎贊成事 2	→	議政府贊成事2		同判府事 2	左參贊 1
							右參贊 1
		參贊門下府事 4	→	議政府參贊事4		혁	
		政堂文學 1	→	議政府文學1		혁	
		知門下府事 1	→	參知議政府事2	知府事 2	혁	
		門下舍人	→	議政府舍人2		잉구	→
		檢詳條例司				혁	
		檢詳	→	→	→	혁	
		錄事	→	→	→	혁	
	三司	判事 1					
		左使 1					
		右使 1					
	藝文春秋館		大學士 1				
			學士 2				
	三軍府		中軍摠制 2				
			左軍摠制 2				
			右軍摠制 2				

		태종		세종		세조	경국대전
		15.1.을축	15.12.경오	18.7.정유	19.10경진	12.1.무오	
의정부	(영의정부사 1)	→	→	→	→	領議政 1	領議政 1
	(좌의정 1)	→	→	→	→		左議政 1
	(우의정 1)	→	→	→	→		右議政 1
	(좌참찬 1)	贊成(종1) 1	→	贊成事 2	左贊成 1		左贊成 1
					右贊成 1		右贊成 1
	(우참찬 1)	參贊(정2) 1	참찬 2	→	左參贊 1		左參贊 1
					右參贊 1		右參贊 1
	(사인)	→	→	→	→	사인 2	舍人 2
				檢詳條例司			
				檢詳	→	검상 1	檢詳 1
				錄事	→	사록 1	司錄 2

3) 機能

조선초 의정부의 법제적인 기능이 언제 어떻게 규정되었는가는 명확하지 않다. 그러나 의정부제는 주관의 삼공제에서 기원되었고 도평의사사를 개편한 기관임으로 주관의 삼공과 도평의사사의 기능에서 추지할 수 있다. 실제로 ≪經國大典≫에 의정부 기능으로 규정한 '總百官·平庶政·理陰陽·經邦國'은 도평의사사의 최고 국정의결기관으로서의 기능과 주관 삼공의 직장인 '論道經邦·燮理陰陽'이 융합된 것이 아닌가 한다. 그리고 이것은 전술한 정도전의 재상중심 정치체제와 재상의 기능에서 제시된 그것이라고 하겠다.[76]

그러면 이것들은 언제 법제적인 기능으로 융합되었는가? ≪朝鮮王朝實錄≫에서는 직접 기술되지 않았지만 후대의 ≪增補文獻備考≫와 ≪燃藜室記述≫에서는 "태종 1년에 또 문하부를 혁파하고 의정부에

---

76) 앞 주 34) 참조.

병합하였고, 백관을 총령하고 서정을 고르게 하고 음양을 다스리며 나라를 경륜하였다"[77] 고 하였다. 이를 볼 때 태종 1년 7월 경자에 문하부가 혁파되면서 의정부에 병합될 때 사실상 규정된 것이라고 추측된다. 그런데 이 태종 1년 7월은 의정부가 성립된 1년 3개월 후이고 ≪경국대전≫이 편찬되는 세조말~성종초 보다는 80여년이나 앞선다. 또 이 법제적인 기능은 통괄적이기 때문에 의정부의 실제적인 기능변천과는 관계없이 그대로 유지될 수 있었다고 추측된다. 따라서 앞에 제시된 자료에서는 태종 1년으로만 적기되었으나 이는 7월 경자일로 보아도 무방할 것이다. 그렇다면 의정부의 법제적인 기능은 의정부가 성립된 초기에 규정되었고, 이것이 ≪경국대전≫의 편찬으로 확정되었다고 하겠다.

그 외에도 의정 이하 의정부 구성원은 의정부의 기능과 관련되어 수많은 관직을 겸대하고 그 관아의 일을 지휘하였고, 엄선되면서 재직기간이 차면 승자되면서 체직되는 등의 우대를 받았다. ≪경국대전≫에 규정된 의정 이하의 겸직과 제 우대는 다음과 같다.

① 의정부 구성원은 경연영사(3, 의정)·홍문관영사(1, 의정)·예문관영사(1, 의정)·춘추관영사(1, 영의정)·감사(2, 좌·우의정)·승문원도제조(3, 의정)·관상감영사(1, 영의정), 세자시강원 사(1, 영의정)·부(1, 의정)·이사(1, 찬성)를 예겸하였고,[78] 의정부당상관은 정1~종2품직이 겸하게 되어있는 奉常寺·司饔院·內醫院·軍器寺·軍器監·司譯院·修城禁火司·典艦司·宗廟署·社稷署의 都提調·提調를 수시로 겸하였다.[79]

② 의정부와 육조의 당하관은 재직기간이 만료되면 모두 높은 지

---

77) ≪증보문헌비고≫ 권216, 직관고 3 의정부, ≪연려실기술≫ 별집 권6, 의정부.
78) ≪경국대전≫ 권1, 경관직 각사조.
79) 동상조.

위로 승진되었다.[80]

③ 의정부·육조 등의 관원에 결원이 있을 때에는 久任員 외에 비록 재직기간이 만료되지 아니한 자라도 뽑아 임용하고, 贓汚의 죄를 범한 贓吏의 아들과 손자는 의정부·육조 등의 직에 임명되지 못하며, 무릇 임명한 후의 3품 이하 관원 및 無祿官은 이조에서 그 내력을 조사한후 내용을 갖추어 주달하고 의정부·사헌부·사간원에 이첩하여 조사·규명한다.[81]

④ 당하관은 모두 문관을 임용하고, 舍人이 결원이 있을 때에는 檢詳을 재직기간을 따지지 아니하고 승진시킨다.[82]

⑤ 藝文館奉敎 이하 관원의 초임시는 의정부·이조 등의 侍講後에 임용한다.[83]

⑥ 成均館博士 이하는 議政府司錄 1원이 겸한다.[84]

⑦ 春秋館의 修撰官 이하는 의정부 사인·검상도 겸한다.[85]

⑧ 校書館의 박사 이하는 司錄 1원이 겸한다.[86]

⑨ 의정부·이조 등 관원의 임명시에는 친가·외가의 4조 및 본인의 허물을 고찰한 후 署經한다.[87]

⑩ 의정부·의금부 등의 관원은 相避한다.[88]

⑪ 중앙·지방의 동·서반 3품 이상 관원은 매 3년마다 봄의 첫달에 각각 3인을 천거하고, 동반의 3품 이상과 서반의 2품 이상은 매년 봄의

---

80) ≪경국대전≫ 권1, 이전 경관직. 재직기간은 종6품 이상은 2.5년이고, 정7품은 1.5년이다.
81) ≪경국대전≫ 권1, 이전 경관직.
82) ≪경국대전≫ 권1, 이전 경관직 의정부.
83) ≪경국대전≫ 권1, 이전 경관직 예문관.
84) ≪경국대전≫ 권1, 이전 경관직 성균관.
85) ≪경국대전≫ 권1, 이전 경관직 춘추관.
86) ≪경국대전≫ 권1, 이전 경관직 교서관.
87) ≪경국대전≫ 권1, 이전 고신. 4조는 부, 조, 증조, 외조이다.
88) ≪경국대전≫ 권1, 이전 상피.

첫달에 각각 3인 이내에서 수령이나 만호가 될만한 자격이 있는 자를 추천하며, 의정부·육조의 당상관과 사헌부·사간원의 관원은 매년 봄의 첫달에 각각 관찰사·절도사가 될만한 자격이 있는자를 추천한다.[89]

이상에서 의정부는 최고 정치기관으로서의 법제적인 기능을 가졌음을 볼 수 있다. 그러나 이를 구체적으로 보면, 의정부의 주기능으로 규정한 '총백관·평서정·이음양·경방국'은 극히 통괄적이며, 의정부당상의 각종 영사·도제조·제조의 겸대는 국가백사를 형식적으로 의정부에 귀속시킨 것이다. 그리고 여타의 ②~⑪에 있어서는 ④의 사인에 결원이 있을 때에 한하여 검상을 재직기간을 따지지 아니하고 승진시킨다는 규정만이 의정부의 독자적인 것이고 그 외의 모두는 육조나 기타 제 사와의 공동기능으로 되어 있다.

반면에 뒤에서 언급될 개국이래 ≪경국대전≫의 편찬 때까지 의정(시중 또는 정승)·찬성·참찬이 判尙瑞司事로서나 判吏·兵曹事로서 장악하였던 동·서반에 대한 銓注權이 형식적인 천거로만 규정된 것은 실질적인 의정부기능이 크게 약화된 것으로 간주된다. 그 외에도 세조 말~성종 7년에 걸쳐 실질적으로 국정을 주도하였던 院相制가 규정되지 않은 것은 세조대의 대전체제가 예·성종대에 많이 수정되었다고는 하지만 육조를 중심으로 한 세조대의 그것이 근본적으로 수정되지 않았음을 보이는 것이라고 하겠다.

그렇기는하나 의정부는 법제적으로 최고의 국정기관이었고, 또 최고위관과 최다의 인원으로 구성되었기 때문에 항시 실질적인 기능을 행사할 여건이 구비된 셈이고 이로써 조선 전시기에 영향력을 발휘할 수 있었다고 생각된다.

---

89) ≪경국대전≫ 권1, 이전 천거.

3. 議政府의 政治活動

조선시대 정치의 주체세력은 왕을 정점으로 하고 의정부·육조·승정원·대간·홍문관 등에 속하는 관료군이었다. 의정부 기능은 이들 기관과 모두 관계가 되지만 특히 왕권 및 육조와 밀접한 관계를 갖고 있으므로 이를 중심으로 그 기능을 살펴본다.

1) 政治活動 分析

조선초 의정부의 정치활동에는 국왕으로부터 명을 받아 정사를 수행한 受命活動(이하 수명으로 약기), 국왕에게 상언·상소 등을 통하여 의견을 개진함으로써 정사에 참여한 啓聞活動(이하 계문으로 약기), 국왕의 명을 받아 정사를 의의하는 擬議活動(이하 의의로 약기) 등이 있었다. 그리고 이 활동을 활동 주체별로 보면 의정부 합사, 의정부 일부, 의정부·육조 합사, 기타(의정부·대간 또는 의정부·기타 제사)로 구분된다. 또 이 활동주체가 직접으로 수명·계문·의의를 행하기도 하지만 의정부나 백사가 啓聞한 내용을 왕이 의정부에 명하기도 하였고, 백사나 지방관의 보고를 의정부가 傳聞하기도 하였으며, 백사·지방관·의정부가 啓聞한 내용을 다시 의정부에 내려 擬議하게 하기도 하였다. 이 때 의정부가 육조나 기타 제사와 공동으로 수행한 활동은 엄밀하게는 의정부활동과 구분하여야 하겠고, 의정부 합사인가 일부에 의한 것인가도 구분해야 하겠지만 여기서는 모두 의정부활동으로 포괄하여 파악한다. 정종 2년~성종 9년의 의정부 활동경향을 보면 다음의 표와 같다.

<표 14> 朝鮮初期 議政府 受命·啓聞·擬議活動(≪조선왕조실록≫)

		정종	태종																	
		2년	즉위	1	2	3	4	5	6	7	8	9	10	11	12	13	14	15	16	17	18
수명	수	1		5	7	9	7	6	3	5	2	11	12	8	11	7	11	3	6	2	6
	%	14		20	16	23	20	10	6	9	4	13	13	9	12	7	18	7	14	6	13
계문	수	6	1	12	14	13	17	14	31	28	28	46	50	50	50	54	25	23	18	11	22
	%	86	33	52	33	33	49	38	65	50	62	55	52	57	54	56	41	56	43	34	46
의의	수		2	7	22	17	11	17	14	23	15	26	34	30	31	35	25	15	18	20	20
	%		67	28	51	44	31	46	29	41	33	31	35	34	34	37	41	37	43	60	42
합계	수	7	3	25	43	39	35	37	48	56	45	83	96	88	92	96	61	41	42	33	48
	%	100																			

		세종																			
		즉위	1	2	3	4	5	6	7	8	9	10	11	12	13	14	15	16	17	18	19	20
수명	수	2	4	5	2	1		5	2	3		1	1	1	3				2	3	4	2
	%	7	7	12	8	3		19	7	8		2	2	2	2				3	2	3	1
계문	수	8	26	9	9	22	7	6	5	10	9	16	9	6	13	5	7	7	6	67	71	126
	%	27	46	21	38	61	30	23	17	25	22	28	16	9	10	5	6	8	10	55	55	73
의의	수	19	27	28	13	13	16	15	22	27	31	41	46	57	113	86	108	78	56	52	54	44
	%	66	47	67	54	36	70	58	76	67	78	70	82	89	88	95	94	92	87	43	42	26
합계		29	57	42	24	36	23	26	29	40	40	58	56	64	129	91	115	85	64	122	129	172

		세종												문종			단종			
		21	22	23	24	25	26	27	28	29	30	31	32	즉위	1	2	즉위	1	2	3
수명	수	1			12	4	5	8	3	9	9	4		7	4	2	2			
	%	1			10	3	4	5	2	8	6	4		3	2	4	1			
계문	수	118	70	56	65	44	76	118	134	81	94	57	5	103	149	21	111	132	139	53
	%	69	66	60	54	37	54	76	74	68	59	51	33	50	58	41	61	49	66	67
의의	수	52	36	38	44	70	59	29	43	30	56	51	10	98	102	28	68	136	73	26
	%	30	34	40	36	60	42	19	34	24	35	45	67	47	40	55	38	51	34	33
합계		171	106	94	121	118	140	155	180	120	159	112	15	208	255	51	181	268	212	79

		세조														예종		성종				
		1	2	3	4	5	6	7	8	9	10	11	12	13	14	즉위	1	즉위	1	2	3	4
수명	수	4	4	6	6	3	5	9	6	8	5	4	3	8	6	4	9	5	3	3	2	9
	%	8	11	11	15	7	14	9	13	14	11	17	6	10	21	18	20	83	38	43	11	69
계문	수	29	12	20	18	20	10	19	12	12	5	3	5	7	2	7	11	1	3	2	13	4
	%	58	31	36	45	50	26	19	26	20	11	13	10	9	7	32	23	17	38	29	72	31
의의	수	17	22	29	16	17	21	73	28	39	36	17	42	65	20	11	24		2	2	3	
	%	34	58	53	40	43	60	72	61	66	78	70	84	81	72	50	57		24	29	17	
합계		50	38	55	40	40	36	101	46	59	46	24	50	80	28	22	44	6	8	7	18	13

		성종					합계	비고
		5	6	7	8	9		
수명	수	4	3	5	3	12	372	
	%	25	14	22	15	38	6.0	
계문	수	9	7	9	7	5	2,835	
	%	56	33	39	35	16	46.4	
의의	수	3	11	9	10	15	2,909	
	%	19	52	39	50	47	47.6	
합계	수	16	21	23	20	32	6,116	
	%						100	

위의 표에 의하면 정종 2년~성종 9년의 의정부 정치활동은 크게 계문과 의의가 중심을 이룬다. 그러나 세분하여 보면 정종 2년~태종 13년, 태종 14년~세종 17년, 세종 18년~단종 3년, 세조 1년~성종 9년의 4시기로 구분된다. 즉 정종 2년~태종 13년에 의정부는 수명·계문·의의의 각 유형에 걸쳐 활동하였다. 그러나 전체적으로는 계문·의의활동이 중심이 되었고, 수명활동은 미약하였다. 연도별로는 정종 2년과 태종 1·4·6~13년에는 계문이, 태종 즉위·2·3·5년에는 의의가 중심이 되었다. 결국 이 시기는 계문이 중심이 되었다고 하겠다.

태종 14년~세종 17년에는 수명·계문·의의의 각 유형에 걸쳐서 활동하고 있지만, 전체적으로는 의의가 중심이 되었다. 그러나 부분적으로 태종 15·18년과 세종 4년에는 계문이 중심이 되었고, 태종 14·16년에 있어서는 계문·의의가 중심이 되었다.

세종 18년~단종 3년에는 수명·계문·의의의 각 유형에 걸쳐 활동하고 있지만, 수명은 거의 명목만을 유지하였으며, 의의는 다시 침체되면서 계문이 의정부활동의 중심이 되었다. 그러나 부분적으로 세종 25·32년에는 의의가 중심이 되기도 하였다.

세조 1년~성종 9년에는 수명·계문·의의의 각 유형에 걸쳐 활동하였다. 그러나 구체적으로 보면 세조 1년~예종 1년에는 의의가 중심을 이루면서 부분적으로 세조 1년에는 계문이 중심이 되었고, 세조 4·5년에는 계문·의의가 병행되었다. 성종대에는 즉위·2·4년에는 수명이, 3·5년에는 계문이, 6·8·9년에는 의의가, 1년에는 수명·계문이, 7년에는 계문·의의가 각각 중심이 되었다. 이에서 성종대의 의정부 정치활동은 이전에 비하여 매우 특이하다고 하겠다. 그런데 성종초는 원상제의 대두와 함께 의정부활동이 크게 침체되었으므로(연중 6~32건에 불과) 큰 의미가 없다. 결국 세조 1년~성종 9년에는 의의가 중심이 되었다고 하겠다.

이상에서 의정부활동은 정종 2년~태종 13년과 세종 18년~단종 3년에는 계문을 중심으로 전개되었고, 태종 14년~세종 17년과 세조 1년~ 성종 9년에는 의의를 중심으로 전개되었다고 하겠다. 의정부가 이러한 활동경향을 보이는 가장 큰 요인은 의정부 기능의 강약이라고 추측된다. 이를 뒤에서 검토할 권력구조의 변동과 연관시켜 보면 의정부활동은 왕권이 약하고 의정부 기능이 활발하면서 議政府擬議制가 실시될 때에는 계문이 중심이 되었고, 왕권이 강화되면서 六曹直

啓制가 실시될 때에는 의정부 기능의 약화가 함께 의의가 중심이 되었음을 알 수 있다. 요컨대 계문활동이 중심인가? 의의활동이 중심인가?는 의정부 기능과 왕권(육조기능)에 직결되는 것이었다고 하겠다.

4. 權力構造의 變動과 議政府 權力

의정부가 성립된 것은 정종 2년 4월이다. 그러나 의정부가 성립되기 이전의 도평의사사 활동도 의정부와 밀접히 관련되었으므로 먼저 도평의사사 활동을 살펴본다.

선초의 도평의사사는 국가의 최고 의결·집행기관이었다. 이 점은 고려가 멸망하고 이성계가 왕위에 등극할 때, 명에서 태조의 즉위를 승인할 때, 개국초에 국호를 정하여 백성의 마음을 정할 것을 청할 때 등의 일이 모두 도평의사사의 이름으로 행하여 진 것에서도 명백히 입증된다고 하겠다.[90] 또 태조 즉위~정종 2년에 도평의사사는 형정, 인사, 군사, 부역, 진제, 제도, 경제, 진봉, 공신책록 등 국정전반에 걸쳐 활발한 활동을 전개하였다.[91] 이들 정치활동은 수명·계문·의의의 각 유형으로 전개되었지만, 태조대에는 수명·계문이 중심이 되었고, 정종대에는 계문·의의가 중심이 되었으며, 전체적으로는 수명·계문이 중심이 되었다.[92]

그 외에도 도평의사사 구성원은 判六曹事,[93] 判尙瑞司事,[94] 判義

---

90) 末松保和, 앞 논문, 5~6쪽.
91) 한충희, 앞 <조선초기 의정부연구> 상, 116~117쪽 <표 9> 참조.
92) 위 논문, 116~117쪽 <표 9, 10> 참조.
93) ≪태조실록≫ 권15, 7년 9월 계유 (전략) 成石璘門下侍郎贊成事判戶曹事 李之蘭門下侍郎贊成事判刑曹事義興三軍府中軍節制使靑海君 李茂參贊門下府事判禮曹事義興三軍府左

興三軍府事 등 군직겸대[95] 등을 통하여 그 기능을 강화하였다. 그리하여 이 시기의 국정은 개국공신(정종대에는 정사공신)이 중심이 된 도평의사사가 정치·경제·군사 등의 실권을 장악하면서 큰 영향을 끼쳤고, 왕권은 그렇게 떨치지 못하였다고 추측된다.

그러나 도평의사사 활동을 시기별로 구분하여 보면 태조대는 총 194건으로 연평균 28건인데 비하여 정종대는 20건으로 연평균 10건에 불과하였다. 활동분야에 있어서도 태조대에는 전 국정에 참여하였으나 정종대에는 뚜렷이 활발한 분야가 없다.[96] 그러면 태조대와 정종대에 이러한 차이를 초래한 요인은 무엇이겠는가? 그것은 태조 7년에 발생한 왕자의 난을 통한 정도전 등의 제거와 정안군의 대두에서 비롯되었다고 하겠다. 즉 정도전 등이 득세한 시기에는 이들이 정치·경제·군사의 실권을 장악하고 활발히 국정에 참여하였지만, 정도전 등이 제거된 뒤에는 정안군이 정치·군사의 실권을 장악하였기 때문에 비록 도평의사사는 계속되었으나 그 기능이 크게 위축되었기 때문이라고 하겠다.

그러면 이러한 도평의사사를 혁파하고 출현한 의정부의 기능은 어떠하였겠는가? 법제적으로는 의정부는 도평의사사와 마찬가지로 최고의 국정기관이었지만 실제에 있어서는 성립시부터 인원이 크게 줄고

軍節制使 張思吉參贊門下府事判工曹事義興三軍府中軍節制使永嘉君 (하략). 이 때의 판호·형·예·공조사는 형식적인 겸대가 아니고 실질적인 호·형·예·공조의 지휘·감독자였다.

94) 상서사는 고려 창왕시에 정방을 개칭한 기관으로서 '符印·除授等事' 즉, 인사를 관장하였다. 상서사의 책임자는 판사인데, 양부로서 임명되었다. 판상서사를 겸대한 인물은 태조대에는 정도전·남은 등이었고, 정종대에는 정안군 이방원·하륜·이거이 등이었다(金潤坤, 1964, <麗末鮮初의 尙瑞司>, ≪歷史學報≫ 25, 31~33쪽).

95) 국초의 人心未定과 예기치 못한 변란의 대비와 관련되어 종친·공신은 사병을 거느리고 도절제사를 겸대하였고, 빈번한 왜구의 침입 등과 함께 도체찰사·병마통제사·절제사·도병마사·점병사·안찰사 등을 겸대하고 방왜·토왜·지방군정·감찰에 참여하였다.

96) 한충희, 앞 논문, 116~117쪽 <표 9~10>.

군사권이 분리되어 나갔으며, 점진적으로 대두되는 왕권 및 육조의 강화와 함께 중요한 정무를 육조에 많이 이관하면서 때로는 명실상부한 기능을 행사했으나 때로는 미약하였다.

이제까지 수차에 걸쳐 언급되었지만, 조선초기 정치의 주체세력은 왕을 정점으로 하고 의정부·육조·승정원·대간·홍문관 등의 유력한 관료군이었다. 이 중에서도 국가정치는 왕과 의정부·육조가 주로 담당하였는데 이 3자의 관계를 보면, 왕권이 안정되거나 강력할 때에는 六曹直啓制가 실시되면서 의정부는 약화되었고, 의정부 기능이 강력하면서 議政府擬議制가 실시될 때에는 육조가 약화되었다. 따라서 의정부 기능은 왕권 및 육조 기능과 밀접히 관련되었음을 알 수 있다. 이를 규명하기 위하여 먼저 의정부와 육조의 활동을 표로 대비시켜 보면 다음과 같다.

<표 15> 정종 2년~성종 9년 의정부와 육조 정치활동 대비[97]

		정종	즉위	태종															
		2년		1	2	3	4	5	6	7	8	9	10	11	12	13	14	15	16	17
議政府	수	7	3	25	43	39	35	37	48	56	45	83	96	88	92	96	61	41	42	33
	%			89	77	74	87	76	76	73	64	82	83	59	71	69	38	22	26	21
六曹	수			3	13	14	5	12	15	21	25	18	19	62	38	30	98	145	117	127
	%			11	23	26	13	24	24	27	36	18	17	41	29	31	62	8	24	79
합계	수			28	56	53	40	49	63	77	70	101	115	150	130	126	159	186	159	160
	%			100																

---

97) ≪조선왕조실록≫ 정종 2년~성종 9년조(의정부 활동은 앞 <표 14>).

		태종	세종															
		18	즉위	1	2	3	4	5	6	7	8	9	10	11	12	13	14	15
의정부	수	48	29	57	42	24	36	23	26	29	40	40	58	56	64	129	91	115
	%	43	25	26	25	14	21	7	10	9	16	24	24	23	21	34	33	33
육조	수	64	86	165	128	147	133	311	244	278	212	124	182	183	247	252	183	232
	%	57	75	74	75	86	79	93	90	91	1	76	76	7	79	66	67	67
합계		112	115	222	170	171	169	334	270	307	252	164	240	239	311	381	274	347

		세종																
		16	17	18	19	20	21	22	23	24	25	26	27	28	29	30	31	32
의정부	수	85	64	122	129	172	171	106	94	121	118	140	155	180	120	159	112	15
	%	25	23	62	58	75	54	56	54	51	40	47	66	73	63	60	68	79
육조	수	252	211	75	92	58	154	83	79	116	174	155	80	53	69	107	53	4
	%	75	77	38	42	25	46	44	46	49	60	53	34	27	37	40	32	21
합계		337	275	197	221	230	325	189	173	237	292	295	235	233	189	266	165	19

		문종			단종				세조									
		즉위	1	2	즉위	1	2	3	1	2	3	4	5	6	7	8	9	10
의정부	수	208	255	55	181	268	212	79	50	38	55	40	40	35	101	46	59	46
	%	63	61	72	86	83	76	79	33	20	21	20	22	17	43	31	49	22
육조	수	120	163	20	30	56	67	21	100	156	210	159	139	171	134	103	61	165
	%	37	39	28	14	17	24	21	67	80	79	80	78	83	57	69	51	78
합계		328	418	71	211	324	279	100	150	194	265	199	179	206	235	149	120	211

		세조				예종		성종										합계
		11	12	13	14	즉위	1	즉위	1	2	3	4	5	6	7	8	9	
의정부	수	24	50	80	28	22	44	6	8	7	18	13	16	21	23	20	32	6,116
	%	17	25	43	29	34	32	18	4	3	7	8	9	9	15	11	16	37.9
육조	수	118	148	105	68	69	159	27	175	248	241	142	167	255	127	166	170	10,008
	%	83	75	57	71	66	68	82	96	97	93	92	91	91	85	89	84	62.1
원상	수					34	162	41	195	54	36	35	68	87	20			732
	%																	
경연 영사	수														19	60	52	131
	%																	
합계 (의·6)	수	142	198	185	96	91	203	33	183	255	259	155	183	276	150	186	202	16,124
	%																	100

이 표에 나타난 의정부와 육조의 활동경향은 실제적인 의정부·육조의 기능발휘와는 다소의 차이가 있겠지만 대체적인 성향만은 추측할 수 있을 것으로 보인다. 이 표를 통하여 의정부와 육조의 정치활동을 보면 의정부가 성립된 정종 2년으로부터 성종 9년까지는 크게 4시기로 구분되고 있다. 즉 정종 2년~태종 13년에는 의정부활동이 중심이 되었고, 태종 14년~세종 17년에는 육조활동이 중심이 되었고, 세종 18년~단종 3년에는 다시 의정부활동이 중심이 되었으며, 세조 1년~성종 9년에는 다시 육조활동이 중심이 된 것처럼 보인다. 이 표에 나타난 경향에 따라 정종 2년~성종 9년을 4시기로 나누어 이와 같은 변화를 초래한 요인이 무엇이고, 각 시기의 의정부권력이 어떠하였는가를 겸하여 살펴본다.

1) 成立初의 議政府(정종 2년 4월~태종 13년)

定宗은 자력에 의한 것이 아니라 태조 7년에 일어난 제1차 왕자의 난으로 인한 태조의 양위와 정안군의 사양으로 일시적으로 즉위하게 되었다. 그러므로 정종조에 실권을 장악한 세력은 왕자의 난을 주도한 靖安君 芳遠과 그를 추종한 定社功臣들이었다.

정안군은 정종 즉위년 9월로부터 兼判尙瑞司事가 되어[98] 河崙·李居易·趙英茂 등의 재추와 함께 국사를 처리하였고, 정종 2년 1월에 일어난 제2차 왕자의 난을 계기로 왕세자가 되면서는 軍國重事와 內外軍士를 총령하였다.[99] 정종은 이러한 정안군의 위세로 무력할 수밖에 없었고, 따라서 정무 보다는 격구 등의 오락에 탐닉하는[100] 등으로써 보신책을 삼은 듯하다. 그 외에도 정종의 왕자·왕녀가 왕위에 오르지 못한 鎭安·益安大君의 자녀와 같이 봉작되었음도 정종의 왕권이 어떠하였는가를 잘 보여준다고 하겠다.[101]

이러한 상황하에서 사병이 혁파되고 병권이 집중되었으며, 도평의사사가 혁파되면서 의정부로 개편되었으니, 이는 결국 정종의 의도에서라기 보다는 정안군에 의한 왕권강화 내지 신권약화책이었다고 하겠다. 따라서 의정부는 도평의사사에 비하여 약화될 수 밖에 없었고, 특히 병권의 집중은 태종대에 왕권을 강화하는 토대가 되었다.

太宗은 조선개국에 큰 공헌을 하였으면서도 태조비 康氏와 이에 밀착된 鄭道傳·南誾 등의 배척으로 개국후의 정치에 참여하지 못하였다.[102] 그 후 강비의 사거와 태조의 신병을 기하여 정도전 등의 독주에 불평을 품고 있던 개국공신을 규합하고 독자의 군사력을 이용하여

---

98) ≪태조실록≫ 권15, 7년(정종 즉위) 9월 정축.

99) ≪정종실록≫ 권3, 2년 2월 기해·갑오.

100) ≪정종실록≫ 권1, 1년 1월 경인 御經筵 諸公侯與宦寺 擊毬於內庭 喧囂不已 上顧謂 史官李敬生曰 如擊毬事 亦書諸史乎 敬生對曰 君擧必書 況擊毬乎, 외.

101) 김성준, 앞 <종친부고>, 46쪽.

102) 태종이 왕 11년 8월 신묘에 南在를 불러 개국의 일을 말하는 가운데 "壬申(1392년) 以前 之事 子皆知之 其後人有忌我者 故出使東北面矣" 라고 한 것, 태조 1년 8월 기사의 개국공신책봉 때에는 공신의 열에 끼지 못하다가 태조 7년 1차 왕자의 난이 있은 연후에 芳毅·芳幹과 함께 개국1등공신에 추록되는 등에서 잘 볼 수 있다.

제1차 왕자의 난을 일으켰고, 이로써 鄭道傳·南誾·沈孝生 등을 제거하면서 정치의 실권을 장악하였다.[103] 따라서 태종의 왕권은 강력하였고, 의정부는 비록 의정부서사제가 계속되면서 정치를 주도하기는 하지만 점진적으로 대두하는 왕권과 함께 그 기능이 약화되었다.

이제 정종 2년~태종 13년의 의정부활동을 살펴 본다. 앞의 <표 15>에서 의정부는 육조를 압도하면서 국정을 주도하였을 것으로 추측된다. 그러나 의정부의 활동수를 세분해서 보면 태종 8년까지는 계속하여 감소되었고, 9·10년에는 오히려 격증되었다가 11년에는 격감되었으며, 12년에는 증가되었다가 13년에는 감소되었다. 이에서 의정부가 국정의 중심이 되고는 있지만 그 활동이 수시로 변천되었음을 알 수 있다. 그러면 의정부는 실제로 어떠한 활동을 하였겠는가? 이를 살피기 위해 앞의 <표 15>에 나타난 활동수를 활동분야별로 재정리하면 다음의 표와 같다.

---

103) 강비는 태조 5년 8월 무술에 승하하였고, 태조는 7년 7월 임인부터 8월까지 병중에 있었다. 정변후에 책봉된 정사공신의 면면을 보면 방원에 동조한 개국공신과 고관의 동향을 볼 수 있다. 조준·김사형 등 12명이 개국공신으로서 정사공신에 책록되었고, 하륜·이거이·이무 등 5명이 2품관 이상에 재직중이었다.

<표 16> 정종 2년~태종 13년 의정부 분야별 활동

	정종	태종														계	비고
	2	즉위	1	2	3	4	5	6	7	8	9	10	11	12	13		
刑政(奴婢)			3	4	1	10	9	9	13	8	22	27	17	14	17	155	
人事	1		1	1	2		1		6	2	5	2	4	6	8	39	
軍事			3	12	7	2	2	1	5	6	4	21	4	9	10	86	
赴役(築城)			1					1			2	3	7	3	7	24	
賑濟			3	1	1		3	1	1		3	1	2	5	2	23	
時務條進			2	3	4	4	3	5	6	1	6	2	3	4	5	48	
教育(科擧·風俗)	1		2		1		1	4	2	2	2	1	4	5	3	28	
制度·立法	1		4	3	4	7	2	7	3	1	1		1	7	9	53	
儀禮(服制)	1			2	1		3	3	4	5	3	9	16	4	5	55	
使行(通交)					3		1	1	1	4		3	2	1	5	21	
經濟(田制)			3	9	5	2	6	8	10	2	15	12	17	14	13	116	
國都經營		1		1	2	3	2	1					1	2	3	16	
佛事(斥佛)		1		1			1	3	3	3	5			2		19	
기타	3	1	4	5	7	3	4	2	11	13	14	10	16	10		110	
합계	7	3	25	43	39	35	37	48	56	45	83	96	88	92	96	793	

이 표를 볼 때 의정부는 형정·인사·군사·부역·축성·진제·시무조진·교육·과거·풍속·입법·의례·사행·통교·경제·국도경영·불사 등의 국정전반에 걸쳐 활동하였음을 볼 수 있다. 그러나 그 활동수를 볼 때 형정 (19.5%)·경제(14.6)·군사(10.8)가 중심을 이루고 있으며, 의례(6.9)·입법 (6.7)·시무조진(6.0)도 상당하였다. 여기에서 형정·경제·군사는 가장 중요한 국사이고, 의례·입법은 초창의 문물정비와 관련된 활동이었음을 고려할 때 의정부가 국정에 끼친 영향이 지대하였음을 알 수 있다.

그리고 태종 4년 10월에 의정부의 청을 쫓아 새 법을 정할 때는 반드시 의정부에 통보하여 擬議하게 하고 受判받아 시행하게 함으로써[104] 의정부는 신법제정에 대한 擬議權을 가지게 되었고, 이것은 형정의 기능과 함께 후대로 계승되면서 의정부의 고유한 기능이 되었다.

그 외에도 의정부 구성원은 判吏·兵曹事와 군직겸대를 통하여 의정부의 기능을 강화하였다. 태종이 즉위한 후에도 태조 이래의 判尙瑞司事制는 계승되어져 좌·우정승이 이를 겸하면서 동·서반의 인사권을 장악하였다. 그 후 태종 5년에 이르러 육조의 지위강화와 함께 겸판상서사사제가 폐지되면서 인사권이 이·병조로 귀속됨에 따라 좌·우정승은 인사권을 상실하였으나[105] 태종 6년 8월에 좌·우정승이 다시 판이·병조사를 겸하면서 인사권을 장악하였다.[106] 의정부 구성원은 또 변란이 발생하거나 평상시의 필요에 따라 承樞府判事·義興府判事·都統使·訓鍊觀都提調·三軍都摠制·義勇巡禁司判事·義興府知事·摠制·司僕寺判事·軍器監判事 등을 수시로 겸대하면서 군사에 광범하게 참여하였다.[107]

이를 볼 때 정종 2년 4월~태종 13년에는 의정부가 육조를 압도하면서 국정을 주도하였고, 이러한 의정부의 위세하에서 왕권은 미약하였던 것처럼 보인다. 그러나 태종대에는 왕권의 강화와 육조직계제의 실시기도가 계속되었던 만큼 이러한 수치나 활동의 경향만으로는 그 기능을 단정하기가 곤란할 것으로 생각된다. 이에 따라 태종에 의한 왕권강화와 육조직계제의 실시 기도를 통해서 이를 보완하고자 한다. 먼저 태종의 왕권강화 기도를 보면 다음과 같다.

---

104) ≪太宗實錄≫ 권8, 4년 10월 병신.
105) ≪太宗實錄≫ 권9, 5년 1월 임자.
106) ≪太宗實錄≫ 권12, 6년 8월 정유.
107) ≪조선왕조실록≫ 정종 2년~태종 13년조.

가) 軍事權 장악

태종은 군사적인 배경하에 등위하였다. 태종의 병권장악에 대하여는 태종 9년 8월에 태종이 左代言 金汝知에게 "자고로 병권의 연혁에 있어서는 과인과 같이 생각을 깊이 한 이는 있지 아니하였다"[108] 라 고 한 말에 잘 함축되어 있다. 태종은 즉위와 함께 甲士·別侍衛·鷹揚 衛·內禁衛·內侍衛 등 국왕 개인을 위한 군대를 存置하였고,[109] 군사 지휘기관을 정비하였으며,[110] 수시로 講武를 행하면서 군권을 장악하 고 군사의 지휘는 신임의 인물에게 맡기는 형태로 군권에 유의하였다.

나) 功臣과 戚族의 제거

태종초에는 開國·定社·佐命功臣 60여명이 생존하면서 정치에 크 게 참여하였다.[111] 그러나 태종치세의 진행과 함께 일부의 공신·척족 에 있어서는 개인적인 과오를 범하기도 하지만 태종의 왕권강화와 관 련되어 다수의 공신·척족이 제거되었다. 그 인물로는 李居易·李佇·李 伯剛·李茂·趙希閔·趙瑚·閔無咎·閔無疾·閔無恤·閔無悔·李叔蕃·沈 溫 등이 있다.[112] 이 외에 또 다수의 공신이 사망하여 태종 16년에 생존한 공신은 30여 명에 불과하였고, 그나마 대부분이 府院君이 되 면서 은퇴하였으므로 태종 말년에는 극히 일부만이 정치에 참여하였

---

108) ≪太宗實錄≫ 권18, 9년 8월 정묘.
109) 車文燮, 1964, <鮮初의 內禁衛에 대하여>, ≪史學研究≫ 18, 97~98쪽.
110) 태종 1년에 의흥삼군부를 승추부로 개편하여 왕명출납과 군기를 장악하게 하였고, 3년에 삼군부를 삼군도총제부로 부활시켜 군령을 관장하게 하였고(군기는 승추부), 5년에 승추부 를 병조에 귀속시켜 병조로 하여금 군사지휘권을 장악하게 하였으며, 9년에 삼군진무소를 설치하여 군령을 담당하게 하였다(군정은 병조). 계속하여 9년에 종래의 10사를 순금사와 시위사로 개편하고 11도에 도절제사를 두었으며, 18년에 의흥부를 부활시켜 삼군도총제를 지휘하게 하였다(차문섭, 1974, <軍事組織>, ≪한국사≫ 10, 70~83쪽).
111) ≪太宗實錄≫ 권32, 16년 11월 경자 當甲午年(태종 4년) 三功臣會盟之時凡六十餘人 纔 十餘年 而生存者 不過三十 (하략).
112) 金成俊, 1962, <太宗代의 外戚除去에 대하여>, ≪歷史學報≫ 17·18호, 573~623쪽.

다.[113)

　　다) 臺諫 彈壓[114)

　　라) 私田의 移給[115)

　　마) 奴婢制 개혁

　태종은 재위시기를 통하여 노비의 中分法과 定限法을 실시하여 개국 이래로 누적되어온 노비변정에 노력하였고, 公賤의 정리 및 사찰노비를 개혁하여 국가의 노비를 확보하였으며, 14년에 從父法을 제정하여 良多賤小의 방향으로 노비제를 정비하면서 지배층의 세력약화를 도모하였다.[116)

　다음으로 육조 중심의 국정운영 도모를 보자. 태종이 육조로 하여금 서무를 분장시키고자 한 최초의 노력은 왕 5년 1월에 있었다. 그 내용은 다음과 같다.

　　관제를 개정하다. 개국초에는 고려의 옛 제도를 계승하여 의정부가 각사를 專總하였고, 司平府가 전곡을 관장하였으며, 承樞府가 군사를 관장하였다. 尙瑞司가 인사를 관장하였는데 좌·우정승이 판사를 겸하였으며, 육조는 조정에 참여하지 못하였다. 이 때에 이르러 사평부를 혁거하고 그 기능을 호조로, 승추부를 혁거하고 그 기능을 병조로, 동·서반 인사권을 이·병조로 각각 귀속시켰으며, 정부의 서무권을 육조에 귀속시켰다. 육조에 각각 정2품의 判書 1직을 두었고, 典書·議郎 각2직을 혁파하고 通政大夫階의 左·右參議 각1직을 두었으며, 正·佐郎 각1직을 증치하였다. (중략) 同副代言 1직을 증치

113) ≪태종실록≫ 권32, 16년 11월 경자·권27, 14년 4월 경신. 태종 14년 이후에 의정부를 거친 인물은 韓尙敬·李原·成石璘·河崙(16년에 치사)·李叔蕃(16년에 축출)에 불과하였다.
114) 崔承熙, 1976, ≪朝鮮初期 言官·言論硏究≫(서울대학교출판부), 1974, 116~127쪽, <양반유교정치의 진전>, ≪한국사≫ 9, 138~139쪽.
115) 韓永愚, 1969, <太宗·世宗朝의 對私田施策>, ≪韓國史硏究≫ 3, 53~71쪽.
116) 李樹健, 1969, <朝鮮 太宗朝에 있어서의 對奴婢施策>, ≪大丘史學≫ 1, 54~60쪽, 李相佰, 1964, <賤者隨母考>, ≪진단학보≫ 25~27합집, 162~163쪽.

104) 《태종실록》 권8, 4년 10월 병신.
105) 《태종실록》 권9, 5년 1월 임자.
106) 《태종실록》 권12, 6년 8월 정유.
107) 《조선왕조실록》 정종 2년~태종 13년조.

114) 崔承熙, 1976, 《朝鮮初期 言官·言論研究》(서울대학교출판부), 1974, 116~127쪽, <양반유교정치의 진전>, 《한국사》 9, 138~139쪽.

115) 韓永愚, 1969, <太宗·世宗朝의 對私田策>, 《韓國史研究》 3, 53~71쪽.

권을 장악하면서 세종의 國舅인 沈溫을 賜死하고 대마도를 정벌하였다.[133] 그 후 세종은 4년 5월의 태종 홍서와 함께 정치에의 열망과 정심한 지식을 통하여 선정을 베풀게 된다.[134] 또 세종은 인사에 유의하여 方伯이나 守令으로 부임하는 자를 친히 인견하고 선정을 당부하였다.[135] 그리하여 세종의 친정이 시작되는 왕 4년으로부터 17년까지의 정치는 의욕과 활력이 넘치는 시기였고, 나아가 세종성세의 토대가 이룩되는 시기였다.

그러면 태종 14년~세종 17년의 의정부 실제기능은 어떠하였겠는가? 앞의 <표 14>나 육조직계제가 시행될 때의 규정과 같이 과연 육조가 국정을 주도하였고 의정부는 '사수의 논결 및 사대문서나 취급하는' 형식적인 기능만을 가졌겠는가? 그리고 <표 14>에 나타난 의정부 활동 수가 이러한 기능만을 뜻하겠는가? 이를 살피기 위해 먼

---

133) 병조는 상왕에게 속하였고, 군사를 三軍府와 義建府의 둘로 나누어서 의건부는 상왕이 장악하면서 군정을 지배하였다. 이러한 상황하에서 세종 즉위년 8월에 도총제 沈泟(심온제)·병판 朴習 등이 "호령이 두곳에서 나옴은 한곳에서 나옴만 같지 못하다"고 말한 것이 상왕의 격분을 일으켰고, 이에 연좌되어 심온도 사사되었다. 그리고 대마도정벌은 세종 1년 6월에 상왕이 주도하여 李從茂를 삼군도체찰사, 柳廷顯을 삼군도통사로 삼아 병선 227척·군사 17,000여명을 동원하여 정복한 후 동년 7월에 귀환함으로써 일단락 되었다. 이후 왜구의 침입은 소강상태를 유지하였고, 이로써 남방이 안정되었다. 이 때의 태종에 의한 심온 제거·남방 안정은 세종성세의 토대가 되었다(≪세종실록≫ 즉위~1년조).

134) 세종의 정무재결을 보면 어떤 정사가 있을 때 그 정사에 대하여 전적으로 신하에게 물어서 결단을 내리는 것이 아니라 정사에 대한 자신의 의사를 피력하고 신하의 가부를 물어서 실천에 옮기고 있다(~ 若何,~何如,~何以處之). 이것과 경연·집현전의 활용과 대간 우용 등은 세종의 선정과 직결되었다.

135) 필자의 의견으로는 이 방백·수령의 인견과 선정의 당부야말로 집현전의 운영과 함께 세종성세의 가장 큰 배경이라고 생각된다. 이를 ≪세종실록≫에서 보면 왕 7년 11월 기미에 예조에 전지하여 "今後二品以下守令拜辭時 予親見之"라고 하였고, 이어 7년 12월 정사에 "命自今新除守令詣闕拜辭 每一日不過五人 其赴任遲還 以吏曹當爲限 考察在外 除授人 亦令朝辭後赴任"이라고 하면서 상례로 하였다. 이후 수령접견은 신병이 악화되었을 때에 한하여 일시적으로 정지하였을 뿐 치세를 통해 계속되었다. 이 인견시에 선정의 당부는 물론 간단한 구술시험도 부과하여 인물됨을 살폈고, 후일의 인사에 참고하였다.

저 <표 14>의 의정부 활동경향을 보자. 우선 <표 14>를 보면 태종대보다도 세종대에 의정부활동이 위축되었다. 즉 세종 즉위~2년에는 태종대와 비슷하였으나 세종 3~8년에는 육조의 활동이 현저하였고, 세종 9~17년에는 태종대와 비슷하였다. 동기의 의정부활동을 구체적으로 보면 다음의 표와 같다.

<표 17> 태종 14년~세종 17년 의정부 분야별 활동

	태종					세종																		계
	14	15	16	17	18	즉	1	2	3	4	5	6	7	8	9	10	11	12	13	14	15	16	17	
刑政 등	20	27	19	10	20	5	9	3	1	8	7	5	5	5	9	18	7	13	20	11	10	14	5	251
人事	5	1	1	1		2	2		1	1			3			2	9	4	11	8	2	7	2	62
軍事	8	1	2	3	2	3	13	5	5	4	3	3	6	10	7	6	7	6	11	14	36	16	17	188
赴役 등	2	1	1		1	1		2		1				2	1	3	3	3	4	4	5	4	4	41
賑濟			1			1	3				1			2	5	3			1		1	2		27
時務條進	2	3	3	2		1	3	4			3	1	2	1	4	1		1	7	4	11		4	68
教育 등	4		1	1			1			1	1			1	1	3	3	5	6	1	1	1	2	38
制度 등	3		1				2	1	2	2	1	1		2	6	4	6	6	9	11	6	4	4	72
儀禮 등	1	1	2	1	2	2	4	10	3	5	2	4	1	5		5	3	9	14	8	1	2	5	90
使行 등	2	1		5	1	8	6	3	2	3	4	3	3	6	6	6	14	12	35	10	32	18	11	196
經濟 등	7	1	6	5	4		4	2		3		2	4			5	2	2	7	6	4		3	75
기타	7	5	5	5	18	6	11	12	5		1	6	4	2	1	2	1	3	5	9	7	4	5	130
합계	61	41	42	33	48	29	57	42	24	36	23	26	29	40	40	58	56	64	129	91	115	85	64	1,238

이 표를 볼 때 의정부 활동은 이전에 비하여 크게 약화되었음을 알 수 있다. 그러나 의정부는 여전히 형정·인사·군사·부역·진제·시무조진·교육·제도·의례·사행·경제 등의 국사에 참여하였다. 이 중에서도 중심이 된 것은 형정(20.5%)·사행(15.4)·군사(15.2)의 분야였고, 이 보다 비중은 적지만 의례(7.4)·경제(6.1)·제도(5.9)·시무(5.6)·인사(5.1)에도 활발히 참여하였다. 여기에서 형정·외교·군사는 말할 것도 없거니와

경제·제도·인사 등은 가장 중요한 국사인데, 이와 같이 활발히 참여하였음을 보면 의정부기능이 死囚論決과 事大文書만을 취급한 형식적인 것만은 아니었음을 알 수 있다.[136] 그리고 연도별 활동경향을 보면 태종대에는 형정·경제가, 세종대에는 외교·군사가 중심이 되었다. 특히 세종대에는 외교·군사활동이 증가되었는데, 이는 왕 14년 이후에 본격적으로 추진된 동·서북계의 경영과 관계가 된 것으로 보이며,[137] 이러한 경향은 자연스럽게 의정부 기능을 강화시키는 계기가 되었다고 하겠다.

그 외에 의정부 구성원은 判六曹事를 겸대하였는데, 특히 判吏·兵曹事는 인사에 간여한 만큼 의정부의 기능을 강화시켜 가는 요인이 되었을 것이다. 세종은 즉위초에 河演에게 "짐이 인물을 모르니 좌·우의정 및 이·병조당상과 함께 같이 의논하여 제수하고자 한다"[138]라고 하면서 좌·우의정을 인사에 참여시켰고, 그 후는 좌·우의정에게 判吏·兵曹事를 겸대시켜 인사에 참여하게 하였다.[139] 그리고 領敦寧府事 柳廷顯은 判戶曹事를 겸대하면서 재정출납을 전장한 반면에 호조판서는 명목에 불과하였다고 하였다.[140] 결국 판육조사는 제도적으로는 육조가 의정부에서 완전히 분리된 독립기관이었지만 실제로는

136) 末松保和는 앞 논문에서 제도적인 면만을 고찰하여 사대문서와 중수의 복안만을 담당하였다고 하였다.
137) 세종 14년 6월에 경원부 서쪽 石幕에 寧北鎭을 설치하였고, 왕 15년에 이 지역의 여진들 사이에 紛擾가 일어남을 기화로 대대적인 북방개척을 추진하였다. 그리하여 왕 15~25년에 李蕆·崔潤德이 4군을, 15~22년에 金宗瑞·李澄玉 등이 6진을 각각 설치하고 북변을 확정지었다.
138) ≪세종실록≫ 권1, 즉위년 8월 기축.
139) 이 시기의 판육조사가 어떻게 운영되었는가는 명확하지 못하다. 그런데 전후의 ≪세종실록≫ 기사를 볼 때 좌의정이 판이조사를, 우의정이 판병조사를 각각 겸대한 것으로 보인다. 그리고 판호조사는 언급되나 그 외의 판예·형·공조사는 언급되지 않는다. 이에서 판이·병·호조사만이 운영된 것으로 추측된다.
140) ≪세종실록≫ 권30, 7년 11월 병술.

의정부에서 완전히 독립되지 못하였음을 보이는 것이라고 하겠다. 또 의정부는 상례적인 육조·대간·한성부의 受敎事 이외에 이·병조의 口傳事까지도 보고받아 憑考하였고,[141] 왕의 行幸隨駕,[142] 사소한 일로 인한 대간의 의정부 論罪禁止,[143] 형식적이기는 하나 各司 都提調·提調에 대한 例兼규정[144] 등을 통하여 의연한 위치를 고수하였음을 볼 수 있다.

이상에서 태종 14년~세종 17년의 국정은 태종이 영향력을 행사한 태종 14년~세종 4년 5월까지와 그 이후의 두 시기로 구분되면서 전개되었다. 의정부는 제도적으로는 중수논결·사대문서만을 취급하도록 되었지만, 실제로는 이러한 범위를 벗어나 육조활동에는 미치지 못하지만 당시의 국내외 정세와 관련되어 형정·외교·군사·의례·경제·입법 등의 대소국사에 활발하게 참여하였다.

3) 復興期의 議政府(세종 18년~단종 3년)

세종은 왕 18년 4월에 이르러

> 지금부터 태조의 成憲에 의거하여 육조는 각각 그 직사를 모두 먼저 의정부에 보고하고, 의정부는 이를 헤아려 가부를 결정한 후 계문하고 王旨를 받아 다시 육조에 내려 시행하라. 오직 이·병조의 제수, 병조의 용군, 형조의 死囚 외의 형결은 계속해서 그 조가 직

---

141) ≪세종실록≫ 권12, 3년 7월 병인.
142) ≪세종실록≫ 권20, 5년 6월 경오.
143) ≪세종실록≫ 권56, 14년 4월 계묘.
144) 李光麟, 1967, <提調制度 研究>, ≪東方學志≫ 8, 80~84쪽. 예겸제도는 세종 5년 3월에 처음으로 규정되었다. 이 때에 영의정은 宗廟署·奉常寺 도제조, 좌의정은 文昭殿·仁壽府·承文院·司宰監·圖畵院 도제조, 우의정은 廣孝殿·承文院·軍資監·城門都監·圖畵院 도제조, 찬성은 禮賓寺 제조, 참찬은 內贍寺 제조를 각각 겸대하였다. 이것이 그후 세종 19년 11월에 일부가 개변되었다가 ≪경국대전≫에 법제화되면서 확정되었다.

계하여 시행하되 그것도 즉시 의정부에 보고하며, 그 중에 합당하
지 못한 것이 있으면 의정부는 이를 살피고 논박한 후 다시 계문하
여 시행하라. 이렇게 하면 거의 옛날에 재상이 국정을 전담한 뜻에
부합할 것이다.[145]

라고 하면서 의정부서사제를 부활하였다. 이로써 육조는 그 소장사무
모두를 먼저 의정부에 보고하고 의정부는 가부를 헤아린 연후에 계문
하고 上旨를 취하여 육조에 還下해서 시행하게 되었으며, 오직 이·병
조의 제수, 병조의 군사, 형조의 사수를 제외한 형결 만은 계속해서
직계하여 시행하게 되었다. 그러나 이것도 즉시 의정부에 통보하고
합당하지 못한 것이 있으면 의정부의 審駁에 따라서 更啓한 후 시행
하게 하였다. 그리고 실제로도 세종 18년~단종 3년에는 의정부가 대
소 국정을 주도하였다.

　세종 18년 4월에 이와 같이 육조직계제가 의정부서사제로 변하게
된 배경은 ≪세종실록≫에서도 직접적으로 언급하지 않았지만 세종의
신병으로 인한 의정부 정무협조의 필요에서 기인된 듯하다.[146]

　세종은 학문과 정사에 전념함으로써 文運의 융성과 함께 조선의
전성기를 이룩하였지만 개인적으로는 많은 질병으로 고통을 당하였다.
세종은 이미 少時에 一脚偏痛으로 10여 년간 고생을 하였고, 재위하
여서는 운동을 하지 않고 학문에 힘쓰고 폭주하는 정사로 건강을 해
치게 되어 背浮腫·消渴·風疾·淋疾·眼疾 등으로 항시 고통을 겪었
다.[147] 이러한 상황에서 육조직계로 폭주하는 정사를 계속하여 처리
하기는 어렵다고 판단하였을 것이고, 의정부의 기능을 보강하여 정무

---

145) ≪세종실록≫ 권72, 18년 4월 무신.
146) 최승희, 1974, ≪양반유교정치의 진전>, ≪한국사≫ 9, 141쪽.
147) 최승희, 1968, <集賢殿 硏究> 하, ≪역사학보≫ 33, 40쪽.

처결에 도움을 받음으로써 그러한 약점을 보완하고자 했던 것으로 보인다. 이후 세종은 신병이 더욱 심해지자 동왕 19년 1월에 세자의 서무재결을 위한 詹事院을 설치하였고, 왕 27년 5월부터는 세자로 하여금 서무를 재결하게 하였다.[148] 이에 신하들이 맹렬히 반대하였지만 세종이 "서무를 친결하면 오래 살지 못할 것이다. 업무를 줄여 건강을 돌보아 1, 2년이라도 수명을 연장시켜 더 살고자 한다"[149] 라고 한 세종의 비원에 黃喜 등도 따르지 않을 수 없었다. 세종은 이렇게 해서라도 세자서무를 달성시켜야 할 만큼 신병이 대단하였던 것으로 보인다. 또 세종은 노쇠가 겹치고 廣平·平原大君과 昭憲王后가 연이어 죽자 정사에 뜻을 잃고 불사에 탐닉하였다.[150] 그러므로 세종말년에 이를수록 왕세자의 서무재결은 계속 확대될 수 밖에 없었고, 동시에 의정부 기능은 계속 강화되었다고 하겠다. 그러나 세종대는 왕권과 신권이 균형을 이루면서 무리없는 정사가 운영되었다.

세종에 이어 병약한 문종과 유약한 단종이 차례로 재위함에 미치어는 의정부에 정치권력이 집중되면서 의정부 기능이 크게 강화되었다. 문종은 세종의 신병으로 서무를 재결하기 시작하였으나 오히려 세종 28년 5월·31년 11월~32년 윤1월에는 세자를 대신하여 세종이 정무를 친단해야 할 정도로 병약하였다.[151] 문종은 이러한 병약에도 불구하고 세종 국상에 효행을 다하고 학문과 정사에 매진하는 등으로 몸을 해쳐[152] 결국 재위 2년여에 홍서하였다. 그러나 문종대에 있어서는 세종의 유풍이 잘 지켜진 위에 문종과 친분이 있는 집현전관이 대

---

148) 위 논문, 40~42쪽.
149) ≪世宗實錄≫ 권108, 27년 5월 갑술.
150) ≪世宗實錄≫ 권121, 30년 8월 무오.
151) ≪世宗實錄≫ 28년~32년조.
152) ≪保閑齋集≫ 권17, 문종행장.

거 臺諫·政曹로 진출하여 의정부의 기능을 견제하였으므로,[153] 의정부는 기능이 강력하기는 하나 전단하지는 못하였다.

문종에 이어 13세의 단종이 즉위함에 미치어는 국왕이 독자적인 정무처결의 능력이 없었고, 또 단종은 측근이 없었으므로 대소 정사는 전적으로 의정부대신이 전단하였다. 이러한 사실은 단종의 즉위교서에 잘 나타나고 있다.[154] 이를 항목별로 구분하여 보면 다음과 같다.

① 예전에는 모든 정사를 중서성에서 관장하였다. 더구나 내가 유충하니 무릇 조치할 바는 모두 의정부와 육조가 의의하여 시행하라.
② 이전에 육조가 직계하여 수행하던 정사는 지금부터 모두 의정부에 보고하고 계문하여 시행하라.
③ 당상관 이상, 대성, 방어에 긴요한 연변장수나 수령의 제수는 의정부와 이·병조가 함께 의논하여 시행하고, 그 나머지 3품 이하의 제수도 또 의정부가 모두 심박하라.
④ 대소 科罪는 모두 의정부에 내려 의논하고 그 후에 내가 친히 결단하겠다.
⑤ 경중의 정사처리는 이미 전례가 있으니 가부를 논의할 필요가 없다. 상례에 따라 처리하는 雜事 이외의 정사는 모두 승지로 하여금 계문하게 하고, 그중에서 다시 가부를 헤아려야 될 정사는 반드시 정부대신과 함께 친히 의논해서 결정하겠다.
⑥ 승정원은 출납을 관장하니 그 메인바가 가볍지 아니하다. 대소 인원이 사사로운 일로서 계달하지 못하게 하라.
⑦ 상례로 하사되는 것 외에는 무릇 모든 特賜는 비록 규모가 적어도 반드시 의정부와 논의한 이후에 시행하라.[155]

이로써 육조의 모든 공사는 의정부에 보고하게 하고 이를 의정부가

153) 최승희, 앞 논문, 54~57쪽. 그 인물로는 魚孝瞻·河緯地·申叔舟·崔恒·朴彭年·宋處儉 등이 있다.
154) ≪단종실록≫ 권1, 즉위년 5월 경술.
155) 末松保和, 앞 논문, 19~20쪽.

계문하도록 하였고, 대소 인사·과죄·특사는 의정부가 관장하게 되었다. 그리고 승정원으로 하여금 사사로운 인물이 국왕을 면대하지 못하게 함으로써 의정부대신이 국왕면대를 독점하였다. 그리하여 의정부가 더할 수 없이 강성해지고 왕권은 미약해졌다. 다음의 사료는 이를 잘 보여주고 있다.

① 의정부당상이 매일 빈청에 나가면 이·병조 당상이 의논에 붙였다. 제수하려고 하는 臺省, 政曹, 연변 장수와 수령은 반드시 3인의 이름을 적고 그 중에 제수하고자 하는 1인의 성명에 黃標를 찍어 계문하면 단종은 붓으로 점을 찍을 뿐이었다. 때에 사람들이 이를 두고 '黃標政事'라고 하였다.[156]

② 사관 李承召가 말하기를 (중략) 단종 때에는 임금이 칼날을 쥐고 간악한 신하들이 칼자루를 쥐었으므로 임금이 손을 놀릴 수 없었으며, 모든 관리가 왕명을 받들 겨를도 없이 의정부의 지시에 따라 움직여도 감히 누구도 말하지 못하였다. 의정부가 있는 것은 알겠으나 임금이 있음은 알지 못한지가 오래 되었다.[157]

그런데 이 내용은 단종 초의 대신들이 제거된 후에 편찬된 실록기사이고, 또 사관인 이승소는 세조 1년과 성종 2년에 世祖原從2등과 佐理4등공신에 책록된 인물이었음을 고려하더라도[158] 의정부대신의 전단상이 어떠하였는가를 잘 보여주고 있다고 본다. 이 때의 의정부 재직자는 皇甫仁(영)·南智(좌)·金宗瑞(우의정), 鄭苯(좌)·李穰(우찬성), 尹炯(좌)·許詡(우참찬)였는데, 이중에서도 황보인·김종서(즉위년 12월 기해 이후는 좌의정)가 정사를 전단하였다. 종실에는 首陽·安平 등의 장성하고 유능한 대군이 있었지만 정치에 참여하지 못하였다. 요컨대

---

156) 《단종실록》 권2, 즉위년 7월 계사.
157) 《세조실록》 권2, 1년 8월 임자.
158) 《세조실록》 권2, 1년 12월 무진, 《성종실록》 권9, 2년 3월 경자.

단종초의 의정부서사제는 周官의 冢宰와 유사한 것으로서 당시의 유신들이 이상으로 생각하는 제도였지만, 왕권과 신권의 조화가 붕괴되는 모순을 야기하면서 계유정난의 토대가 되었다고 생각된다.

그리고 단종 1년 10월에 首陽大君과 그 일파인 權擥·韓明澮·洪達孫·洪允成 등에 의해 癸酉政變이 있게 되고 단종을 보필하던 皇甫仁·金宗瑞·鄭苯·趙克寬·李穰·趙遂良·閔伸·許詡(정변일에는 화를 면하였으나 단종 1년 11월에 사사) 등의 대신이 살해되면서부터 수양대군의 위세로 왕권은 더욱 쇠약하여져 완전히 명목에 불과하게 되었다. 수양대군은 정변직후에 '領議政府事 領經筵書雲觀事 判吏兵曹事'에 제수되어[159] 문·무반의 인사 등 국정과 백관을 총령하였다. 이어 李澄玉 亂을 계기로 중외의 군권까지도 장악하였다.[160] 그러다가 단종 2년 3월에는 '奮忠仗義匡國輔祚定策靖難功臣 領議政府事 領集賢殿經筵藝文春秋館書雲觀事 兼判吏兵曹事 中外兵馬都統使 食邑一千戶食實封五百戶'에 제수되면서[161] 정치·군사·인사 등의 전 국권을 장악하였고, 이 직함이 단종치세로 계속되었다. 결국 단종 1년 10월 이후의 정치는 명목상의 단종이 있고 실제로는 수양대군이 전단하였다고 하겠다. 그런데 수양대군은 영의정부사로서 보다는 도통사로서 집권한 듯하다.[162]

이 때에 의정부가 전개한 활동을 보면 앞의 <표 14>를 볼 때는

159) 《단종실록》 권8, 1년 10월 갑오.
160) 《단종실록》 권8, 1년 10월 기유 以世祖爲中外兵馬都統使.
161) 《단종실록》 권10, 2년 3월 경신.
162) 수양대군의 군사지휘를 위하여 도통부가 별치되었는데, 이 도통부는 의정부 보다 상위에서 정치를 지휘하였다. 이러한 증좌로 세조 9년 1월 정미에 단종시의 新立條章을 논할 때에 "癸酉十月十一日以後 雖魯山時事 皆上爲都統府時所定 不可盡廢也 傳旨禮曹曰 魯山時新立條章及施行成例內 癸酉十月十一日以前則勿令擧行 十一日以後則取旨施行"이라고 한 것 등이 있다.

의정부가 국정을 주도한 것으로 추측된다. 그러나 이를 세분하여 보면 세종대에는 왕 18~20년과 27~32년에는 의정부가 육조를 압도하면서 국정을 주도하였지만, 21~24년에는 의정부와 육조 활동이 비슷하였고, 25·26년에는 육조가 의정부 활동을 능가하였으며, 단종대에는 즉위·1년이 2·3년 보다도 현저하였다.

또 이시기 의정부의 활동분야를 보면 다음의 표와 같이 의정부는 형정·인사·군사·부역·시무·교육·제도·의례·외교·경제·진제·척불·공신책록 등의 국정전반에 참여하였다. 그 중에서도 형정(13.2%)·군사(13.2)·의례(11.6)·인사(11.1)·입법(10.2) 활동이 중심이 되었고, 경제(7.9)·진휼(7.5)·사행(7.3) 활동도 상당하였다.

<표 18> 세종 18년~단종 3년 의정부 분야별 활동

	세종															문종		
	18	19	20	21	22	23	24	25	26	27	28	29	30	31	32	즉	1	2
형정 등	17	12	20	23	15	12	17	12	21	10	9	14	16	16		19	27	5
인사	14	15	16	9	13	8	7	9	22	14	19	14	10	6	1	29	23	4
군사	16	20	25	25	19	20	23	23	12	15	14	13	21	13	3	33	48	5
부역 등			1	1	1	2	5	4	4	2	4	8	1	2	1	5	22	2
진제	12	13	3	7	5	4	3	3	11	24	48	8	6	5		4	18	
시무조진	5	2	2	2	4			1	2		4	1	5	1		2	8	5
교육 등	4	4	5	8	5	7	3	3	8	4	1	7	3	3		10	11	
제도 등	15	16	22	21	15	3	13	10	6	19	16	23	20	20		19	27	6
의례 등	16	11	26	19	13	10	10	8	7	15	24	17	22	16	4	35	16	11
사행 등	4	3	20	2	4	9	25	21	14	16	7	2	14	11	4	16	10	7
경제 등	7	23	12	20	8	12	7	4	17	14	18	7	15	6	2	19	25	
佛事 등		1	3	1		3	1			2	4	2	14	3		6	2	
기타	12	9	17	16	3	4	7	20	16	20	12	4	12	10		11	18	6
합계	122	129	172	171	106	94	121	118	140	155	180	120	159	112	15	208	255	51

	단종				계	비고
	즉	1	2	3		
형정 등	30	47	56	20	418	
인사	23	63	23	10	352	
군사	14	18	30	9	418	
부역 등	8	14	5		92	
진제	21	21	13	8	237	
시무조진	1	7	2		54	
교육 등	3	10	5	5	109	
제도 등	14	14	16	7	322	
의례 등	34	24	25	6	369	
사행 등	9	5	5	4	230	
경제 등	8	13	8	4	249	
불사 등	1	8	4		55	
기타	15	24	20	6	266	
합계	181	268	212	79	3,168	

　　그 외에 의정부 구성원은 判六曹事를 겸대하면서 육조사에 참여하였다. 판육조사는 태종대 이래로 본격적으로 운영되었지만, 특히 이 시기에 이르러 크게 확대되고 일반화되었다. 이 때의 판육조사는 이전에 의정이 겸대하던 것과는 달리 贊成·參贊이 判吏·戶·禮·兵曹事를 겸하고 그 조사에 참여하면서 의정부의 기능을 강화하였다.[163] 따라서 찬성·참찬은 삼공을 보좌하는 기능 이외에 육조사를 지휘·감독하였고, 이를 통한 육조사의 파악은 삼공의 보좌 나아가 의정이 되었을 때의 임무수행에 크게 도움이 되었을 것으로 추측된다.

---

163) 세종 18년~단종 3년에는 다음과 같이 총18명이 확인되었는데, 이 중 13명이 찬성·참찬이었다(한충희, 1984, <朝鮮初期 判六曹事硏究>, ≪제27회 전국역사학대회 발표요지≫, 89~91쪽 <부표 1> 세종 19년~성종 관육조사 제수자).
판이조사(8); 좌찬성 2·우찬성 2·좌참찬 3·예문관대제학 1
판호조사(4); 좌찬성 1·좌참찬 2·판중추원사 1
판예조사(1); 우찬성
판병조사(5); 우찬성 1·좌참찬 1·판중추원사 2·지중추원사 1

이상에서 세종 18년~단종 3년의 국정은 세종·문종·단종대의 3시기로 구분되었다. 세종대에는 세종의 신병 등과 관련되어 의정부서사제가 부활되었고, 세종의 신병악화와 함께 세자의 서무재결로 연결되면서 의정부의 기능은 크게 강화되었다. 문종대에도 의정부기능이 강화되면서 의정부가 국정을 주도하였다. 단종대에는 왕권과 신권의 조화가 무너지면서 왕권이 명목에 불과하게 되었고 의정부대신이 국정을 전단하였다.

4) 沈滯期의 議政府(세조 1년~성종 9년)

세조는 단종 3년 윤6월에 등위하지만 이러한 상황은 이미 단종 1년 10월의 계유정난에서 예기된 것이었다. 단종 1년 10월 이후의 정사는 실질적으로 세조의 치세였으며 세조도 이를 긍정하고 있다.[164] 세조는 계유정변을 일으켜 세종·문종대의 많은 원로대신과 친동생인 안평대군을 제거하는 비상수단을 통하여 실권을 집권하였고, 조카인 정통의 단종을 몰아내고 왕위에 오른만큼 명분상 많은 약점을 지녔다. 그리고 이러한 약점에서 '사육신사건' 등이 야기되었다.[165] 따라서 세조의 치세에는 세조의 무단으로 왕권은 강화된 반면에 의정부기능은 크게 축소되었고, 사소한 일로써 대신이 문책되는 경우가 허다하였다.[166] 그러나 이런 중에서도 세조의 親信을 받는 일부 대신은

---

164) ≪단종실록≫ 권7, 1년 10월 갑오 敎曰 (중략) 今世祖輔政 軍國重事悉委總治 以待予親政之日, 권9, 1년 11월 기묘 舍人元孝然 將堂上議啓曰 (중략) 領議政非他執政大臣之比 此乃攝政也.

165) 사육신사건은 세조 2년 6월에 있었고, 이를 계기로 3년 6월에 상왕 단종을 魯山君으로 강등하여 영월에 유배하였다. 3년 10월에는 錦城大君 등이 상왕복위를 도모하였고, 이 직후에 상왕을 사사하였다.

166) 대표적인 예로서 세조 4년 2월 임인의 영의정 鄭麟趾 하옥, 5년 11월 기축의 영의정 姜孟卿·우의정 權覽 파직, 8년 5월 갑진의 영의정 鄭昌孫 파직, 13년 5월 계미의 李施愛

정치에 큰 영향력을 발휘하였다.

세조는 즉위와 함께 의정부서사제를 혁파하고 육조직계제를 실시하였다. 이에 앞서 세조 1년 7월에 集賢殿直提學 梁誠之가

　　(전략) 이조에 관제를 관장시키고, 호조에 전제와 공부를 관장시키고, 예조에 儀注를 관장시키고, 병조에 병제와 진법을 관장시키고, 형조에 노비와 번상을 관장시키고, 공조에 輿地와 圖籍에 관한 정사를 관장시키소서. 국가 중대사의 논의는 의정부에 맡기고, 왕명 출납은 승정원에 맡기고, 간쟁과 탄핵은 대간에 맡기고, 論思는 경연관에 맡기며, 任事는 육조에 맡기소서.[167]

라고 한 상소를 올려 의정부·육조 등의 사무관장범위와 육조가 중심이 된 국정운영(六曹任事)을 제기하였다. 그러나 세조는 이러한 것에서 영향을 받았다기 보다는 의지에 따라 의정부에 전지를 내려

　　상왕이 유충하여 무릇 국정은 모두 대신에게 맡겨 擬議하여 시행했다. 이제 내가 천명을 받아 즉위했다. 군국의 서무는 모두 청단하고, 조종의 옛 제도를 모두 복구하겠다. 지금으로부터 형조의 사형수 이외에 무릇 모든 서무는 육조가 각각 그 직으로 직계하라.[168]

고 하면서, 형조의 사수 외의 모든 정사를 육조가 직계하도록 명하였다. 그리고 육조직계의 실시를 강력히 반대하는 예조참판 河緯地에게

　　(세조가 하위지의 관을 벗기라고 하면서 말하기를) 冢宰가 국정을

亂을 계기로 한 申叔舟·韓明澮 囚禁 등이 있다. 이 중에서도 신숙주·한명회는 세조 스스로 이들을 魏徵과 張子房이라고 일컬을 정도로 신임하면서도 단지 의심만으로 수금하였다.

167) 《訥齋集》 권1, 論君道12事.
168) 《세조실록》 권2, 1년 8월 경술.

총관하는 것은 임금이 죽은 제도이다. 너는 나를 죽었다고 생각하
느냐? 아니면 내가 유충하여 서무를 재결할 능력이 없다고 생각하
느냐?[169)

라고 하면서 극형에 처하려고 하다가 좌우의 간청으로 방면은 하였지
만 육조직계제를 강행하였다. 이 때 하위지 등 많은 관료들이 반대를
하였으나[170) 세조의 태도가 너무나 강경하고 세조초의 무단적인 분위
기에 압도되어 세조의 의사대로 진행될 수밖에 없었다. 결국 육조직
계가 부활된 근본배경은 세조의 왕권이었고, 실제로 왕권에 위협이
될만한 신권은 존재하지 않았다.

또 세조는 왕권을 배경으로 하여 문물제도를 정비하고 왕권을 계
속해서 강화하였다. 그 내용에는 ≪경국대전≫의 편찬, 五衛都摠府
制와 鎭管體制의 확립,[171) 保法의 시행,[172) 職田制와 計出制入制
의 실시,[173) 集賢殿·經筵폐지,[174) 臺諫탄압[175) 등이 있다. 이중에
서 직전제의 실시는 왕권을 강화하고 신권을 약화시킨 조치였으며,
유교국가에서 경연을 폐지하고 대간을 탄압한 것은 세조 10년의 圓
覺寺 건립과 함께 세조대의 무단적인 성격을 잘 보여주는 것이라
고 하겠다.

그러나 이러한 세조의 왕권도 예종이 재위 1년여에 急逝하고 13세

169) ≪세조실록≫ 권2, 1년 8월 임자.
170) ≪세조실록≫ 권2, 1년 8월 임자. 하위지 외에 병조의 판서 李季甸·참판 洪達孫·참의 李
     禮長, 호조판서 李仁孫·참판 權自愼, 형조판서 權蹲·참의 尹士昀, 이조참의 魚孝瞻, 공
     조참의 朴崣이 있었다.
171) 千寬宇, 1979, <朝鮮初期 五衛의 形成>, ≪近世朝鮮史研究≫, 59~76쪽, 車文燮,
     1974, <朝鮮初期의 軍事組織>, ≪한국사≫ 10, 100~108쪽.
172) 李成茂, 1973, <15世紀 兩班論>, ≪창작과 비평≫ 8-2, 497~499쪽.
173) 韓永愚, 1974, <王權의 確立과 制度의 完成>, ≪한국사≫ 9, 206~210쪽.
174) 최승희, 앞 ≪조선초기 언관·언론 연구≫, 141~142쪽.
175) 위 책, 142~147쪽.

의 성종이 계위함으로써 크게 동요하게 되었다. 이러한 상황에서 세조말 이래의 院相制가 계속되었고, 원상이 국정의 실권을 장악하게 되었다.

세조 1년~성종 9년의 의정부 기능은 앞 <표 15>를 볼 때 국정은 육조가 주도하였고, 의정부 활동은 크게 약화되었다. 즉 의정부 활동은 예종대는 세조대에 비하여는 활발하지만 성종대는 세조대 보다 더 약화되어 시종 육조가 의정부를 능가하였다.

이 시기 의정부 활동을 구체적으로 보면 다음 쪽의 표와 같이 그 활동이 이전 보다 크게 위축되었고, 그 활동분야도 형정·군사·의례·외교·제도·인사 등의 국정 전반에 걸치고는 있지만, 형정·군사·외교·제도만이 활발할 뿐 그 외는 명맥만을 유지함에 그쳤다. 그 활동을 시기별로 보면 세조대에는 형정(21%)·군사(29)가 중심이 되면서 외교(9)·의례(10)가 활발하였다. 이 때 중심이 된 형정과 군사는 형정은 의정부서사제나 육조직계제가 실시될 때를 막론하고 의정부의 고유한 기능이었고, 군사는 세조대의 北征이나 李施愛 亂 등에서 기인된 것으로 보인다.[176] 예종대에는 형정(23%)·의례(20)가 중심이 되었고, 성종대에는 전체적으로 미약한 관계로 크게 부각된 분야는 없지만 그 중에서도 형정(19%)·외교(16)·의례(13)가 중심이 되었다.

그 외에 의정부활동과 연관되는 것에는 의정이 겸대한 院相·判六曹事·經筵領事를 통한 활동이 있었다. 이를 구분하여 살펴보면 다음과 같다.

---

176) 세조 5년 이후에는 野人의 준동으로 서북변경의 慈城·雲山郡을 폐하고 동북야인을 招諭하였으며, 11·13년에는 이들 야인을 정벌하였고, 13년 6월에는 이시애 난이 일어나는 등 변란이 계속되었다. 이와 관련되어 의정이었던 申叔舟·權擥·韓明澮·崔恒·曺錫文 등은 군사에 크게 참여하였다.

(1) 院相制

세조즉위 이래로 육조를 중심한 국정운영도 세조의 신병으로 인해 말년에는 오히려 원로대신이 국정에 크게 참여하였다. 세조도 세종·문종과 마찬가지로 신병이 많았다.[177] 그리하여 왕 10년 이후에는 세자에게 祭禮 등을 대행하게 하였고,[178] 12년에는 승지 등의 啓事를 세자와 鄭麟趾·鄭昌孫·申叔舟·韓明澮·具致寬·黃守身 등 즉, 원로대신이 함께

<표 19> 세조 1년~성종 9년 의정부 분야별 활동

	세조														예종		성종										계
	1	2	3	4	5	6	7	8	9	10	11	12	13	14	즉	1	즉	1	2	3	4	5	6	7	8	9	계
형정	11	6	11	15	17	7	12	14	6	3	7	10	16	9	3	12		2		3	2	1	3	3	7	11	191
인사	3	1	1	1	1			3	2	5	2		3	2		6		2		5		2	1	3		3	48
군사	4	2	9	6	4	11	46	16	14	15	8	26	32	6	1	6				1	5	2	1			4	219
부역							4		3	2	2	2		1	3					1						1	19
진제	1		1		1		2		2	1	1		1			1		1				1				1	14
시무		1		1	2		1	1	1			9	5		1	1	1	1	2	1		1	1	1		3	34
교육	2	2		2	1		1	2	2	2	1					4		1	3				1	1			25
제도	9	2	3	2		4	4	1	4	4		2	4		6	3		2	2			1	3	2	2		60
의례	9	8	11	4	4	1	6	2	12	2	2	1		2	9	3		1			1	4	2		3		98
사행	4	7		5	5	9	17	4	4	3	1	1	6	2		2		1	9	6	1		4	2		2	96
진봉	1		1										5		2			1						1	2		14
경제	2	3		2			2	3	2	7	2	2	1					1	1	1						1	34
기타	4	5	18	1	3	2	4	1	6	3		2	5					2					4	3			56
합계	50	38	55	40	40	35	91	46	59	46	24	50	80	28	22	44	6	8	7	18	13	16	21	23	20	32	922

결정하여 집행하게 하였다.[179] 이 이후에는 계속되는 신병으로 서무의 淹滯가 많을 것을 염려하여 13년 2월부터는 세자와 원로대신으로

---

177) ≪세조실록≫에 의하면 4년 윤2~3월, 8·9·10·12·13·14년에 무수히 발병하였음이 확인된다.
178) 왕 10년 6월 계미에는 明使 送別宴을 대행하였고, 10년 10월 정유에는 啓機急事를 出納傳命하였고, 11년에는 文昭殿 望祭와 寒食祭를 대행하였으며, 이후 이러한 사례는 일반화되었다.
179) ≪세조실록≫ 권40, 12년 10월 기해.

하여금 서무를 처리하게 하였고,[180] 14년 7월에는 원로대신을 4번으로 나누어 세자와 함께 서무를 議定하게 하였다.[181]

이러한 조치와 함께 왕 13년 신병중일 때 명사가 이르자 승정원에 착오가 있을 것을 염려하여 韓明澮·具致寬·申叔舟 등에게 승정원에 머물면서 국정을 지휘할 것을 명하면서 원상제가 성립되었다.[182] 이후 원상제는 예종의 급서 및 유년의 성종즉위로 인한 왕권의 보호와 정무협찬의 필요에서 계속될 수밖에 없었고, 자연히 원상이 정치에 큰 영향력을 발휘하게 되었다. 원상은 처음에는 한명회·구치관·신숙주의 3인으로 구성되었으나, 점차로 증가되면서 8~11인, 즉 朴元亨·崔恒·洪允成·曹錫文·金礩·金國光·尹子雲·成奉祖·鄭麟趾·鄭昌孫·尹士昕으로 확대되면서 운영되었다.[183]

그런데 원상은 대부분이 의정을 역임한 인물이었고, 일부만이 찬성을 역임하거나 의정이 되면서 원상이 되었으며, 사망하기까지 원상에 재직하였다. 그리고 원상은 의정이 될 수 있었지만 의정은 윤자운·성봉조·윤사흔 만이 의정이 되면서 원상이 되었음에서 원상이 의정보다 상위에 위치하였을 것으로 추측된다. 또 앞의 <표 15>의 활동경향을 볼 때 원상이 의정부를 능가하였고, 비록 활동 수에서는 육조에 미치지 못하지만 원상이 중심이 되어 예종·성종초에 왕권의 위협이 될만한 康純·南怡·龜城君 李浚 등을 제거한 것이라든가 공신으로서 의정을 역임한 관력 등을 고려할 때 원상이 육조를 압도하면서 국정

---

180) ≪세조실록≫ 권41, 13년 2월 갑인.
181) 金甲周, 1973, <院相制의 成立과 機能>, ≪東國史學≫ 12, 38쪽(≪세조실록≫ 권47, 14년 7월 기묘). 1번은 鄭麟趾·具致寬·洪允成·金礩, 2번은 鄭昌孫·沈澮·曹錫文·金國光, 3번은 申叔舟·朴元亨·洪達孫·盧思愼, 4번은 韓明澮·崔恒·康純이었다.
182) 위 논문, 34~35쪽.
183) 위 논문, 59쪽 <원상구성원 경력표>, 한충희, 앞 <의정부연구>, 144~145쪽 <표 16>.

을 주도하였을 것으로 추측된다.

그러면 이러한 원상활동이 의정부 기능과 어떻게 연관되었겠는가? 먼저 원상과 의정의 관계를 보면 예종 즉위년~성종 7년을 통하여 의정재직자 15명 중 원상이 아닌 의정은 龜城君 李浚·尹士昀·韓伯倫의 3인에 불과하였고,[184] 이들의 영향력은 원상에 비할 바가 아니었으므로 예종 즉위~성종 7년의 의정은 원상을 중심으로 구성되었다고 하겠다. 이렇게 볼 때 앞의 <표 15>에 나타난 의정부 활동은 오히려 원상활동과 연관하는 것이 타당할 것 같다. 결국 원상제가 운영된 시기에 독자적인 의정부 활동은 극히 미약하였다고 하겠다.

(2) 判六曹事 겸대

세조는 육조직계제를 실시하였지만 오히려 판육조사를 운영하여 육조를 지휘·감독하였다. 세조는 왕 2년에 右贊成 鄭昌孫을 兼判吏曹事, 判中樞院事 李季甸을 兼判兵曹事에 제수하면서 전대의 판육조사제를 계승하였다.[185] 판육조사는 그 후 일시 폐지되었지만 세조 5년 이후에는 판이·호·예·병조사가 일반화되었고, 예종·성종초로 계승되면서 정치에 큰 영향을 미치었다.[186] 특히 성종초에는 判兵曹事인 韓明澮와 判吏曹事인 盧思愼·尹弼商이 이·병조(한)나 이조(노·윤)의 전주권을 장악하였기에 이·병조판서는 자리를 지킬 뿐이었다.[187] 그런데 이 겸판육조사는 대부분이 의정부 당상으로 임명되었고,[188] 이로

---

184) 그 외에 朴元亨·金礩·韓明澮·洪允成·尹子雲·金國光·申叔舟·崔恒·成奉祖·鄭昌孫·尹士昕·曹錫文의 12인은 모두 원상이었다(한충희, 앞 논문, 146쪽 <표 17>).
185) ≪세조실록≫ 권3, 2년 2월 계묘.
186) 판육조사의 운영과 그 제수자는 한충희, 1984, <朝鮮初期 判六曹事硏究>, ≪제27회 전국역사학대회 발표요지≫, 82~91쪽 참조.
187) ≪성종실록≫ 권48, 5년 10월 갑진.
188) 확인된 판육조사 27인 중 의정부 당상이 15인(의정 3, 찬성 11, 참찬 1)이었고, 원상이 4

써 의정부 기능은 다소나마 강화될 수 있었다.

(3) 經筵領事 겸대

세조대에는 경연이 폐지되었지만 성종대에는 국왕의 호학과 함께 경연이 빈번히 열렸고, 이 경연후에는 당면국정이 논의되었다. 세조 이전에 있어서도 의정(정승)은 경연 영사를 겸대하고 국정에 영향을 끼쳤지만 특히 성종대에 이르러 인원이 증가되면서 큰 영향력을 발휘하였다. 의정은 물론이고 세조대 이래의 원로대신인 龜城君 浚·朴元亨·金磧·申叔舟·韓明澮·具致寬·崔恒·曺錫文·鄭麟趾·鄭昌孫·金國光 등이 모두 경연 영사를 역임하였다. 그런데 이들 중에서도 구성군 준을 제외한 모두가 원상이었으므로 경연 영사를 통한 활동도 실제로는 원상활동의 연장이었다고 하겠다. 그리고 성종 7년 5월에 원상제가 혁파된 후에는 원로대신과 국왕의 자연스러운 정무협의가 경연에서 이루어졌다. 이 당시의 경연 영사 활동을 보면 앞의 <표 15>에서와 같이 비록 육조 활동에는 미치지 못하지만 의정부 활동을 능가하였다.

이상에서 세조 1년~성종 9년의 국정은 세조대, 예종 즉위년~성종 7년 5월, 성종 7년 5월 이후로 구분되면서 운영되었다. 세조대의 의정부는 왕권이 강력한 위에 계속해서 왕권강화책이 실시되었고, 육조가 국정을 주도하였으므로 그 권한·활동은 크게 위축되고 약화되었다. 그러나 靖難功臣들의 의정부진출 및 의정부 당상의 判六曹事 겸대에 따라 그 활동이 다소 회복되었다. 예종 즉위~성종 7년에는 제도적으로는 육조를 중심으로 국정이 영위되도록 되었으나 왕권이 유약하고 이와 관련되어 院相制가 운영되면서 원상이 국정을 주도하였다.

인이었으며, 그 외가 8인이었다(한충희, 앞 논문, 146쪽 주 201]).

또 의정이 거의 원상 중에서 임명되었으므로 의정부는 독자적인 위치를 상실하였다. 성종 7~9년에는 비록 원상제와 섭정제가 혁파되면서 국왕이 친정하기는 하나 윤대비와 원로대신의 영향력이 잔존하였기에 육조는 물론 의정부의 기능도 활발하지 못하였다.

정종 2년~성종 9년의 의정부활동을 시기·활동분야별로 종합해 보면 다음의 표와 같이 의정부는 시대에 관계없이 형정·군사·의례가 가장 중요한 활동분야였고, 시대별로는 경제·사행·인사도 중요한 활동이었다. 결국 의정부는 원상제가 실시된 세조 13년~성종 9년을 제외한 즉, 정종 2년~세조 12년의 조선초기 대부분의 시기에 걸쳐 국정을 주도하거나 활발히 정치에 참여하면서 최고 국정기관으로서의 권한을 행사하였다고 하겠다.

<표 20> 조선초기 시기·빈도별 의정부활동 종합

	정종2년~태종13년			태종14~세종17			세종18~단종3			세조1~성종9			합계		
	활동분야	수	%	분야	수	%	분야	수	%	분야	수	%	분야	수	%
1	형정 등	155	19.5	형정	251	20.5	형정	418	13.2	군사	219	23.8	형정	1,015	23.8
2	경제 등	116	14.6	사행	188	15.4	군사	418	13.2	형정	191	20.7	군사	909	14.9
3	군사	86	10.8	군사	186	15.2	의례	369	11.6	의례	98	10.6	의례	612	10.0
4	의례 등	55	6.9	의례	90	7.4	인사	352	11.1	사행	96	10.4	사행	535	8.7
5	입법 등	53	6.7	경제	75	6.1	입법	322	10.2	입법	60	6.5	입법	507	8.3
6	시무조진	48	6.0	입법	72	5.9	경제	249	7.9	인사	48	5.2	인사	501	8.2
7	인사	39	4.3	시무	68	5.6	진휼	237	7.5	경제	34	3.7	경제	474	7.8
8	교육 등	28	3.5	인사	62	5.1	사행	230	7.3	시무	34	3.7	진휼	304	5.0
9	부역 등	24	3.0	교육	38	3.1	교육	109	3.4	교육	25	2.7	시무	204	3.4
	기타	189	23.9	기타	203	16.5	기타	464	14.6	기타	117	12.7	기타	1,045	9.9
	합계	793	100	합계	1233	100	합계	3168	100	합계	922	100	합계	6,116	100

5. 議政府 構成員과 議政府의 權限·活動

조선초기의 의정부는 법제적으로는 최고의 국정기관이었다. 그러나 실제의 기능을 보면 대개는 명실상부하게 최고 국정기관으로서의 기능을 발휘하였지만, 때로는 그 기능이 미약하면서 명목상의 최고 기관의 지위를 누렸다. 조선초의 의정부 기능은 당시의 정치·경제·사회·군사·국내외 정세 등의 제 요인과 관련되었지만, 특히 왕권의 강약과 의정부 구성원의 자질 등에 따라 크게 좌우되었다. 왕권의 강약에 따른 의정부 기능의 변천은 이미 살폈거니와, 의정부 기능은 이에 못지 않게 의정 등 그 구성원의 자질 등과 관련되어 六曹直啓制가 실시될 때에 있어서도 강력한 기능을 발휘하였고, 議政府署事制가 실시될 때에는 그 기능을 더욱 강화시켰다. 여기에서는 의정 등 의정부 구성원의 자질 등 성분이 의정부 기능과 어떻게 관련되었는가를 살펴 본다.

조선초에 확립된 의정부관제를 보면 의정부 구성원은 議政(영·좌·우 각1직, 정1품), 左·右贊成(각1, 종1)과 左·右參贊(각1, 정2), 舍人(2, 정4)·檢詳(1, 정5)·司錄(2, 정7)의 3 관직군으로 구성되었다. 의정부는 대소 국정에 참여하였지만 그 활동을 구성원과 관련시켜 보면 3의정은 합의로서 의정부사를 총괄하였고, 찬성·참찬은 의정을 보좌하였으며, 사인 이하는 부내의 사무·타사와의 업무연락을 담당하였다.

의정은 태종 14년 6월에 국초의 政丞(태조 3년 10월 병자까지는 侍中)을 개칭한 判府事에서 비롯되었는데, 이 때의 좌·우의정과 태종 1년 7월에 判門下府事가 개칭된 領議政府事를 합하여 3공이라 하였다. 영의정부사는 처음에는 署事에 참여하지 못하다가 세종 18년 4월로부터 참여하였고,[189] 이로써 의정부의 3의정(3공)제가 확립되었다.

---

189) 《세종실록》 권72, 18년 4월 무신.

찬성·참찬은 국초의 門下侍郞贊成事가 계승·분화되면서 성립되었다. 찬성·참찬은 처음에는 의정을 보좌할 뿐 서사에 참여하지 못하다가 세종 19년 10월부터 의정이 유고로 1인만이 서사에 참여하게 될 때에 한하여 서사에 참여하게 되었으며,[190] 判六曹事를 겸대하면서 육조사를 지휘·감독하였다.[191] 찬성·참찬의 서사참여와 육조사 지휘는 전자는 의정 유고에 국한된 반면에 후자는 겸직기간을 통해 발휘되었기에 육조사의 지휘·감독이 보다 실질적인 것이 되었다.

의정부가 성립된 것은 정종 2년이고 그 구성원에는 의정·찬성·참찬·사인 등이 있지만, 여기에서는 중심이 된 관직·의정부제의 성립과 관련하여 국초의 시중(정승)과 이것이 계승된 의정 역임자 71명을 대상으로 그 성분과 정치활동으로 구분하여 이들이 의정부기능과 어떻게 관련되었는가를 살펴 본다.

(1) 太祖 · 定宗代

태조·정종대의 정승(시중) 역임자에는 裵克廉·趙浚·金士衡·沈德符·成石璘·閔霽·河崙이 있었다. 배극렴은 태조 1년 11월에 졸하여 조선의 정치에 참여한 기간이 짧았지만, 조준·김사형은 태조 1년~정종 1년 12월까지 장기간에 걸쳐 좌·우정승에 재직하였다. 심덕부·성석린·민제·하륜은 2차에 걸친 왕자의 난을 계기로 정승을 역임하였는데, 심·민은 정사에 참여도가 낮은 반면에 성·하 두 사람은 정치 전반에 활발하게 참여하였다.

태조대에는 개국공신이 중심이 된 도평의사사가 대두하고 조준·김사형은 도평의사사 판사를 겸하였지만, 도평의사사의 운영이 차하위

---

190) ≪세종실록≫ 권79, 19년 10월 경진.
191) 한충희, 1985, <朝鮮初期 判吏·兵曹事硏究>, ≪(계명대)韓國學論集≫ 11, 120~131쪽.

관직자인 鄭道傳·南誾 등에 의해 주도된 관계로[192) 큰 정치력을 발휘하지 못하고 최고위관으로서의 대우를 받음에 그쳤다.

정종대에 있어서도 조준·김사형이 좌·우정승으로 재직한 왕 1년 12월 까지는 정승이 정치에 크게 참여하지 못하였고, 성석린이 우정승이 되는 왕 1년 12월부터 본격적으로 정치에 참여하였다. 그러나 정승이 정치적 실권을 장악한 것은 하륜이 우정승이 되는 왕 2년 9월부터였고,[193) 그 사이는 成石璘·李之蘭·李茂·張思吉·河崙 등이 門下府職과 判六曹事職을 겸대하면서 국정의 실권을 장악하였다.[194)

(2) 太宗代

태종대의 의정 역임자에는 趙浚·金士衡·成石璘·李和·河崙·李居易·李舒·李茂·趙英武·南在·柳亮·柳廷顯·朴誾·韓尙敬·李原으로 15명이었다. 이 중 유정현을 제외한 14명이 공신이었다. 조영무는 開國·定社·佐命功臣이었고, 하륜·이거이·이무는 정사·좌명공신인 등으로 그 위세가 당당하였다. 이점에서 태종이 즉위초부터 왕권강화책과 육조직계제를 도모하였지만 이를 일방적으로 강행할 수 없었음은 능히 짐작이 간다. 실제로 태종은 공신의 점진적인 제거와 死去를 계기로 왕 14년 이후에야 강력한 왕권을 확립하였다.

태종대에는 태종의 왕권강화와 관련되어 많은 의정이 교체되었다. 그리하여 3년 이상 의정에 재직한 인물은 성석린(11.2년)·하륜(12.4)·이무(3.7)·조영무(6.6)·남재(3.11)의 5인에 불과하였다.[195) 그 중에서도

---

192) 앞 주 35] 참조.
193) ≪정종실록≫ 권6, 2년 12월조, 외.
194) ≪태조실록≫ 권15, 7년 9월 계유.
195) 한충희, 1981, <朝鮮初期 議政府研究> 하, ≪韓國史研究≫ 32, 87~90쪽 <표 19>
　　　조선초 의정역임자 및 공신대비표.

이무는 태종에 의해 제거되었고,[196] 남재는 왕권이 강화된 왕 14년을 전후하여 재직하였다.[197] 이에서 태종대의 정치에 큰 영향력을 발휘한 의정은 성석린·하륜·조영무였다고 추측된다. 실제로도 이들은 태종의 신임을 받는 공신으로서 의정 이 외에 판육조사·군직을 겸대하면서 정치에 큰 영향력을 발휘하였고, 그 중에서도 하륜이 중심이 되었다.

河崙은 1차 왕자의 난을 성공시킨 후 태조 7년 9월에 政堂文學이 되었고, 2년여에 우정승이 될만큼 태종의 신임을 받는 실력자였다. 하륜의 영향력은 이미 정종초부터 발휘되었지만 우정승이 된 이후부터 현저하였다. 이러한 사실을 기록을 통해 살피면

> 좌정승 李居易와 우정승 河崙 등이 모두 判尙瑞司事로서 政房에서 시무하면서 하륜과 함께 賢良을 천거하였다. 이거이는 하륜이 인사를 전단함을 미워하였다. 퇴근하여 아들 佇에게 "인재를 천거하는 일은 국가대사인데 하륜이 전단하니 어찌 처신해야 되겠는가?" 라고 말하자 이저가 "마땅히 임금에게 이뢰소서" 라고 하니 이거이가 "어찌 다툴 수 있겠는가" 라고 하였다.[198]

라고 하였음과 같이 하륜은 가장 중요한 국사인 인사를 오로지 하였다. 이후 하륜은 태종대를 통하여 영의정부사(5.4년)·좌의정(6.8)·우의정(0.4)·영삼사사와 영사평부사(1.7)를 역임하고 판승추부사·판이조사·세자 사와 부·훈련관도제조 등을 수시로 겸대하면서 국정 전반에 큰 영향력을 발휘하였다.[199] 하륜은 그 전단과 관련되어 수차에 걸쳐 비

---

196) 김성준, 앞 논문, 573~623쪽.
197) 남재는 태종 13년 10월~14년 6월(우의정), 14년 6월~15년 9월(좌), 15년 10월~16년 5월 (우), 16년 5월~16년 11월(영)에 걸쳐 우, 좌, 영의정에 재직하였다(≪태종실록≫ 13년~16 년조).
198) ≪정종실록≫ 권6, 2년 12월조.

판을 받기도 하였지만 태종의 절대적인 신임을 받으면서 왕 16년에 70세로 치사할 수 있었다.[199] 이러한 그의 영향력은 태종이 치사를 원하는 하륜에게 "하륜은 나라를 집과 같이 걱정하였고, 獻策이 있으면 바로 개진하였다. 지금 국가의 평안함이 하륜이 애쓴 결과가 아니겠는가? 내가 이들 허락하겠다"[201] 라고 하였음과 같이 그의 태종의 즉위에 끼친 공훈과 인물됨에서 기인된 것이었다.[202]

(3) 世宗代

세종대의 의정 역임자는 李稷·柳廷顯·朴訔·韓尙敬·沈溫·李原·鄭擢·柳寬·趙涓·黃喜·孟思誠·權軫·崔潤德·盧閈·許稠·申槩·河演·皇甫仁·南智로 19명이었다. 세종대에는 이전과는 달리 공신인 의정은 이직·박은·한상경·이원·정탁에 불과하였다. 따라서 세종대의 의정은 공신으로서가 아니라 유학적인 소양 등을 통하여 세종의 신임을 받았다고 하겠다.

세종대에는 정치·경제·사회가 안정되고 문화가 융성한 시기였고, 국가권력면에 있어서는 왕권과 신권이 조화를 이룬 시기였다. 의정의 재직기간도 안정되어 황희는 거의 세종 전시기에 걸쳐 의정으로 재직하였고, 5년 이상 의정 재직자도 유정현(5.11년)·이원(7.7)·맹사성(8.0)·최윤덕(6.1)·신개(6.7)·하연(5.2) 등 6인이나 되었다.[203] 의정부운영을 보면 세종 8년 5월까지는 유정현과 이원이 주도하였고, 8년 5월 이후는 황희를 중심으로 맹사성(9~17)·최윤덕(15~18)·신개(21~27)·하연

---

199) 한충희, 앞 논문, 87~90쪽 <표 19>, ≪태종실록≫ 권32, 16년 11월 계사 졸기.
200) ≪태종실록≫ 권32, 16년 11월 계사 하륜졸기. 하륜을 배척할려는 대표적인 예로서는 태종 7년 9월에 이숙번이 주동이 된 '閔無咎獄'과 연관 지은 제거도모, 동왕 13년 12월 대간이 수차에 걸쳐 하륜의 전권독단과 천변을 연관시킨 탄핵 등이 있었다.
201) ≪태종실록≫ 권31, 16년 5월 임진.
202) ≪태종실록≫ 권32, 16년 11월 계사.
203) 한충희, 앞 논문, 87~90쪽 <표 19>.

(27~문종 1년) 등이 주도하였다. 위에 제시된 의정은 누구나 세종 치세의 일익을 담당하고 의정부의 권한·활동을 강화시켰지만 특히 황희의 공헌이 컸다.

황희는 이미 태종대에 태종의 신임을 받아[204] 지신사(5년 12월~10년 2월), 지의정부사(10.2 ~), 이조판서(15.5 ~), 참찬(15.11 ~)을 역임하였고, 일시 양녕의 폐세자에 반대하여 유배되었지만 세종 4년 상왕 태종에 의해 소환되어 등용되었다.[205] 이어 세종 8년 5월까지 京市署提調, 참찬, 강원도관찰사, 찬성, 이조판서 등을 역임하고 우의정에 발탁되었으며,[206] 이후 영의정으로 치사하는 세종 31년 10월까지 총 22년 5개월에 걸쳐 우(~ 9년 1월)·좌(~ 13.9)·영의정(13.9 ~)으로 재직하였다. 그 중에서도 세종 19년 1월~20년 5월까지는 獨相으로서 의정부사를 총관하였다.[207] 이를 볼 때 황희에 대한 세종의 신임도를 추측할 수 있고, 동시에 세종 전반기에는 비록 육조 중심의 국사가 운영되었지만 의정부가 정사에 크게 참여하였을 것으로 추측된다. 그리고 앞에서는 언급되지 않았지만 황희와 같은 지덕을 겸비하고 노성한 의정들이 있었기 때문에[208] 세종은 의정부서사제를 다시 실시할 수 있었을 것으로 추측되며, 의정인 황희·허조·신개·하연 등이 세종의 기대에 어긋나지 않았기 때문에 의정부서사제가 계속 유지된 것이 아닌가 한다. 그 외에 황희의 재직중에 영의정도 의정부서사에 참여하였고,[209] 이로써 영의정이 명실상부한 국정의 최고 책임자가 되었다.

---

204) ≪문종실록≫ 권12, 2년 2월 임신.
205) ≪세종실록≫ 권15, 4년 2월 기해.
206) ≪조선왕조실록≫ 세종 4~8년조.
207) 세종 18년 7월 정유에 좌의정 최윤덕이 영중추부사로 체직되고 19년 10월 계유에 우의정 노한이 파직됨으로써 영의정 황희 만이 의정에 재직하였다. 그리고 이러한 상황에서 찬성이 서사에 참여하게 되었다.
208) ≪문종실록≫ 권12, 2년 2월 임신 황희졸기.

(4) 文宗 · 端宗代

　문종·단종대의 의정 재직자에는 河演·皇甫仁·南智·金宗瑞·鄭苯· 首陽大君·鄭麟趾·韓確이 있었다. 이 시기는 왕은 병약하거나 유약한 반면에 의정은 지용을 겸비하였음에서 의정부를 중심한 신권이 극성을 하였다.

　문종 1년 10월에 하연이 치사하고 황보인·남지·김종서가 영·좌·우의정이 되면서 신권이 비대해지기 시작하였는데, 남지는 노병으로 정치에 크게 참여하지 못한 반면에 황보인·김종서는 정치에 큰 영향력을 행사하였다. 황보인·김종서는 세종 후반기부터 두각을 나타내었거니와[210] 단종의 즉위와 함께 국정을 전단하였고, 그에 따라 왕권은 명목에 불과하였다. 단종 1년 10월에 癸酉政變이 있게 되면서 황보인·김종서 등은 제거되었지만 왕권은 회복되지 못하였고, 이들에 대신한 수양대군 이유·정인지·한확이 영·좌·우의정이 되면서 왕권은 더욱 쇠약해졌으며, 수양대군이 정치·군사·인사 등 국정전반을 천단하였다. 특히 이 시기에는 제도적인 의정부서사제 이외에 왕의 문약함과 의정들의 자질에서 의정부는 그 권한·활동을 더욱 강화하였고, 드디어는 왕권을 압도하였다.

---

209) ≪세종실록≫ 권72, 18년 4월 무신.
210) 황보인은 세종 11년 2월에 동부대언이 된 이래 지신사(12년 8월), 병조우참판(14. 9), 병조참판(16. 10), 병조판서(18. 12), 평안·함길도 도체찰사(12. 3~23. 윤11), 좌참찬겸판병조사 (22. 8), 우찬성(25. 4), 좌찬성겸판이조사(27. 1), 우의정(29. 6), 좌의정(31. 10)을 역임하였다. 김종서는 세종 11년 9월에 우부대언이 된 이래 우대언(12년), 좌대언(13.), 이조우참판 (15. 12), 함길도관찰사(15. 12), 함길도병마도절제사(17. 3), 형조판서(22. 12), 예판(23. 11), 우찬성겸판예조사(28. 1), 우찬성겸판병조사(31. 2), 좌찬성(문종 즉. 7), 우의정(1. 10), 좌의정(단종 즉. 12)을 역임하였다. 특히 김종서는 ≪燃藜室記述≫ 권3, 세종조고사본말에 "初上命宗瑞置四鎭 朝議多有異同 宗瑞力主其事 議者謂宗瑞以有限之人力 開不可成之役 罪可誅也 上曰 雖有寡人 若無宗瑞不足以辨此事 雖有宗瑞 若無寡人 不足以主此事 固執不回" 라고 하였음에서 세종과 그의 관계가 잘 나타나 있다.

(5) 世祖代

세조대의 의정 재직자에는 鄭麟趾·韓確·李思哲·鄭昌孫·姜孟卿·申叔舟·權覽·韓明澮·具致寬·李仁孫·黃守身·沈澮·朴元亨·曹錫文·洪達孫·崔恒·龜城君 李浚·康純·金礩·洪允成이 있었다. 이 중 이인손·심회(예종대와 성종대에 각각 翊戴2등과 佐理2등공신에 책록)·김질(성종대에 좌리2등공신)을 제외한 18명이 공신이었다. 그리고 빈번하게 의정이 교체되는 중에서도 정창손(3.4년)·강맹경(4.4)·신숙주(7.3)·권람(3.8)·구치관(3.2)·황수신(3.3)은 3년 이상 의정에 재직하였다.[211]

세조는 계유정변을 계기로 즉위하였고, 육조직계제를 강행하였으며, 무단정치를 행하면서 빈번하게 의정을 교체하였다. 따라서 의정부의 권한·활동은 크게 축소되었고, 의정 역임자도 의정 이상으로 국정에 참여함으로써 의정은 더욱 약화되었다. 그러면서도 의정은 대개가 공신이고 세조의 신임을 받는 인물이었으므로, 비록 그 기능이 축소되고 세조의 신권억압이 계속되었지만 점진적으로 그 권한·활동을 강화시켜 나갔다.

세조대에 의정부 활동을 주도한 의정은 재직기간으로 볼 때는 정창손·강맹경·신숙주·권람·구치관·황수신 등인 것처럼 보인다. 그러나 강맹경·정창손·구치관·황수신은 하위의 공신이고 세조의 친신을 받지 못하였기에 정치에 큰 영향력을 발휘하지 못하였다. 그 반면에 신숙주·권람 그리고 비록 의정 재직기간은 짧지만(2.3년) 정난을 주도하고 세조의 신임이 두터운 한명회 등 3인은 정치에 큰 영향력을 발휘하였다. 권람은 세조 11년에 병사하였기 때문에 세조말년에는 영향을 끼치지 못하였다. 신숙주·한명회는 세조로부터 魏徵과 張子房이라고 일

---

211) 한충희, 앞 논문, 87~90쪽 <표 19>.

컬어졌고,[212] 특히 한명회는 병권을 장악하고 세조와 連婚하는 등의 신임을 받으면서[213] 영향력을 발휘하였다. 이에서 이들이 의정으로 재직하였을 때에는 의정부의 정치참여가 늘고 그 권한·활동이 다소 강화될 수 있었다. 그러면서도 이들이 의정이 아닌 때나 의정을 역임한 후에는, 즉 승지·판서나 원로대신으로서 정사에 큰 영향을 끼쳤으므로 오히려 의정부 기능을 약화시켰다고 하겠다. 그리고 세조 말년에는 院相制가 실시됨에 따라 의정부는 더욱 약화되었다.

(6) 睿宗代 · 成宗初

이 시기의 의정 역임자에는 韓明澮·朴元亨·龜城君 李浚·金礩·洪允成·尹士昐·尹子雲·金國光(예종대)과 鄭昌孫·申叔舟·韓明澮·沈澮·曹錫文·崔恒·金礩·洪允成·尹子雲·尹士昕·尹弼商·金國光·成奉祖·韓伯倫(성종초)이 있었다. 이들 중에서 윤사분을 제외한 모두는 공신이었다. 특히 신숙주·한명회 등은 세조추대에 공이 지대하였음은 물론 예종·성종의 왕권에 위협이 되었던 남이·강순·구성군·이준 등을 차례로 제거하고 翊戴·佐理 1등공신에 책록되면서 세조대에 이어 예종·성종초의 정치를 주도하였다. 따라서 이 시기는 국정운영체계상으로는 六曹直啓制가 실시되었지만 실제로는 공신인 원상이 정치를 주도하였고, 의정에는 대개 원상인 자가 임명되었으므로 의정부는 독자적인 권한을 상실하였다고 하겠다. 그리고 원상 중에서도 공훈·자질과

---

212) 《保閑齋集》 권16, 신묘 12월 25일 상언조, 《燃藜室記述》 권5, 세조고사본말 신숙주·한명회조.

213) 단종 2년 8월~세조 3년 8월까지 6승지를 역임하였고, 이어 이판(3.8), 병판(4.12~7.7), 판병조사(7.7), 평안·황해·강원·함길도도체찰사(8.1), 우의정(8.5), 좌의정(9.8), 판병조사(10.1), 영의정(12.10), 원상(13.9~성종 7), 영의정(예종 1.1), 판병조사(성종즉위~5년), 좌의정(5.5)을 역임하였음과 같이 주로 병권에 간여하였다. 그리고 3녀가 예종비 章順王后(추존)였고, 4녀가 성종비 恭惠王后였다.

관련되어 예종대에는 신숙주·한명회가, 성종초에는 신숙주·한명회와 새로이 두각을 나타낸 윤자운·김국광 등이 각각 중심이 되었다. 또 신숙주·한명회 등이 중심이 된 원상은 세조집권 이래로 5차에 걸쳐 공신에 책봉되고 막대한 토지·노비까지 소유하면서 더욱 강력하여졌고,214) 왕권은 그렇게 떨치지 못하였다.

그 외에도 의정재직기간과 의정부의 권한·활동과의 관계를 보면 다음의 표와 같이 의정부 활동수는 단종대가 가장 활발하고 문종, 태종, 세종, 세조, 예종, 성종대의 순서였다. 의정 재직 평균 연수는 세종대가 가장 길고 태조, 태종, 성종, 세조, 문종, 단종, 예종, 정종의 순서였다. 이를 볼 때 겉으로는 의정부 활동과 의정의 재직기간은 상관이 없는 것처럼 보인다. 즉, 의정부활동이 가장 강력하였던 단종대는 오히려 재직기간이 짧았고, 그 활동이 크게 위축된 세종·성종초는 오히려 단종대 보다 장기였다.

<표 21> 조선초기 의정활동과 의정재직기간 대비215)

			태조	정종	태종	세종	문종	단종	세조	예종	성종 1~9년	비고
의정부·육조 활동 대비	의	수			1,011	2,932	514	740	692	66	164	
		%			55	37	63	81	27	22	9	
	육	수			826	4,922	303	174	1,837	228	1,718	
		%			45	63	37	19	73	78	91	
의정재직 평균연수			4.1	0.8	3.7	4.5	1.7	1.4	2.0	0.5	2.1	

214) 한영우, 앞 <왕권의 확립과 제도의 완성>, 219쪽. 원로대신의 대표격인 한명회·신숙주·정인지의 토지소유액을 제시하였는데, 각각 800, 690, 570결이나 되었다. 아마 여타 원로대신도 직전(110결)과 공신전을 고려하면 300결 이하는 드물었을 것이다. 각종 공신에게 지급된 전결은 다음과 같다(단위 결).

정난공신; 1등 200, 2등 150, 3등 100,   익대공신; 1등 150, 2등 100, 3등 80,

좌익공신; 1등 150, 2등 100, 3등 80,   좌리공신; 1등 40, 2등 30, 3등 20, 4등 10.

적개공신; 2등 150, 2등 100, 3등 80,

215) 한충희, 앞 논문, 91쪽 <표 20> 의정활동 및 의정재직기간 대비표 전재.

그러나 역대 국왕의 재위기간을 고려하여 재위기간이 극히 짧았던 문종(2.3년)·정종(2.2)·단종(3.2)·예종(1.2)과 육조활동이 미약하였던 태조(6.2)는 일단 보류하고 태종, 세종, 세조, 성종대의 상관관계를 보면 각각 55%·3.7년-37%·4.5년-27%·2.0년-9%·2.1년이었듯이[216] 의정부 활동이 활발하면서 왕권이 안정되었던 태종·세종대는 의정의 평균재직기간이 길었고, 의정부 활동이 미약하였던 세조·성종초는 의정의 재직기간이 짧았다.

국왕 재위기간과 의정재직자 수를 보면 각각 태종대는 17.9년·16인, 세종대는 31.6년·19인, 세조대는 13.3년·20인, 성종초는 9.1년·13인이었듯이[217] 의정부 활동이 활발하고 왕권이 안정된 태종·세종대에는 천천히 교체되나 그렇지 못하였던 세조·성종초에는 자주 교체되었다. 이와 관련되어 5년 이상 의정에 재직한 인물이 태종대와 세종대는 3인과 7인이었지만, 세조대는 1인이었고 성종초는 없었다.[218] 또 의정에서 체직된 관직을 보면 의정부 활동이 활발하고 왕권이 안정된 세종대에는 체직이 드물면서 정상적으로 체직되는 경우가 많았다. 그러나 태종, 세조, 성종초에는 체직이 빈번하면서 비정상적으로 체직되는 경우가 많았다.[219] 이중에서 세조대 이후는 빈번한 체직과 관련되어 의정 역임자가 많게 되었고, 이점은 의정의 기능과 권위를 약하시켰고, 상대적으로 왕권을 강화시키는 한 토대가 되었다고 추측된다.

이상에서 의정부 구성원의 성분과 재직기간은 의정부의 권한·활동과 밀접히 관련되었다. 의정부는 議政府署事制가 실시될 때는 물론이고 六曹直啓制가 실시될 때에 있어서도 제도적으로 규정된 기능

216) 한충희, 앞 논문, 91쪽.
217) 위 논문, 91쪽.
218) 위 논문, 87~90쪽 <표 19>.
219) 위 논문, 92쪽 <표 21>.

보다 강력한 권한을 발휘하고 활발하게 활동하였다. 이러한 구성원의 활동은 왕권의 강화에 저해가 되었는데, 그 가장 큰 이유는 의정의 대부분이 왕의 신임을 받는 공신출신이었다는 것이다. 예외적으로 세종중기 이후·문종·단종초에는 공신은 아니었지만 智德을 겸비한 의정이 재직한 위에 국왕의 신병과 유주의 즉위에서 의정부는 그 권한·활동을 더욱 강화시켰다.

의정부는 3의정 합의체이지만 국왕의 신임을 배경으로 특정한 한, 두명이 실권을 행사하였다. 태조·정종초에는 정승 보다는 차하위직에 재직한 鄭道傳·南誾·河崙 등이 실권을 장악하였다. 정종말~단종대에는 河崙·成石璘·趙英茂·黃喜·皇甫仁·金宗瑞·首陽大君 등이 의정에 재직하면서 정사에 큰 영향력을 발휘하였다. 세조 즉위 이후에는 특정한 관직으로서 보다는 靖難을 주도한 申叔舟·權擥·韓明澮 등이 실권을 장악하였으므로, 이들이 의정부 구성원이 되었을 경우에는 의정부의 권한·활동이 강화되었지만, 그렇지 못한 경우에는 오히려 약화되었다. 또 의정부의 활동이 활발하였던 태종·세종대는 의정의 평균재직기간이 길었고, 의정부 활동이 미약하였던 세조·성종초에는 그 기간이 짧았다.

결국 왕의 신임을 받는 최고위 관인이 의정이나 찬성이 되었으므로 의정부 구성원은 정치에 강력한 영향을 끼쳤고, 왕으로서도 이들을 억압하는 일방적인 정사를 행하지 못하였다.

6. 結語

조선의 議政府는 여말선초의 都評議使司를 개편하면서 성립되었지만, 실제적인 기원이 된 것은 周官의 三公制였다.

議政府의 직제와 기능은 처음에는 도평의사사를 구성한 門下府를 계승하였으나, 점차 조선의 정치에 적용되면서 조선의 독자적인 것으로 발전되었다.

議政府 成立의 결정적인 계기가 된 것은 왕권의 강화와 이에 관련된 정치 및 군사의 분리였다. 정종 2년 4월에 성립된 의정부직제는 태종·세종·세조의 왕권 및 의정부(육조) 기능과 관련되어 세조 12년까지 10여 차에 걸쳐 변천되면서 領·左·右議政(각1, 정1), 左·右贊成(각1, 종1), 左·右參贊(각1, 정2), 舍人(2, 정4), 檢詳(1, 정5), 司錄(2, 정8)으로 정립되었고, ≪경국대전≫에 법제화되면서 확정되었다.

議政府의 法制的인 機能은 태종 1년에 문하부가 혁파되면서 의정부직제가 개변될 때에 都評議使司의 최고 국정·의결기관으로서의 기능과 周官 三公의 직장인 '論道經邦·燮理陰陽'이 융합되어 '總百官·平庶政·理陰陽·經邦國'으로 되었다. 이 기능은 통괄적이기기 때문에 이후 議政府署事 때나 六曹直啓 때에 구애되지 않고 그대로 적용될 수 있었다. 즉 의정부의 실제기능은 법제적인 규정에 한정되지 않고 수시로 변천되면서 당시의 정치에 적용될 수 있었다.

朝鮮初期 議政府의 實際機能은 議政府署事制가 실시된 정종 2년~태종 13년, 六曹直啓制가 실시된 태종 14년~세종 17년, 의정부서사제가 부활된 세종 18년~단종 3년 그리고 육조직계제가 부활된 세조 1년 이후의 4시기로 변천되면서 발휘되었다.

朝鮮初期 議政府의 機能은 국왕의 자질과 왕권, 의정부 구성원의 자질과 의정부 직장, 정치정세, 都統府·院相·判六曹事制 운영 등과 관련되면서 신축적으로 발휘되었다. 이들 여러 요소는 개별적으로 작용하기도 하였지만 대개는 복합적으로 작용되면서 의정부의 기능을 변천

시켰다.

朝鮮初期 議政府의 政治活動은 受命·啓聞·擬議 활동으로 구분되면서 전개되었다. 이들 활동은 왕권·의정부기능과 밀접히 관련되면서 전개되었다. 議政府署事制가 실시되면서 의정부가 국정의 중심이 되었던 정종 2년~태종 13년·세종 18년~단종 3년에는 계문활동이 중심이 되었다. 왕권의 강화와 함께 六曹直啓制가 실시되면서 의정부 활동이 약화되고 육조가 국정의 중심이 되었던 태종 14~세종 17년·세조·예종대에는 의의활동이 중심이 되었고, 院相이 국정을 주도하였던 성종초에는 수명·계문·의의 활동이 병행되었다.

朝鮮初期의 議政府는 정종 2년~태종 13년에는 議政府署事制가 실시되면서 대개 의정부가 국정을 총괄하였다. 그러나 태종의 왕권강화 및 육조직계제의 실시도모와 함께 점차 육조는 지위·기능이 강화되었고, 의정부는 약화되었다.

議政府는 태종 14년~세종 17년에는 六曹直啓制가 실시되면서 육조가 국정을 주도하였다. 그러나 의정부는 명·여진과의 관계, 4군 6진 개척, 그 구성원의 자질, 판육조사 등의 운영과 함께 육조활동에는 미치지 못하지만 활발한 활동을 전개하였다.

議政府는 세종 18년~단종 3년에는 議政府署事制가 부활됨에 따라 국정을 주도하였다. 세종은 신병으로 인한 의정부의 정무협찬의 필요에서 의정부서사제를 부활하였지만, 세종 치세에는 왕권과 신권이 조화를 이루면서 정치가 안정되었고, 육조도 활발히 국정에 참여하였다. 이러한 분위기는 문종대까지 계속되었으나 의정부의 기능은 점차 강화되었고, 단종의 즉위와 함께 왕권은 허약해지고 의정부는 비대하여져 육조를 예속하면서 전 국정을 총괄하였다.

議政府는 세조 1년~성종 9년에는 六曹直啓制가 부활됨에 따라 약화되었다. 세조대에는 세조의 무단과 함께 육조의 권한이 크게 강화된 반면에 의정부는 크게 약화되었다. 세조중기로 접어들면서 靖難功臣의 의정부진출과 함께 의정부의 지위는 다소 높아졌다. 그러나 이들이 '曾經議政'이 되면서는 오히려 그 기능이 약화되었다. 세조말년에 이르러 세조의 신병으로 院相制가 운영되면서 원상이 국정을 주도하기 시작하였다. 이런 경향이 예종·성종초로 계승되면서 강화되었고, 원상 중에서 의정이 임명되었다. 그러나 이 시기에 判六曹事가 운영되고 의정부 당상이 이를 겸대하면서 인사권을 장악하고 국정에 참여하였으므로 의정부 기능은 명맥을 유지하였다. 성종 7년 이후에는 원상제와 섭정제가 혁파되면서 성종이 친정하지만 원로대신의 위세는 여전하였고, 의정부는 미약하였다.

朝鮮初期 議政府의 權限·活動은 의정의 재직기간 및 구성원의 성분과 밀접히 관련되었다. 의정부의 권한이 강력한 시기에는 의정의 평균 재직기간이 길고 장기간에 걸친 재직자가 많았으며, 정상적인 체직이 이루어 졌다. 의정부가 미약한 시기에는 의정의 평균 재직기간이 짧고, 비정상적인 체직이 많았다.

朝鮮初期 議政府는 그 구성원에 따라 六曹直啓制가 실시될 때에도 강력한 권한을 행사하기도 하였고, 議政府署事制가 실시될 때에는 그 기능을 더욱 강화시켰다. 의정은 최고위 관직이므로 항상 유능하면서도 국왕의 신임을 받는 인물이 임명되었다. 또 조선초기 의정은 세종중기 이후·문종·단종초를 제외하고는 대개가 공신이었다. 그러므로 의정은 항상 정치에 큰 영향력을 발휘할 수 있었고, 국왕은 일방적으로 이들을 강압하지 못하였다.

朝鮮初期 議政府의 公事는 3의정 합의제로 운영되었다. 그러나 3의정이 합의하기도 하지만 대개는 국왕의 신임이 두터운 한, 두 의정

이 정사를 주도하였다. 그 인물로는 태종대의 河崙, 세종대의 黃喜, 문종·단종대의 皇甫仁·金宗瑞·首陽大君, 세조·예종·성종초의 申叔舟·韓明澮 등이 있었다.

요컨대 朝鮮初期의 政治는 의정부를 중심으로 하여 전개되었다. 비록 왕권이 강력하거나 원상제가 실시된 시기에 그 기능이 약화되기도 하였지만, 의정부는 의연히 최고 국정기관으로 존재하면서 기능을 발휘하였다.

제5장 六曹

1. 序言

조선초기 정치의 주체세력은 王을 정점으로 하고 議政府·六曹·承政院·三司 등에 속하는 관료군이었다. 국정의 진행을 보면 議政府署事制가 실시될 때에는 의정부가 국정을 주도하면서 육조는 미약하였고, 六曹直啓制가 실시될 때에는 육조가 국정을 주도하면서 의정부는 약화되었다. 이점에서 육조가 조선의 통치기구 내에서 점하는 위치의 중요성은 재언할 필요가 없다.

그런데 육조는 의정부, 삼사 등에 대한 연구와는[1] 판이하게 거의

---

1) 의정부, 승정원, 대간 등에 관한 선학들의 연구에는 다음과 같은 것들이 있다.
   末松保和, 1956, <朝鮮議政府攷>, 《朝鮮學報》 9.
   韓忠熙, 1980, 1981, <朝鮮初期 議政府硏究>상, 하, 《韓國史硏究》 31, 32.
   崔承熙, 1966, 1967, <集賢殿硏究>상, 하, 《歷史學報》 32, 33.
   최승희, 1970, <弘文館의 成立經緯>, 《한국사연구》 5.
   李載浩, 1963, <李朝臺諫의 機能의 變遷>, 《釜山大論文集》 4.
   李弘烈, 1960, <臺諫制度의 法制史的 考察>, 《史叢》 5.
   金潤坤, 1964, <麗末鮮初의 尙瑞司>, 《역사학보》 25.
   全海宗, 1964, <承政院考>, 《진단학보》 25~27.

연구된 바가 없다. 그러면서도 육조의 직제·기능 그리고 통치기구 내에서의 위치 등은 ≪경국대전≫을 통하여 일반화되어 있고, 이것이 구태의연하게 답습되었기 때문에 현재에 있어서는 무엇인가 미흡한 듯하다. 여기에 육조연구의 필요성이 있다.

그러나 육조에 대한 연구는 여타의 제도사와 마찬가지로 크게 부각시킬 만한 문제점을 제시하기 어렵고, 이·호·예·병·형·공조를 아울러 다루어야 하며, 또 통시적으로 파악해야 하는 복잡성까지 내포하고 있다. 결국 이러한 관점에서 지금까지 육조에 대한 구체적인 연구가 결여되었을 것이다.[2]

육조연구는 위와 같은 한계성은 있지만 지금까지에 걸친 육조관련 연구와 ≪조선왕조실록≫ 등을 검토하면서 육조가 어디에서 연원되었고, 그 직제·기능이 어떻게 확립되었으며, 그 활동경향이 어떠하였는가를 검토한다. 아울러 육조가 왕권을 중심한 의정부·승정원·대간과 어떻게 연관되면서 국정에 영향력을 발휘하였는가를 규명해 보고자 한다.

---

2) 육조에 있어서는 1998년에 한충희가 그간에 발표한 <朝鮮初期 六曹研究>(≪大丘史學≫ 20·21, 1982), <朝鮮初期 六曹研究 添補>(≪대구사학≫ 33, 1987), <朝鮮初期 六曹正郎·佐郎의 官人的 地位-그 歷官과 機能의 분석을 중심으로->(≪(계명대)韓國學論集≫ 17, 1990), <朝鮮初期 六曹屬衙門의 行政體系에 대하여>(≪한국학논집≫ 10, 1893), <朝鮮初期 六曹參議研究>(≪한국학논집≫ 23, 1996)를 토대로 육조를 종합적으로 즉, ≪朝鮮初期 六曹와 統治體系≫(계명대학교 출판부)로 정리하였다. 본장에 있어서는 이러한 연구가 있지만 본서의 주제와 관련하여 포함한다.

2. 六曹制의 淵源과 整備

1) 六曹制의 淵源

朝鮮의 六曹制는 ≪太祖實錄≫ 卷1, 1年 7月 丁未의 즉위교서에 "국호는 계속하여 고려라 하고, 儀章法制는 모두 고려의 옛 것을 계승한다"고 하였음에서 高麗末의 六曹制와 六曹機能을 답습하면서 성립되었다고 할 수 있다.

실제로 조선은 개국과 함께 吏, 兵, 戶, 刑, 禮, 工曹를 두고, '銓選流品, 考功, 殿最等事'(吏曹)를, '武選, 兵籍, 郵驛等事'(병)를, '土地, 戶口, 財用等事'(호)를, '水火, 奸盜, 鬪殺, 詞訟等事'(형)를, '祭享, 賓客, 朝會, 科擧, 釋道, 進獻等事'(예)를, '工匠, 造作等事'(공)를 각각 관장하게 하며, 各曹에 品官인 정3품 典書, 정4품 議郎, 정5품 正郎, 정6품 佐郎, 정7품 主事 각 2명과 衙前인 令史 6명을 두었다.[3] 이것은 고려말의 그것과 큰 차이가 없었다. 또 六曹의 기능도 위에서와 같이 독자적인 직무가 규정되기는 하나, 고려말과 같이 都評議使司의 지휘를 받아 서무를 집행하였다.

그런데 육조를 구성하는 관원 중에서 門下省의 宰臣이 겸하면서 六曹를 지휘한 判吏·兵·戶·刑·禮·工曹事의 경우에 동일의 ≪太祖實錄≫에서는 확인되지 않는다. 그러나 태조 2년으로부터 그 운영이 확인되고,[4] 조선초 六曹制의 전신인 고려말의 六曹에 判吏·兵·戶·刑·禮·工曹事가 설치되고 운영되었음에서[5] 六曹制의 성립과 함께 存置

---

3) ≪태조실록≫ 권1, 1년 7월 정미.
4) 태조 2년에 태조모 懿妃의 祖 終大에게 門下左侍中判都評議司事判吏曹事永興伯을 추증하였고(≪태조실록≫ 권3, 2년 5월 신미), 정종 1년 成石璘이 右政丞으로 判兵曹事를 겸대하였고(≪國朝人物考≫ 成石璘行狀), 태조 7년에 成石璘·李之蘭·李茂·張思吉에게 각각 兼判戶·刑·禮·工曹事를 제수하였음(≪태조실록≫권15, 7년 9월 계유)이 확인된다.

되었다고 추측된다.

또 吏曹의 屬司로서 관리의 考功을 담당한 考功司는 태조 1년에 반포된 관제에서는 屬司로서 언급되지 않았다. 그러나 吏曹에 편제된 正郞이 兵, 戶, 刑, 禮, 工曹 모두가 正郞 2명·佐郞 2명으로 기록한 것과는 달리 正郞 1명·考功正郞 1명, 佐郞 1명·考功佐郞 1명으로 구분하여 기록되었고, 이것은 고려 공민왕 이래의 考功司 편제와 동일하였다.[6] 이점에서 조선 개국초에는 고려말의 考功司가 계승되면서 吏曹 屬司로 존재하였다고 하겠다.

한편 刑曹都官과 戶曹給田司는 그 존치가 확인되기는 하나 刑曹와 戶曹의 屬司로서 존재한 고려 때와는 달리 개국초에 현안이 된 奴婢와 給田에 관한 일을 임시·집중적으로 취급한 관아였다.[7]

개국 초의 六曹制가 고려말의 육조제를 답습하게 된 배경은 왕조 개창으로 인한 분주함과 민심의 안정책에서 기인된 것이었다. 그리고 조선 육조제의 기원은 ≪太祖實錄≫에 기록된 字意로는 조선에 멸

---

5) 한충희, <朝鮮初期 判吏·兵曹事硏究>(≪韓國學論集≫ 11, (啓明大)韓國學硏究所, 1985) 111쪽.

6) ≪高麗史≫ 卷76, 百官1 考功司掌考劾官吏功過 國初稱司績 成宗十四年改尙書考功 (中略) 恭愍王五年復置考功司郞中員外郞 十一年復稱正郞佐郞 十八年改直郞散郞 二十一年復稱正郞佐郞.

7) 刑曹都官은 태조 1년에 "刑曹都官掌奴隷贓獲等事 知事1兼從3品 議郞2正4品 正郞2 正5品 佐郞2正6品 主事2正7品 令事6八品去官(≪태조실록≫ 권1, 태조 1년 7월 정미)"이라고 한 바와 같이 태조 1년의 관제 반포시에 '掌奴隷贓獲等事'의 職掌과 屬司의 관원에 비하여는 格이 높은 종3품관이 겸하는 知事 이하의 관원이 편제되었다. 이어 태종 5년에 分都官으로 개칭되었고, 세조 12년에 辨定院으로 개칭되고 장관인 당하관의 兼知刑曹事가 정3품 당상관계의 判決事로 승질·개칭되었으며, 익년에 掌隷院으로 개칭되었다. 戶曹給田司는 정종 1년에 刑曹都官事의 처리를 위한 관원의 증치를 언급한 중에 "同司 관원의 職秩이 낮아 奴婢事를 과단하기가 어려우니 給田司의 예에 따라 刑曹·判事·臺省 각 1원과 함께 僉議하여 시행하라"(≪정종실록≫권1, 1년 6월 갑인)고 한 바와 같이 당시의 현안사인 給田에 관한 일을 임시적으로 관장한 관아였다. 따라서 형조도관과 호조급전사는 형조와 호조의 속사가 아니고 독립된 관아였다.

망되기 직전의 고려 육조제, 즉 공양왕 1년(1389) 이후의 육조제가 계승되었다고 하겠다.

그런데 高麗 六部制의 성립과 정비를 보면 다음과 같이 성종초에 당의 육부제를 받아들여 選·兵·民·刑·禮·工官의 六官을 설치하면서 비롯되었다. 이후 중앙집권력의 강화·통치체제의 정비 등과 관련되어 문종대에 吏·兵·戶·刑·禮·工部의 六部와 判事·尙書 이하의 관직으로 정비되었고, 다시 원의 간섭에 의한 관제개변 등과 관련되어 수차에 걸쳐 개변되다가 공양왕 1년에 吏·兵·戶·刑·禮·工曹의 六曹와 判事·典書 이하의 관직으로 정착되었다.

첫째 고려의 六部制는 성종 1~2년(983)에 당의 육부제를 모방하여 選, 兵, 民, 刑, 禮, 工官과 各官에 御事·侍郎·郎中·員外郎의 관원을 두어 국정을 분장하게 하면서 성립되었다.[8] 성종 2년경의 육관과 구성원이 이후 왕권, 관제 정비와 관련되어 성종 14년·현종 2년·현종 12년경·문종대에 걸쳐 개변되면서 이·병·호·형·예·공부의 육부, 각부에 判事(1, 宰臣兼)·尙書(1, 정3)·知事(1, 3품겸)·侍郎(1, 정4)·郎中(1, 정5)·員外郎(1, 정6)의 관원, '掌文選勳封之政'(이부) 등의 기능으로 정비되었다. 이 문종대의 육부제가 후대로 계승되다가 원의 지배·원지배의 극복·관제 정비와 관련되어 충렬왕 1·24(충선 즉위)·24·34년, 충선왕, 공민왕 5·11·18·21년, 공양왕 1년에 걸쳐 개변·정비되면서 최종적으로 이·병·호·형·예·공조의 육조, 각조에 판사(1, 양부겸)·판서(2, 정3)·총랑(2, 정4)·정랑(3, 정5)·좌랑(3, 정6)으로 정비되었다.

둘째 태조 1년에 성립된 조선 육조제와 고려 역대의 육조(육부)제를 비교하여 보면 육조의 명칭은 성종 12년·현종 12년·문종 30년·공

---

8) 朴龍雲, 2000, ≪高麗時代 尙書省 研究≫, 景仁文化社, 220~224쪽.

민왕 5년·공양왕 1년의 그것과 같았다. 육조의 서열은 공양왕 1년의 그
것과 같았다. 육조의 관원은 정랑, 좌랑의 명칭은 충렬왕 1년, 공민왕
11년(1361)과 21년, 공양왕 1년의 그것과 같았고, 전서, 의랑의 명칭은
충렬왕 34년의 그것(주사는 충렬왕 34년의 注簿와 비슷)과 같았다.[9]

  셋째 육조의 실제기능은 충렬왕 이래의 都評議使司가 중심이 된
국정운영체제가 계승됨에 따라 도평의사사가 육조를 예속하면서 정치,
경제, 군사 등 전 국정을 총괄하였기 때문에 미약하였다.[10]

  따라서 조선 개국과 함께 성립된 육조제는 고려 공양왕대의 육조제
를 그대로 계승하였다기 보다는 공양왕대의 육조제를 토대로 충렬왕
(1274~1308) 이래의 고려 육조제를 가미하면서 성립되었다고 추측된
다. 즉 조선 육조제는 당·송제에서 연원되었고, 당·송제를 받아들여
성립되고 정비·개변되면서 고려말까지 계승된 고려의 육조제가 계승
되면서 성립되었다고 하겠다. 당과 성종 2년 이후의 고려의 육조명칭
과 그 구성관을 표로 정리하여 제시하면 다음과 같다.

---

9) 그 외에 主事에 있어서는 고려시대에는 이속으로 설치되었다. 그러나 元에서는 主事가 정7
  품의 품관이었고, 고려에서도 명칭이 다르기는 하나 충렬왕 34년에 注簿(정 7, 2인, 겸관)가,
  明에는 품관의 主事(<표 22> 참조)가 각각 운영되었다. 이에서 主事는 元·明의 주사, 고려
  의 주부 중 어느 하나에서 연원되었다고 하겠다. 그런데 공민왕 이후의 고려 관제개변은 원
  제의 요소를 배제하는 방향으로 진행되었고, 조선초기 이러한 분위기가 연장되었다. 조선에
  서는 태종 5년에 명제를 참작하여 육조제를 정비하나 주사는 설치되지 않았고, 동년부터 명
  관제의 영향을 크게 받았다. 고려의 注簿는 主事와 職秩이 같았고, 조선 태조 1년의 육조관
  원 중 정랑·좌랑은 고려말의 그것이 계승되나 典書, 議郎은 注簿를 운영한 충렬왕 34년의
  그것을 계승한 것이었다. 따라서 조선의 주사는 원·명의 주사보다는 고려 충렬왕 34년의 주
  부가 계승되면서 개칭된 것이라고 추측된다.
10) 변태섭, 1971, <고려도당고>, ≪고려정치제도사연구≫, 일조각, 108~110쪽.

<표 22> 중국·고려 역대 육부(육조)직제 변천[11]

		육조						육조 관직					
		吏	兵	戶	刑	禮	工曹	判事	典書	議郎	正郎	佐郎	主事
당·송·원·명		吏	兵	戶	刑	禮	工部	判事(송)	尙書	侍郎	郎中	員外郎	主事(원·명)
고려	성종 2	選	兵	民	刑	禮	工官		御事	侍郎	郎中	員外郎	
	성종 14	吏	兵	戶	刑	禮	工部		尙書	시랑	낭중	원외랑	
	현종 12	이	병	호	형	예	공부	判事	상서	시랑	낭중	원외랑	
	문종 30	이	병	호	형	예	공부	판사	상서	시랑	낭중	원외랑	
	충렬왕 1	*1	*2	*3	*4	*1	혁	판사	判書	摠郎	正郎	佐郎	
	충렬 24	銓	兵	民	刑	儀	工曹	혁	상서	시랑	낭중	원외랑	
	충렬 34	選	選	民	獻	選	혁	판사	典書	議郎	直郎	散郎	注簿
	충선왕	*1	*2	*3	*4	*1	혁	판사	전서	의랑	직랑	산랑	
	공민왕 5	이	병	호	형	예	공부	판사	상서	시랑	낭중	원외랑	
	공민 11	*1	*2	*3	*4	*5	*6	판사	판서	총랑	정랑	좌랑	
	공민 18	選	總	民	理	禮	工部	판사	상서	의랑	직랑	산랑	
	공민 21	*1	*2	*3	*4	*5	*6	판사	판서	총랑	정랑	좌랑	
	공양왕 1	吏	兵	戶	刑	禮	工曹	판사	판서	총랑	정랑	좌랑	
조선 태조 1		이	병	호	형	예	공조	판사	전서	의랑	정랑	좌랑	주사

*1 典理司, *2 軍簿司, *3 版圖司, *4 典法司, *5 禮儀司, *6 典工司

2) 六曹制의 整備

(1) 職制

가) 構成員

태조 1년 7월에 반포된 관제를 보면 육조에는 각각 典書(정3, 2직)·議郎(정4, 2)·正郎(정5, 2)·佐郎(정6, 2)·主事(정7, 2)가 있었다.[12] 이 때의 관원이 이후 1466년(세조 12)까지 왕권, 육조기능의 강화, 관제정비 등과 관련되면서 십여 차에 걸쳐 개변되면서 정립되었다.

---

11) 한충희, 1998, ≪조선초기 육조와 통치체계≫, 계명대 출판부, 23~35쪽, 朴龍雲, 2000, ≪高麗時代 尙書省 硏究≫, 景仁文化社, 220~230쪽.
12) ≪태조실록≫ 권1, 1년 7월 정미.

1395년(태조 4)에 主事가 혁거되면서[13] 육조는 각각 典書, 議郎, 正郎, 佐郎(모두 2명)이 구성원으로 되는 변개가 있었다. 이 때에 主事가 혁거된 명확한 이유는 알 수 없다. 그런데 당시의 六曹는 都評議使司의 지휘를 받으면서 서무를 집행하였기에 그 기능이 미약하였다. 고려에서는 품관인 主事가 운영되지 않았으며, 태종대 이후에 六曹의 기능 강화와 함께 사무량이 많이 증대되었음에도 主事는 복치되지 않았다. 이점에서 主事는 고려의 六部制, 六曹의 기능과 관련되어 그 필요성이 상실되면서 혁파되었다고 생각된다.

1403년(태종 3)에 典書 1명이 감소되면서 각 조의 장관이 전서 1명으로 일원화되었다.[14] 전서를 감원하자는 의론은 이 보다 앞선 1400년(정종 2)에 門下府가 고려말 이래의 문란된 관제를 정비하고, 겸하여 전서 등 용관을 혁거하여 녹봉난을 타개할 것을 요청하면서 제기되었다.[15] 그러나 당시는 태조 7년(1398)과 정종 2년의 2차에 걸친 왕자의 난으로 인해 관인 융화의 필요성이 있었고, 정종이 "兩府와 百司의 관직을 삭감하는 등사는 개국된 초창기이므로 실행할 수 없다"[16] 고 하면서 반대하였기 때문에 실시되지 못했다. 이어 태종 1년 6월과 7월에 전서 등의 감원요구가 계속 제기되었을 때에도[17] 태종이

上將軍과 判閣判事로서 체직되는 자는 반드시 六曹典書에 제수되고 그 뒤에 摠制에 승직되기 때문에 2직도 부족한데 하물며 1직을 삭감할 수 있겠는가?[18]

---

13) ≪太祖實錄≫ 권4, 4년 2월 정축.
14) ≪太宗實錄≫ 권5, 3년 6월 을해.
15) ≪定宗實錄≫ 권4, 2년 4월 신축.
16) 동상조.
17) ≪太宗實錄≫ 권1, 1년 6월 계유·권2, 1년 7월 경자.
18) ≪太宗實錄≫ 권2, 1년 7월 경자. 위에서 제시된 관직중 判閣判事는 이를 구체적으로 명기한 기사가 없기 때문에 명확히 알 수는 없다. 그런데 당시의 관직체계상 3품이고 전서의

라고 하면서 반대하였기 때문에 좌절되었다가, 이 때에 이르러 실현되었다.

그리고 吏, 兵, 戶, 刑, 禮, 工曹의 典書 각 1명씩이 혁거된 것은 위에서 지적하였음과 같이 당시의 문란된 관제의 정비, 재정절감 등에서 기인되었다. 또 당시까지의 전서는 기능적인 면에서 六曹의 업무에 전념하기 보다는 정3품관인 上將軍, 判閣(寺·監)判事가 六曹典書를 거쳐 종2품직의 摠制로 승진하는 중간 단계로서의 성격이 더 강한 관직이었다.

덧붙여 六曹의 조직을 보면 위에서 살핀 六曹 관원의 변천과 관련하여 조선 개국으로 부터 태조 4년까지는 判事(1인, 門下府宰臣兼), 典書(2인, 정3품), 議郎(2인, 정4), 正郎(2인, 정5), 佐郎(2인, 정6), 主事(2인, 정7), 令史(6인, 吏屬) 등의 구성원과 관련되어 '判事 - 典書, 議郎 - 正郎, 佐郎, 主事 - 令史 등'의 체계로 조직되었다. 태조 4년으로부터 태종 5년까지는 主事가 혁거됨에 따라 '判事 - 典書, 議郎 - 正郎, 佐郎 - 令史 등'으로 조직되었다.

1405년(태종 5)에 전서·의랑이 혁거되면서 정2품의 判書(각 1직)와 정3품 通政大夫階의 左參議·右參議(각1)가 신치되고 정랑·좌랑(각1)이 증치되면서 조선적인 육조제가 정착되었다.[19] 이것은 태종에 의한 왕권강화 기도와 연관된 議政府의 약화·六曹와 承政院의 기능강화와

하위인 관직에는 上將軍과 6寺 7監의 判事가 있었고, 위에서 전서와 함께 감원이 요구된 관직이 6寺 7監의 판사이며, 태종 2년에 判司農寺事인 偰眉壽의 관직을 두고 判閣으로 호칭한 것(≪태종실록≫ 권3, 2년 2월 을미) 등을 고려할 때 6시 7감의 판사를 의미한다고 본다.

19) ≪태종실록≫ 권9, 5년 1월 임자 改官制 國初承前朝之舊 議政府專摠各司 司平府掌錢穀 承樞府掌甲兵 尙瑞司掌銓注 以左右政丞兼判事 六曹不得與聞朝政 至是革司平府歸之戶曹 承樞府歸之兵曹 以東西班銓選 歸之吏兵曹 令政府庶務歸之六曹 六曹各置判書一員 秩正二品 罷典書議郎各二人 置左右參議各一 階通政 增置正佐郎各一.

직결된 것이었다.[20] 또 육조장관인 판서가 정2품계로 격상되고 좌·우참의가 설치된 것은 역대의 중국과 고려의 관제를 볼 때 明의 六部制 즉, 尙書(정2, 각1직), 左·右侍郎(정3, 각1)에서[21] 기원된 것으로 추측된다. 이 개변은 육조는 말할 것도 없거니와 의정부를 중심한 당시의 통치기구에서 매우 큰 의의를 갖는 것으로 비록 태종이 의도한 六曹直啓制를 단행하지는 못하였지만, 육조는 의정부의 예속에서 벗어나 2품아문으로 격상되면서 기능·직제가 크게 강화되었다.

1416년(태종 16) 6월에 참의 각 1직을 삭감하면서 종2품직의 參判 각 1직을 설치하였다.[22] 이것은 태종이 河崙의 宰相의 증치에 대한 강력한 반대에도 불구하고 2년 전에 단행된 육조직계제를 제도적으로 보강하기 위해 실행한 것이었다.[23]

1430년(세종 12) 12월에 형조에 정랑·좌랑 각 1직이 증치되었다. 이것은 동일 이조가 가치를 청할 때에 "雜訟의 번극으로 인해 中外 형결을 詳覆할 겨를이 없고, 당의 육부 구성원도 일의 번간에 따라 그 수가 같지 않다"[24]고 하였듯이 형조의 번다한 임무에서 기인된 것이었다.

1432년(세종 14) 3월에 참판·참의 각1직이 증치되면서 참판·참의가 좌·우로 체계화되었다.[25] 이것은 "육조는 서무가 煩劇한데 참판·참의

---

20) 한충희, 1980, <朝鮮初期 議政府硏究> 상, 《韓國史硏究》 31, 125~126쪽.
21) 《명사》 권72, 육부조. 역대 중국과 고려(문종대)의 육부 관제는 다음과 같다.
   당; 상서(각1, 정3), 시랑(각1, 정4), 명 ; 상서(각1, 정2), 시랑(각2, 정3).
   송; 상서(각1, 종2), 시랑(각1, 종3), 고려; 상서(각1, 정3), 시랑(각1 ~2, 정4).
   원; 상서(각1, 정3), 시랑(각1, 정4),
22) 《태종실록》 권31, 16년 6월 임오.
23) 《태종실록》 권31, 16년 6월 임오. 참판 외에도 判敦寧府事(종1, 1직)와 三軍都摠制(정2, 각1)·摠制(종2, 각1)가 설치되었다. 판돈령부사는 명예직이었지만 도총제·총제는 태종의 왕권강화를 위한 군권장악과 직결된 것이었다. 이점에서 참판의 설치는 군제개편에 수반되어 행해진 조치로 이해되기도 한다.
24) 《세종실록》 권50, 12년 12월 정묘.
25) 《세종실록》 권55, 14년 3월 을해.

가 1명씩 밖에 없어 出使·身病으로 일이 淹滯되는 것을 시정하기 위한 것이다"[26] 라고 하였지만, 그 뒤에 세종이 "지난번에 좌·우 참판과 참의를 설치한 것은 기력이 쇠퇴한 무신을 활용하기 위한 것이었다"[27] 고 한 것처럼 보다 근본적으로는 무신을 활용할 의도에서 기인된 것이었다.

1434년(세종 16) 10월에 참판·참의 각 1직이 삭감되었다.[28] 이것은 앞에서의 언급과 같이 武臣을 활용하기 위해서 가치된 참판·참의에 吏事에 능한 무신이 없어 그 직에 임명하여 활용하지 못하였기 때문이었다. 그런데 이 때에 혁거된 참판·참의가 대거 중추원에 전직되면서 오히려 중추원의 허설화가 촉진되었다.

이 이후에도 수차에 걸친 개변이 더 있었지만 이 때는 육조 전체에 해당되는 것이 아니고 호·병·형조의 사무에서 기인된 호·병·형조에 국한된 것이었다. 즉, 1435년(세종 17) 8월에는 사무번극에서 병조에 정3품 당상계의 兼知事 1직이 설치되었다.[29] 1450년(문종 2) 2월에 병조에 겸정랑·겸좌랑 각 1직이 설치되었다.[30] 이것은 세종말 이래로 "병조사는 번다한데 낭청의 수가 적어 差錯한 일이 많다"[31]는 이유로써 제기된 2차에 걸친 증치 논의가 결실을 본 것이었다. 1460년(세조 6) 5월에는 오히려 병조 겸정랑·겸좌랑이 혁거되었는데,[32] 이것은 녹봉 절약 등과 관련된 대대적인 관직혁거를 중심한 직제조정에서 있게 된 것이었다.[33] 1462년에 다시 사무의 번다에서

---

26) 동상조.
27) ≪세종실록≫ 권66, 16년 10월 을묘.
28) ≪세종실록≫ 권66, 16년 10월 기사.
29) ≪세종실록≫ 권69, 17년 8월 병진.
30) ≪문종실록≫ 권12, 2년 2월 정묘.
31) ≪세종실록≫ 권124, 31년 6월 경오, ≪문종실록≫ 권9, 1년 9월 경자.
32) ≪세조실록≫ 권20, 6년 5월 정유.

병조 겸정랑·겸좌랑 각 1직이 복설되었다.[34] 1466년(세조 12) 1월에 병조의 겸직인 지사·정랑·좌랑이 녹관이 되었고(지사는 參知로 개칭), 형조는 司律院이 律學으로 개칭되고 編屬되면서 明律(종7, 1직)·審律(종8, 2)·檢律(종9, 2)이 설치되었고, 호조에는 算學이 편속되면서 博士(종8, 2)가 혁거되고 算士(종7, 2)·計士(종8, 2)·訓導(정9, 2)·會士(종9, 2)가 설치되었다.[35] 이 때의 개변은 ≪경국대전≫의 편찬에[36] 수반된 관제정비에서 기인된 것이었다. 그런데 산학·율학과 그 관원은 전승관계가 명확하지 않지만 태조 1년 7월의 관제에 율학에 박사(종8, 2)·조교(종9, 2)가 있었고 산학에 박사(종9, 2)가 있었으며,[37] 세종대에 律學廳과 律學訓導가 존치되었음에서[38] 세조 12년까지 형조속아문과 호조속아문의 관직으로 존속되다가 이 때에 이르러 형조와 호조의 관직이 된 것으로 추측된다.

이 1466년의 관제개정으로 육조는 판서(정2, 각1직)·참판(종2, 각1)·참의(정3 당상, 각1, 병조는 참지 1 추가)·정랑(정5, 이·호·예·공 각3, 병·형 각4)·좌랑(정6, 정랑과 동)과 본업인으로 제수된 명률 이하(형조)·산사 이하(호조)로 정비되었다.

이 이후 판서 등은 그대로 계승되다가 ≪경국대전≫에 법제화되었고, 本業人은 호조는 산사·훈도 각 1직이 삭감되고 敎授(종6, 1)·別提(종6, 2)가 신치되며 형조는 훈도 1직이 삭감되고 교수(종6, 1)·별제(종6, 2)가 신치되었다가 ≪경국대전≫에 법제화되었다. 지금까지 살

---

33) 동상조. 이 때 사간원 사간(1) 등 100여 관직과 13개 관아가 혁거·합속되었다.
34) ≪세조실록≫ 권28, 8년 7월 정미.
35) ≪세조실록≫ 권38, 12년 1월 무오.
36) ≪경국대전≫의 편찬과정은 朴秉濠, 1974, <經國大典의 編纂과 頒行>, ≪한국사≫ 9, 국사편찬위원회, 250~258쪽 참조.
37) ≪태조실록≫ 권1, 1년 7월 정미.
38) ≪세종실록≫ 권59, 15년 1월 기미·권47, 12년 1월 병오.

퍼본 六曹職制의 정비과정을 표로 정리하여 부기하면 다음과 같다.

<표 23> 朝鮮初期 六曹 判書·參判·參議·參知·正郎·佐郎 職制變遷

	태조		태종			세종					
	1년	4.2	3.6	5.1	16.6	즉.10	4.12	12.12	14.3	16.10	17.8
정2품				判書1	→	→	→	→	→	→	→
종2품				參判1	→	→	→	→	좌·우참판 각1	참판1	→
정3품 당상	典書2	→	1	혁	左·右參議 각1	參議1	→	→	→	참의1	→
						兼知兵曹事1	혁				겸지병조사1
정4품	議郎2	→	→	혁							
정5품	正郎2	→	→	3	→	→	→	→	→	→	→
								형조4	→	→	→
정6품	佐郎2	→	→	3	→	→	→	→	→	→	→
								형조4	→	→	→
정7품	主事2	혁									

		문종 2년 2월	세조			《경국대전》	비고
			6.5	8.7	12.1		
정2품	판서1	→	→	→	→	判書1	
종2품	참판1	→	→	→	→	參判1	
정3품 당상	참의1	→	→	→	→	參議1	
	겸지병조사1	→	→	→	參知1	參知1(병조)	
정5품	정랑 이조 등 3, 형조4	→	→	→	→	正郎3(이조 등)~4(병·형조)	
		兵曹兼正郎1	혁	복	녹관		
정6품	좌랑 이조 등 3, 형조4	→	→	→	→	佐郎3(이조 등)~4(병·형조)	
		병조겸좌랑1	혁	복	녹관		

<표 24> 조선초기 戸曹, 刑曹 本業人 職制變遷 일람표

구분		세조12년	《經國大典》	구분		세조12년	《經國大典》
戸曹	종6품		算學敎授(1) 別提(2)	刑曹	종6품		律學敎授(1) 別提(2)
	종7	算士 2	算士(1)		종7	明律(1)	明律(1)
	종8	計士 2	計士(2)		종8	審律(2)	審律(2)
	정9	訓導 2	訓導(1)		정9	訓導(2)	訓導(1)
	종9	會士 2	會士(2)		종9	檢律(2)	檢律(2)

나) 屬司

조선의 六曹 屬司는 속사제가 정립된 태종 5년 이후에는 확실한 내용을 알 수 있지만 그 이전에 있어서는 구체적인 내용을 알기 어렵다. 그러나 ≪조선왕조실록≫과 ≪고려사≫의 내용을 볼 때 비록 태조 즉위초에 반포된 관제에서는 속사가 언급되지 않았지만 이조에 편제된 考功 正郞·佐郞(각1)이 고려 공민왕 21년 이래로 考功司에 편제된 것과 동일하였음에서[39] 고려말의 고공사가 계승된 것으로 추측된다. 그리고 刑曹都官과 戸曹給田司는 고려에서는 속사였지만[40] 태조 즉위초의 관제에

형조도관은 노예와 臧獲 등에 관한 정사를 관장한다. 知事 1인은 종3품의 겸직이고, 議郞 2인은 정4품이고, 正郞 2인은 정5품이고, 佐郞 2인은 정 6품이며, 主事 2인은 정7품이다.[41]

---

39) ≪高麗史≫ 권76, 百官 1 考功司掌考覈官吏功過 國初稱司績 成宗十四年改尙書考功(중략) 恭愍王五年復置考功司郞中員外郞 十一年複稱正郞佐郞 十八年改直郞散郞 二十一年複稱正郞佐郞.
40) 邊太燮, 1981, <高麗時代 中央政治機構의 行政體系>, ≪高麗政治制度史硏究≫, 一潮閣, 8~13쪽, ≪고려사≫ 권76, 백관조.
41) ≪태조실록≫ 권1, 1년 7월 정미.

라고 하였고, 정종 1년 6월에

> 刑曹都官이 상언하여 공사노비의 호적을 작성할 것을 청하였다.
> 그 상언에 "(전략) 본 아문은 지위가 낮아 科斷하기가 어렵습니다.
> 원컨대 戶曹給田司의 예에 따라 본사와 형조판사·대간 각 1인이 함
> 께 의논하여 시행하게 해주소서" 라고 하였다. 임금이 윤허하였지
> 만 일이 실행되지 못하였다.[42]

라고 한 것 등에서[43] 속사로서 보다는 개국초의 노비·토지를 중점적
으로 취급한 독립관아였던 것으로 추측된다.

조선의 속사제는 태종 5년 3월에 이조에 文選·考勳·考功司, 병조
에 武選·乘輿·武備司, 호조에 版籍·會計·給田司, 형조에 考律·掌
禁·都官司, 예조에 稽制·典享·典客司, 공조에 營造·攻治·山澤司가
각각 설치되고, 각사에 정랑·좌랑 각 1명이 편제됨으로써 정립되었
다.[44] 이 때에 속사가 정립되게 된 배경은 ≪조선왕조실록≫에 구체
적으로 언급되지 않았지만 고려는 성종대에 당제의 영향을 받아 이부
에 考功司, 병부에 庫部, 호부에 度支·金·倉部, 형부에 都官, 예부
에 祀部, 공부에 虞·水部의 9司가 설치되었고, 문종대에 대폭 축소
되면서 고공·도관사 만이 존치되었으며, 이것이 말기까지 지속되었
다.[45] 명에서는 洪武 13년에 설치된 屬部와 홍무 29년에 속부가 개

---

42) ≪정종실록≫ 권1, 1년 6월 갑인.
43) ≪태조실록≫ 권14, 7년 7월 기해 戶曹給田司上言 (중략) 故於己巳年間 京畿及五道 田
    竝行打量作丁 然當其時 算術未熟 刻期畢事 致有輕重失中 或至遺漏 濱海之地 亦未
    及量 乞分遣朝官與諸州守令踏驗 令觀察使考察 以千字號作丁 以收其稅 (하략).
44) ≪태조실록≫ 권9, 5년 3월 정유. ≪增補文獻備考≫ 권218, 직관고 육조조에 "태조 1년에
    18司를 설치하고 육조사를 분장하였다"고 하였는데, 이는 육조 기능이나 전후의 사정을 볼
    때 찬자의 오류라고 생각된다.
45) 변태섭, 앞 논문, 8~13쪽.

편된 淸吏司가

이부; 屬部-總·司勳·考功·司封部, 淸吏司-文選·驗封·稽勳·考功淸吏司
호부; 속 - 總·度支·金·倉部, 　　청 - 浙江·江西 등 13 淸吏司
예부; 속 - 總·祠·膳·主客部, 　　청 - 儀制·祠祭·主客·精膳淸吏司
병부; 속 - 總·駕·職方·庫部, 　　청 - 武選·職方·車駕·武庫淸吏司
형부; 속 - 總·比·都官·司門部, 　청 - 호부와 동
공부; 속 - 總·虞·水·屯田部, 　　청 - 營繕·虞衡·都水·屯田淸吏司

였고, 각 청리사에는 郎中(정5)·員外郎(종5)·主事(정6) 각 1인의 관원
이 편제되었다.[46] 또 조선 태종대에 실시된 六曹直啓制는 명 六部
直奏制에서 비롯되었다.[47] 이를 볼 때 조선의 속사제는 고려에서 흔
적이 찾아지기는 하지만 명 속부·청리사제에서 기인된 것으로 보인다.
　태종 5년의 속사제는 그 후 세종 12년 12월에 이르러 형조에 정
랑·좌랑 각 1직이 증치됨과 관련되어 詳覆司가 설치되고 考律司의
상위에 편제됨으로써 19속사로 정비되었다.[48] 이어 ≪경국대전≫이
편찬될 때에 호조 給田司가 經費司, 형조 都官司가 掌隷司로 각각
개칭되면서[49] 정립되었다가 법제화되면서 확정되었다.

(2) 機能

　조선의 육조기능은 태조 1년 7월에 고려의 육조기능을 계승하여[50]

---

46) ≪명사≫ 권72, 직관 1 육부조.
47) 한충희, 앞 논문, 128~129쪽.
48) ≪세종실록≫ 권50, 12년 12월 기미.
49) 그 구체적인 시기는 알 수 없지만 세종 12년 형조에 정랑·좌랑이 가치되면서 상복사가 설
　　치되었고, 세조 12년에 문종 2년 이래로 치폐되면서 운영된 병조 겸정랑·좌랑이 녹관이 되
　　었으며(앞 <표 23>), 세조 12년에는 ≪경국대전≫의 관제가 거의 마무리 되었다. 이에서
　　세조 12년에 속사명이 확정된 것으로 추측된다.

다음과 같이 규정되었다.

> 吏曹는 銓選, 流品, 考功, 殿最 등의 정사를 관장한다. 兵曹는 武選, 兵籍, 郵驛 등에 관한 정사를 관장한다. 戶曹는 土地, 戶口, 財用 등에 관한 정사를 관장한다. 刑曹는 水火, 奸盜, 鬪殺, 詞訟 등에 관한 정사를 관장한다. 禮曹는 祭享, 賓客, 朝會, 科擧, 佛敎, 進獻 등에 관한 정사를 관장한다. 工曹는 工匠, 造作 등에 관한 정사를 관장한다.[51]

이를 볼 때 육조는 각 조별로 기능이 명확히 구분된 것처럼 보인다. 그러나 당시는 都評議使司가 六曹를 예속하면서 정치를 주도하였고, 육조 장관인 전서는 정3품관이기 때문에 도평의사사에도 참여하지 못하는 등 활동이 미약하였다. 따라서 육조는 활동이 미약함은 물론 그 직무분장도 애매하였다. 그리고 정종 2년(1400)에 靖安君 芳遠, 政堂文學 河崙 등이 중심이 되어 私兵을 혁파하여 병권을 義興三軍府로 집중하고, 都評議使司를 議政府로 개편하였지만 육조는 여전히 그 기능이 미약하였고 직무분장도 애매하였다.

그러나 태종이 즉위하면서 이런 기풍이 일변하였다. 태종은 재위기간을 통하여 왕권강화, 육조 중심의 국정운영을 도모하였고, 이와 관련되어 육조는 직제가 크게 정비되면서 국정을 주도하게 될 토대가 마련되게 되었다. 이와 관련되어 태종 5년에

---

50) 태조 즉위교서에 "의장법제는 모두 고려의 그것을 계승한다"고 하였음에서 시사되었지만 실제로도 고려의 육조 기능을 보면 자구상 다소의 차이는 있지만 포괄적으로 볼 때는 비슷하다. ≪고려사≫ 권76, 백관지에 수록된 육조 기능은 다음과 같다.
吏曹掌文選勳封之政, 兵曹掌武選軍務儀衛郵驛之政, 戶曹掌戶口貢賦錢糧之政, 刑曹掌法律詞訟詳讞之政, 禮曹掌禮儀祭享朝會交聘學校科擧之政, 工曹掌山澤工匠營造之政.
51) ≪태조실록≫ 권1, 1년 7월 정미.

관제를 개정하였다. 國初에는 고려의 제도를 계승하여 議政府는 各司를 專總하였고, 司平府는 錢穀을 관장하였으며, 承樞府는 甲兵을 관장하였다. 尙瑞司는 銓注를 관장하였는데 左·右政丞이 兼判事로서 상서사를 지휘하였다. 六曹는 朝政에 참여하여 정사를 보고하지 못하였다. 이 때에 司平府를 혁파하고 그 기능을 戶曹에 귀속시키고, 承樞府를 혁파하고 그 기능을 兵曹에 귀속시키고, 東·西班의 銓選을 吏·兵曹에 귀속시켰다. 의정부의 서무를 육조에 귀속시키고, 六曹에는 각각 정2품직의 判書 一員을 두었고, 典書·議郎 各2人을 없애고 정3품 통정대부계의 左·右參議 각1직을 두었으며, 正·佐郎 각1직을 증치하였다.[52]

라고 하였듯이 장관으로 정2품의 判書가 新置되면서 정2품 아문으로 지위가 격상되었고, 屬司·屬衙門制의 정비와 함께 명실상부한 국정 분장기관이 되었다. 태종 5년 1월에 당시까지 六曹를 구성한 典書, 議郎, 正郎, 佐郎의 구성원 중 장관과 차관인 典書와 議郎이 혁거되고 정2품의 判書 1명과 정3품 堂上階의 左, 右參議 각1명이 각각 신치되면서 장관과 차관이 되었으며, 동시에 正郎, 佐郎도 각각 1명씩이 증치되었다. 또 당시까지 典書의 상위에서 六曹業務를 지휘하던 兼判事가 폐지되었다.[53] 이로써 六曹는 종래까지의 정3품아문에서 정2품아문으로 그 지위가 크게 격상되었고, 아울러 判書는 그 職秩과 관련하여 朝政에 참여하는 등 그 지위와 기능이 크게 강화되었다.

---

52) ≪태종실록≫ 권9, 5년 1월 임자.
53) 판사가 폐지된 시기는 명확하지 않다. 그런데 태종 3년에 左政丞 河崙과 右政丞 成石璘이 判吏曹事와 判兵曹事를 겸하였음이 확인되고(≪東文選≫ 卷121, 河崙神道碑銘, ≪國朝人物考≫ 下 成石璘行狀), 태종 6년 8월에 관이·병조사를 復設하였음이 확인됨(≪태종실록≫ 권12, 6년 8월 정유)에서 태종 3~6년의 어느 시기에 폐지되었다고 하겠다. 그런데 태종 5년 1월에는 왕권강화, 육조 중심의 국정운영 도모와 함께 전주권을 장악한 判尙瑞司事를 혁파하고 이들이 관장한 문, 무반의 인사권을 이, 병조로 歸屬하였다. 이렇게 볼 때 태종 5년 1월에 관사가 폐지되었다고 추측된다.

태종 5년에 앞 쪽의 사료에서 제시되었듯이 六曹의 지위와 기능이 크게 강화되는 방향에서 직제가 개편된 것은 司平府의 錢穀管掌의 기능을 戶曹에, 承樞府의 甲兵管掌의 기능을 兵曹에, 尙瑞司의 文·武班 銓選管掌의 기능을 吏曹와 兵曹에, 議政府의 서무관장의 기능을 六曹에 각각 귀속시켜 六曹로 하여금 국정을 분장하게 한 六曹 중심의 국정운영에서 연유된 것이었다.

또 이 때에 직제개편을 주도한 태종은 재위기간을 통하여 禁軍을 강화하고, 군사지휘기관을 정비하는 등 兵權에 유념하였고,[54] 功臣과 外戚을 제거하고 百官을 억압하면서 왕권강화를 지속적으로 도모하였다.[55] 이점에서 六曹의 지위와 기능이 강화된 것은 태종의 왕권강화를 위한 議政府 기능 약화, 六曹 중심의 국정운영 기도와 관련되어 행하여진 것이라고 하겠다.

그러면서도 判書의 職秩이 정2품으로 격상되고 동시에 朝政에 직접으로 참여하게 된 제도적 기원은 明이 태조 13년(1380)에 中書省을 혁거하고 丞相을 폐지한 후 六部가 황제에게 정무를 보고하고 지시를 받으면서 국정을 총관한[56] 것에 있었다. 즉 태종 14년에 六曹直啓制를 명하는 傳敎에

> 의정부의 서무를 나누어 六曹에 귀속시켰다. 앞서 하륜이 알현을 청하고 상계하여 "마땅히 의정부서사제를 혁파하고 육조로 하여금 직계하게 하소서" 라고 했다. 조금 있다가 태종이 예조판서 偰眉壽를 불러서 "지난번에 의정부(서사제)를 폐지하자고 한 의견은 내가 내놓았지만 지난해 겨울에 대간이 의정부의 사소한 잘못을 계기로

---

54) 車文燮, 1964, <鮮初의 內禁衛에 對하여>(≪史學研究≫ 18), 閔賢九, 1983, <朝鮮 初期 軍令·軍政機關의 整備>(≪朝鮮初期의 軍事制度와 政治≫, 韓國研究院) 참조.
55) 金成俊, 1962, <太宗代의 外戚除去에 對하여>(≪歷史學報≫ 17·18), 573~623쪽 참조.
56) ≪明史≫ 卷72, 職官1 序.

의정부를 폐지하자고 하였기 때문에 내가 허락하지 않았다. 지금 좌정승 하륜이 내게 아뢰어 "조선의 제도는 모두가 중국의 제도를 계승한 것입니다. 마땅히 의정부가 담당한 서무를 육조에 돌려서 명나라 육부제를 본받으소서" 라고 하였다. 경들은 이를 참고해서 결정하여 보고하라" 고 하였다. 이에 예조가 啓目을 올려 말하기를 (중략) "지금 명에서 中書省을 없애고 육부로 하여금 국정을 분장하 게 하였으니 이는 곧 주나라 주공 때의 제도입니다. 그러나 수상을 두지않고 육부로 하여금 그 정사를 직접 황제에게 보고하고 지시를 받아 시행하게 하였으며, 다시 논의할 바가 있으면 육부의 장관이 그 일을 맡은 부에 모여 함께 논의하여 보고하게 하였습니다. 청컨 대 육조로 하여금 각각 그 정사를 왕에게 직접 보고하고 지시를 받 아 시행하게 하고, 다시 논의할 바가 있으면 육조의 장관이 함께 의논하여 보고하게 하소서. 연로하고 덕망이 높으며 정사의 도리를 체득한 인물은 의정부에 두었다가 중대한 국사가 있으면 함께 의논 하여 보고하게 하소서."[57]

라고 하였듯이 明은 太祖 13년에 국정을 총괄하던 中書省과 丞相을 혁거하고 尚書의 직질을 정3품에서 정2품으로 陞秩시켰고, 侍郎도 정4품 1명에서 정3품 2명으로 昇秩·增置하였다. 동시에 六部尚書가 황제에게 직접으로 정무를 보고하고 지시를 받으면서 국정을 분장함 으로써 六部가 최고 국정기관이 된 六部直奏制를 확립했던 것이다. 이와 같이 六曹 장관에 정2품의 判書가 신치되고 정2품 아문이 된 것은 왕권강화도모, 六曹 중심의 국정운영을 도모할려는 태종에 의해 중국 明의 六部制가 채택되면서 결실되게 된 것이다.

그리고 태종 5년 1월의 개변은 그 2개월 후에 정립된 六曹 屬司, 屬衙門制와 함께 議政府를 중심한 당시의 국정체계에 근본적인 변 화를 초래한 것이었다. 六曹는 장관인 判書가 朝政에 직접으로 참여

---

57) ≪태종실록≫ 권27, 14년 4월 경신.

하게 되었고, 財政과 兵政이 戶曹와 兵曹로 일원화되었으며, 吏, 兵曹가 文, 武班의 銓選을 관장하게 되는 등 六曹가 議政府의 예속에서 벗어나고 국정을 분장하는 새로운 체제가 정립되었다.

태종 5년 3월에 六曹는 조선 개국 이래의 六曹의 조직과 기능을 계승하여 屬司·屬衙門制를 마련하고, 그 기능도 六曹의 포괄적인 기능과 屬司의 구체적인 기능으로 분리하여 규정하였다.

우선 六曹의 기능을 보면 吏曹, 戶曹의 경우에 개국 때에는 '銓選流品, 考功, 殿最等事'(이조)와 '土地, 戶口, 財用等事'(호조) 처럼 吏曹와 戶曹의 대표적인 직무와 관련시켜 간명한 용어로 규정하였다. 그러나 태종 5년에는 그 기능을 '文選, 勳封, 考課之政'(이)과 '戶口, 土田, 錢穀, 食貨之政'(호)으로 개정하고, 다시 이를 보충하는 '以德行才用勞效, 較其優劣, 而定其留放, 爲注擬等事'(이)와 '貢賦之差等事'(호)를 附記하여 '文選, 勳封, 考課之政, 以德行才用勞效, 較其優劣, 而定其留放, 爲注擬等事'(이)와 '戶口, 土田, 錢穀, 食貨之政, 貢賦之差等事'(호)로 고치는 등 다음과 같이 개정되었다.

> 吏曹는 文選·勳封·考課에 관한 정사, 德行·才用·勞效과 그 優劣을 비교하여 유임시키고 체직하는 등의 인사를 관장한다. 兵曹는 武選, 府衛, 調遣, 職方, 兵甲, 出征, 告捷, 講武 等에 관한 정사를 관장한다. 戶曹는 戶口, 土田, 錢穀, 食貨에 관한 정사와 貢賦의 差等事를 관장한다. 刑曹는 律令, 刑法, 徒隷, 按覈, 獻禁, 審覆, 敍雪 등의 일을 관장한다. 禮曹는 禮樂, 祭祀, 宴享, 貢擧, 卜祝 등의 일을 관장한다. 工曹는 山澤, 工匠, 土木, 營繕, 屯田, 鹽場, 陶冶 등의 일을 관장한다.[58]

---

58) ≪태종실록≫ 권9, 5년 3월 병신.

그러면 이 때의 기능 개변은 어느 나라의 관제에서 영향 되었겠는가? 唐과 明의 六部 기능을 태종 5년의 六曹 기능과 비교하여 보면 吏曹의 경우에 그 기능 중 '文選, 勳封, 考課之政'은 唐 吏部의 '文選, 勳封, 考課之政'과 동일하였다. '文選, 勳封, 考課之政'에 이어 덧붙인 '以德行才用勞效, 較其優劣, 而定其留放, 爲注擬等事'는 그 용어는 다르나 明 吏部가 '天下官吏選授, 勳封, 考課之政令' 다음에 '以甄別人才, 贊天子邦治國'을 부기한 그것의 형식과 같았다.[59]

戶曹의 경우도 그 용어는 차이가 있으나 '戶口, 土田, 錢穀, 食貨之政'에 이어 '貢賦之差等事'를 부기한 것은 唐, 明의 戶部가 '天下土地, 人民, 錢穀之政', '掌天下戶口, 田賦之政令'에 이어 '貢賦之差', '稽版籍歲會, 賦役實徵之數'를 덧붙인 것과 그 형식이 같았다.[60] 태종 5년 禮, 兵, 刑, 工曹의 기능과 明 禮, 兵, 刑, 工部의 기능은 그 내용은 차이가 있지만, 그 형식은 各曹의 직무를 대표하는 용어로서 정리하였을 뿐 뒤에 덧붙인 내용이 없음과 같이 일치하였다. 또 태종 5년에 정비된 六曹 屬司, 屬衙門制는 明의 그것에서 크게 영향된 것이었다. 따라서 태종 5년의 六曹 기능은 明 六部 기능을 근간으로 唐 六部 기능을 가미하면서 개정되었다고 하겠다.

태종 5년의 육조기능은 이후 태종 6년으로부터 성종 15년까지[61] 王權, 六曹 중심의 국정운영, 직제정비 등과 관련되어 재차 간명한 용어로 다듬어 지고 보완되면서 제정되었다. 즉 吏曹와 戶曹는 태종

---

59) ≪신당서≫ 권46, 지 36, 백관 1 이부, ≪명사≫ 권72, 지 48, 직관 1 이부조.

60) ≪신당서≫ 권46, 지 36, 백관 2 호부, ≪명사≫ 권72, 지 48, 직관 1 호부조.

61) ≪조선왕조실록≫에 태종 5년 이후에 육조의 기능을 언급한 기사가 없어 태종 5년의 육조 기능이 ≪경국대전≫의 편찬 때까지 어떻게 변천되었는가를 알 수 없다. 그런데 ≪경국대전≫의 초안이 세조 12년까지 작성되었고, 육조관원의 경우에 세조 12년의 그것과 ≪경국대전≫의 그것이 거의 일치하였다. 따라서 ≪경국대전≫에 규정된 육조기능은 세조 12년을 전후하여 정비된 것으로 추측된다.

5년의 '文選, 勳封, 考課之政, 以德行才用勞效, 較其優劣, 而定其留放, 爲注擬等事'와 '戶口, 土田, 錢穀, 食貨之政, 貢賦之差等事'가 明의 吏部와 戶部의 영향에 따라 吏曹와 戶曹의 대표적인 직무를 간명한 용어로 제시하고 이어 그것을 보충하는 용어 중 뒤에 보충하였던 용어를 삭제하고, 그 외는 그대로 계승하거나(吏曹) 일부의 용어를 개정하면서(戶曹) '文選, 勳封, 考課之政', '戶口, 貢職, 錢糧, 食貨之政'으로 개정되었다. 禮, 兵, 刑, 工曹는 태종 5년의 기능을 토대로 부분적으로 그 용어가 가다듬어지고 보완되면서 개정되었다. 이 때에 개정된 六曹 기능은 다음과 같다.

吏曹; 掌文選, 勳封, 考課之政, 戶曹; 掌戶口, 貢職, 錢糧, 食貨之政, 禮曹; 掌禮樂, 祭祀, 宴享, 朝聘, 學校之政, 兵曹; 掌武選, 軍務, 儀衛, 郵驛, 兵甲, 器仗, 門戶, 管鑰之政, 刑曹; 掌法律, 詳讞, 詞訟, 奴隸之政, 工曹; 掌山澤, 工匠, 營繕, 陶冶之政.

그런데 이 때에 개정된 六曹 기능의 용어를 앞에서 살핀 고려 문종대의 六部 기능과 비교하여 보면 禮曹는 많은 차이가 있지만, 吏, 戶, 兵, 刑, 工曹는 거의 일치하였다.[62] 즉 육조기능은 고려 문종대의 그것을 참용하면서 일부의 내용을 덧붙였다고 하겠다.

다음으로 六曹 屬司의 기능을 본다. 육조 속사의 기능은 태종 5년 성립과 함께 그 曹의 기능을 속사의 수대로 나누고 그 각각을 다시 구체적인 용어로 규정하면서 성립되었다.[63] 그 기능은 다음과 같다.

---

62) 고려 문종대 육부 기능은 다음과 같다(≪고려사≫ 권76, 백관 1 육부조).
　　이부 掌文選勳封之政, 병부 掌武選軍務儀衛郵驛之政, 호부 掌戶口貢賦田粮之政, 형부 掌法律詞訟詳讞之政, 예부 掌禮儀祭享朝會交聘學校科擧之政, 공부 掌山澤工匠 營造之事.
63) ≪태종실록≫ 권9, 5년 3월 정유.

吏曹屬司는 文選司는 문관의 階品·告身·祿賜에 관한 일을 관장하고, 考勳司는 종친·관리의 勳封과 內·外命婦의 告身 및 封贈에 관한 일을 관장하며, 考功司는 내·외 문무관의 功過·善惡·考課 및 名謚·碑碣에 관한 일을 관장한다.

兵曹屬司는 武選司는 무관의 階品·告身과 武科·府衛·軍戎에 관한 일을 관장하고, 乘輿司는 鹵簿·輿輦·帷幄·廐牧·程驛에 관한 일을 관장하며, 武備司는 경·외 甲兵數目과 訓練·武藝·考閱·地圖와 鎭戎·城堡·邊境·要害를 周知하고 烽火·出征·告捷에 관한 일을 관장한다.

戶曹屬司는 版籍司는 戶口·土地·賦役·貢物, 農桑권장, 豊凶考驗, 水旱과 義倉·賑濟에 관한 일을 관장하고, 會計司는 租賦·會計·度量衡, 경외의 儲積과 지출에 관한 일을 관장하며, 給田司는 口分·營業田, 園宅, 文·武職田과 여러 公廨田에 관한 일을 관장한다.

刑曹屬司는 考律司는 律令의 조율과 獄囚의 재판에 관한 일을 관장하고, 掌禁司는 大關門·津梁·道路와 禁令에 관한 일을 관장하며, 都官司는 공·사노비의 호적과 포로에 관한 일을 관장한다.

禮曹屬司는 稽制司는 의식·제도·조회·경연·사관·학교·고시·圖書·祥瑞·牌印·表疏·册命, 천문·누각, 國恤·廟諱·喪葬에 관한 일을 관장하고, 典享司는 연향·제사·제물·음선과 의양에 관한 일을 관장하며, 典客司는 사신영접·외교, 연회와 賜與에 관한 일을 관장한다.

工曹屬司는 營造司는 궁궐·성지·공해·가옥과 토목·공역에 관한 일을 관장하고, 攻治司는 공산물의 제작과 도야·陶鑄에 관한 일을 관장하며, 山澤司는 산택·진량·원유, 종식·초목의 관리, 시탄·목석, 도로·堤堰, 선박·조운, 礦礦·둔전·어장에 관한 일을 관장한다.

태종 5년의 속사기능이 이후 ≪경국대전≫의 편찬 때까지 육조기능과 관련되어 보다 간명하게 예컨대 형조속사의 경우에 "詳覆司는 詳覆과 大辟의 일을 관장하고, 考律司는 律令과 按覈의 일을 관장하고, 掌禁司는 刑獄과 禁令의 일을 관장하며, 掌隷司는 노예의 호적과 포로 등의 일을 관장한다"라고 정리되었다가 ≪경국대전≫에 법제화되면서 확립되었다.

조선 개국~≪경국대전≫의 육조와 육조속사 기능의 변천상을 표로 재정리하여 제시하면 다음과 같다.

<표 25> 조선초기 六曹·六曹屬司 기능 변천[64]

관아	고려말	태조 1년	태종 5년	세종대	≪경국대전≫
吏曹	掌文選 勳封之政	掌銓選流品考功 殿最等事	掌文選勳封考課之政, 以德行才用勞效, 較其優劣, 而定其留放, 爲注擬等事	掌文選, 勳封, 考課之政	장문선, 훈봉, 고과 지정
文選司			掌文官階品, 告身, 祿賜之事		掌宗親文官雜織僧職除授, 告身, 祿牌, 文科生員進士賜牌, 差定, 取才, 改名及臟汚敗常人錄案等事
考勳司			掌宗親官吏勳封, 內外命婦告身, 及封贈之事		掌宗宰功臣封贈諡號享官 老職命婦爵牒, 鄕吏給牒等事
考功司			掌內外文武官 功過, 善惡, 考課及名諡, 碑碣之事		掌文官功過勤慢, 休假諸司衙前仕日, 辨理鄕吏子孫等事
戶曹	掌戶口 貢職錢糧之政	掌土地, 戶口財用等事事	掌戶口土田錢穀食貨之政, 貢賦之差等事	掌戶口,貢職, 錢糧, 食貨之政	장호구, 공직, 전량, 식화之政
版籍司			掌戶口土田, 賦役貢獻, 勸課農桑, 考驗豊凶, 水旱及義倉賑濟之事		掌戶口土田租稅賦役貢獻, 勸課農桑, 考驗豊凶及賑貸斂散等事
會計司			掌租賦歲計權衡度量京外儲備, 支調之事		掌京外儲積, 歲計, 解由, 虧缺等事
給田司			掌口分永業園宅文武職田, 諸公廨田之事		掌京中支調, 及倭野人糧料等事

64) 한충희, 2001, <중앙 관부의 구성과 기능>, ≪세종문화사대계≫ 3 정치·경제·군사·외교·역사편, 세종대왕기념사업회, 110~111쪽 <별표 2> 조선초기 육조·육조속사의 관아기능 변천 전재(≪고려사≫ 백관지, ≪조선왕조실록≫).

관아	고려말	태조 1년	태종 5년	세종대	≪경국대전≫
禮曹	掌禮儀 祭享 朝會 交聘學 校 科擧之政	掌祭享, 賓客朝 會, 科擧釋道, 進 獻等事	掌禮樂祀祭燕享, 貢 擧, 卜祝等事	掌禮樂,祭 祀, 宴享, 學校之政	掌禮樂,祭祀,宴享, 朝 聘, 學校之政
稽制司			掌儀式制度朝會經筵 史官學校貢擧圖書, 祥瑞牌印表疏册命, 天文漏刻, 國忌廟諱 喪葬之事		掌儀式制度, 朝會, 經 筵, 史官, 學校, 科擧, 印信, 表箋, 册命, 天 文, 漏刻, 國忌, 廟諱, 喪葬等事
典享司 典客司			掌燕享祀忌牲豆飲膳 醫藥之事 掌使臣迎接, 外方朝 貢, 燕設, 賜與之事		掌燕享, 祭祀, 牲豆,飲 膳, 醫藥等事 掌使臣 倭野人迎接, 外方朝 貢, 宴設, 賜與等事
兵曹	掌武選,軍務 儀衛 郵驛之 政	掌武選 兵籍 郵驛等事	掌武選, 府衛, 調遣, 職方, 兵甲, 出征 告捷, 講武等事	掌武選 軍 務 儀衛郵 驛 兵甲器 仗 門戶管 鑰之政	장무선, 군무, 의위, 郵 驛, 兵甲, 器仗, 門戶 管鑰之政
武選司			掌武官階品, 告身,武擧, 府衛軍戎之事		掌武選, 軍士雜職除 授, 告身, 防牌, 附過, 給假及武科等事
乘輿司			掌鹵簿輿輦, 帷幄, 廐 牧, 程驛之事		掌鹵簿輿輦, 廐牧, 程 驛, 補充隊 皂隷羅將 伴倘等事
武備司			掌中外甲兵數目, 訓 鍊武藝考閱, 地圖, 周 知鎭戎城堡邊境要 害, 烽火, 出征告捷之 事		掌軍籍馬籍, 兵器, 戰 艦, 點閱軍士, 訓鍊武 藝, 宿衛, 巡綽, 城堡, 鎭戍, 備禦, 征討, 軍 官軍人差送, 番休, 給 保, 給假 侍丁, 復戶, 火 砲, 烽燧, 改火禁火, 符信更籤等事

관아	고려말	태조 1년	태종 5년	세종대	《경국대전》
刑曹	掌法律 詞訟 詳讞之政	掌水火 奸盜 鬪殺 詞訟等 事	掌律令, 刑法, 徒隷, 案覈, 讞禁, 審覆, 敘雪 等事	掌法律 詳讞 詞訟奴 隷之政	장법율, 상헌, 사송 奴隷之政
詳覆司				掌詳覆 大 辟之事	장상복 대벽지사
考律司			掌律令案覈, 刑獄平決 之事	掌律令 按 覈之事	장율령 안핵지사
掌禁司			掌門關, 津梁道路, 禁 令之事	掌刑獄 禁 令之事	장형옥 금령지사
掌隷司			掌公私奴隷簿籍, 及俘 囚之事(都官司)	掌奴隷 簿 籍 及俘囚 等事	장노예부적, 급포수등 사
工曹	掌山澤, 工匠 營造之政	掌工匠 造作等 事	掌山澤, 工匠, 土木, 營繕, 屯田, 鹽場, 陶冶 等事	掌山澤 工 匠 營繕 陶冶之政	장산택, 공장, 영선, 陶 冶之政
營造司			掌宮室城池公廨屋宇 土木工役之事		掌宮室城池公廨屋宇 土木工役, 及革氈閟 等事
攻冶司			掌百工製作, 繕冶陶 鑄之事		掌百工製作, 金銀珠 玉銅鑞鐵, 陶瓦, 權衡 等事
山澤司			掌山澤津梁苑囿, 種 植草木取伐, 柴炭木 石, 街巷堤堰, 船楫漕 運, 磏磑, 屯田, 魚塩 之事		掌山澤진량원유, 종식, 炭木石, 舟車, 筆墨, 水鐵, 漆器等事

3. 六曹의 政治活動

1) 六曹의 序列과 政治活動

조선 육조의 서열은 세종 즉위년에 이조가

> 周나라 이래로 天, 地, 春, 夏, 秋, 冬官의 칭호는 비록 같지 않았
> 지만 그 순서는 바뀐 적이 없었습니다. 개국초에 고려의 제도를 계
> 승해서 하관(병조)을 지관(호조)과 춘관(예조)의 위에 두었으니 옳지
> 못합니다. 청컨대 고제에 의거하여 1위는 천관이 개칭된 이조로, 2
> 위는 지관이 개칭된 호조로, 3위는 춘관이 개칭된 예조로, 4위는 하
> 관이 개칭된 병조로, 5위는 추관이 개칭된 형조로, 6위는 동관이 개
> 칭된 공조로 제도를 정하소서. (종지)[65]

라고 상계하여 가납되었음에서 태조~태종대에는 이, 병, 호, 형, 예,
공조의 순서였고, 세종대 이후에는 이, 호, 예, 병, 형, 공조의 순서로
운영되었다고 하겠다.

그러면 이러한 육조의 서열은 실제기능이나 활동비중과 어떻게 관
련되었겠는가? 이 이, 호, 예, 병, 형, 공조의 서열은 태조 즉위초의
관제반포시나 태종 5월 3월에 육조의 기능을 규정할 때의 이, 병, 호,
형, 예, 공조의 순서와 비교할 때 차이가 있었다. 이중에서 이조와 병
조는 이조는 문반의 인사를 관장하고 병조는 무반의 인사와 군기를
관장하였음에서 그 중요성이 예상되었다. 실제 정치에서의 구체적인
예를 보면 吏曹參議는 체직시에 반드시 加資되었고,[66] 이·병조는 그
권한이 중하기 때문에 30개월 이상 재직시키지 말 것이 천명되었
다.[67] 또 태종이 상왕으로 군림한 세종 즉위~4년에는 상왕에게 소속

---

65) 《세종실록》 권1, 즉위년 12월 경진.
66) 《예종실록》 권7, 1년 7월 무오, 외.

된 병조를 중심으로 국정이 운영되었다.[68] 그 외에도 조선초기에 행해진 중요 인사, 즉 판서를 역임한 뒤 의정에 제수된 47명, 공신에 책록된 이후에 판서에 제수된 62명, 판서 재직 중에 종1품계에 승자되거나 종1품계로서 행판서에 제수된 21명의 최종 역임 조를 보면 다음의 표와 같이 이조와 병조가 가장 우월하였다.

<표 26> 태종 5년~성종 9년 의정제수·공신책록·종1품계 판서[69]

	이조판서	호조	예조	병조	형조	공조	합계	비고
의정제수자	18	4	4	11	6	4	47	
공신책록자	16	8	9	14	9	6	62	
종1품관계자	8(숭록2)	1	4	7(숭록2)	1	0	21(4)	숭정 17, 숭록 4

따라서 의례적인 이, 호, 예, 병, 형, 공조의 서열과 육조의 실제 서열이 일치되지 않았고, 특히 병조는 의례적인 서열과는 달리 시종 이조 다음의 지위를 누렸다고 하겠다.

다음으로 육조의 서열과 실제 활동경향을 살펴본다. 태조 1년~성종 9년의 육조 정치활동을 보면 조선초기를 통해서는 예조 활동이 3,036건 30.4%로 가장 활발하였고, 병조(2,169건, 21.5%), 형조(1,899, 18.9), 호조(1,372, 13.6), 이조(1272, 12.6), 공조(121, 1.2)의 순서였다. 왕대별로는 태조·정종대는 미미하여 주목할 만한 활동은 없지만 형조 활동이 활발하였고, 세종대에는 예조활동이 중심이 되면서 병조와 형조활동도 활발하였다. 문종·세조대에는 병조활동이 활발하였고, 태종·

---

67) ≪성종실록≫ 권56, 6년 6월 신묘 講訖 (중략) 知事任元濬啓日 世宗常敎云 吏兵曹之任 毋過三十朔 我權重者惟吏兵曹及承政院耳 (하략).
68) 한충희, 앞 <조선초기 의정부연구> 상, 130쪽(≪세종실록≫ 권26, 6년 12월 임인, 외)
69) ≪조선왕조실록≫ 태종 5년~성종 9년조.

성종초에는 예조활동이 가장 활발한 반면에 병조활동은 형조나 호조활동보다도 미약하였다. 예종대에는 이, 호, 예, 병, 형조활동이 비슷하면서 중심이 되었다(뒤 <표 27> 참조).

이를 볼 때 가장 중시되었다고 확인된 이·병조, 특히 이조활동이 예·병·형·호조 활동 보다도 미약하였음에서 실제의 활동경향과 육조의 서열은 상관되지 않는 것처럼 보인다.

그런데 활동주체가 명기되지 않았기 때문에 파악 대상에서 제외된 활동, 즉 수천건의 인사활동을 고려하면[70] 위에서의 경향과는 달리 이조활동이 가장 활발하고 예, 병, 형, 호, 공조의 순서였을 것이라고 추측된다. 또 위에서와 같이 대두된 예·형조 활동은 개국초의 문물정비와 탄핵·치죄 등에서 기인된 것이었다.[71] 이점에서 호조에 있어서는 차이가 있지만 실질적인 이, 병, 호, 예, 형, 공조의 서열과 활동경향에서 분석된 이, 예, 병, 형, 호, 공조의 순서는 연관된다고 하겠다.

결국 육조의 실질적인 서열은 의례적인 이, 호, 예, 병, 형, 공조와는 달리 이, 병, 호, 예, 형, 공조로 운영되었고, 이, 병, 호, 예, 형, 공조의 서열은 실제의 활동경향에서 기인되었다고 하겠다.

2) 政治活動

태조 1년~성종 9년의 육조 정치활동은 국왕으로부터 명을 받아 수행한 受命活動, 국왕에게 상언·상소를 통하여 전개한 啓聞活動, 국왕의 명을 받아 정사를 논의한 擬議活動 등이 있었다.[72] 이들 활동

---

70) 조선초기 ≪조선왕조실록≫에 언급된 인사를 전부 검토하지는 못하였지만 육조참판 이상의 인사를 적기한 기사가 1,000건 이상이나 되었다. 따라서 전 관원의 인사 를 고려한다면 이조활동은 예조의 3,063건을 능가하였다고 하겠다.
71) 뒤 <표 28> 형·예조 참조.
72) 한충희, 앞 <조선초기 의정부연구> 상, 112쪽.

은 각조, 육조 합동, 육조구성원, 의정부·조(또는 육조), 기타(의정부·육조·대간, 기타)에 의해 수행되었다. 또 각 활동주체가 직접 수명·계문·의의 활동을 전개하기도 하지만 육조나 백사가 계문한 정사를 왕명에 따라 육조나 육조·의정부가 의의 하는가 하면, 육조가 백사나 지방관의 보고를 傳聞함으로써 전개되었다.

이와 관련하여 육조와 의정부가 공동으로 수행한 활동은 육조활동으로 파악해야 하겠지만 여기서는 제외하였다. 그 반면에 조의 활동인가? 구성원의 활동인가? 도 구분해서 파악해야 되겠지만 편의상 포괄하여 파악하였다. 그러면 태조~성종 9년 육조의 활동경향은 어떠하였겠는가? 육조의 활동 경향을 활동별과 왕대·육조별로 정리하면 다음의 표와 같다.

<표 27> 조선초기 육조정치활동 경향(≪조선왕조실록≫, 합은 육조합사활동)

		태조								정종							태종							
		이	호	예	병	형	공	합	계	이	호	예	병	형	공	계	이	호	예	병	형	공	합	계
수명	수	1		2	1				4	1						1	6	23	34	15	28	4	8	118
	%								7							8								14
계문	수	5	1	15		28		1	50			5		6		11	48	80	213	84	146	5	24	600
	%								93							92								73
의의	수																6	14	35	15	4		34	108
	%																							13
합계	수	6	1	17	1	28		1	54	1		5		6		12	60	117	282	114	178	9	66	826
	%								100							100								100

		세종								문종								단종			
		이	호	예	병	형	공	합	계	이	호	예	병	형	공	합	계	이	호	예	병
수명	수	159	185	265	252	170	26	15	1,072	15	20	34	26	4	3		102	31	30	29	25
	%								22								34				
계문	수	330	361	1,359	702	780	38	12	3,582	9	12	58	68	12	4	3	166	3		13	9
	%								73								55				
의의	수	22	38	97	79	18	4	10	268	3	4	6	19	1		2	35	2	1	3	3
	%								5								12				
합계	수	541	554	1,721	1,033	968	68	37	4,922	27	36	98	113	17	7	5	303	36	31	45	37
	%								100								100				

		(단종)				세조								예종							
		형	공	합	계	이	호	예	병	형	공	합	계	이	호	예	병	형	공	합	계
수명	수	11	1		127	149	95	149	150	142	7	25	717	24	27	22	26	22	1	1	123
	%				34								39								54
계문	수	11	1		37	151	157	227	341	95	9	5	985	12	22	27	20	11	1	2	95
	%				21								54								42
의의	수			1	10	22	21	17	56	15		4	135	2	1	4	2	1			10
	%				6								7								4
합계	수	22	2	1	174	322	273	393	547	252	16	34	1,837	38	50	53	48	34	2	3	228
	%				100								100								100

		성종 1~9년								합계							
		이	호	예	병	형	공	합	계	이	호	예	병	형	공	합	계
수명	수	159	125	128	81	83	8	10	594	544	506	663	576	460	50	49	2,858
	%								35	44	36	22	27	24	41	29	28
계문	수	75	155	288	182	303	7	20	1,030	633	788	2,205	1,406	1,392	65	37	6,556
	%								60	51	56	72	65	73	54	40	65
의의	수	8	29	33	13	8	2	1	94	65	108	195	187	47	6	52	660
	%								6	5	8	6	9	3	5	31	7
합계	수	242	309	449	276	394	17	31	1,718	1,242	1,402	3,063	2,169	1,899	121	168	10,074
	%								100	13	14	30	22	19	1	2	100

위의 표를 볼 때 육조의 정치활동은 조선초기를 통해서는 계문활동
이 6,556건 65%로 가장 활발하였고, 수명활동은 2,858건 28%로 그

다음이었으며, 의의활동은 660건 7%로 가장 미약하였다.

조별 정치활동을 보면 이·호조는 수명·계문 활동이 비슷하면서 중심을 이루었고, 호·예·병·형조는 계문 활동이 수명활동을 압도하였으며, 육조합사(2~6조)활동은 그 활동이 각 조 활동에 비해 미약하기는 하나 수명·계문·의의 활동이 비슷하였다.

왕대별 정치활동을 보면 太祖·定宗·太宗·世宗·文宗·成宗初에는 계문활동이 수명·의의 활동을 압도하면서 중심이 되었다. 그러나 端宗代에는 수명활동이 중심이 되었고, 世祖代에는 계문활동이 중심이 되고는 있지만 수명활동도 활발하였으며, 睿宗代에는 수명활동이 중심이 되고는 있지만 계문활동도 활발하였다.

그런데 위 표의 활동경향을 육조기능에 따라 (1) 태조~태종 4년, (2) 태종 5~13년, (3) 태종 14년~세종 17년, (4) 세종 18년~단종 3년, (5) 세조 1년 이후의 시기로 재분류하여 보면 왕대별 경향과는 달리 각 시기 모두 계문활동이 가장 활발하고 수명활동, 의의활동의 순서였다.[73] 이 때 (1)~(3)의 시기는 계문활동이 수명·의의 활동을 압도하였으나 (4)·(5)의 시기는 수명활동이 많다. 특히 (4)의 시기는 수명활동의 비중이 크게 증가하였는데, 이것은 유주 단종의 보필과 관련된 의정부활동의 극대화에서 기인된 것이었다.[74]

---

73) 태조 1년~태종 4년에는 육조는 정3품아문이고 도평의사사나 의정부의 대두와 관련되어 도평의사사나 의정부의 지휘를 받으면서 관장사를 수행하였다. 태종 5년 이후에는 육조의 지위가 정2품아문으로 격상되고 서무를 분장 및 의정부나 육조가 중심이 된 국정운영과 관련되어 태종 5~13년·세종 18년~단종 3년(의정부서사제 운영기), 태종 14년~세종 17년·세조 1년 이후(육조직계제 운영기)의 시기로 구분되면서 국정이 전개되었다. 각 시기별 활동경향을 재정리하면 다음의 표와 같다.

	태조 1~태종4		태종5~13		태종14~세종17		세종18~단종 3		세조1~성종9	
수명	13건	13%	27건	11%	647건	16%	737건	41%	1,434건	38%
계문	84	83	186	78	3,260	79	916	50	2,110	56
의의	4	4	27	11	224	5	166	9	239	6

이상에서 조선초기의 육조 정치활동은 태조 1년~세종 17년에는 계문을 중심으로 전개되었고, 세종 18년~성종 9년에는 수명·계문 활동을 중심으로 전개되었다. 이처럼 계문활동이 육조활동의 중심이 된 것은 육조가 국정을 분장하면서 대소 국정에 활발히 참여하였음을 입증해 주는 것이라고 하겠다.

3) 六曹의 實際機能

이, 호, 예, 병, 형, 공조의 법제적인 기능은 앞의 <표 25>에서와 같이 십여~수십 항목으로 규정되었다. 이점에서 각 조의 실제기능은 이들과 관련시켜 세분하여 파악해야 하겠지만 파악해야 될 시기가 100여 년의 장기이고, 또 시대별로 발휘한 기능이 상이하므로 그 빈도가 많은 활동을 중심으로 파악한다. 태조 1년~성종 9년에 육조가 전개한 활동을 분야별로 정리하면 다음의 표와 같다(그 빈도가 2% 미만인 활동은 기타에 포괄).

---

74) 한충희, 앞 논문, 135~137쪽.

<표 28> 조선초기 육조 활동 분야(≪조선왕조실록≫)

		태조	정종	태종	세종	문종	단종	세조	예종	성종	합계	
이조	除授·告身			8	231	16	20	156	20	118	569건	45%
	制度			38	212	6	4	99	9	38	406	32
	職牒還收			1	10	3	7	29	8	47	105	8
	功過·勤慢	2		5	33	1		4		12	57	5
	封贈	1			8			10		8	27	2
	기타	3		8	47	1	5	24	1	19	108	9
	계	6		60	541	27	36	322	38	242	1,272	100
호조	賑貸·斂散			11	139	1	1	32	1	48	234	17
	賜物			3	26	6	24	21	15	66	161	12
	田制			15	59	1	4	28	7	18	132	10
	貢獻			5	42			22	2	25	96	7
	租稅			8	33	3		9	3	21	77	6
	法制·禁令			20	26	3		15	2	8	74	5
	國用·軍需			7	22			18	6	18	71	5
	農桑·堤堰			9	25	4		17		15	70	5
	貨幣	1		12	32			2		2	49	4
	給祿				6		1	24	5	10	44	3
	交易·費用			3	22	5		1	1	9	41	3
	漕運			2	11			3		12	28	2
	儲積·倉庫			2	4	2		14	2	4	28	2
	기타		1	20	107	11	1	64	6	53	265	19
	계	1	1	117	554	36	31	273	50	309	1,372	100
예조	朝聘			10	232	4	9	42	2	70	369	12
	制度	2		76	168	7	4	42	7	34	340	11
	儀禮	2		29	179	10	2	19	2	33	276	9
	祭祀	1		39	149	9	1	15	4	18	236	8
	科擧	1		5	65	7	5	41	5	20	149	5
	倭·野人事				78		1	20	2	40	141	5
	祈晴·祈雨			14	89	2	1	18	2	10	136	4
	喪·葬	2		8	77	6		6	5	15	119	4
	雜神事	4		30	35	1		20		16	106	4
	學校	1		10	42	1	1	18	4	20	97	3
	服制			9	61	5	1	5	2	13	96	3

		태조	정종	태종	세종	문종	단종	세조	예종	성종	합계	
예조	樂·舞			4	62	5	2	5		11	89	3
	守陵·安胎 등			2	44	2	4	9	4	24	89	3
	禮葬·致祭 등	2		4	52	1	3	19			81	3
	孝行				43	1		2	2	28	76	3
	進上		1	3	38	3	3	8	2	12	70	2
	佛敎·斥佛		2	4	31	7	1	14	1	10	70	2
	기타	2	2	35	276	27	7	90	11	73	523	17
	계	19	5	282	1,721	98	45	393	53	449	3,063	100
병조	法制	1		33	149	17	7	87	10	51	355	16
	人事			5	111	18	11	88	11	52	296	14
	備禦·征討			6	119	5	2	68	1	13	214	10
	講罪·治罪			12	36	4		28	4	15	99	5
	馬政·牧場			5	61	4		20		8	98	5
	軍役·番上			7	51	4		16	2	11	91	4
	軍器			1	38	10	1	13		4	67	3
	侍衛			4	26	5	1	17	8	5	66	3
	職牒還給			1	9	2	5	15	1	32	65	3
	鍊武·講經			1	27	6		21	1	8	64	3
	武科			2	29	5	2	15		9	62	3
	講武(場)			8	39	1		6		5	59	3
	驛政			1	22	2	1	18		14	58	3
	築城·軍營建築			4	25	3		11	2	9	54	3
	論賞				34	1	3	7		8	53	3
	船軍				30	2		11	1	4	48	2
	기타			24	227	14	4	106	7	28	420	19
	계	1	0	114	1,033	113	37	547	48	276	2,169	100
형조	彈劾·治罪	28	5	129	686	6	11	97	18	289	1,267	67
	法制			9	85	1		25	4	16	140	7
	獄訟			14	27	2	1	14	2	11	71	4
	原宥·放囚			4	27			24	4	7	66	4
	奴婢分給			1	10	2	4	20		9	46	2
	防盜·追捕				9	2	1	15	5	14	46	2
	獄囚救療				24	2		10	1	5	42	2
	기타		1	21	100	2	5	47		43	219	12
	계	28	6	178	968	17	22	252	34	394	1,899	100

		태조	정종	태종	세종	문종	단종	세조	예종	성종	합계	
공조	土木·營繕			3	15	3	1	5		4	31	26
	儀裝製造			1	11	1		3			16	13
	金·銀 등			3	10			1			14	12
	기타			2	32	3	1	7	2	13	54	45
	계	0	0	9	68	7	2	16	2	17	121	100
육조합사	治罪·決訟			35	4	1		6	2	5	53	30
	法制			11	3			6	1	5	26	15
	儀禮			1	4	1		1		3	10	6
	倭·野人防禦			2	1			4		3	10	6
	人事	1			3			2		3	9	5
	기타			14	21	3	1	15		11	65	46
	계	1	0	66	37	5	1	34	3	30	178	100

위의 표에 따라 각 조의 활동경향을 왕대별, 분야별, 분야·왕대별로 분석하면 다음과 같다.

이조의 활동경향은 왕대별로는 예종대가 연평균 38건으로 가장 활발하였고, 성종(30건), 세조(23), 세종(17), 단종(12)의 순서였다. 분야별로는 제수·고신이 569건 45%로 가장 활발하였고, 제도(406건, 32%), 직첩환수(105, 8), 공과·근만(57, 5), 봉증(27, 2)의 순서였다. 각 활동분야를 왕대별로 보면 인사는 예종대가 연평균 20건으로 가장 활발하였고, 성종(13건), 세조(11), 세종(7)의 순서였다. 제도는 예종(9), 세조(7), 세종(7), 성종(4)의 순서였고, 직첩환수는 예종(8), 성종(5), 단종(2), 세조(2)의 순서였으며, 봉증은 성종(0.9), 세조(0.7), 세종(0.3), 태조(0.1)의 순서였다.

호조의 활동경향은 왕대별로는 예종대가 연평균 50건으로 가장 활발하였고, 성종(34건), 세조(19), 문종(18), 세종(17), 단종(10), 태종(7)의 순서였다. 분야별로는 진대·렴산이 234건 17%로 가장 활발하였고, 사물(161건, 12%), 전제(132, 10), 공헌(96, 7), 조세(77, 6), 법제·금령

(74, 5), 국용·군수(71, 5), 농상장려(70, 5) 등의 순서였다. 각 활동분야는 왕대별로는 진대·렴산은 성종(5.3), 세종(4.3), 세조(2.4), 태종(0.6)의 순서였는데, 이것은 한재·기근에 따른 구휼에서 기인되었다. 사물은 예종(15), 단종(8), 성종(7.3), 문종(3), 세조(1.5), 세종(0.8)의 순서였는데, 이것은 靖難·佐翼·敵愾·翊戴·佐理功臣의 책록에서 크게 기인되었다. 전제는 예종(7), 세조(2), 성종(2), 세종(1.8), 단종(1.3)의 순서였는데, 이것은 ≪경국대전≫의 편찬, 세종대의 전제상정, 정난공신 등의 공신책록에서 기인되었다. 공헌은 성종(2.8), 예종(2), 세조(1.6), 세종(1.3)의 순서였고, 조세는 예종(3), 성종(2.3), 문종(1.5), 세종(1), 세조(0.6)의 순서였으며, 법제는 예종(2), 문종(1.5), 태종(1.1), 세조(1), 성종(0.9), 세종(0.8)의 순서였다. 그 외의 분야는 전체적으로 미미하지만 국용·급록·경외저적은 세조~성종초에 활발하였고, 농상장려는 세종·세조·성종초에 활발하였다. 화폐유통은 태종·세종대에 활발하였는데, 이것은 저화유통 도모에서 기인된 것이었다. 중·왜·야인과의 무역·비용은 세종·문종·성종초에 활발하였다.

예조의 활동경향은 왕대별로는 세종대가 1,721건 연평균 53.8건으로 가장 활발하였고, 예종(53건), 성종(50), 문종(49), 세조(28), 태종(16), 단종(15)의 순서였다. 세종·성종초에 이처럼 활동이 활발한 것은 당시의 유교의례정비·문교진흥에서 크게 기인되었다. 분야별로는 조빙이 369건 12%로 가장 활발하였고, 제도(340건, 11%), 의식(276, 9), 제사(236, 8), 과거(149, 5), 왜·야인사(141, 5), 기청·기우(136, 4), 상·장(119, 4) 등의 순서였다. 그런데 왜·야인사를 조빙과 합쳐 외교로 파악하면 그 수가 510건 17%나 되었고, 의식·제사·상장·복제를 의례로 파악하면 그 수가 727건 24%나 되었다. 이점에서 예조활동은 외교·제도·의례가 중심이 되었다고 하겠다. 각 활동분야를 왕대별로 보면 조빙은 성종초(7.8건)가 가장 활발하였고, 세종(7.3), 세조(3.2), 단종 (3) 등의 순서였다. 제도는 예종(7), 세종(5.3), 태종(4.2), 성종(3.8), 문 종(3.5), 세조(3)의 순서였고, 의식·제사·상장·복제는 제도의 경향과 비 슷하였다. 과거는 예종(5), 문종(3.5), 세조(3.0), 단종(2.5), 성종초(2.2), 세종(2)의 순서였다. 기청·기우는 세종(2.8), 예종(2), 세조(1.3), 성종 (1.1)의 순서였는데, 그 활동이 세종대에 집중된 호조의 진대·렴산에서 기인되었다. 왜·야인사는 성종초(4.4), 세종(2.4), 예종(2), 세조(1.4)의 순서였는데, 이것은 세종대의 4군 6진경영과 세조·성종초의 여진정벌 에서 기인되었다. 그 외에 잡신사는 태종·세종·세조·성종초에 활발하 였다. 학교·불교사는 세종·세조·성종초에 활발하였는데, 이 중 불교는 세종말년 세종의 호불에 대한 유신의 반대와 세조의 호불에서 기인되 었다. 악·무는 세종대가 70%나 점한 것은 당시의 음악정리에서 기인 되었다. 수릉·안태·신주봉안·책명이 세종·성종초에 활발한 것은 國喪· 太宗封崇·德宗追尊 등에서 기인되었다. 효행이 세종·성종초에 활발한 것은 유교의례정비에서 연유되었고, 의료가 세종·문종·세조대에 활발 한 것은 진휼과도 관계되었지만 국왕의 질병에서 크게 연유되었다.

병조의 활동경향은 왕대별로는 문종대가 연평균 57건으로 가장 활 발하였고, 예종(48), 세조(39), 세종(31), 성종초(31), 단종(12), 태종(6) 의 순서였다. 문종대의 이러한 활동은 당시에 단행된 병제정비에서[75] 기인되었다. 분야별로는 법제가 355건 16%로 가장 활발하였고, 인사 (296건, 14%), 비어·정토(214, 10), 탄핵·치죄(99, 5), 마정·목장(98, 5), 번상·군역(91, 4) 등의 순서였다. 각 활동분야를 왕대별로 보면 법제 는 예종(10건), 문종(8.5), 세조(6.2), 성종(5.7), 세종(4.7), 단종(2.3), 태

---

75) 문종대의 병제정비는 千寬宇, 1979, <朝鮮初期 五衛의 形成>, ≪近世朝鮮史研究≫, 一 潮閣, 61~74쪽 참조.

종(1.8)의 순서였고, 인사는 법제의 경향과 비슷하였다. 비어·정토는 세종·세조대에 집중되었는데, 이것은 여진경영에서 기인되었다. 탄핵·치죄는 예종(4), 세조(2), 문종(2), 성종(1.7), 세종(1.1), 태종(0.7)의 순서였고, 마정·목장은 문종(2), 세종(1.9), 세조(1.4), 성종(0.9)의 순서였다. 번상·군역은 예종(2), 문종(2), 세종(1.6), 성종(1.2), 세조(1.1)의 순서였다. 군기는 문종(5), 세종(1.2), 세조(0.9)의 순서였다. 그 외에 시위는 예종·문종·세조·세종대에 활발하였고, 직첩환급은 성종초가 50%였다. 연무·무과·축성은 문종대에 활발하고 세종·세조·성종초에 집중되었으며, 강무·역정·논상 등은 세종·세조·성종초에 활발하였다.

형조의 활동경향은 왕대별로는 성종초가 연평균 44건으로 가장 활발하였고, 예종(34), 세종(30), 세조(18), 태종(10), 문종(9), 단종(7), 태조(4), 정종(3)의 순서였듯이 성종초·예종·세종대에 특히 활발하였다. 분야별로는 탄핵·치죄가 1,269건 67%로 가장 활발하면서 중심이 되었고 법제·율령(140건, 7%), 옥송(71, 4), 원유·방수(66, 4) 등의 순서였다. 각 활동분야를 왕대별로 보면 탄핵·치죄는 성종초가 연평균 32건으로 가장 활발하였고, 세종(21), 예종(18), 태종(7.2), 세조(6.9), 태조(4), 단종(3.7), 문종(3), 정종(2.5)의 순서였듯이 태종·세종·성종초에 집중되었다. 법제는 예종(4), 세종(2.7), 세조(1.8), 성종초(1.8)의 순서였다. 옥송·속죄·노비결송·공사천소생사는 고르게 분포되었고, 원유·방수는 예종(4), 세조(1.7), 세종(0.8), 성종초(0.8)의 순서였다. 노비분급은 단종·세조·성종초에 집중되었는데, 이는 공신책록에서 기인된 것이었다. 방도·추포는 예종(5), 성종초(1.6), 세조(1.1)의 순서였다. 옥수구료는 세종·세조대에 집중되었는데 이것은 국왕의 옥수에 대한 관심에서 기인된 것이었다.

工曹·六曹合司 활동은 미미하지만, 공조는 토목·영선이 31건 26%

로 가장 활발하였고, 의장제조(16건, 13%), 광업(14, 12)의 순서였다. 육조합사는 치죄·결송이 53건 30%로 가장 활발하였고, 법제(26건, 15%), 의례(10, 6), 왜·야인비어(10, 6), 인사(9, 5)의 순서였다.

다음으로 지금까지 분석한 각 조의 활동경향과 법제적인 기능의 연관성을 살펴본다. 앞의 <표 28>과 육조의 실제활동을 관련시켜 볼 때 실제활동경향과 법제적인 기능이 일치되고 있음이 명확하다. 즉, <표 28>에서 각 조의 활동빈도가 높은 10개 항목을 보면 이·호·병·형조의 법제(제도)만이 상이할 뿐 그 외는 모두 일치하였다. 그리고 상이한 법제에 있어서도 예조에만 명기되고[76] 있지만 법제로 분류된 이·호·병·형조의 구체적인 활동을 보면 다음의 예에서와 같이 그 조의 기능으로 규정된 것과 관련된 것이었다.

① 이조; ≪태종실록≫ 권27, 14년 4월 경오 立前銜幸樞告暇出入之法 吏曹啓 (하략), 권29, 15년 1월 을사 吏曹詳定祿科以聞 從之.
② 호조; ≪태종실록≫ 권28, 14년 7월 갑술 始置軍資監權知直長 戶曹啓(하략), 14년 9월 무인 戶曹判書朴信啓 課鹽法 啓曰 (하략).
③ 병조; ≪태종실록≫ 권29, 15년 4월 경진 兵曹上 子弟侍衛法 (하략), 권33, 17년 5월 임진 兵曹上 婢妾子干尺人遷轉之法 (하략).
④ 형조; ≪태종실록≫ 권29, 15년 1월 정묘 增立賤妾子孫贖身法 刑曹啓(하략), 권33, 17년 5월 무자 定各官鄕校奴婢之數 刑曹啓 (하략).

또 비록 <표 28>에 언급된 각조의 기타활동도 대부분 법제적인 기능과 상이하였지만[77] 그 활동주체를 보면 각조가 활동한 분야는 법제

---

76) ≪경국대전≫ 권1, 이전 육조 예조 게제사조(앞 <표 25>).
77) 이조의 경우를 보면 기타활동 108건은 다음과 같다.
　諡號 2건, 祿牌 2, 休暇 2, 取才 5, 許通 3, 孝子敍用 8, 婚禮 1, 進上 1, 免役 2, 北征錄驛校 2, 講書 2, 巡幸中上言事 1, 徙居人糾察 1, 鄕校放學 1, 樂 2, 册版保管 2, 門蔭 2, 封神 2, 奴婢所生事 1, 起復 1, 文科 10, 果物出納 1, 兼知刑曹事事 1, 寫經

에서 규정한 기능과 일치하였고, 각조의 구성원에 의하여 수행된 것만이 상이하였다. 그 몇 예를 이조활동에서 뽑아 제시하면 다음과 같다.

① ≪세종실록≫ 권7, 2년 1월 무신 吏曹啓 典祀錄事張敬止等七人 將赴擧請給暇 從之.

② ≪세종실록≫ 권32, 8년 4월 갑신 吏曹啓 前此吏科取才 (중략) 從之.

③ ≪태종실록≫ 권30, 15년 7월 신축 吏曹判書朴誾上書 書曰 水旱之災 無歲無之 賑恤之政 莫先於備荒 (하략).

④ ≪세종실록≫ 권58, 14년 11월 기미 吏曹判書許稠啓 向化人受本朝官職者 欲受科田 (하략).

⑤ ≪세종실록≫ 권5, 1년 10월 을미 吏曹判書尹坤啓曰 臣前尹平壤時 見太祖影子 (하략).

⑥ ≪세종실록≫ 권30, 7년 10월 경진 上謂吏曹判書許稠曰 詩聞歌魚麗 書笙鏞以聞 則堂上堂下之樂 (하략).

⑦ ≪세종실록≫ 권61, 15년 9월 갑진 吏曹判書許稠啓 今秋等講武除橫城而移平壤 (하략).

⑧ ≪예종실록≫ 권6, 1년 7월 기축 吏曹參判(李)衡啓 (중략) 春番上者 廢其耕 (하략).

⑨ ≪세종실록≫ 권58, 14년 11월 임술 受常參視事 上謂左右曰 雖識現之人必待按律然後 知罪之輕重 (하략).

⑩ ≪세종실록≫ 권61, 15년 7월 기사 吏曹判書許稠啓曰 今殿下聽從崔揚善之言 使之更審明堂柱穴 景福宮 (하략).

⑪ ≪태종실록≫ 권33, 17년 윤5월 정묘 吏曹判書朴信請 改營仁政殿 (하략).

위에서 제시된 ①∼⑪의 사례를 볼 때 ① 급가·② 취재는 이조의

1, 正兵事 1, 築城 1, 看囚 1, 赦罪 1, 推恩 3, 儀禮 5, 宮室改築, 朝參 1, 點馬 1, 地方官糾察 1, 律文 1, 擊鼓申呈事 1, 律學廳移置 1, 地理 1, 講武場 1, 別仕 2, 驛政 1, 賜鄕 2, 宿直 2, 敎官糾察, 養老宴 1, 學校 1, 旱災 1, 溫井 1, 解由 1, 防奸僞假 1, 留鄕所糾察 1, 免生徒歲貢 1, 武科人薦擧 1, 慶源事 1, 級田 1, 影子保管 1, 防盜 2, 吏典立役 1, 觀親 2, 治罪 1, 平安道蘇復事 1, 譯書 1, 京在所 1, 燒亡職牒事 1.

기능으로 규정된 것이었다. ③∼⑪에 있어서는 ③ 수한대책·④ 급전
은 호조, ⑤ 영자보관·⑥ 가악은 예조, ⑦ 강무장·⑧ 번상은 병조, ⑨
율문계몽·⑩청죄는 형조, ⑪ 궁실개축은 공조의 기능으로 각각 규정
된 것을 이조 판서·참판이 수행한 것이었다.

그런데 ③∼⑪의 예와 같이 법제적인 기능과 실제활동이 괴리된
것은 당시의 정치수준상 각 조가 그 업무를 명확히 구분하여 처리할
만큼 성숙되지 못하였기 때문이라고도 하겠으나 근본적으로는 2품관
이상이 중심이 된 정무협의,[78] 언론개방, 육조구성원 개개인의 자질과
그들에 대한 국왕의 신임[79] 등에서 해조사 이외의 정사에 참여한 결
과라고 하겠다.

또 각 조는 상호 협력하면서 정무를 결정하고 처리하였다. 그 몇
분야를 보면 다음과 같다.

ㄱ) 명사지대의 경우 의례·접대 등은 예조기능으로 규정되었지만
사신의 馬料·給物·請求物 등은 호조,[80] 청구물제작은 공조,[81] 시위·
수송은 등은 병조가[82] 각각 담당하였다.

ㄴ) 倭·野人·回回人 등에 대한 의례·접대 등은 예조기능으로 규정
되었지만 왜인 등의 給糧·安置人賑濟는 호조,[83] 상경로·안치·귀환·
이동·수송 등은 병조가[84] 담당하였다.

ㄷ) 녹과·녹과전은 이·호조가 담당하였으나[85] 종실·부마·제군 등의

---

78) 가장 중시된 朝參의 경우 육조 구성원은 세종 5∼10년·문종 즉위년 11월 이후에는 판서만
　　이 참가하되 판서나 판서·참판 유고시에 한하여 참판이나 참의가 참가하였고, 세종 10년∼
　　문종초에는 판서만이 참여하다가 곧 판서, 참판, 참의가 윤번으로 참여하였다.
79) 뒤 229∼234쪽 황희, 김종서, 한명회 등 참조.
80) ≪세종실록≫ 권19, 5년 3월 갑오.
81) ≪세종실록≫ 권26, 6년 10월 기사.
82) ≪세종실록≫ 권19, 5년 3월 기축·권25, 6년 7월 무자.
83) ≪세종실록≫ 권19, 5년 3월 병오·권23, 6년 3월 병신.
84) ≪세종실록≫ 권19, 5년 3월 계사·권23, 6년 1월 갑진.

제5장 六曹　215

녹과는 예조에서 상정하기도 하였다.[86]

ㄹ) 불교는 예조기능으로 규정되었지만 僧職任命은 이조,[87] 僧侶所生事는 형조,[88] 사원전의 몰수·절급은 호조에서[89] 담당하기도 하였다.

ㅁ) 유민추쇄는 호조가 담당하였지만[90] 白丁·軍役者 등 추쇄는 병조가 관여하기도 하였다.[91]

ㅂ) 토목·영선은 공조의 기능으로 규정되었지만 군영·성보 조성은 병조,[92] 창고 조성은 호조,[93] 산천단·궁실 개축 등은 예조가[94] 관계하기도 하였다.

ㅅ) 경작지는 일반적인 것은 호조의 기능으로 규정되었지만 목장·둔전·입보·해도 등의 경작지는 병조,[95] 陵傍地는 예조가[96] 관여하기도 하였다.

ㅇ) 중앙·지방의 관제는 일반적인 것은 이조의 기능으로 규정되었으나 군사와 관련된 것과 사령·역원 등에 대한 것은 병조,[97] 군현합속은 호조,[98] 의례에 관계된 것은 예조가[99] 관여하였다.

ㅈ) 구료·진제·의약은 호·예조의 기능으로 규정되었지만 군사에 관

---

85) ≪세종실록≫ 권23, 6년 1월 신사.
86) ≪태종실록≫ 권34, 17년 12월 정미.
87) ≪태종실록≫ 권32, 16년 12월 을해.
88) ≪태종실록≫ 권32, 16년 7월 정유.
89) ≪태종실록≫ 권15, 8년 1월 계유.
90) ≪세종실록≫ 권26, 6년 9월 을미.
91) ≪세종실록≫ 권27, 7년 1월 신해.
92) ≪태종실록≫ 권34, 17년 11월 기미, ≪세종실록≫ 권53, 13년 8월 기해.
93) ≪태종실록≫ 권22, 11년 8월 신묘.
94) ≪태종실록≫ 권11, 6년 1월 기미.
95) ≪세종실록≫ 권97, 24년 7월 기해·권104, 26년 4월 기미.
96) ≪세종실록≫ 권19, 5년 1월 기유.
97) ≪태종실록≫ 권21, 11년 6월 무오, ≪문종실록≫ 권9, 1년 8월 임진.
98) ≪태종실록≫ 권28, 14년 9월 무인.
99) ≪태종실록≫ 권17, 9년 윤4월 기유.

계된 구료 등은 병조,[100] 부역에 관계된 구료 등은 공조,[101] 죄수에 관계된 구료 등은 형조에서[102] 관여하기도 하였다.

ㅊ) 명·왜·야인과의 무역은 호·예조가 담당하였으나[103] 牛隻 등의 무역은 병조에서도 관여하였다.[104]

ㅋ) 致賻는 호조의 기능으로 규정되었으나 在職 중 사망자는 예조,[105] 군사사망자는 병조에서도[106] 관여하였다.

ㅌ) 除授·給暇는 이·병조의 기능으로 규정되었지만 服喪者 급가·노인직제수 등은 예조도 관여하였다.[107] 採鑛·학교에 관한 것은 공·예조의 기능으로 규정되었지만 旱·水災 등으로 인한 停採·방학은 호·이조에서 관여하였다.[108] 치죄는 형조를 포함한 법사의 기능으로 규정되었지만 각 조에 관련된 것은 각 조에서도 관여하였다.[109]

그 외에 각 조는 他曹의 關文을 傳聞하면서 정사를 수행하기도 하였다. 그 예로 형조가 공조의 관문에 의거하여 처리한 革去寺院奴婢事,[110] 이조가 호조의 관문에 의거하여 처리한 損失踏驗官 선발사,[111] 형조가 병조의 관문에 의거하여 처리한 各道館路 奴婢量給事,[112] 이조가 예조의 관문에 의거하여 처리한 陵直 選揀事,[113] 이

---

100) 《세종실록》 권28, 7년 4월 갑인.
101) 《세종실록》 권49, 12년 8월 신사.
102) 《세종실록》 권51, 13년 3월 계미.
103) 《세조실록》 권2, 1년 9월 무인.
104) 《세종실록》 권51, 13년 3월 임진.
105) 《세종실록》 권19, 5년 3월 병술.
106) 《세종실록》 권50, 12년 12월 갑술.
107) 《세종실록》 권69, 17년 9월 갑술·권68, 17년 6월 임술.
108) 《세종실록》 권22, 5년 7월 병오·권23, 6년 1월 병술.
109) 《태종실록》 권11, 6년 6월 경진, 《세종실록》 권72, 18년 4월 갑인.
110) 《세종실록》 권27, 7년 1월 경인.
111) 《세종실록》 권49, 12년 8월 기축.
112) 《세조실록》 권7, 3년 5월 무인.
113) 《세조실록》 권9, 3년 9월 을해.

조가 평안·함길도의 변장과 연변수령의 제수를 병조와 논의하여 제수한[114] 등이 있다.

지금까지의 설명을 종합해 볼 때 각 조의 실제활동은 대개 법제적인 기능과 일치하였고, 일부만 상이하였다. 이것은 언론개방, 구성원의 자질 등에서 기인된 것이었다. 그리고 각 조의 일부 정사는 주관하는 조가 타조의 관문을 傳聞하기도 하고 규정된 기능과 관계없이 해조 단독 혹은 2~6조가 공동으로 수행하였다. 이것 또한 법제적인 기능과 상반되었다기 보다는 각조의 사무나 타조사와 연관되었기 때문이다. 결국 육조는 법제적으로 규정된 기능이 명확하였고, 실제활동은 법제적인 기능을 중심으로 수행되었다고 하겠다.

4. 權力構造의 變動과 六曹機能

1) 王權과 六曹機能

조선초기의 국정운영은 왕권이 강할 때는 육조직계제가 실시되면서 육조가 국정운영을 주도한 반면에 의정부는 약화되었고, 왕권이 약할 때는 의정부서사제가 실시되면서 의정부가 국정운영을 주도한 반면에 육조는 약화되었다.[115] 따라서 육조기능이 왕권과 직결되었을 것임은 재언할 필요가 없겠지만 여기서는 그 구체적인 실상을 태조·정종대, 태종대, 세종대, 문종·단종대, 세조대, 예종~성종 7년, 성종 8~25년으로 구분하여 살펴본다.

태조·정종대는 開國功臣(태조)과 定社功臣(정종)이 중심이 된 都

---

114) ≪세조실록≫ 권26, 7년 11월 병오.
115) 한충희, 앞 <조선초기 의정부연구> 상, 112~148쪽.

評議使司가 대두되면서 왕권은 미약하였다.[116] 또 도평의사사가 육조 등을 지휘하면서 대소 국정을 총관하였고,[117] 육조는 장관인 전서의 직질이 정3품임과 관련되어 도평의사사에 참여하지 못하였다.[118] 이에 육조는 서무를 분장하지 못함은 물론 그 정사를 도평의사사 당상관이 겸한 判事나 도평의사사의 지휘를 받아 수행하는 등 그 기능이 미약하였다.

태종대에는 태종의 병권장악, 공신·척족의 제거, 대간탄압, 육조 중심의 국정운영 - 六曹直啓制[119] - 도모 등과 함께 왕권이 크게 강화되었다. 이러한 왕권을 토대로 실시된 육조장관인 판서의 직질 상승(정2),[120] 육조의 서무분장과 직장의 규정,[121] 속사·속아문제의 성립,[122] 육조직계제의 도모와 실현으로 육조의 기능이 크게 강화되었다. 그렇지만 육조의 기능발휘는 태종의 국정운영과 관련되어 강화된 승정원 기능과[123] 승지의 六曹事 分房[124] 등에 의해 제약되고 억제되는 바가 많았다.

세종대에는 세종이 태종의 의도에 따라 조기에 등위 하였고,[125] 태종의 세종치세를 위한 沈溫 등의 제거와 대마도정벌,[126] 세종의 총명

---

116) 위 논문, 116~118쪽.
117) 동상조.
118) 도평의사사 구성원은 문하부, 삼사, 중추원의 종2품 이상 관직자였다(《태조실록》 권1, 1년 7월 정미).
119) 한충희, 앞 논문, 124~128쪽. 육조직계제는 왕 5년에 발의되어 14년 4월에 실현되었다.
120) 《태종실록》 권9, 5년 1월 임자 (전략) 六曹各置判書一員 秩正二品 罷典書 (하략).
121) 한충희, 1981, <조선초기 육조연구>, 《대구사학》 20·21합, 15~18쪽.
122) 위 논문, 192~197쪽.
123) 金昌鉉, 1986, <朝鮮初期 承政院에 관한 一研究>, 《(한양대)韓國學論集》, 13~15쪽.
124) 全海宗, 1964, <承政院攷>, 《震檀學報》 25~27합, 210~211쪽, 金大洙, 1982, <朝鮮初期의 承政院>(경북대석사청구논문), 21~25쪽.
125) 태종은 왕권을 공고히 다지기 위해 52세의 장년으로 양녕에 이어 세자가 된 세종에게 갑자기 선위하였고, 상왕이 되어 졸하는 세종 4년까지 병조를 친히 관장하면서 세종의 위에서 군국중사를 재결하였다.

하고 학문과 정사에 힘쓰는 자질 등에서 왕권이 강화 및 정치가 안정 되었다. 이에서 세종대에는 육조기능이 크게 강화되었다. 그러나 세종 대에도 승정원의 대두에 따라 육조기능이 제약 당하였다.[127] 특히 왕 18~32년에는 세종의 신병으로 인한 의정부의 정무협찬 필요에 의해 육조직계제가 의정부서사제로 전환됨에 따라 육조기능은 그 이전에 비해 크게 약화되었다.[128]

문종대에는 세종말의 정치분위기가 유지되기는 하나 의정부대신이 중심이 된 국정운영 및 문종의 병약으로[129] 왕권이 약화되었고, 그에 따라 육조기능도 약화되었다. 단종대에는 단종의 유년즉위 및 이와 관련된 극단적인 의정부 중심의 국정운영과 함께[130] 왕권은 유명무실 해졌고, 그에 따라 육조기능은 더욱 약화되었다.

세조대에는 세조의 정변을 통한 즉위, 세조의 뛰어난 자질 및 국정 에 대한 깊은 관심(육조직계제의 부활)과[131] 무단적인 정치운영[132] 등 으로 왕권은 크게 강화되었다. 이러한 왕권 및 육조직계제의 실시와 관련되어 육조기능이 크게 강화되었다. 그러나 세조대에는 왕권과 관 련된 승정원의 대두로 인해 육조기능이 제약되었고,[133] 세조 13년 이

---

126) 태종은 세종 즉위년 8월에 도총제 沈泟(溫 弟)·병판 朴習 등이 "호령이 두 곳에서 나옴 은 한 곳에서 나옴만 같지 못하다"고 한 말을 빌미로 세종의 국구인 영의정부사 심온을 이에 연좌시켜 사사하였고, 1년 6월에는 李從茂와 柳廷顯을 三軍都體察使와 三軍都統 使로 삼아 대마도를 정벌하였다.

127) 김창현, 앞 논문, 17~23쪽, 한충희, 1987, <朝鮮初期 承政院研究>, 《韓國史研究》 58, 84~85쪽.

128) 한충희, 앞 <조선초기 의정부연구> 상, 133 ~134쪽.

129) 위 논문, 134~135쪽.

130) 위 논문, 135~137쪽.

131) 위 논문, 140쪽.

132) 위 논문, 139~140쪽. 사소한 일로 영의정 鄭麟趾, 영의정 姜孟卿, 우의정 權覽, 영의정 鄭昌孫 등을 하옥하거나 파직한 등은 그 단적인 예이다.

133) 김창현, 앞 논문, 24~25쪽, 한충희, 앞 <조선초기 승정원연구>, 81~88쪽.

후에는 왕의 신병으로 인한 원로대신의 국정협찬의 필요와 함께 院相制가 실시되면서[134] 육조기능은 약화되었다.

예종대에는 세조말 이래의 院相이 중심이 된 국정운영이 지속되면서 왕권이 떨치지는 못하였으나, 예종의 육조 중심의 국정운영 도모와 함께 육조의 활동이 크게 활기를 띠었다.[135] 성종 1~7년에는 성종의 유년즉위, 이와 관련된 세조비 윤씨의 섭정·원상이 중심이 된 국정운영과 함께[136] 왕권은 미약하였고, 육조기능도 미약하였다.

성종 8~25년에는 세조말이래 국정을 주도했던 원로대신이 점진적으로 死去하였고,[137] 성종의 학문과 정사에 대한 열망·대간우용과 대간을 통한 의정부·육조 재상의 견제[138] 등과 함께 다시 왕권이 강화되고 안정되었다. 이리하여 비록 6조 당상이 대간의 견제를 받기도 하나 6조기능이 크게 강화되었다. 그러나 이 시기에도 왕권과 관련된 승정원의 대두로 육조기능이 제약되었고,[139] 성종의 호학과 관련된 경연의 활성화 및 경연에서 정사가 논의되었기에[140] 육조기능이 제약되었다.

2) 議政府署事 · 六曹直啓制와 六曹機能

조선초기의 정치는 국왕을 받들고 대개 의정부·육조가 중심이 된

---

134) 金甲周, 1973, <院相制의 成立과 機能>, ≪東國史學≫ 12, 35~36·60~69쪽.
135) 鄭杜熙, 1983, ≪朝鮮初期 政治支配勢力研究≫, 一潮閣, 236~238쪽, 한충희, 앞 <朝鮮初期 六曹研究>, 23~24쪽 <표 6> 예종조.
136) 김갑주, 앞 논문, 60~69쪽, 정두희,위 책, 248~256쪽.
137) 성종 7년까지 朴元亨(예종 1년 졸)·具致寬(성종 1)·洪達孫(3)·崔恒(5)·申叔舟(6)·洪允成(6)이 사거하였고, 8년에 曹錫文, 9년에 鄭麟趾·金磺·尹子雲이 사거하면서 10년 이후까지 생존한 인물은 鄭昌孫·韓明澮에 불과하였다.
138) 李秉休, 1984, ≪朝鮮前期 畿湖士林派研究≫, 一潮閣, 35~37쪽, 申奭鎬, 1944, <朝鮮成宗時代의 新舊對立>, ≪近代朝鮮史研究≫, 305~318쪽.
139) 한충희, 앞 <조선초기 승정원연구>, 81~88쪽.
140) 權延雄, 1982, <朝鮮 成宗朝의 經筵>, ≪韓國文化의 諸問題≫, 時事英語社, 63~64쪽.

관료군이 국정운영을 주도하였다. 즉, 태조 1년~정종 1년에는 도평의
사사가, 정종 2년~태종 13년과 세종 18년~단종 3년에는 의정부(의
정부서사제 실시기)가, 태종 14년~세종 17년과 세조 1년~12년 및
성종 8~25년에는 육조(육조직계제 실시기)가, 세조 13년~성종 7년에
는 院相(원상제 운영기)이 국왕을 받들고 육조를 지휘하면서나(도평의
사사·의정부서사·원상제 운영기) 주도적으로(육조직계제 운영기) 국정
운영을 주도하였다. 한편 육조는 태조 1년~태종 4년에는 서정을 명
확히 분장하지 못하고 그 아문의 지위가 낮아(정3) 조정에도 참여하지
못하였고, 태종 5년 이후에는 서정을 명확히 분장하고 재상아문(정2)
이 되면서 조정에 참여하였다. 이와 관련하여 여기서는 태종 5년 이
후에 육조가 당시의 국정운영체제와 관련되면서 어떻게 그 기능을 발
휘하였는가를 의정부서사제, 육조직계제, 원상제 운영기로 나누어 살
펴본다.

(1) 議政府署事制와 六曹機能

의정부서사제가 운영된 태종 5~13년과 세종 18년~단종 3년의 국
정은 '王 - 議政府 - 六曹 - 六曹屬衙門'의 행정체계에 따라 운영
하도록 규정되었고, 실제로도 대부분의 정사가 이러한 행정체계에 따
라 운영되었다. 그러면 의정부서사제 운영기의 육조기능은 어떠하였
겠는가? 첫번째로 의정부서사제가 운영된 태종 5~13년과 세종 18
년~단종 3년의 정치활동을 보면 다음의 표와 같이 활동 총수·연평균
수가 태종 5~13년에는 의정부는 612·68건이고 육조는 240·27건이었
으며, 세종 18년~단종 3년에는 의정부는 3,168·167건이고 육조는
1,810·96건이었다. 활동유형, 즉 수명·계문·의의별로는 태종 5~13년에
는 의정부는 63건(10%)·343건(56)·206건(34)이고 육조는 27건(11%)·186

건(78)·27건(11)이었으며, 세종 18년~단종 3년에는 79건(3%)·1,890건(60)·1,199건(38)이고 육조는 737건(41%)·916건(50)·166건(9)이었다. 즉 태종 5~13년에는 의정부는 계문활동이 중심이 되고는 있지만 의의활동도 활발하였고, 육조는 계문활동이 압도하였다. 세종 18년~단종 3년에는 의정부는 계문이 중심이 되고 있으나 의의도 활발하였고, 육조는 계문·수명이 중심이 되었다. 또 태종 5~13년과 세종 18년~단종 3년 모두 의정부활동이 육조의 활동을 압도하였다(612>240, 3,168>1,819).

<표 29> 조선초기 육조·의정부 정치활동 비교[141]

		수명		계문		의의		합계		비고
		수	%	수	%	수	%	수	%	(연평균건수)
태종5~	육조	27	11.0	186	78.0	27	11.0	240	100	26.7
13년	의정부	63	10.3	343	56.0	206	33.7	612	100	68.0
태종14~	육	647	16.0	3,260	79.0	224	5.0	4,131	100	187.8
세종17	의	60	4.9	279	22.6	894	72.5	1,233	100	56.0
세종18~	육	737	41.0	916	50.0	166	9.0	1,819	100	95.7
단종	의	79	2.5	1,890	59.7	1,199	37.8	3,168	100	166.7
세조1~	육	1,434	38.0	2,110	56.0	239	6.0	3,783	100	157.6
성종9	의	139	15.1	252	27.3	532	57.6	923	100	38.5
합계	육	2,845	28.5	6,472	64.9	656	6.6	9,973	100	118.7
	의	341	5.7	2,764	46.6	2,831	47.7	5,936	100	70.7

이에서 의정부서사제가 실시된 시기를 통하여 의정부는 활동수가 많으면서 계문이 중심이 되고는 있지만 의의도 활발하였고, 육조는 활동수가 적으면서 계문이 압도하거나 계문·수명이 중심이 되었다. 따라서 육조활동은 의정부활동과 반비례로 전개되었고, 이러한 활동경향은 육조와 의정부의 기능에도 그대로 작용되었을 것으로 추측된다.

---

141) 한충희, 앞 <조선초기 의정부연구> 상, 113~115쪽 <표 8>, <조선초기 육조연구>, 204~206쪽에서 종합.

두 번째로 의정부의 활동분야를 보면 태종 5~13년에는 형정·경제 분야가 중심이 되면서 군사·의례·제도·인사활동도 활발히 전개되었고, 세종 18년~단종 3년에는 형정·군사·의례·인사·제도가 중심이 되면서 경제·진휼·외교활동도 활발히 전개되었다.[142]

이러한 의정부의 활동을 앞에서 살핀 의정부의 정치활동과 관련시켜 보면, 태종 5~13년과 세종 18년~단종 3년의 의정부는 형정은 물론 경제·군사·의례·인사·제도 등에서 각각 그 정사를 주관한 형조(형정), 호조(경제), 병조(군사·인사), 예조(의례·제도), 이조(인사) 등의 기능을 제약하였을 것으로 추측된다. 반면에 육조는 이러한 의정부활동과 관련되어 그 기능의 발휘가 제약·위축되었다고 하겠다.

세 번째로 조선초기의 국정논의체계·행정체계·관직체계를 보면 ㄱ) 국왕은 중신이나 신임의 관인에게 수시로 대소 국정을 하문하여 이를 국정결정과 운영에 반영하였고, 의정부 대신·승지 등은 6조 대신과 마찬가지로 朝政 등에서 의견을 개진할 수 있었다.[143] ㄴ) 의정부서사제가 실시된 때에는 '왕 – 의정부 – 육조 – 육조속아문'의 행정체계가 운영된 만큼 의정부는 육조를 지휘·속박하였고, 육조직계제가 실시된 때에는 '왕 – 육조 – 육조속아문'의 행정체계와는 달리 의정부 당상은 대부분이 육조의 참판과 판서를 역임[144] 및 국왕의 두터운 신임을[145] 토대로 육조를 제약하는 기능을 발휘할 수 있었다. ㄷ) 참판·

---

142) 한충희, 앞 <조선초기 의정부연구> 상, 122~123쪽 <표 12>·138쪽 <표 14> 참조.

143) 왕이 대신·근신들을 접견하여 정치에 대한 신하들의 의견을 청취·자문하는 朝啓 이외에는 의정도 승정원을 거치지 않고는 국왕을 面對할 수 없었고(≪성종실록≫ 7년 5월 정사, 외), 朝啓·常參과 군국중사의 논의에 참여한 관인의 범위는 시기나 국왕의 기호 등과 관련되어 다소의 변동은 있지만 대개 참판 이상의 의정부·육조 당상관이었다(≪세조실록≫ 11년 4월 정유, ≪문종실록≫ 즉위년 11월 기미, 외).

144) 세종 1년~성종 25년의 의정 52명 중 43명과 30명이, 태종 15년~성종 25년의 찬성 64명 중 52명과 39명이, 참찬 94명 중 81명과 62명이 각각 판서와 참찬을 역임하였다(≪조선왕조실록≫ 태종 15년~성종 25년).

판서 역임자가 승진·체직될 경우는 자연스럽게 의정·찬성·참찬에 제수되었음에서[146] 의정·찬성·참찬은 육조사에 대한 이해를 배경으로 육조 기능을 보완하거나 제약하였을 것으로 추측된다.

이상에서 육조는 의정부서사제가 운영되었을 때는 의정부 당상관의 육조직 역임과 관련되어 업무수행에 도움을 받기도 하였지만 대개는 의정부의 육조 지휘 및 정사간섭과 관련되어 그 기능의 발휘가 제약·위축되었다고 하겠다.

(2) 六曹直啓制와 六曹機能

육조직계제가 운영된 태종 14~세종 17년과 세조 1년 이후의 국정은 '왕 - 육조 - 육조속아문'의 행정체계에 따라 운영되도록 규정되었고, 실제로도 대부분의 정사가 이러한 행정체계에 따라 운영되었다. 그러면 육조직계제 운영기의 육조기능은 어떠하였겠는가?

첫 번째로 육조직계제가 운영된 태종 14년~세종 17년과 세조 1년~성종 9년의 정치활동을 보면 앞의 <표 28>에서와 같이 총 활동수·연평균 수가 태종 14년~세종 17년에는 의정부는 1,233·56건이고 육조는 4,131·188건이었으며, 세조 1년~성종 9년에는 의정부는 923·39건이고 육조는 3,783·119건이었다. 활동유형별, 즉 수명·계문·의의별로는 태종 14년~세종 17년에는 의정부는 60건(5%)·279건(23)·894건(73)이고 육조는 647건(16%)·3,260건(79)·224건(5)이었으며, 세조 1년~성종 9년에는 의정부는 139건(155)·252건(27)·532건(58)이고 육조는 1,434건(38%)·2,110건(56)·239건(6)이었다. 즉 태종 14년~세종 17년에

---

145) 의정·찬성·참찬의 관계와 이들로 구성된 의정부기능을 고려할 때 재론의 여지가 없겠지만, 그 대부분은 국왕의 신임이 극진하였다(이중 하륜 등 11명은 한충희, 1987, <조선초기 육조연구 첨보>, ≪대구사학≫ 33, 30~34쪽 참조).

146) 한충희, 앞 논문, 10쪽 주 17)·24쪽 주 54) 참조.

는 의정부는 의의가 압도하였고, 육조는 계문이 압도하였다. 세조 1년~성종 9년에는 의정부는 의의가 중심이 되고는 있으나 계문도 활발하였고, 육조는 계문이 중심이 되고는 있으나 의의도 활발하였다. 또 태종 14년~세종 17년과 세조 1년~성종 9년 모두 육조활동이 의정부활동을 압도하였다(4,131>1,233, 3,521>923).

이에서 육조직계제가 실시된 시기를 통하여 의정부는 활동수가 적으면서 의의가 압도하거나 중심이 되었고, 육조는 활동수가 많으면서 계문이 압도하거나 중심이 되었다. 따라서 육조활동은 의정부활동을 압도하면서 의정부와는 대비되는 경향을 보이면서 전개되었다고 하겠다.

두 번째로 의정부 활동경향을 보면 태종 14년~세종 17년에는 형정·외교가 중심이 되면서 의례·경제·제도·군사·인사도 활동도 활발히 전개하였다. 세조 1년~성종 9년에는 군사·형정·의례·외교가 중심이 되면서 제도·인사활동도 활발히 전개하였다. 또 이 시기의 의정부 당상 재직자는 재식이 뛰어나고 국왕으로부터 신임을 받았으며, 대부분이 육조 참판과 판서를 역임한 인물이었다. 이점에서 비록 의정부는 그 활동이 육조활동에는 미치지 못하고 또 그 기능이 의정부서사제가 운영된 시기에 비하여는 크게 약화되었지만, 형정, 외교, 군사, 인사 등에서 이를 주관한 형조, 예조, 병조, 이조 등의 기능을 일시적으로나 부분적으로 제약한 것으로 추측된다. 반대로 육조는 의정부에 의해 다소 제약이 되기는 하나 서무를 분장하면서 국정운영을 주도하는 강력한 기능을 발휘하였다고 하겠다.

(3) 院相制와 六曹機能

원상제가 운영된 세조 13년~성종 7년의 국정은 '왕 - 육조 - 육조속아문'과 '왕 - 원상 - 육조 - 육조속아문'의 2원적인 행정체계에 따

라 운영되었다. 그러면 국정운영체계에서 육조와 원상을 중심한 활동
의 비중과, 원상제 운영기의 육조기능을 살펴보자.

원상제가 운영된 예종 즉위년~성종 7년의 정치활동을 보면 다음의
표와 같이 육조는 수명·계문 활동은 의정부·원상 활동을 압도하였고,
의의활동은 의정부와는 비슷하지만 원상과 비교할 때는 아주 미미하
였다. 또 원상이 전개한 활동분야를 보면 형정(159건 22%), 의례·복
제(100, 13.9), 인사(77, 10.7), 군사(76, 10.5), 제도·금령(61, 8.4), 사
행·통교(54, 7.5) 시무개진(35, 4.9), 경제(26, 3.6), 교육·과거·풍속(23,
3.2) 등 모든 국정에 걸치었다. 한편 원상은 유주의 보필을 위하여 운
영되었고, 대개가 의정을 역임한 원로대신이었으며, 승정원에 상주하
여 승지를 지휘하고 육조정사를 검토하면서 국정을 총괄하였다. 즉
원상은 의정부는 물론 육조가 중심이 된 국정운영체계를 허구화하면
서 국정운영을 주도하였다.[147]

<표 30> 예종 즉위~성종 7년 육조·의정부·원상 정치활동 비교[148]

	수명		계문		의의		합계		비고
	수	%	수	%	수	%	수	%	
육조	604	37.5	935	58.1	71	4.4	1,610	100	
의정부	47	26.4	66	37.1	65	36.5	178		
원상	43	6.0	200	27.7	479	66.3	722		예종즉위~성종7년

이에서 원상제가 운영되었을 때에는 육조직계제가 정상적으로 운영
되지 못하였음은 물론, 육조의 기능도 원상의 국정주도와 육조정사에
대한 지휘·검토로 그 기능이 크게 제약·위축되었다고 하겠다.

147) 김갑주, 앞 논문, 60~69쪽, 정두희, 앞 책, 248~252쪽.
148) 한충희, 앞 <조선초기 의정부연구> 상, 113~115쪽 <표 8>, <조선초기 육조연구>,
　　 204~206쪽에서 종합.

그 외에 육조는 성종 8~25년에 있어서도 성종의 호학·경연에서의
국정논의 등과 관련되어 경연이 정치기관이 됨에 따라,[149] 비록 판
서·참판의 대부분이 經筵特進官으로서 경연에 참가하기는 하나[150]
경연 운영이 6승지·홍문관 부제학 이하로 제수된 參贊官·侍講官·試
讀官·檢討官을 중심으로 운영되었기에[151] 경연으로 인해 그 기능이
다소 제약되고 위축되었다.

이상에서 조선초기의 육조는 태종 5~13년과 세종 18년~단종 3년
에는 의정부서사제의 실시 및 이와 관련된 의정부의 국정주도로 그
기능의 발휘가 크게 제약되면서 약화되었다. 태종 14년~세종 17년과
세조 1~13년에는 육조직계제의 실시와 함께 그 직장을 확고하게 관
장하면서 국정운영을 주도하였다. 세조 14년~성종 7년에는 육조직계
제가 계속되기는 하나 세조비 섭정·원상제의 운영 및 이와 관련된 원
상의 국정주도로 육조는 그 기능이 제약되고 위축되었다. 성종 8~25
년에는 육조직계제가 운영되고 육조가 국정운영을 주도하기는 하나
경연에서의 대소 정치논의와 관련되어 그 기능의 발휘가 다소 위축되
었다.

5. 六曹構成員과 六曹機能

조선초기의 육조에는 판서·참판·참의(병조는 참지 추가) 각 1명이

---

149) 권연웅, 앞 논문, 63~66·79~87쪽. 권교수는 이러한 경연기능에 주목하여 특히 '경연정치'
　　라는 용어를 사용하여 경연의 기능을 강조하였다.
150) 위 논문, 67쪽. 특진관제는 성종 17년에 실시되었는데, 동반 2품 이상 중에서 경연의 영
　　사·지사·동지사를 제외한 대부분이 제수되었다.
151) 위 논문, 64·81쪽.

있어서 속사를 주관한 정랑·좌랑을 지휘하면서 해조사를 총관하였다. 이들 판서 등은 개개인의 자질, 관력, 국왕의 신임, 국정운영에 대한 광범위한 의견개진 허용 등과 관련되어 해조사는 물론 타조사에도 참여하였고, 육조직계제 때는 물론 의정부서사제 때에도 해조와 육조의 기능을 강화시켰다고 추측된다. 여기에서는 태종 5년~성종 25년에 판서를 역임한 황희, 조말생 등 십수명의 성분과 활동경향을 통하여 육조의 기능을 살펴본다.

① 黃喜는 태종의 극진한 신임과 뛰어난 자질을 배경으로[152] 태종 9~17년까지 육조판서를 두루 역임하였다.[153] 판서 때에 그가 국정에 발휘한 영향력을 명확하게 알 수는 없다. 그런데 도승지 때에는 "인사를 관장한 판이·병조사와 이·병조판서를 제치고 인사를 전횡하였다"[154] 라고 하였고, 의정 때에는 육조를 지휘하면서 국정을 총관하였다. 이점에 미루어 판서 때에는 재직한 해조의 기능을 확고히 장악하면서 타조사에도 영향을 발휘하였을 것이라고 추측된다.

② 趙末生은 태종의 극진한 신임과 세종의 신임 및 개인적인 자질을 토대로 태종 18년~세종 8년까지 병판에 재직하였다. 병판 때에 그가 발휘한 영향력은 세종 19년의 졸기에

> 여러 관직을 역임하고 지신사에 승진하였고, 세종즉위와 함께 이조참판에 승직되고 가정대부에 초자되었다. 그가 聖恩이 과분하고 내심으로 부끄럽게 여겨 사임하자 태종이 "경을 잠시 재상에 두고자 함이니 성급하게 사양하지말라" 고 하더니 한달 뒤 형판에 승직시켰다. 곧 병판에 제수되어 군정과 시종사를 관장하였는데, 태종의

---

152) ≪문종실록≫ 권12, 2년 2월 임신 졸기.
153) 태종 9년 12월에 형판이 되었고, 이후 병(11~13년), 예(~ 15), 이(15.5~15.6, 16. 7~11), 호(15~16), 공판(16.11~17.2)을 역임하였다(≪태종실록≫ 11~17년조).
154) ≪태종실록≫ 권15, 8년 2월 계미.

총애함과 우대함이 크게 융성하였다.155)

라고 하였음에서 시사되는 바와 같이 상왕이 병조를 중심으로 국정을 지휘한 세종 즉위~4년에는 병조의 기능을 확고히 행사하면서 타조사에도 영향을 끼쳤고, 세종 5~8년에는 병조사를 확고히 행사하였을 것으로 추측된다.

③ 申商은 세종의 신임을 받으면서 왕 7~17년에 형판과 예판을 역임하였다. 판서 때에는 세종 17년의 졸기에 "장기간 예판에 재직하면서 조금도 실수한 바가 없었다. 일과 후에 '병으로 출근하지 못하였다' 라고 고하자 임금이 내의를 보내어 병세를 살피게 하고 특지로 숭정대부를 가자하였다"156) 라고 하였음에서 예판시에는 해조의 기능을 확고히 행사한 것으로 추측된다.

④ 安純은 세종의 신임을 받으면서 왕 6~14년과 15~18년에 호판을 역임하였다. 판서 때에는 세종 6년에 "겸판호조사인 柳廷顯의 대두로 호판이 제 기능을 발휘하지 못하였다"157) 라고 하였다. 그러나 유정현이 세종 8년에 좌의정에 제수되면서 겸판호조사를 해임 당하였고,158) 세종 22년의 졸기에 "참찬에 제수된(세종 5년 12월) 때로부터 이 때까지 항상 판호조사를 겸대하였다"159) 고 하였음에서 세종 8년 이후는 호조의 기능을 확고히 행사한 것으로 추측된다.

⑤ 皇甫仁과 金宗瑞는 각각 세종의 깊은 신임과 뛰어난 자질을 배경으로 왕 18~22년에 병판(황보)과 22~28년에 형·예판(김)을 역임하였다. 황보인은 이후 수시로 평안·함길도 도체찰사로 파견되어 현안

---

155) ≪세종실록≫ 권116, 29년 윤4월 무오.
156) ≪세종실록≫ 권68, 17년 5월 경인.
157) ≪세종실록≫ 권30, 7년 11월 병술.
158) ≪세종실록≫ 권31, 8년 3월 신해.
159) ≪세종실록≫ 권91, 22년 12월 정묘.

사인 4군6진사를 통령하였고, 판병조사가 되어 병조사를 지휘하였다.[160] 김종서는 ≪고려사≫·≪고려사절요≫의 편찬을 지휘하였고, 세종 23년에 그 이전의 10여년에 걸친 6진 개척의 관장과 관련하여 병조에 내린 전지에 "지금으로부터 함길도의 사변·방어 등에 관한 정사는 반드시 형판 김종서와 함께 논의하라"[161] 고 하였듯이 병조사에 참여하였다. 이에서 황보인과 김종서는 비록 당시는 의정부서사제의 실시에 따라 의정부가 육조를 지휘하기는 하였지만 병조(황보)와 형·예조(김)의 기능을 확고히 행사하면서 타조사에도 영향력을 발휘한 것으로 추측된다.

⑥ 申叔舟는 세조의 깊은 신임과 개인적인 자질을 토대로 왕 2년에 병판을 역임하였다. 그는 왕 6년에 강원·함길도 도체찰사로서 毛隣衛 야인을 정벌하였고,[162] 성종 6년의 졸기에 "학문이 출중하고 典故에 밝아 세조~성종 초의 대명외교를 지휘하였다"[163] 고 한 등에서 병조의 기능을 확고하게 행사하면서 예조사에도 참여하였다고 추측된다.

⑦ 韓明澮는 세조 즉위에 끼친 절대적인 공훈, 세조의 극진한 신임 및 개인적인 자질을 토대로 왕 3~7년에 이판과 병판을 역임하였다. 세조대에는 국왕과 세조 즉위에 공이 큰 정난·좌익공신을 중심으로 한 정치가 운영되었음에서[164] 이판과 병판시에는 해조의 기능을 확고히 행사하였고, 타조사에도 영향을 끼쳤을 것으로 추측된다.

⑧ 曹錫文은 재정에 대한 탁월한 식견과 세조의 신임을 배경으로

160) 앞 163쪽 주210] 참조.
161) ≪세종실록≫ 권92, 23년 1월 정사.
162) ≪세조실록≫ 권19, 6년 3월 기사.
163) ≪성종실록≫ 권56, 6년 6월 무술 졸기.
164) 정두희, 앞 책, 216~219쪽.

왕 5~12년에 호조판서를 역임하였다. 그는 성종 8년의 졸기에 "성품이 정찰하고 理財에 능하여 세조로부터 호조의 일을 위임받았다. (중략) 세조가 일찍이 그에게 말하기를 호조의 啓箚에 경의 이름만 있으면 내가 다시 살피지 않았다"[165] 라고 한 것과 세조 13년 副摠使로서 이시애난을 토벌한[166] 등에서 시사되는 바와 같이 호조의 기능을 확고히 장악·행사하였고, 병조사 등에도 영향을 끼쳤을 것으로 추측된다.

⑨ 尹子雲은 세조의 신임을 받으면서 왕 8~12년에 병판을 역임하였다. 그는 병판을 역임한 직후에 判義禁府事, 慶尙左道軍容體察使, 咸吉道體察使, 五衛都摠管 등을 계속 겸대하였음에[167] 미루어 병조의 기능을 확실히 행사한 것으로 추측된다.

⑩ 韓繼美와 韓繼禧는 세조동서(계미)와 형이 세조동서(계희)라는 가계 및 개인적인 자질을 토대로 모두 세조의 지극한 신임을 받으면서 왕 10~11년에 이판(계미)과 11~13년에 이판(계희)을 역임하였다. 한계미는 물론 계희는 성종 13년의 졸기에

> 세조가 일찍이 군신을 평론하면서 그를 두고 "精微에 으뜸이다"
> 고 하였다. 그를 매우 親昵하게 대우하였고, 항상 관직으로 부르고
> 이름을 말하지 않았다. 이판이 되어 제수를 공평무사하게 함으로
> 사람들이 비판함이 없었다. 또 이시애 난을 토벌할 때에는 항상 궐
> 내에 머무르면서 대책을 의논했다.[168]

라고 하였음에서 시사되는 바와 같이 이조의 기능을 확실히 행사하였고, 병조사 등에도 영향력을 발휘한 것으로 추측된다.

---

165) 《성종실록》 권83, 8년 8월 기해.
166) 《세조실록》 13년 5월 신사~9월 임오.
167) 《세조실록》 권39, 12년 6월 기유·9월 정축, 권42, 13년 5월 을해, 권39, 12년 6월 경술.
168) 《성종실록》 권145, 13년 윤8월 을류.

⑪ 金國光은 매사에 諳錬한 재질과 세조의 신임을 배경으로 왕
10~13년에 호판과 병판을 역임하였다. 그는 병판에서 체직된 후 예
종 즉위년까지 판병조사, 판병조사·도총관을 각각 겸대하였고[169] 성종
11년의 졸기에

　　세조가 항상 諳錬하다고 하면서 손수 '事知第一'이라는 글자를
　　써서 하사했다. 세조 7년 5월에 승지 등이 정사로 견책되자 그에게
　　명하여 승정원의 출납을 전장하게 하였다. (중략) 의정부당상에 제
　　수된 후에는 寵任함이 견줄 자가 없었다. 또 무반의 인사를 관장하
　　였는데 청알하러 오는 사람들로 인해 문 앞이 시장 같았다.[170]

라고 하였음에서 시사되는 바와 같이 호판시는 물론 병판시에는 병조
의 기능을 확고하게 장악·행사하면서 타조사에도 간여한 것으로 추측
된다.

　⑫ 李克增은 개인적인 자질과 성종의 신임을 배경으로 성종 1~8
년에 이판과 호판, 10~15년에 병판을 각각 역임하였다. 그는 장기간
에 걸쳐 판서를 역임 및 성종 25년의 졸기에

　　성품이 直實하고 紛華함을 좋아하지 않았다. 직무를 勤謹하게 수
　　행하였고, 국사를 집안의 일과 같이 처리하였다.[171]

라고 하였음에서 판서로 재직하면서 해조의 기능을 확실히 장악하면
서 타조사에도 관여한 것으로 추측된다.

　⑬ 姜希孟은 학문적인 자질과 세조·성종의 신임을 배경으로 세조 11

169) ≪세조실록≫ 권43, 13년 8월 신축·9월 임오.
170) ≪성종실록≫ 권131, 11년 11월 정해.
171) ≪성종실록≫ 권288, 25년 3월 갑인.

년~성종 4년에 예판, 성종 4~5년에 병판, 성종 8~10년에 이판을 각각 역임하였다. 그는 장기간에 걸친 판서 역임과 성종 14년의 졸기에

> 세조가 일찍이 신하들을 품평하면서 '나는 신하가 3명이 있다. 한 계희는 묘가 제일이고, 노사신은 활달이 제일이고, 강희맹은 강명이 제일이다. 그는 경사를 박람하여 전고에 능통하였고, 예제를 참정하여 문장을 이루었다.[172]

라고 하였음에서 병판·이판시는 물론 예판시에도, 판예조사인 신숙주의 영향을 받기는 하였겠지만[173] 해조의 기능을 확고히 행사한 것으로 추측된다.

⑭ 李承召는 학문적인 자질과 성종의 신임을 배경으로 왕 2~11년에 예판을 역임하였다. 그는 장기간에 걸친 판서재직과 성종 15년의 졸기에

> 성품이 溫醇하고 학문이 정심하며 음양·지리·의약서에 이르기까지 알지 못하는 바가 없었다. 문장이 典雅하고 精絕하여 당시의 으뜸이 되었다.[174]

라고 하였음에서 예조의 기능을 확고히 행사하였고, 타조사에도 간여하였을 것이라고 추측된다.

이상에서 황희·조말생·황보인·김종서·신숙주·한명회·조석문·한계미·한계희·김국광·이승소 등은 판서로 재직한 해조의 기능을 확고히 장악하고 강화하면서 타조사에도 영향력을 발휘하였고, 안순·윤자운·이극증·

---

172) 《성종실록》 권151, 14년 2월 신사.
173) 《성종실록》 권56, 6년 6월 무술 신숙주 졸기.
174) 《성종실록》 권162, 15년 1월 무술.

강희맹 등도 판서로 재직한 해조를 장악하면서 타조사에도 간여하였다고 하겠다.

그런가하면 李稷(이판)·柳廷顯(이)·李孟昀(이)·韓確(이)·金世敏(병)·李堅基(이)·趙克寬(이)·金淡(이) 등이 판서로 재직한 시기에는[175] 의정인 ① 河崙·② 黃喜·③ 河演·④ 皇甫仁·⑤ 金宗瑞·⑥ 具致寬[176] 등이 탁월한 재식과 국왕의 신임을 배경으로 이조의 인사(①~⑤), 병조의 인사·군사(④~⑥) 등에 강력한 영향력을 발휘하였기 때문에 그 기능의 발휘가 다소 제약되고 위축되었을 것이라고 추측된다. 安純(호판)·盧思愼(호)·金謙光(예)·李克增(이)·朴元亨(이)·李克培(병) 등이 판서로 재직하였을[177] 때에는 兼判六曹事인 ⑦ 柳廷顯(호)·⑧ 申叔舟(예)·⑨ 韓明澮(병)·⑩ 曹錫文(호)·⑪ 盧思愼(이)[178] 등이 이조의

---

175) 한충희, 1998, ≪조선초기 육조와 통치체계≫, 계명대학교 출판부, 241~268쪽 <별표 1> 재직기간 참조(이하 주 177]·179]의 출전도 같다). 이들의 판서 재직기간은 다음과 같다.
　　이 직; 태종 5년 1월~6년 8월　　　　　　　　　김세민; 세종 29. 11~31. 3
　　유정현; 태종 12. 8~13. 4　　　　　　　　　　이건기; 세종 31. 12~문종 즉. 7
　　이맹균; 세종 17. 3~18.9, 8. 5~8. 11, 10. 윤4~11. 9 김 담 ; 세조 9. 9~10. 1
　　조극관; 문종 2. 12~단종 1. 10
　　한 확; 세종 27. 6~29. 9
176) 이들의 의정재직기간은 다음과 같다(의정시의 영향력은 한충희, 앞 <조선초기 육조연구 첨보>, 30~33쪽 참조).
　　하륜; 태종 5년 1월~7년 7월, 12. 8~16. 3
　　황보인; 세종 29. 6~단종 1. 10　　　　　　　　김종서; 문종 1. 10~단종 1. 10
　　황희; 세종 8. 5~31. 10　　　　　　　　　　　구치관; 세조 9. 9~12.
　　하연; 세종 27. 6~문종 1.
177) 이들의 판서재직기간은 다음과 같다.
　　안 순; 세종 6년 6월~14년 6월　　　　　　　　이극증; 성종 1. 9~4. 8
　　박원형; 세조 8. 7~9. 3　　　　　　　　　　　이극배; 성종 5. 7~8. 윤2
　　노사신; 세조 12. 5~예종 1. 7
　　김겸광; 세조 13. 9~14. 2, 예종 1. 8~성종 2. 10.
178) 이들의 판육조사 재직기간은 다음과 같다(판사로서의 영향력은 한충희, 앞 <조선 초기 판·이병조사연구>, 122~128쪽 참조).
　　유정현; 세종 7~8년　　　　　　　　　　　　조석문; 세조 10, 12. 3~14. 7, 성종 1.
　　신숙주; 세조 13. 9~예종 즉. 12, 예종 1. 1　　　6~?, 7. 4 ~?.

인사(⑨ ⑪), 호조의 재정(⑦·⑩), 예조의 외교(⑧), 병조의 인사·군사(⑨) 등에 강력한 영향력을 발휘하였기 때문에 그 기능의 발휘가 다소 제약·위축되었을 것으로 추측된다. 李稷(이판)·南在(이)·李原(병)·權蹲(호)·李崇元(형)·鄭文炯(형) 등이 판서로 재직하였을[179] 때에는 승지인 ②黃喜·⑫ 趙末生·⑩ 曹錫文·⑬ 金國光·⑭ 尹弼商·⑮ 玄碩圭[180] 등이 이조의 인사(②), 호조의 재정⑩, 병조의 인사·군사(⑫·⑬·⑭), 형조의 형정⑮ 등에 강력한 영향력을 발휘하였기 때문에 그 조 기능의 발휘가 다소 제약·위축되었을 것으로 추측된다.

이점에서 李稷·安純·南在 등이 판서로 재직하였을 때에는 위의 黃喜 등이 판서로 재직하였을 때와는 달리 議政, 判六曹事, 承旨 등의 대두로 그 조에 부여된 기능을 능동적으로 발휘하지 못하거나 그 기능이 크게 제약되고 위축되었다고 하겠다.

이상에서 이, 호, 예, 병, 형, 공조의 기능발휘는 장관인 판서의 자질·판서에 대한 국왕의 신임, 강력한 정치력을 발휘한 의정·판육조사·승지 등의 존재와 관련되어 신축되면서 발휘되었다고 하겠다.

따라서 조선초기의 국정은 법제적으로는 '왕 – 의정부 – 6조(의정부서사제 운영기)'나 '왕 – 6조(육조직계제 실시기)'의 행정체계를 통하

     ~성종 6. 6.　　　　　　　　　　노사신; 성종 1. 9~4. 8
　한명회; 세조 7. 7~12. 4, 성종 즉.~5. 5.
179) 이들의 판서 재직기간은 다음과 같다.
　이　직; 태종 5년 1월~6년 8월, 8. 2~8. 12.　　　권　준; 세조 3. 7~5. 3
　남　재; 태종 6. 8~8. 2, 8. 12~9. 3.　　　　　이숭원; 성종 5. 8~6. 8
　이　원; 태종 16. 5~17. 윤5　　　　　　　　정문형; 성종 5.~8. 8
180) 이들의 승지 재직기간은 다음과 같다(승지 때의 영향력은 한충희, 앞 <조선초기 승정원연구>, 69~73쪽 참조).
　황　희; 태종 5년 12월~9년 8월　　　　　　김국광; 세조 6. 9~7. 5
　조말생; 태종 16. 3~18. 7　　　　　　　　윤필상; 세조 13. 4~13. 8
　조석문; 세조 3. 8~5. 3　　　　　　　　　현석규; 성종 5.~8. 8

여 수행되도록 규정되었다. 또 각 조의 정사는 그 조에 소속된 판서 등 당상관이 총관하도록 규정되었다. 그러나 실제에 있어서는 국정논의의 신축성, 의정·판서·승지 등 관인 개개인의 자질과 이들에 대한 국왕의 신임도와 관련되어, 특히 국왕의 신임이 깊은 관인은 당시의 행정체계나 재직중인 관직에 구애되지 않고 강력한 영향력을 발휘하였다고 하겠다. 요컨대 육조의 기능은 그 법제적인 직장과 행정체계가 토대가 되기는 하겠지만 판서 등의 자질·이들에 대한 국왕의 신임과 육조사에 영향력을 발휘한 의정·판육조사·승지 등의 활동과 종합적으로 관련되어 신축되면서 발휘되었다고 하겠다.

6. 結語

朝鮮 六曹制는 당·송의 육부제에서 기원되었고, 조선 개국과 함께 고려 충렬왕 이래의 육조제에 명의 육부제를 가미하여 육조를 설치하면서 성립되었다.

朝鮮 開國初에 성립된 六曹制는 태종·세종 등의 왕권, 육조기능, 직제정비, 주관의 이념 및 명 육부제와 관련하여 십 수차에 걸쳐 개변되면서 기능·직제가 정립되었으며, ≪경국대전≫의 편찬과 함께 법제화되면서 확립되었다.

朝鮮 六曹屬司制는 개국과 함께 고려말의 속사제를 계승하면서 성립되었고, 태종 5년에 육조중심의 국정운영도모를 토대로 명의 屬部·淸吏司制가 가미되면서 18사로 정립되었다. 이어 세종 12년에 형조에 詳覆司가 증치되고 세조 12년에 호조 給田司와 형조 都官司가 經費司와 掌隷司로 개칭되면서 확립되었다.

朝鮮 六曹機能은 개국과 함께 고려말의 육조기능을 계승하면서 성립되었고, 태종 5년에 왕권강화·육조 중심의 국정운영도모 등과 관련되어 포괄적인 육조기능과 세분된 속사기능으로 정비되었으며, 세종~세조대에 체계적이고도 간명한 용어로 재정리되면서 확립되었다.

朝鮮 六曹 序列은 개국과 함께 고려말의 육조서열이 계승되면서 이, 병, 호, 형, 예, 공조로 정착되었고, 세종 즉위년에 주관을 참작하여 이, 호, 예, 병, 형, 공조로 조정하면서 확립되었다. 그러나 실제로는 세종 즉위 이전은 물론 이후에 있어서도 그 기능의 발휘와 관련되어 병조가 이조 다음의 서열 즉, 이, 병, 호, 예, 형, 공조로 인식되고 운영되었다.

朝鮮初期 六曹의 政治活動은 수명활동, 계문활동, 의의활동으로 대별되면서 전개되었고, 각 활동의 비중은 육조의 정책·서무기관으로서의 역할과 관련되어 조선초기를 통해 계문활동이 중심이 되었다.

朝鮮初期 六曹의 活動展開는 조별로는 이조가 가장 많고, 예, 병, 형, 호, 공조의 순서였으며, 왕대별 연평균은 예종대가 가장 많고, 성종, 세종, 문종, 세조, 단종, 태조, 정종의 순서였다.

朝鮮初期 六曹의 중심이 된 활동은 吏曹는 인사·제도였고, 兵曹는 법제·인사·국방이었고, 戶曹는 진제·사물·재정이었고, 禮曹는 외교·제도·의례였고, 刑曹는 탄핵·치죄였으며, 工曹는 토목·의장제도였다.

朝鮮初期 六曹의 法制的인 機能과 實際機能은 대개 일치되었고, 언로개방·구성원의 자질·曹 상호의 업무관련 등과 관련되어 부분적으로만 괴리되었다.

朝鮮初期 六曹機能은 왕권, 왕권과 관련되면서 운영된 국정체계 등과 연관되면서 발휘되었다. 그 기능은 太祖·定宗代에는 그 관아의 지위가 낮고 도평의사사가 대두한 등과 관련되어 미약하였다. 太宗·

世宗代에는 왕권의 안정과 강화·육조의 서무분장 등과 관련되어 강화되었다. 文宗·端宗代에는 국왕의 병약 및 이와 관련된 의정부의 대두와 관련되어 크게 약화되었다. 世祖代에는 왕권의 전제 및 육조직계제의 부활과 관련되어 크게 강화되었다. 睿宗·成宗初에는 국왕의 조서·유약과 원로대신의 대두로 다시 약화되었다. 成宗 中·後期에는 대간우용과 이를 통한 의정부 대신의 견제 등과 관련되어 점차 강화되었다.

朝鮮初期 六曹는 직장이 명확하면서 그 국정운영체계에 따라 기능발휘가 신축되도록 규정되었지만 재식·경륜이 탁월하고 국왕의 신임을 받았던 판서가 재직하였을 때는 그 조의 기능을 확실히 관장하면서 강력한 기능을 발휘하였다. 그러나 강력한 정치력을 발휘한 의정·판육조사·승지 등이 재직하였을 경우에는 판서의 자질 등이 문제가 되기도 하겠지만 대개 그 조의 기능발휘가 제약되고 위축되었다.

요컨대 朝鮮初期의 六曹는 議政府의 지휘를 받으면서나(議政府署事制 운영기), 주도적으로(六曹直啓制 운영기) 국정을 운영하도록 규정되었고, 실제로도 이것을 토대로 국정운영의 중심이 되는 정책·서정기관으로서의 기능을 수행하였다. 그러면서도 육조기능은 왕권, 판서 등 구성원과 의정·승지 등의 정치력 발휘와 관련되면서 신축되면서 발휘되었다.

제6장 承政院

1. 序言

朝鮮初期의 承政院은 1) 국왕의 최 측근에서 왕명을 출납하였고,[1] 2) 국왕에게 구두·문서로서 보고되는 모든 정사와 국왕으로부터 제 정무관아·관인에게 하달되는 모든 명령과 지시를 매개하였고,[2] 3) 국왕의 자문에 응하여 의정부·육조 등과 함께 대소 국정의 논의에 참여하였으며,[3] 4) 6승지는 모두 경연참찬관을 겸대하면서[4] 국왕의 학문 증진에 기여하고 경연에서 논의되는 정사에 참여하는[5] 등으로 국가통치에 두루 참여하면서 큰 영향력을 발휘하였던 관청이다.

또 조선초기의 인사행정을 볼 때 堂下官·參上官이 당상관에 승진

---

1) ≪경국대전≫ 권1, 이전 경관직 승정원.
2) ≪성종실록≫ 권91, 9년 4월 임자, 외.
3) ≪태종실록≫ 권31, 16년 5월 계묘, 외.
4) ≪경국대전≫ 권1, 이전 경관직 경연.
5) 특히 성종대에는 경연에서 대소 국사가 논의되고 결정되었다. 이에 대해 權延雄은 1982에 <朝鮮 成宗朝의 經筵>(≪韓國文化의 諸問題≫, 시사영어사)에서 '經筵政治'라고 하면서 그 기능을 강조하였다.

함과 동시에 승지에 제수되었고, 승지는 대개 종2품직인 六曹參判에 체직되고 정2품직 이상에까지 승진하였다.[6] 조선초기에는 왕권이 강할 때에는 六曹直啓制가 실시되면서 議政府는 약화되었고, 왕권이 약할 때에는 議政府署事제가 실시되면서 六曹가 약화되었던 만큼[7] 왕권과 밀착된 승정원의 기능은 왕권은 물론 의정부, 육조 기능과 밀접히 연관되었다고 하겠다.

따라서 조선초기 승정원에 대한 검토는 조선초기 승정원의 실체 규명뿐 아니라 조선초기 주요 관직자의 역관경향과 조선초기 통치구조의 천착을 위한 기초가 된다고 본다.

승정원에 대한 연구는 1964년에 全海宗이 <承政院考>를 발표하면서 시작되었고,[8] 이후 李載浩,[9] 金大洙,[10] 金昌鉉[11] 등에[12] 의해 계승되면서 승정원의 직제·銓注 등 기능과 승지의 임용실태 등이 고찰되었다. 그러나 이러한 연구에도 불구하고 承旨의 性分이 승지의 관력·기능과 어떻게 연관되었고, 승정원의 실제기능은 어떠하였으며, 승정원이 왕권 및 의정부(의정 등)·육조(판서 등) 등과 어떻게 연관되었는가[13] 등이 구체적으로 규명되지 못하였다. 여기에 조선초기 승정

---

6) 金昌鉉, 1986, <朝鮮初期 承旨에 관한 一研究>, ≪(한양대)韓國學論集≫ 9, 37~49쪽.

7) 한충희, 1980, <朝鮮初期 議政府研究> 상, ≪韓國史研究≫ 31, 116~147쪽.

8) 全海宗, 1964, <承政院考>, ≪震檀學報≫ 25·26·27합집.

9) 李載浩, 1980, <承政院機能考>, ≪釜山大論文集≫ 29.

10) 金大洙, 1982, <朝鮮初期 承政院 – 職制와 機能 –>, 경북대학교 석사학위청구논문.

11) 金昌鉉, 1986, <朝鮮初期 承旨에 관한 一研究 – 承旨의 銓注機能과 任用實態를 中心으로 ->, ≪(한양대)韓國學論集≫ 9.

12) 그 외에 승정원과 관련된 연구에는 다음과 같은 등이 있다.
金潤坤, 1964, <麗末鮮初의 尙瑞司>, ≪歷史學報≫ 25.
金甲周, 1973, <院相制의 成立과 機能>, ≪東國史學≫ 12.
韓忠熙, 1984, <朝鮮初期 判吏·兵曹事研究>, ≪(계명대)韓國學論集≫ 11.

13) 한충희, 위 <조선초기 관이·병조사연구>에서 그 일단이 논급되었고, 김창현의 앞 <조선초기 승지에 관한 일연구>에서 그 중요성이 제시되었다.

원에 대한 재연구의 필요성이 있다.

이 장에서는 朝鮮初期(정종 2년~성종 25년)의 承政院을 대상으로 지금까지의 연구성과를 수렴하고 관계사료를 검토하여 職制의 정비, 承旨의 性分과 官歷傾向, 승지의 성분과 관력의 연관 등을 검토한다. 또 承政院 機能의 實際는 어떠하고 그 기능은 승지의 성분과 어떻게 연관되었으며, 承政院이 王權·議政府·六曹 등 정치기구와 어떻게 연관되었는가를 고찰하기로 한다. 물론 그 검토시기가 100여 년에 걸치고 승지역임자가 274명이나[14] 됨에서 그 모두를 논급할 수는 없겠지만, 지금까지의 연구를 보완하면서 승정원과 왕권 의정부·육조 등과의 관계를 규명할 수 있다고 생각한다.

2. 承政院制의 整備

1) 承政院制의 成立

조선일대를 통하여 운영된 승정원은 명칭상으로는 정종 2년에 中樞院에 소속되어 왕명출납과 그 사무를 담당하던 중추원 承旨와 堂後官을 승정원으로 독립시키면서 성립되었다. 그러나 그 연원을 보면 宋의 樞密院제도를 참작하여 설치된 고려 성종 10년 이래의 중추원제에서 기원되었다. 즉 고려의 중추원제가 조선의 개국과 함께 조선으로 계승되었다가 정종 2년에 세자인 靖安君(뒤의 태종)이 중심이 되어 정권과 병권을 장악한 都評議使司와 大臣·宗親의 지나친 권력

---

14) 정종 2년~성종 25년에 ≪조선왕조실록≫에서 승지에 재직하였음이 확인된 총 인원은 273명이었다. 그런데 李種善에 있어서 실록에서는 확인되지 않지만 세종 20년 3월 무술 졸기에 "대언을 역임하였다"고 하였기에 포함하여 파악한다.

을 약화시키고 왕권을 강화하는 방향에서 도평의사사를 議政府로, 중추원을 三軍府로 각각 개칭하고 정치와 군사를 의정부와 삼군부가 각각 분장하게 한 조치[15] 등에[16] 수반되어 중추원과는 별개인 독립된 관아가 됨으로써 성립된다고 본다.

宋의 樞密院制는 송초에 唐·五代의 추밀원제를[17] 계승하여 설치한 것으로써 軍國機務·兵防邊備·戎馬의 政令·密命에 관한 출납을 관장하였고, 使·同知事·副使·僉書事·都承旨·計議官·編修官의 관원이 있었으며, 그 직능과 관원에서 中書省과 함께 최고 국정기관이 되었다.[18] 이 추밀원이 송대를 통하여 부사·계의관이 혁파되고 知事·同僉書事·檢詳官이 가치되는 등의 변화를 겪으면서 운영되었다.[19]

高麗의 中樞院制는 성종 10년 10월에 왕권의 강화를 모색하던 성종이 전년 12월~동년 4월에 송에 사은사로 파견되었다가 귀국한 兵官侍郎 韓彦恭의 건의에 따라 송의 추밀원제를 본 따 중추원을 신

---

15) ≪정종실록≫ 권4, 2년 4월 신축 命門下侍郎贊成事河崙 更定官制 改都評議使司爲議政府 改中樞院爲三軍府 職掌三軍者 專仕三軍 不得坐議政府 (중략) 改中樞院承旨爲承政院承旨 (중략) 中樞院堂後爲承政院堂後 (하략).

16) 그 외에 승선이 집무를 보기 위하여 독자적으로 운영된 장소-承宣房도 승정원 독립의 한 요인이 되었다고 추측된다(邊太燮, 1976, <高麗의 中樞院>(≪震檀學報≫ 41) 64쪽, 金大洙, 1982, <朝鮮初期의 承政院 - 職制와 機能->(경북대학교 대학원석사청구논문) 9쪽).

17) 당에서는 代宗 永泰 1년(765)에 중국 최초로 추밀원을 설치하였고, 설치초에는 환관으로 제수된 內樞密使가 내외의 表奏를 관장하기는 하나 황제의 모든 처분을 중서문하성에 宣付하여 시행함에 그쳤으며, 僖宗대(874~888)에 楊復恭이 추밀사가 되어 재상권을 제약하게 되면서 기능이 크게 강화되었다. 오대 때에는 후량에서 관아의 명칭을 崇政院으로 개칭하였다. 처음에는 당과 같이 환관이 崇政使가 되었으나 敬翔이 숭정사가 되면서부터 조관이 임명되었고, 후당에서는 莊宗 同光 1년(923)에 그 칭호를 추밀원으로 복칭 및 추밀원사 1인이 증치되고 재신 郭崇韜가 원사가 되면서 그 기능이 재상과 대등하게 되었다. 후진에서는 高祖 天福 1년(936)~4년과 出帝 開運 1년(944) 이후에 각각 추밀원이 운영되었고, 後周에서도 추밀원이 운영되었다(≪九通分類總纂≫ 권52, 직관류 4 추밀원조).

18) ≪구통분류총찬≫ 권52, 직관류 4.

19) 지사는 신종대에 설치되었고, 부사는 신종대에 혁파되었고, 동첨서사는 영종대에 설치되었고, 검상관은 신종대에 설치되었으며, 계의관은 남송 고종대에 혁파되었다(동상조).

설하고 당시까지 闕內宿衛·王命出納을 담당하던 內議承旨舍人·內承旨(直宿員吏)의 기능을 여기에 귀속 및 軍機의 기능을 추가하고,[20] 使·副使 각2인과[21] 左·右承宣 각1인의[22] 관원이 두어지면서 성립되었다. 이 때의 중추원이 이후 고려시대를 통하여 왕권, 宰相 중심의 국정운영, 兵部의 군정 기능, 元의 영향으로 인한 관제개변, 都評議使司의 대두 등과 관련되어 기능과 직제가 다음의 표와 같이 변개되면서 운영되었다.

기능은 성종 10년~충선왕 1년(1309)에는 중추원 설치 시의 중추원을 토대로 한 왕권강화 도모와는 달리 軍機의 기능은 관장하지 못하고(군기기능은 중추원의 樞臣이 都兵馬使에 合坐하여 발휘) 궁궐내의 宿衛, 儀禮, 宮中庶務, 王命出納 만을 관장하였다. 충선왕 2년~공양왕 3년에는 군기 기능까지 관장하게 되었고, 그에 따라 僉議府와 함께 국정의 중심기관이 되었다.[23]

관제는 관아의 명칭이 中樞院, 中臺省, 樞密院, 密直司, 光政院 등으로 빈번하게 개칭되었고, 관원도 中樞院使 등의 추신 및 左承宣 등의 승선 모두 직질과 인원이 20여 회에 걸쳐 변천되면서 운영되었다.[24] 그러다가 조선의 개창과 함께 공양왕대의 그것에 단지 知申事

---

20) 변태섭, 앞 논문, 54~55쪽·72쪽, 朴龍雲, 1976, <고려의 중추원연구>, ≪한국사연구≫ 12, 92~93쪽.
21) ≪고려사≫ 권93, 한언공열전.
22) 좌·우승선은 설립 당시의 ≪고려사≫ 기사에는 언급되지 않았지만 박용운이 앞 논문, 99쪽에서 시사한 바와 같이 성종 14년과 목종 12년에 좌승선과 우승선이 각각 확인되었다. 고려 중추원의 전신이 된 송의 추밀원제에 사·동지사 등과 함께 도승지·부도승지가 편제되었으며, 비록 우승선이 좌승선에 비해 14년 뒤에 확인되었지만 관직에서의 좌직과 우직은 동시에 치폐되고 있는 등에서 성종 10년에 사·부사와 함께 설치되었다고 보아도 무리가 없을 듯하다. 또 본문에서는 언급되지 않았지만 송의 추밀원관에 고려의 당후관과 상통되는 계의관(충렬왕 24년에 계의참군과 함께 설치되었다가 당후관으로 개칭)이 편제되었음에서 당후관에 비정되는 관직도 설치된 것으로 추측된다.
23) 변태섭, 앞 논문, 72~79쪽, 박용운, 앞 논문, 115~125쪽.
24) 박용운, 위 논문, 100~101쪽 중추원 직관 변천표.

가 都承旨로, 代言이 承旨로 각각 개칭되면서 계승되었다.

<표 31> 고려시대 중추원 직제 변천[25]

왕	연	관아명	知奏事	左承宣	右	左副	右副	堂後官	기능	비고 (변천배경)
성종	10년	中樞院							宿衛·儀禮·庶務·王命出納	
	14.			좌승선						
목종	12.			우						
현종	즉위.	中臺省 중추원								康兆집권 강조실각
	2.									
	5.			(日直)	→	→	→			
	14.			좌승선	우	좌부	우부			
정종	6.	지주사								
문종(《고》 백관지)		중추원 (1,정3)	지주사 (우동)	좌승선 (〃)	우 (〃)	좌부 (〃)	우부 (2,정7)	당후관		직제정비
헌종	1.	樞密院								
충렬왕	1.	密直司		承旨	→					원제 영향
	2.									
	10.					(부)	→			
	24.5.(충선즉위)	光政院	都承旨 (종5)	승지 (종6)	→			計議官 計議參軍 당후관 (정7)		충선왕 개혁 실시 충선왕 퇴위
	24.8	밀직사	知申事 (1,정3)	좌승지 (〃)	우	좌부	우부			
	34.	혁								
충선왕	즉위.	밀직사							出納·宿衛·軍機	
	2.			대언	→					
충정왕 1년					(부)	→				
공민왕	5.	추밀원				(부)	→			관제개혁
							승선			
	8.			(승선)	→					
	10.		지주사	左代言	우	좌부	우부	당후관 (정7)		
	11.	밀직사	지신사 (정3)							
	18.			좌승선	우	좌부	우부			
後復改		중추원		좌대언	우	좌부	우부			구제로 환원

---

25) 박용운, 앞 논문, 100~101·120~121쪽, 변태섭, 앞 논문, 64~68쪽.

2) 承政院制의 整備

정종 2년 4월에 성립된 조선의 승정원은 王命을 出納하였고, 출납을 담당한 知申事·左承旨·右承旨·左副承旨·右副承旨(각1, 정3)와 원내의 기록과 연락 등 사무를 담당한 堂後官(2, 정7) 및 원내의 雜事와 승지의 시종을 담당한 掾吏(6, 7품 去官)가 있었다.[26] 승정원의 직장은 조선시대를 통하여 변동없이 계승되었지만,[27] 관아의 명칭과 구성원은 세종 15년까지 왕권과 직제의 정비·대내외 정세 등과 관련되어 수차에 걸쳐 변천되었다가 ≪경국대전≫에 명문화되면서 확립되었다.

승정원은 성립된 1년 후인 태종 1년 7월에 최초의 변개가 있었다. 정종 2년에 都評議使司가 議政府로 개편되면서 당시까지 명목만 유지하고 있던 門下府를 의정부에 통합하고 군정을 專掌한 義興三軍府와 왕명을 출납한 승정원을 통합하여 承樞府로 개편하는 조치의 일환으로 승정원은 독립된 관아의 지위를 상실하고 다시 이전의 상태로 환원되었다. 동시에 구성원의 칭호도 承樞府 지신사·좌승지·우승지·좌부승지·우부승지·당후관으로 개칭되었다.[28] 그런데 이 때에 승정원이 승추부에 통합된 것은 비록 정종 2년에 私兵革罷와 관제개혁을 주도하였던 靖安君이 왕으로 즉위한 후 승정원이 왕권과 가장 밀착된 관아가 되었으나 태종 2년 11월에 左政丞 河崙·右政丞 李茂와 完山君 李天祐에게 判承樞府事와 中軍都摠制를 각각 겸임하게 한 것[29] 등과[30] 관련시켜 볼 때 태조가 鄭道傳을 주축으로 집권책을 강

---

26) ≪태조실록≫ 권1, 1년 7월 정미.
27) ≪경국대전≫·≪속대전≫·≪대전통편≫·≪대전회통≫ 권1, 이전 경관직 승정원.
28) ≪태종실록≫ 권2, 1년 7월 경자.
29) ≪태종실록≫ 권4, 2년 11월 경인·12월 병자.
30) 그 외에 태종 1년 6월 계유에 문하부낭사가 "의흥삼군부의 명호가 부적절하니 당·송의 제도에서 본 딴 중추의 명호를 사용하라"고 올린 상소도 일인이 되었다고 본다.

화하는 가운데 義興三軍府의 장관직이 정도전에게 맡겨지고 병권과 정권이 통합되었던 것과 마찬가지로 정치와 군사를 의정부와 의흥삼군부로 분리시켜 관장하게 하는 것보다 하륜 등 그의 親臣 들에게 정권과 병권을 겸장시키는 것이 정치적 안정과 집권화에 기여한다는 태종의 단안에 따른 정권·병권 통합책과 관련된, 즉 승추부제의 정비에 의해 부수적으로 행하여 졌다고 생각된다.[31]

그 후 승정원은 태종 5년 1월에 태종의 왕권을 토대로 한 육조 중심의 국정운영 기도와 함께 육조가 정3품 아문에서 정2품 아문으로 격상되고 종래까지 尙瑞司가 관장하던 문·무반의 인사권을 각각 吏·兵曹에 귀속시키고, 司平府가 戶曹로 통합되면서 전곡에 대한 기능이 호조로 귀속되고, 승추부가 병조로 통합되면서 甲兵과 왕명출납의 기능 중 갑병의 기능을 병조에 귀속시킨 등의 조치와 함께 다시 왕명의 출납을 관장하는 독립관아가 되었다. 동시에 승지와 당후관의 명칭이 代言과 注書로 개칭되었고, 同副代言이 신치되면서 6대언이 각각 이, 병, 호, 형, 예, 공조사를 분장하게 되었다.[32]

세종 15년 9월에 知申事가 都承旨, 좌·우·좌부·우부·동부대언이 좌·우·좌부·우부·동부승지로 각각 개칭되면서[33] 승정원제는 거의 확립되었다. 이 때에 지신사와 좌대언 등이 도승지와 좌승지 등으로 개칭된 것은 "知申事의 '申'자가 용례상 신하가 사용하는 말로는 참람하

---

31) 閔賢九, 1983, ≪朝鮮初期 軍事制度와 政治≫, 한국연구원, 271~272쪽.
32) ≪태종실록≫ 권9, 5년 1월 임자. 동조에서 승정원이 독립된 관아가 된 시기와 당후관이 주서로 개칭된 시기는 명확히 언급되지 않았지만 김대수, 위 논문, 11쪽에서 언급되었음과 같이 태종 5년 12월 무진과 동왕 6년 윤7월 병인조에 지신사 黃喜와 주서 柳翼之가 각각 확인됨으로 이 때에 승정원이 독립관아가 되었고, 당후관이 주서로 개칭되었다고 보아도 좋을 듯하다. 그리고 승지의 육조사 분장(分房)은 동부대언이 신치되기 전에는 도·좌·우·좌부·우부승지가 각각 이·병·호·예·공방(형방은 知刑曹事)을 담당하였고, 그 후에는 6승지가 각각 6방을 분장하였다(전해종, 앞 논문, 210~211쪽, 김창현, 앞 논문, 7쪽).
33) ≪세종실록≫ 권61, 15년 9월 신축.

다"는 지적과 명칭통일의 요청에서 비롯되었다.[34]

최종적으로 ≪경국대전≫의 편찬과 함께 승정원에 22명의 書吏가, 6승지에 각각 서리 1명·根隨 3명이 배속되도록 규정되면서[35] 승정원 제는 확립되었다.

또 정식의 관제로는 운영되지 않았지만 세조 13년 이후에는 明使 의 접대·李施愛亂의 평정·承旨의 出使·國喪·승지의 자질부족 등에서 야기되는 승정원사의 처리와 관련되어 임시로 兼承旨·假承旨·假注 書가 운영되었다.[36] 또 승지는 왕명을 왕의 최측근에서 출납하고 시 종을 담당 및 승지의 대부분이 문과를 거친 학식자인[37] 등에서 經筵 參贊官, 春秋館修撰官, 弘文館과 藝文館의 直提學, 尙瑞院正, 司 饗院·內醫院·典獄署·尙衣院·鑄字所·昭格署·承文院·仁壽府 副提調 등을 당연직으로 겸임(例兼)하거나 수시로 겸임하였다.[38] 이들 겸직

---

34) ≪세종실록≫ 권61, 15년 8월 임신·정축·경인조.

35) ≪경국대전≫ 권1, 이전 경관직

36) 겸승지 등을 역임하였음이 확인된 인물에는 申澍·洪應(겸도승지), 孫比長·李有仁(가승지), 權景禧(색승지), 鄭子堂(가주서) 등이 있었다. 본고에서는 언급되지 않지만 왜란을 계기로 정식의 관원이 된 사변가주서는 위의 가주서에서 기인되었다고 본다.

37) 조선초기 승지역임자의 72%(187/219, 이중 25% 62명은 음서후에 문과급제)와 71%(196/274, 19% 54명은 음서후 문과)가 각각 문과급제자였다(김창현, 앞 논문, 21쪽과 한충희, 1987, <조선초기 승정원연구>, ≪한국사연구≫ 59, 21쪽).

38) 김대수, 앞 논문 62~80쪽과 李光麟, 1967, <提調制度 硏究>, ≪東方學志≫ 8, 81~82 쪽에서도 논급되었지만, <표 32>에서 적기된 겸직을 제외한 그 외의 겸직사례를 보면 세 종 5년 3월 을사에는 다음과 같이 知申事·5代言의 예겸부제조제가 상정되었다.
지신사; 승문원·훈련관·내자시·사섬시·전의감·동활인원·서활   좌부대언; 인순부부제조.
　　　　　인원·소격전·관습도감·상림원·도화원·사련소부제조.   우부대언; 예빈시·경복궁부제조.
좌대언; 내섬시부제조.　　　　　　　　　　　　　　　　　　　　동부대언; 복흥고·습산국부제조.
우대언; 인수부부제조.
태종 3년과 세종 17년에 朴錫命(지신사)·李膺(좌부)과 승지 1명이 각각 주자소부제조(태종 3년 2월 경신·세종 17년 10월 정사), 세종 13년 이전부터 지신사가 司膳署부제조(세종 13 년 6월 갑진), 단종 3년 이전부터 申叔舟(도승지)·權覽(좌부)이 수문전과 보문각직제학(단종 3년 1월 경오), 세종 30~32년에 6승지가 첨사원첨사(세종 30년 9월 신묘), 세조 4년부터 승지 1명이 악학도감부제조(세조 4년 7월 병술), 세조 9·10년에 盧思愼(도)이 홍문관직제

중 ≪경국대전≫에 예겸직으로 규정된 경연참찬관, 춘추관수찬관, 예문관·홍문관 직제학, 상서원정, 내의원·상의원·사옹원·전옥서 부제조 등의 변천을 표로 정리하여 제시하면 다음과 같다.

<표 32> 조선초기 승지 예겸직 변천[39]

	태조	태종	세종			세조	예종	성종
	1년 7월	5.1	14.4	15.9	25.6	12.1	즉.10	1.1
經筵參贊官 春秋館修撰官	(擬望承旨) 知申事·4承旨	知申事·5代言	→6承旨→	→	→	→	6承旨	→ →
尙瑞院正						都承旨	→	→
內醫院副提調 尙衣院副提調 司饔院副提調			승지1	승지1→ →	→ →	→ →		→ 都承旨

		성종		≪경국대전≫	비고
		9년 3월	12.3이전		
경연참찬관	6승지	→	→	6승지	蔭官·무관 제외
춘추관수찬관	6승지	→	→	6승지	
藝文館直提學		도승지	→	도승지	
상서원정	도승지	→	→	도승지	
내의원부제조	승지1	→	승지1	승지1	
상의원부제조	승지1	→	승지1	승지1	
사옹원부제조	도승지	?	승지1	승지1	
典獄署副提調			?	刑房承旨	

지금까지 살펴본 승정원제의 변천과정을 표로 재정리하여 제시하면 다음과 같다.

학·원각사조성도감부제조(세조 9년 11월 정축·10년 5월 을사), 성종 7년에 玄碩圭(도)가 별와요부제조(성종 7년 8월 기묘)를 각각 겸대하였다. 그 외에도 승지는 국초부터 知製教를 겸하였고, 세조 3년부터 注書가 춘추관기사관을 겸대하였다(성종 1년 3월 임오).

39) 이광린, 앞 논문, 77~84쪽과 김대수, 앞 논문, 78~80쪽 그리고 ≪조선왕조실록≫ 태조 1년~성종 16년조 등에서 종합.

<표 33> 조선초기 승정원직제 변천[40]

	承旨(대언, 정3당상)						注書(정7)	衙前	비고
	都承旨	左承旨	右	左副	右副	同副			
태조 1.7.	知申事	좌승지	우	좌부	우부		堂後官 2	掾吏(6, 7품 거관)	中樞院에 합속
정종 2.4.	지신사	좌승지	우	좌부	우부		당후관 2	?	승정원
태종 1.7.	지신사	좌승지	우	좌부	우부		당후관 2	?	承樞府에 합속
5.1.	지신사	左代言	우	좌부	우부	동부	주서 2	?	승정원
세종 15.9.	都承旨	좌승지	우	좌부	우부	동부	주서 2	?	승정원
《경국대전》	도승지	좌승지	우	좌부	우부	동부	주서 2	書吏 28	승정원

3. 承旨의 性分과 官歷傾向

승정원에는 독립된 관아가 된 정종 2년으로부터 성종 25년까지 총 274명이 승지로 재직하였다. 여기에서는 이들 승지의 출사로와 가계 그리고 관력경향이 어떠하였으며, 승지의 성분과 관력경향이 어떻게 연관되었는가를 구분하여 살펴본다.

1) 承旨의 性分

(1) 出仕路

조선초기 관인의 初入仕路에는 文科·武科·蔭敍·吏科·雜科·取才· 薦擧 등이 있었다. 이러한 입사로와 관련하여 조선초기 승지역임자의 입사로를 ㄱ) 정종 2년~태종 18년, ㄴ) 세종대, ㄷ) 문종~단종대, ㄹ) 세조대, ㅁ) 예종 1년~성종 7년, ㅂ) 성종 8~25년의 시기로 구분하여 살펴본다.[41]

---

40) 동상조.
41) 조선초기의 왕권과 국정운영을 볼 때 태종·세종·세조대에는 왕권이 안정되면서 국왕을 중심 한 정치가 운영되었고, 문종·단종·예종대에는 국왕의 병약·조서와 함께 신권이 대두되면서

정종 2년~태종 18년에는 47명 중 문과가 33명(70%), 음서·문과가 1명(2), 음서가 7명(15), 기타(불명)가 6명(13)이었다. 세종대에는 65명 중 문과가 35명(54%), 음서·문과가 8명(12), 음서가 12명(18), 그 외가 10명(15)이었다. 문종·단종대에는 20명 중 문과가 13명(65%), 음서가 4명(20), 기타가 3명(15)이었다. 세조대에는 50명 중 문과가 24명(48%), 음서·문과가 14명(28), 음서가 10명(20), 기타가 2명(4)이었다. 예종 1년~ 성종 7년에는 16명 중 문과가 8명(50%), 음서·문과가 6명(38), 음서가 2명(13)이었다. 성종 8~25년에는 76명 중 문과가 30명(39%), 음서·문과가 24명(32), 음서가 12명(16), 무과와 음서·무과가 각각 3명(4), 기타가 7명(9)이었다. 전체로는 274명 중 문과가 140명(51%), 음서·문과가 53명(19), 음서가 47명(17), 무과와 음서·무과가 각각 3명(1), 기타가 28명(10)이었다.[42) 이를 볼때 문과(음서후 문과 포함)와 음서출신이 각각 72·66·65·76·88·71%와 15·19·20·20·13·16%를 점하였다. 즉, 예종~성종 7년에는 승지의 대부분이 문과출신이었고, 그 외의 시기에도 음서가 상당한 비중을 점하고는 있지만 문과출신이 65~76%를 점하였다.

이러한 승지의 문과자 비율은 議政府 議政·贊成·參贊과 六曹 判書·參判에 비하여도 월등히 높았다.[43) 이점에서 승지는 학식이 크게 요청되는 관직이었다고 하겠다. 그러면서도 음서(음서, 음서후 문·무과)가 37%나 되었고, 특히 文運이 융성하고 경연이 활발히 전개된 성종 8년 이후에 49%나 되었으며, 그 외의 시기에도 50~17%를 점

의정부대신을 중심한 국정이 운영되었으며, 성종초에는 세조비 정희왕후·원상을 중심한 정치가 운영되었다. 여기에서는 이와 관련하여 위의 6시기로 구분한다.
42) 한충희, 1987, <조선초기 승정원연구>, ≪한국사연구≫ 59, 37쪽 <표 4>.
43) 정종 2년~성종 25년의 의정 등의 출사로를 보면 문과·음서후 문과자가 각각 72·65·65·65·63% 였다(판서는 태종 5년~성종 25년, 참판은 태종 16년~성종 25년).

하였다. 이에서 승지의 제수에는 가계적인 요소가 크게 작용되었을 것으로 추측된다.

(2) 父祖의 官歷과 姓貫

승지역임자 부조의 관력을 보면 조·부(조나 부)가 1품과 2품을 역임한 수가 각각 정종 2년~태종 18년에는 7명과 17명인 등 24명(51%), 세종대에는 39명(60), 문종·단종대에는 14명(70), 세조대에는 32명(64), 예종 1년~성종 7년에는 9명(56)인 등 274명중 60% 163명이었다.[44]

또 승지역임자의 성관을 보면 《新增東國輿地勝覽》·《傭齋叢話》와 《신증동국여지승람》이나 《용재총화》에 鉅族으로 기재된 성관이 각각 정종 2년~태종 18년에는 47명 중 21명 45%·3명 6%였고, 세종대에는 65명 중 38명 58%·1명 2%였고, 문종·단종대에는 20명 중 9명 45%·3명 15%였고, 세조대에는 50명 중 19명 38%·3명 6%였고, 예종 1년~성종 7년에는 16명 중 9명 56%·0명 0%였으며, 성종 8~25년에는 76명 중 36명 47%·4명 5%인 등 274명 중 146명 53%가 거족 가문의 자제였다.[45] 이를 볼 때 승지에는 부나 조가 2품직 이상을 역임한 거족가문의 자손, 즉 명문의 고관자손이 제수되는 경향이 현저하였다고 하겠다.

2) 承旨의 官歷

조선초기 승지 역임자 274명의 제수 직전관직·체직관직·최고관직을 보면 제수 직전관직은 정3품 당상·정3품 당하·종3품 이하가 각각 정

---

44) 한충희, 앞 논문, 38쪽 <표 5> 조·부의 역관.
45) 위 논문, 38쪽 <표 5> 본관 참조.

종 2년~태종 18년에는 44명 중(불명 제외, 이하 동) 14명(32%)·19명 (43)·11명(25)이었고, 세종대에는 58명 중 20명(34%)·24명(41)·14명(24) 이었고, 문종·단종대에는 19명 중 8명(42%)·4명(21)·7명(37)이었고, 세 조대에는 47명 중 12명(26%)·15명(32)·20명(43)이었고, 예종~성종 7년 에는 16명 중 10명(63%)·4명(25)·2명(13)어었으며, 성종 8~25년에는 76 명 중 43명(57%)·14명(18)·19명(25)이었다.[46] 따라서 총 260명 중 107 명 41%가 당상관에서 승지에 제수되었고, 153명 59%가 정3품 이하에 서 당상관에 超資되거나 加資되면서 승지에 발탁되었음을 알 수 있 다. 그런데 당시의 인사행정을 보면 종6품 이상은 5考3上(매6개월에 1고) 이상이나 문·무과급제로써 1~4階가, 정3품 당하관(정3품 通訓 大夫·禦侮將軍)은 準職(通禮院左通禮·奉常寺正·訓練院正)을 역임 하거나 문·무과급제를 통하여 당상관에 각각 승진되었다.[47] 이점에서 승지에 제수되기 위하여 정3품 당하관 이하에서 일약 당상관에 加資· 超資되는 것은 관인에게 가장 현저한 발탁을 의미하는 것이라고 하 겠다.[48]

승지 역임자의 체직관직을 보면 종2품 이상·정3품 당상·파직 등 기 타가 각각 정종 2년~태종 18년에는 43명(조상·사망 제외, 이하 동) 중 20명(43%)·8명(17)·23명(49)이었고, 세종대에는 51명 중 34명 (67%)·8명(16)·29명(57)이었고, 문종·단종대에는 18명 중 15명(83%)·1 명(6)·4명(22)이었고, 세조대에는 48명 중 35명(73%)·2명(4)·13명(27)이

46) 한충희, 앞 논문, 40~41쪽 <표 6> 정종 2년~성종 25년 승지역임자 역관 일람표에서 종합.
47) ≪경국대전≫ 권1, 이전 경관직·외관직, 권4, 병전 경관직, 권1, 이전 제과조.
48) 加資가 남발된 세조~성종대에도 당상관에 승진시키거나 당상관에 대한 가자는 억제(자·손
   등에게 대신 가자하는 代加가 부여)되었음에서 승지에 제수하기 위하여 당상관에 승진시키
   는 것은 승지직의 중요성을 잘 입증한다고 본다. 대가제와 가자남발에 대하여는 최승희,
   1985, <朝鮮時代 兩班의 代加制>, ≪震檀學報≫ 60, 7~30쪽, 한충희, 1985, <朝鮮 世
   祖~成宗代의 加資濫發에 對하여>, ≪(계명대)韓國學論集≫ 12, 168~202쪽 참조.

었고, 예종 1년~성종 7년에는 16명 중 12명(75%)·3명(19)·2명(13)이었으며, 성종 8~25년에는 67명 중 24명(36%)·22명(33)·19명(28)이었다.[49] 이에서 성종 8~25년의 시기 외에는 파면되지 않는 한 거의가 종2품 이상으로 陞資·超資되면서 체직되었다고 하겠다.[50]

승지 역임자가 진출한 최고 관직을 보면 정2품 이상·종2품·정3 당상이 각각 정종 2년~태종 18년에는 43명(재직 중 사망 제외, 이하 동) 중 24명(58%)·19명(42)·0명(0)이었고, 세종대에는 60명 중 37명(60%)·21명 (35)·2명(4)이었고, 문종·단종대에는 18명 중 13명(72%)·5명(28)·0명(0)이었고, 세조대에는 48명 중 32명(67%)·13명(22)·3명(6)였고, 예종 1년~성종 7년에는 16명 중 6명(38%)·9명(56)·1명(8)이었다(성종 8~25년은 승지체직 이후의 시기와 관련하여 제외).[51] 이에서 조선초기의 승지 역임자는 반수 이상이 최고 관아인 의정부의 당상관과 국정의 분장관아인 육조의 판서·참판에까지 무난히 승진하였다고 하겠다.

이상에서 승지는 참상관·당하관이 당상관에 승진하는 중요 관직이었고, 승지의 대부분이 종2품 이상에 승자되면서 체직됨은 물론 승지 역임자의 반수 이상이 정2품 이상에 진출하였다. 이에 미루어 조선초기 승지는 국정에 끼친 영향력이 지대하였고, 승지직이 당시의 관직 체계·인사행정에서 큰 비중을 점하였다고 하겠다.

---

49) 한충희, 앞 논문, 40~41쪽 <표 6>에서 종합.
50) ≪경국대전≫에 규정된 堂上官職을 보면 정3품이 36직(돈령부도정 1, 중추부첨지사 8, 6조 참의·지병조사 7, 대사간 1, 승지 6, 수군절도사·병마절제사 9, 장예원판결사·훈련원도정·홍문관부제학·성균관대사성 각1)이고, 종2품이 35직(돈령부동지사, 중추부동지사 7, 6조 참판 6, 개성유수 1, 한성부 좌·우윤 각1, 관찰사·병마사·부윤 17, 대사헌 1)이었다. 이점에서 승지의 종2품 이상 승수(직)는 당연하다고도 하겠지만, 대개가 종2품직에서도 가장 요직인 참판에 제수되는가 하면 소수가 정2품직인 참찬·판서·대제학에 제수된 것은 승지의 위치를 시사한다고 하겠다.
51) 한충희, 위 논문, 40~41쪽 <표 6>.

3) 承旨의 性分과 官歷傾向

앞에서의 고찰을 통해 조선초기의 승지(대언)제수 및 승지제수자의 승진에는 가계적인 것이 중요한 배경이 되었을 것임이 시사되었다. 여기에서는 이와 관련하여 승지제수에 끼친 가계적인 요소를 종5품~ 종3품(관직)으로서 승지에 超資除授된 62명, 40세 미만에 승지에 제수되었거나 급제(음서)후 20년 미만에 승지에 제수된 91명을 대상으로 로 살펴 본다.

먼저 종3품 이하에서 승지에 초자제수된 73명을 보면[52] 李承幹· 洪汝方·韓承顏·成揜·權提·金孟性·鄭淵·南智·安崇善·鄭甲孫·成念祖·姜碩德·趙瑞安·閔騫·盧思愼·金壽寧·申澍·朴健·李永垠·李壽男· 魚世恭·安貧世·權孟禧·李克增·尹繼謙·韓繼純·李世弼·李世佑·尹殷老·宋瑛·韓健·朴楣·鄭敬祖·南忻·朴元宗·尹俶·盧公裕 등 37명이 승지제수배경이 가계임이 명확하거나,[53] 가계·승지제수 전후의 ≪조선왕조실록≫ 기사·졸기 등을 볼 때 가계가 제수의 중요한 배경이 되었다고 추측되었다.[54]

다음으로 나이 40세 미만, 문과급제 후 15년 이내나 음서 후 20년 이내에 승지에 제수된 91명의[55] 승지제수배경을 보면 盧閈·趙敍·尹向·安純·李澄·柳思訥·洪汝方·崔士康·趙瑞老·權提·韓惠·鄭淵·安崇

---

52) 한충희, 앞 논문, 44~46쪽 <표 7-ㄱ>.

53) 예컨대 이승간(하륜사위)은 旱災에 대한 책임을 지고 좌정승에서 물러난 河崙을 위로하기 위한 조치로 승지에 발탁되었고(≪태종실록≫ 권14, 7년 7월 을묘), 안빈세는 병중인 모 貞懿公主를 위로하기 위한 조치로 승지에 초천되었고(≪세조실록≫ 권, 13년 3월 병인), 한건은 고모인 仁壽大妃로 인해 승지에 초수되었다(≪성종실록≫ 권283, 24년 10월 기축 졸기).

54) 예컨대 한숭언은 부가 고려말에 도첨의평리를 역임한 理이고 4촌이 태종말에 우·영의정을 역임한 尙敬이었고, 성엄은 부가 태종후반에 대사헌·예문관대제학·형판·호판·예판을 역임한 石珚이고 백부가 태종대에 3의정을 역임한 石璘이었으며, 권제는 부가 태종대에 참찬·찬성사를 역임하면서 장기간 문한을 관장하였던 近이고 동생이 태종부마인 跬였다.

55) 한충희, 위 논문, 47~49쪽 <표 7-ㄴ>.

善·鄭甲孫·黃致身·李堅基·權採·李季疄·成念祖·黃守身·李思哲·尹
子雲·韓繼美·金磧·李克堪·尹士昕·韓繼禧·盧思愼·李坡·申浻·朴健·
李永垠·魚世恭·姜子平·安貧世·李封·韓致亨·魚世謙·尹繼謙·韓繼
純·申瀞·沈翰·任士洪·申浚·盧公弼·權健·李世佑·韓堰·韓健·申從濩·
李世匡·愼守勤 등 52명이 가계임이 명확하거나, 당시의 ≪조선왕조
실록≫ 기사·가계·졸기 등의 내용을 볼 때 가계적인 요인이 중요한
배경이 되었다고 추측된다.[56]

그리고 위에서 언급된 164명(중복된 인원을 고려하면 133명)을 시
기별로 보면 정종 2년~태종 18년 31명(중복 2), 세종대 31명(2), 문
종·단종대 12명(3), 세조대 50명(13명), 예종 1년~성종 7년 9명(2), 성
종 8~25년 36명(6)이 각각 분포되었다. 그런데 위에서의 경향을 재위
기간에 비하여 많은 인원이 망라된 태종·문종~단종·세조·성종 8년
이후를 인사행정과 관련된 왕권·정치분위기 등과 관련시켜 볼 때 태
종·세조대에는 왕권이 강력하였을 뿐만 아니라 신권약화가 지속적으
로 도모되었다.[57] 세조대에는 특히 세조의 승지제수에 대한 관심이
지대하고,[58] 성종중기 이후는 대간·홍문관 기능을 강화시켜 비대해진
원로대신을 견제하려는 성종의 의도가 강력히 투영되었다.[59] 그럼에

---

56) 몇 예를 보면 노한은 장인이 태종국구인 閔霽였고, 조서는 부가 태종대에 찬성사·판승추부
사·우정승 등을 역임한 英茂였고, 안빈세·한건은 가계와 직결되었다(앞 주 45). 윤자운 이후
의 승지에 있어서는 '세조~성종대는 가자가 남발 - 특히 공신·당상관의 자제를 대상으로
한 代加되었던 만큼' 가계적인 영향이 컸다고 추측된다. 세조~성종대의 가자남발은 한충
희, 앞 <세조~성종대의 가자남발에 대하여> 참조.

57) 태종·세조대의 정치분위기는 金成俊, 1962, <太宗代의 外戚除去에 대하여>, ≪歷史學報
≫ 17·18합호, 韓永愚, 1969, <太宗·世宗朝의 對私田施策>, ≪韓國史硏究≫ 3 및
1974, <왕권의 확립과 제도의 완성>, ≪한국사≫ 9, 崔承熙, 1981, ≪朝鮮初期 言官·言
論硏究≫, 서울대출판부, 鄭杜熙, 1983, ≪朝鮮初期 政治支配勢力硏究≫, 一潮閣 참조.

58) ≪세조실록≫ 권35, 11년 4월 경진·권39, 12년 5월 정축·권42, 13년 4월 경신.

59) 申奭鎬, 1944, <朝鮮成宗時代의 新舊對立>, ≪近代朝鮮史硏究≫, 305~318쪽, 李秉烋,
≪朝鮮前期 畿湖士林派硏究≫, 일조각, 35~37쪽.

도 불구하고 조기에 超資되면서 승지에 제수된 인물이 많았다. 이점은 승지제수에 가계적인 영향이 지대하였음을 보이는 것이 아닌가고 생각된다.

이상에서 조선초기 승지(대언) 제수 및 승지 제수자의 승진에는 가계적인 것이 중요한 배경이 되었고, 이러한 경향은 승지 역임자의 대부분이 가계가 좋았음과 함께 조선초기 국가통치에 있어서 가계적인 영향을 시사하는 것이라고 생각한다.

4. 承政院의 機能과 政治活動

조선초기의 승정원은 왕명출납을 전장하였고, 승지는 議政府·六曹·弘文館 등의 관원과 함께 銓注·使臣接待·推鞫·科擧監督·進講에 참여하고 視事·經筵 등 때에 국왕의 질문에 대답하며 국왕의 명령에 의해서나 자의로 중요국사·관심사·일상사에 의견을 개진하는 등의[60] 기능을 행사하였음이 규명되었다. 여기에서는 지금까지의 연구와 다소 중복이 되겠지만 승정원의 활동분야를 재검토하고, 앞장에서 구분한 ㄱ)~ㅂ)의 시기에 따라 승정원의 정치활동과 구체적인 활동분야를 살펴본다.

1) 承政院의 機能

승정원의 법제적인 기능은 "왕명을 출납한다" 라고 규정되었다. 그러나 실제의 기능을 보면 크게 승지·주서의 本職을 통한 기능, 승지·

---

60) 김대수, 앞 논문, 38~80쪽, 김창현, 앞 논문, 8~30쪽.

주서의 兼職을 통한 기능, 승지·주서가 근무하는 승정원(承旨房+注書房)[61] 의 場所를 통한 기능, 관인공통으로서의 기능으로 구분할 수 있지 않을까 한다. 이에 따라 승정원의 기능을 구분하여 살펴본다.

(1) 承旨·注書의 本職을 통한 機能

① 國王侍從

승지는 국왕의 측근에서 왕명을 출납하는 만큼 국왕이 임석한 朝啓·視事, 백관의 면대, 각종의 연회, 觀射·講武·신병치료·불사참배 등을 위한 궁내외 行幸 그리고 궁내에서의 燕居 및 기타시에 국왕을 시종하였다.[62]

② 宮內宿直

승지·주서는 일과시간이 끝난 뒤에 국왕의 傳命·諮問과 불의의 사태에 대비하기 위하여 승정원에서 숙직하였다. 숙직인원은 세조 5년에 "우승지 李皎然이 당직 중에 과음으로 인해 국왕의 하문에 대답하지 못한 일을 계기로 종래까지 (승지)1원이 숙직하던 것을 2인으로 늘렸다"[63] 고 한 것 및 주서가 2인이었음에서 세조 5년 이전에는 승지·주서 각 1인이, 그 이후에는 승지 2인·주서 1인이 각각 숙직한 것으로 추측된다. 그리고 숙직 승지는 "도승지를 제외한 5승지가 윤번으로 숙직하였다"[64]고 하였으나 세조 11년과 성종 7·19년에 도승지

---

61) 승지방은 국초 이래로 승정원의 명칭과 관련되어 대언방이나 승지방으로 운영되었다. 주서방은 성종 6년 11월 신유에 "연회시에 술이 많이 취한 (茂松府院君) 尹子雲이 승정원주서방으로 들어갔다" 라고 한것과 승지와 주서의 현격한 관계 차이 및 주서의 근무 등에서 국초부터 운영되었다고 추측된다.

62) 이러한 행사·장소에서의 승지시종은 너무도 당연하므로 그 사례의 제시는 번다함을 피해 생략한다.

63) ≪세조실록≫ 권18, 5년 12월 을해.

64) 전해종, 앞 논문, 214~215쪽.

도 숙직하였음이 확인됨으로[65] 세조 11년 이후는 도승지도 숙직한
것으로 이해된다(11년 이전은 불명).

③ 六曹事 分掌

6승지는 국정의 효율적인 운영과 집행을 위하여 6조사를 分掌(分
房)하였다. 6승지가 6조사를 어떻게 분장하였는가는 명확하지 않지만
기존연구를 볼 때 태종 5년 동부승지가 증치되기 전에는 도·좌·우·좌
부·우부승지가 位次에 따라 이·병·호·예·공방을 각각 분장하였고, 동부
승지가 증치된 후에는 대체로 도승지는 이방을 분장하였지만, 좌승지
등 5승지는 국왕의 국정관·승지의 자질·相避規定의[66] 저촉 등에 따라
位次와는 무관하게 호·예·병·형·공방을 분장하였다[67]고 추측된다.

분방승지의 직장은 도승지는 승정원사를 총령하였던 만큼 분방한
이조사 이외에 호조사 등 5조사에도 광범하게 관여하였다.[68] 그러나
좌승지 등은 분방사를 확실히 분장하기는 하나 승지의 出使, 특정 승
지만의 입시, 승지의 경력·자질, 승지 개개인에 대한 국왕의 신임도
등과 관련되면서 부분적으로만 분방사가 아닌 타방사(타조사)에도 관
여하였다.[69] 또 좌승지 등의 도승지 분방사 관여는 성종 7년에 좌승
지 이하의 도승지 분방사에 대한 관여를 두고 도승지 玄碩圭가 눈을
부릅뜨고

---

65) 《세조실록》 권36, 11년 5월 병진, 《성종실록》 권73, 7년 12월 신묘·권223, 19년 12월 갑
　　오. 또 세조말과 예종초의 尹弼商과 權瑊은 이시애 난과 예종초의 기밀사를 처리하기 위하
　　여 매일 숙직하였다.
66) 《경국대전》 권1, 이전 상피 吏兵房承旨及本曹(吏兵曹)官員 有相避者 勿除職. 실제로
　　세조 13년 12월 무오에 韓繼純(동부, 병방)이 처삼촌인 權瑊(도승지, 이방)으로 인해 형방
　　에, 성종 10년 11월 정미에 李季소(동부, 공방)이 매부인 柳輊(공관)으로 인해 각각 換房되
　　었다.
67) 전해종, 앞 논문, 210~211, 김창현, 앞 논문, 7쪽, 김대수, 앞 논문, 21~25쪽.
68) 뒤 277~282쪽 황회~현석규 참조.
69) 《태종실록》 권27, 14년 6월 갑인·권30, 15년 8월 기사·권36, 18년 8월 계미, 외.

지금 승정원에는 옛날에 없던 기풍이 있습니다. 대저 도승지는 육방사를 총치하고 타승지는 각각 일방의 정사만 관장합니다. 지금 도승지를 제치고 타승지가 월권해서 정사를 논하니 매우 불가합니다. (중략) 신이 재주가 없지만 임금의 후한 은혜를 입어 오랫동안 형방을 맡아왔는데 지금 승지들이 월권해서 말하니 이것은 실로 신이 신망이 없기 때문입니다. 청컨대 형방을 사직하고자 합니다.[70]

라고 상계하고, 이를 계기로 좌승지 이하가 추국된[71] 등에서 금지되었다고 추측된다.

④ 王命出納

百官·百司가 국왕에게 올리는 모든 상계·상소는 승정원(승지)을 경유하여 왕에게 전달되었고, 국왕이 백관·백사에게 내리는 모든 명령과 문서는 승정원을 통하여 하달되었다. 이점은 세종 2년에 "좌의정 朴誾이 상왕의 厚德大妃를 위한 設齋에 대해 불가함을 更啓하고자 하다가 知申事 元肅의 거절로 계문하지 못하였다"[72] 라고 하였음과 같이 단순히 백관·백사와 국왕의 매개 역할만을 수행한 것이 아니고 자기 의견을 관철하는 영향력을 발휘하였다.

또 백관이 정사시 이외에 국왕을 면대하기 위해서는 반드시 승정원을 경유하여야 하였다. 성종 7년에 공조·한성부 당상과 좌참찬 徐居正이 승정원을 거치지 않고 바로 빈청에 가서 내시(尙傳)를 통하여 상계한 일을 두고 승정원이

세종조 이후 대소공사는 모두 승정원을 거쳐 계문하였으므로 비록 정승이라도 직계하지 못하였습니다. 근자에 여러 재상이 계문할 것이 있으면 바로 빈청에 가서 내시를 통해 계문합니다. 승정원은

---

70) ≪성종실록≫ 권82, 8년 7월 갑술.
71) ≪성종실록≫ 권82, 8년 7월 기묘, 외.
72) ≪세종실록≫ 권9, 2년 8월 신축.

출납을 관장하는데 누가 무슨 일을 계문하고 어떤 일이 누구로 인해 행해지는가를 몰라서야 되겠습니까? 오늘 공조·한성부 당상관과 左參贊 徐居正이 승정원을 거치지 않고 빈청에 가서 직계한 것은 심히 불가합니다. 청컨대 지금으로부터는 세종 때의 관례에 따르소서.[73]

라고 상계하여 하락 받았음에서 의정부 대신인 경우에도 승정원을 경유하지 않고는 국왕을 면대하지 못할 정도로 승정원의 위치가 중요하였음을 알 수 있다.

⑤ 使臣接待

승지는 국왕을 대신하여 조선에 出來하는 明使의 영접·환송·위로연·문안·기념품 증정 등 명사와 관련된 접대사를 수행하였다. 명사의 접대는 국왕의 명을 받은 승지가 담당하였지만, 특히 도승지의 기능 및 도승지에 대한 국왕의 신임과 함께 거의 대부분이 도승지에 의해 수행되었다.[74]

⑥ 國王에의 諮問

승지는 상시로 국왕의 측근에서 시종하였던 만큼 국왕의 자문에 따라 돌발사, 국왕의 私事, 수시로 제기되는 관심사에 대해 의견을 개진하였다. 이 때의 주제는 국정전반에 걸치는 것이었지만, 국왕의 국정운영방법과 승지의 자질 및 승지에 대한 국왕의 신임 등과 관련되어

　　㉠ (태종이) 領議政府事 河崙과 右政丞 趙英武를 불러 후궁을 맞는 일을 의논하였다. 태종이 어느 날 밤에 知申事 金汝知를 침실로 불러 내시를 물리치고 "(중략) 지금 왕비가 閔無咎 등의 일로서 마음에 불평을 품고 (중략) 그러나 조강지처이니 참아 버릴 수 없다" 라고 하니 여지가 대답하여 말하기를 (중략) 이 때에 하륜

---

73) ≪성종실록≫ 권67, 7년 5월 정사.
74) 뒤 277~282쪽 황희~현석규, 272~273쪽 <표 35> 외교조 및 276쪽 <표 36> 참조.

과 조영무를 불러 의논하였다.[75]

ⓛ (태종이) 세자에게 명하여 한성에 가서 종묘를 배알하라고 했다. 태종이 은밀하게 선위하겠다는 뜻을 말하니 6대언이 울면서 "왜 그렇게 하실려고 합니까? 신료들의 바라는 바가 아닙니다" 라고 하니, 태종이 너희들은 이 말을 누설하지 말라.[76]

고 한 것과 같이 때로는 백관이 알아서는 곤란한 내명부사나 양위 등의 중대사를 논의하였다.

⑦ 國政에 대한 上言·上疏

승지는 왕명의 출납시에 국왕의 자문이나 자의에 의하여 국정전반에 광범하게 의견을 개진하였고, 그 외에 있어서도 행정체계나 언로개방에 따라 상언을 통하여 국정에 참여하였다.[77]

⑧ 祔廟·親祀 등의 참여

승지는 직장과 관련하여 先王先后의 祔廟와 社稷祭·郊祀·圜丘祭·宗廟祭·先農祭 등에 執事官으로 참여하였다.[78]

⑨ 承政院 문서관리

주서는 승지의 지휘를 받으면서 승정원내에 보관된 모든 서적·문서를 관리하였다. 승정원에 보관된 문적의 종류·수량·보관장소는 명확하지 않지만 ≪승정원일기≫의 작성·국왕의 빈번한 서적하사·승지의 기능 등을 고려할 때 경적은 물론 군국의 기밀문서, 인사·典故關係 문서 등 그 종류와 수량이 방대하였다고 추측된다. 그 보관처는 승정원사의 진행이나 文籍의 양에서 승정원에 인접한 장소였다고 추측된다.[79]

---

75) ≪태종실록≫ 권22, 11년 9월 임자.
76) ≪태종실록≫ 권36, 18년 7월 임자.
77) 뒤 270쪽 <표 34> 계문항과 272~273쪽 <표 35> 참조.
78) 이들 제사후에는 대개 祭執事의 자·손 등의 1인에게 1계를 가자하거나 대가하였다. 이러한 가자로 인해 승지자손 등의 승진이나 산계획득이 촉진되었다(한충희, 1985, <朝鮮 世祖~成宗代의 加資濫發에 대하여>, ≪韓國學論集≫ 12, 148~179쪽).

⑩ 承政院事 기록

주서는 승정원에서 행해지거나 승정원과 관련된 모든 정사를 기록하였고,[80] 이것이 토대가 되어 ≪승정원일기≫가 작성되었다.

⑪ 사무연락

주서는 승지의 지휘를 받아 승정원(승지)과 百司 및 승정원(승지)과 백관 사이의 연락을 담당하였다. 이 때 주서가 담당한 승정원사와 승지사의 비중을 알 수는 없지만 승지의 지시를 받은 사례는 극소수였음에서[81] 승정원사가 중심이 된 것으로 추측된다.

(2) 承旨 · 注書의 兼職을 통한 기능

① 經筵참가

승지는 경연관으로서 경연에 참여하여 進講을 통한 국왕의 학문증진에 공헌하였고, 경연에서 논의되는 정사에 의견을 개진함으로써 국정에 광범히 참여하였다. 승지의 경연참여는 국왕의 경연에 대한 관심과 관련되어 태조 1년~예종 즉위년 10월에는 擬望된 승지가 참여하였고, 예종 즉위년 이후에는 6승지 모두가 경연참찬관을 예겸하면서 참여하였다. 경연에 참여하는 승지의 수는 시기에 따라 차이는 있지만 경연이 활성화된 세종·성종대는 대개 지명된 승지 1명이 참여한 것으로 보인다.[82]

---

79) ≪성종실록≫ 권72, 7년 10월 계미 傳曰 承政院文書 皆是史籍 則非諸司文書之例 不可解由 專掌注書遞代時 書册數置簿傳掌 而承旨糾儉. 그리고 문서의 보관은 승정원이 연회를 개최할 만큼 넓었고, 承旨房·注書房·挾房·대기실 등이 있었음에서 원내였다고 추측된다.

80) ≪성종실록≫ 권112, 10년 12월 임술 傳于承政院曰 (중략) 注書職在執筆 每於承旨啓事 輪次入侍 隨決隨書 母致差誤, 외.

81) ≪세종실록≫ 권88, 22년 2월 정축, ≪단종실록≫ 권13, 3년 2월 신묘, 외.

82) 권연웅, 앞 논문, 68~87쪽, 1982, <世宗朝의 經筵과 儒學>, ≪世宗朝 文化研究 1≫, 博

② 史草의 작성과 ≪조선왕조실록≫편찬 참여

승지와 주서는 春秋館修撰官과 春秋館記事官을 예겸한 만큼[83] 사관으로 인식됨은 물론 사초를 작성하였고, 실록편찬에 참여하였다.

③ 敎書의 작성[84]

④ 尙瑞院 · 內醫院 · 尙衣院 · 司饔院 · 典獄署事 지휘

승지는 尙瑞院正과 내의원 등의 副提調를 예겸한 만큼 상서원 등의 업무를 지휘하였고, 상서원 등의 당하관 이하 褒貶에 참여하였다.[85]

(3) 承政院의 場所를 통한 기능

① 諸臣에게 베푼 대소 연회 주관

승지는 왕명을 받고 승정원에서 入直한 관리, 국왕에게 보고하기 위해 승정원에 入來한 내·외관, 왕명을 받고 입래한 관인, 출사관인 등에게 연회를 베풀거나 음식을 접대하였다.[86]

② 罪人推鞫 · 決杖 · 問責 주관

승지는 왕명을 받고 승정원에서 죄인을 국문하였고, 杖刑 등의 집행을 감독하였으며, 탄핵되거나 경죄를 범한 관인을 문책하였다.[87]

③ 문서 · 도서 소장

英社, 69~81쪽, 南智大, 1980, <朝鮮初期의 經筵制度>, ≪韓國史論≫ 6, 124~159쪽.

83) ≪경국대전≫ 권1, 이전, 춘추관.

84) ≪태종실록≫ 권33, 17년 6월 계축 (전략) 大抵王旨 承政院所製也, 외.

85) 이광린, 앞 논문, 84~89쪽, 한충희, 1983, <朝鮮初期 六曹屬衙門의 行政體系에 대하여>, ≪(계명대)韓國學論集≫ 10, 372~380쪽.

86) 뒤 272~273쪽 <표 35> 시연항.

87) ≪세조실록≫ 권18, 5년 11월 을사(국문), ≪태종실록≫ 권11, 6년 4월 임오(결장), ≪세종실록≫ 권42, 10년 10월 임진(문책), 외.

④ 國王面對 요청자와 상서·상계자 접견

백관이 공·사사로 국왕을 면대하거나 상서·상계를 申達하기 위하여
는 승정원을 거쳐야 했다. 이와 관련되어 승지는 이들과 승정원에서
자연스럽게 대면하였으며, 이 과정에서 승지는 사적인 영향력을 발휘
하기도 하였다.

(4) 其他

① 과거 고시관 · 감독관88)

② 죄인 추국

승지는 수시로 제기되는 각종 대소 국문에 국왕의 명을 받고 委官
이나 감독관이 되어 죄인을 추국하고 추국에 입회하였다.89)

③ 옥관규찰과 옥수구휼

승지·주서는 국왕의 형정에 대한 관심과 함께 수시로 형옥에 파견
되어 옥관의 근무를 규찰하였고, 옥수를 구휼하였다. 이 기능은 승지,
주서 단독으로나 승지·주서, 주서·사관, 주서·사관·내관 공동으로 수행
되었다.90)

④ 정변 참가

승지는 국왕의 측근에서 왕명출납·시종·숙직에 종사하고 국왕을 면
대하기 위하여는 승정원을 경유하도록 된 행정체계 등과 관련되어 필
연적으로 정변과 관련되었을 것이라고 추측된다. 실제로 단종 1년~
성종 2년에 책록된 정난공신에는 4명, 적개공신에는 1명, 좌익·익대·
좌리공신에는 6명 모두가 책록되었음에서91) 시사되는 바와 같이 당시

---

88) 김대수, 앞 논문, 71~73쪽.
89) ≪태종실록≫ 권30, 15년 12월 갑오(위관)·권16, 8년 12월 무술(감독관).
90) 뒤 272~273쪽 <표 35> 형정조.

의 정변에서 중요한 역할을 담당하였다.

⑤ 외관 면대

승지는 국왕의 명에 따라 외관제수 후 국왕을 알현하는 외관에게 국왕을 대신하여 이들의 자질을 심사하거나 근무지침을 하달하였다.92)

⑥ 기타

그 외에 승지·주서는 시신으로서의 직능과 함께 성균관원의 근만을 고찰하였고, 내시부의 근무를 감독하였으며, 문·무신의 경전과 武經 贊讀事를 심사하거나 이들에게 경전이나 무경 등을 敎授하였다. 또 불사의 수리를 감독하였고, 궐내의 숙직군사를 규찰·구휼하였으며, 지방에 파견되어 수령의 근무나 災變을 심찰하는93) 등의94) 기능을 수행하였다.

이상에서 승지는 법제적인 왕명출납의 관장은 물론 국왕시종·육조사분장 등의 광범한 기능을 수행하였음을 알 수 있다. 이러한 승정원의 기능을 볼 때 승정원과 승지가 비록 정3품아문과 정3품관에 불과하지만 동품의 관아·관인에 비해 높은 지위를 구축하였을 것이라고 추측된다. 실제로도 세종 21년에 승정원의 銓注權 제한을 논의하는

---

91) 정두희, 앞 책, 196~245쪽, 한충희, 앞 <조선초기 승정원연구>, 57~58쪽 <표 8>.

92) ≪성종실록≫ 권56, 6년 6월 기해(자질심사)·권2, 1년 1월 갑진(근무지침선유), 외.

93) ≪태종실록≫ 권16, 8년 11월 계유(성균관관 근만고찰)·권14, 7년 10월 기축(내시부관 고찰)·권18, 9년 11월 정유(병서 강경)·9년 12월 갑진(성균학관 고강)·권19, 10년 5월 경진(불사공역 감독), ≪세조실록≫ 권8, 3년 8월 을미(군사순시), ≪성종실록≫ 권160, 14년 11월 무술(숙직군사 심찰), ≪태종실록≫ 권31, 16년 3월 경술(경기도민 구휼), ≪세조실록≫ 권39, 12년 7월 경진(유민쇄환·수령심찰), 외.

94) 그 외에도 승지나 주서는 간헐적으로 왕명을 받고 군기보수·징병군사호섭·축성사 등을 감독하였고(문종 1년 5월 경술, 세조 13년 7월 임오, 태종 15년 1월 무오, 외), 궐내제처·주자소·조지서의 근무를 규찰하였고(세조 6년 4월 정미, 세종 17년 10월 정사, 세조 13년 10월 신해), 역산생도·의서습독관 등을 규찰하였으며(세종 30년 1월 경술, 세조 8년 2월 경오, 외), 각종 賜物을 관리한(세조 1년 윤6월 경오, 외) 등이 있다.

가운데 司憲府가

> 승정원은 왕명출납의 관장에 따라 국가의 모든 서무에 관계함으
> 로 그 권한이 의정부 보다 중합니다. 그러하니 인사에 참여함은 더
> 더욱 불가합니다. (중략) 지금부터 제수가 있을 때에는 이조와 병조
> 에서 논의한 뒤에 전지를 받아 처리하게 하고 승지들은 참여하지
> 못하게 하소서.[95]

라고 하였음과 같이 승정원은 의정부에 비견되었다. 또 태종이 "승지
는 2품 이상(재상)과 다를 바 없다"[96] 라고 하였고, 승정원의 官印이
2품아문의 그것으로 改鑄되고[97] 승지에게 종2품관과 같은 수의 根隨
가 지급되었으며,[98] 승지가 大司諫·參議·弘文館副提學 보다 位次가
높음은[99] 물론 체직시의 관품과 관직이 우월한[100] 등은 이를 잘 보
여준다고 하겠다.

2) 承政院의 政治活動

승정원의 기능은 크게 국왕의 명을 받아 행하는 受命活動, 視事·
경연 등시에 백사·백관·백성이 국왕에게 올린 제 종의 상소·상계를 傳
聞하거나 자의적으로 분장사·정무를 국왕에게 개진하는 啓聞活動, 국
왕의 명을 받거나 관례적으로 승정원(승지) 단독 또는 의정부나 의정

---

95) ≪세종실록≫ 권85, 21년 6월 임인.
96) ≪태종실록≫ 권35, 18년 4월 신묘.
97) ≪세종실록≫ 권106, 26년 12월 기미.
98) ≪세종실록≫ 권3, 1년 4월 무신.
99) ≪성종실록≫ 권237, 21년 2월 신묘.
100) 종2품직 이상에 승직되면서 체직된 비율을 보면 조선초기를 통해 승지는 76(208 /274)%였
고, 참의는 20%(82/407명)였다(앞 254~255쪽, 한충희, 1996, <조선초기 육조참의연구>
(≪(계명대)한국학논집≫ 23), 71~72쪽).

부·육조 등과 함께 대소국사를 협의하는 擬議活動을 통하여 발휘되었다.[101] 이러한 활동은 사안에 따라 6승지나 1~5승지, 승지와 의정부·6조의 2품 이상 모두나 일부 당상과 공동으로 수행되었다.

이 때 승정원(승지)이 의정부·6조 당상관 등과 공동으로 수행한 활동은 엄격하게는 승정원의 활동과 구분해야 하겠고, 6승지가 공동이나 단독으로 수행하였는가도 구분해서 파악해야 되겠지만 여기에서는 포괄하여 파악한다.

먼저 조선초기 승정원의 정치활동을 살펴 본다. 그 활동상을 수명·계문·의의별과 시기별로 정리하면 다음의 표와 같다. 이 표에 따라서 승정원의 정치활동을 보면 조선초기(태종 5년~성종 9년)를 통하여 수명활동이 중심이 되었고, 계문·의의활동은 수명활동에는 미치지 못하나 상당한 비중을 점하였다. 정치운영과 관련된 시기별로 보면 정종~태종대에는 의의활동이 활발해 지면서 수명활동과 비슷하였고, 세종대에는 전체적인 경향과 비슷하였고, 문종~단종대에는 계문활동이 활발해 지면서 수명활동과 비슷하였고, 세조대에는 수명활동이 압도하면서 계문활동이 미약하였으며, 예종 1년~성종 9년에는 수명활동이 중심이 되기는 하나 계문활동이 활발해졌고 의의활동도 다소 활발해졌다.

---

101) 이러한 분류는 한충희, 앞 <조선초기 의정부연구> 상, 112쪽에서 제시되었다. 여기에서도 승정원(승지) 활동이 있게된 원인, 그 전개형태와 관련하여 참용한다.

<표 34> 조선초기 승정원 정치활동

		정종	태종																		세종			
		2	1	2	3	4	5	6	7	8	9	10	11	12	13	14	15	16	17	18	소계	1	2	3	4
受命活動	수						2	12	20	13	15	22	18	27	18	29	32	20	27	55	310	53	57	53	19
	%						40	50	69	87	68	58	36	54	55	55	44	45	45	45	50	69	71	74	59
啓聞	수						0	5	3	0	0	3	5	7	5	7	20	4	16	23	98	10	6	6	11
	%						0	21	10	0	0	8	10	14	15	13	28	9	27	19	16	13	8	8	34
擬議	수						3	7	6	2	7	13	26	16	10	17	20	20	17	45	209	14	17	13	2
	%						60	29	21	13	32	34	54	32	30	32	28	45	28	37	34	18	21	18	6
계							5	24	29	15	22	38	49	50	33	53	72	44	60	123	617	77	80	72	32

		세종																						
		5	6	7	8	9	10	11	12	13	14	15	16	17	18	19	20	21	22	23	24	25	26	27
수명활동	수	25	38	65	51	29	29	57	59	94	66	177	55	47	22	18	22	23	23	21	56	32	22	24
	%	78	79	73	84	74	49	74	65	50	49	59	51	68	59	53	65	42	27	48	69	50	36	48
계문	수	3	8	11	3	4	15	12	9	31	31	27	22	10	6	5	4	8	43	9	1	6	18	5
	%	9	17	12	7	10	25	16	10	17	23	14	20	14	16	15	12	15	51	18	1	9	30	10
의의	수	4	2	13	7	6	15	8	23	62	37	56	31	12	9	11	8	24	18	15	24	26	21	21
	%	13	4	15	11	15	25	10	25	33	28	28	29	17	24	32	24	44	21	34	30	41	34	42
계		32	48	89	61	39	59	77	91	187	134	200	108	69	37	34	34	55	84	44	81	64	61	50

		세종						문종~단종					세조							
		28	29	30	31	32	소계	1	2	1	2	소계	1	2	3	4	5	6	7	8
수명활동	수	10	14	18	42	95	1355	85	82	26	20	213	56	107	120	134	113	104	116	103
	%	33	50	45	66	57	58	44	59	39	54	49	70	75	78	86	85	73	68	77
계문	수	8	2	6	3	26	368	52	42	37	13	144	9	17	7	5	6	3	17	9
	%	24	7	15	5	16	16	27	30	56	35	33	11	12	5	3	5	2	10	7
의의	수	12	12	16	19	45	603	55	16	3	4	78	1	18	27	17	14	35	37	22
	%	36	43	40	30	27	26	29	11	5	11	18	19	13	18	11	11	25	2	16
계		30	28	40	64	165	2326	192	140	66	37	435	80	142	154	156	133	142	170	134

		세조							예종 1~성종 9											합계
		9	10	11	12	13	14	소계	1	1	2	3	4	5	6	7	8	9	소계	
수명	수	97	131	79	89	204	218	1671	217	68	29	25	27	46	60	68	29	58	627	4,176
	%	73	83	81	83	73	82	78	53	50	69	76	63	46	37	40	20	34	46	61
계문	수	18	9	5	4	23	27	159	66	39	9	5	8	35	65	80	79	74	460	1,228
	%	14	6	5	4	8	10	7	18	28	21	15	19	35	40	48	56	43	34	18
의의	수	17	17	14	14	52	22	321	89	30	4	3	8	19	37	20	34	40	283	1,495
	%	13	11	14	13	17	8	15	24	22	10	9	10	23	12	24	23	21	22	22
계		132	157	98	107	279	267	2151	371	137	42	33	43	100	162	168	142	172	1370	6,899

또 그 경향을 수명·계문·의의 활동별로 보면 정종~태종대에는 태종7·8년은 수명이 압도하였고, 6·9·10·12·13·14·18년에는 수명이 중심이 되고는 있지만 의의가 수명에 근접하거나 상당하였고, 15·17년에는 수명이 중심이 되고는 있지만 계문·의의도 상당하였으며, 11·16년에는 의의나 수명·의의가 중심이 되었다.

세종대에는 1·2·3·5·6·7·8·9·11·12·17·18·20·24·31·32년은 수명이 압도하였고, 4·10·13·14·15·16·19·23년은 수명이 중심이 되고는 있지만 계문이나 의의 또는 계문·의의가 상당하였고, 25·27·29·30년은 수명이 우세하기는 하나 의의가 수명에 근접하였고, 26년은 수명·계문·의의가 비슷하였으며, 21·22·28년은 계문이나 의의가 수명을 능가하였다. 문종~단종대에는 문종 1·2년과 단종 2년은 수명이 중심이 되고는 있지만 계문이나 계문·의의도 상당하였고, 단종 1년에는 계문이 중심이 되었다. 세조대에는 전시기를 통하여 수명이 압도하였고, 단지 6·7년은 의의가 다소 활발하였다. 예종 1년~성종 9년에는 예종 1년과 성종 2·3·4년은 수명이 압도하였고, 성종 1·5년은 수명이 중심이 되고는 있지만 계문 또는 계문·의의가 상당하였으며, 성종 6~9년에는 계문이 중심이 되었다.

이에서 승정원은 수명활동을 중심으로 계문·의 활동을 광범하게 전개하였다고 하겠다. 승정원 활동의 이러한 경향은 승정원이 단순히 왕명출납만을 관장하는 근시기관에 국한되지 않고 제반 국정에 활발하게 참여한 즉, 의정부·육조와 같이 정무기관적인 성격도 가졌음을 보이는 것이라고 생각된다.

다음으로 정치활동의 구체적인 활동분야를 보면 다음의 표와 같이 전체적으로는 형정이 1,181건 17.1%로 가장 활발하였고, 명사지대 등 외교(1,114, 16.1%), 군사(562, 8.1), 국왕거동 외(561, 8.1), 인사(480,

6.9), 시연 외(360, 5.5), 사물 외(308, 4.4), 의례(194, 2.8), 경제(175, 2.5), 교육·과거(168, 2.4) 등의 순서였다.

<표 35> 조선초기 승정원 활동분야

	태종(ㄱ)															세종(ㄴ)								
	5	6	7	8	9	10	11	12	13	14	15	16	17	18	소계	1	2	3	4	5	6	7	8	9
1 형정	1	1	10	4	7	8	17	8	3	14	27	13	20	29	162	10	9	13	7	6	3	11	5	2
2 외교		4	3	4						2	4		4	11	32	21	12	6		16	16	34	23	18
3 군사				2				1	3		3		2	1	12			3				1	2	1
4 인사	1		2	1	1	2	1	4		1	7	2	5	4	31	2	1	5	2	1	1	6		3
5 행행		4	1			1	5	12	7	2	4	5	5	18	64	10	20	9	2	1	4	5	8	1
6 사물		2	1			1	1	1	2	2	1	2			13	5	3	3	3	1	5	8	7	
7 시연	1												4		5	6	7	10	1		4	5	3	
8 문교	1	2	1		3	1	3	1		1		2	3	1	19	5		2		1			1	1
9 경제		2	1			1	2					1	2	6	15	2	1	1				1		
10 의례			2		2	8	4	8	3	2	1	1	2	4	37	1		12	1	1	2	1	3	1
11 기타	1	9	8	4	9	16	16	15	16	28	25	18	13	49	227	18	25	9	15	5	13	17	9	12
합계	5	24	29	15	22	38	49	50	33	52	72	44	60	123	617	77	80	72	32	32	48	89	61	39

	세종(ㄴ)																							
	10	11	12	13	14	15	16	17	18	19	20	21	22	23	24	25	26	27	28	29	30	31	32	소계
1	8	4	7	38	19	16	13	6	9	5	4	14	6	3	8	9	8	9	4	5	5	15	19	300
2	22	33	37	46	37	52	25	22	1	3	2	4	2	8	29	5	2					8	57	541
3	1	2	2	5	5	33	14	3	1	5		8	39	3	3	1	3	2		3	3	1	7	151
4	5	2	10	24	18	21	11	2	4	2	4	6	14	2	4	3	4	1	3	3	4		18	189
5				6	2	4	3	5	1	1	1	7	5	6	6	10	8	1	1	1	7	7		144
6		2		1	8	1	3	2	2		1	3				1	2		1	2	1	1		65
7					7	3	2					1									1			52
8	6	11		4	3	2	1		5	1		3			1	2	2	1		1	1	1		55
9	1		2	3	4	3	2	1		4	5					5	5	7	2	2	1	2	5	63
10	1	1	7	12	14	10	2	1		1		3				2		3	1	2	2	6		93
11	15	22	26	48	24	51	31	25	13	11	16	13	13	20	30	31	27	14	21	11	22	22	44	673
합계	59	77	91	187	134	200	108	69	37	34	34	55	84	44	81	64	61	50	30	28	40	64	165	2326

	문종~단종(ㄷ)					세조(ㄹ)														
	1	2	1	2	소계	1	2	3	4	5	6	7	8	9	10	11	12	13	14	소계
1	21	8	9	5	43	12	25	12	15	12	6	20	14	23	11	25	29	39	47	290
2	5	66	1		72	22	34	19	7	20	25	16	4	4	22		3	43	93	312
3	27	2	3	3	35		6	12	10	4	24	36	13	10	25	17	14	75	21	267
4	27	12	10	2	51	2	4		5	2	4	9	3	5	4	8	3	6	19	74
5	9	7	3	5	24	3	8	21	45	33	29	14	22	22	23	11	9	6	11	257
6			6	8	14	4	22	8	19	13	11	14	9	6	6	5	6	11	6	140
7				1	1	10	15	30	22	14	21	21	37	38	19	6	11	36	8	288
8	6		4		10		1	4	1	3	4	2	5	2	4	3	6	4	3	42
9	8	2	1	3	14	2	4	2	2		3	2	3	1	8	3	5	7	2	44
10	4	4	1	1	10	4	6	4		2	1	4	2	4	3	1	1	1	3	36
11	85	39	28	9	161	21	17	42	30	30	14	32	22	17	32	19	20	51	54	401
합계	192	140	66	37	435	80	142	154	156	133	142	170	134	132	157	98	107	279	267	2151

	예종 1~성종 9(ㅁ)											시기별 비중						총계
	1	1	2	3	4	5	6	7	8	9	합계	ㄱ	ㄴ	ㄷ	ㄹ	ㅁ	합계	
1	114	26	16	13	9	19	37	38	37	71	380	26.3	12.9	9.6	13.5	27.7	17.1	1,181
2	74	39			1	1	4	19	11	8	157	5.2	23.3	16.6	14.5	11.4	16.1	1,114
3	34	2			7	22	6		11	9	92	1.9	6.5	8.0	12.4	6.6	8.1	562
4	29	9	5	2	5	18	23	24	10	20	145	5.0	8.1	11.7	3.4	10.5	6.9	480
5	17	8	5	1	7	10	3	10	6	5	72	10.4	6.2	5.5	11.9	5.2	8.1	561
6	7		2	1	6	4	2		31	23	76	2.1	2.8	3.2	6.5	5.5	4.4	308
7	3	2			2		1	5		1	14	0.8	2.2		13.4	1.0	5.2	360
8	13				3	4	9	8	5		42	3.1	2.4	2.4	2.0	3.0	2.4	168
9	5	4	1		4	9	9	2	4	1	39	2.4	2.7	3.2	2.0	2.8	2.5	175
10	4	3		2			2	5	1	1	18	6.0	4.0	2.3	1.7	1.3	2.8	194
11	71	44	13	14	9	29	55	50	49	39	373	36.8	28.9	37.0	18.6	27.0	26.5	1,835
합계	371	137	42	33	43	100	162	168	142	172	1370	100%						6,899

시기별로는 태종대에는 형정이 162건 26.3%로 가장 활발하였고, 국왕거동 등이 64건(10.4%)으로 그 다음이었으며, 그 외는 의례(37, 6.0%)·명사지대 등(32, 5.2)·인사(31, 5.0)가 5%를 상회하였을 뿐 그 외는 미약하였다. 세종대에는 명사지대 등이 541건 23.3%로 가장 활

발하였고, 형정(300, 12.9%), 인사(189, 8.1), 군사(151, 6.5), 국왕거동 등(144, 6.2)의 순서였다. 문종·단종대에는 명사지대 등이 72건 (16.6%)로 가장 활발하였고, 인사(51, 11.7), 형정(43, 9.6), 군사(35, 8.0), 국왕거동 등(24, 5.5)의 순서였다. 세조대에는 명사지대 등이 312건 14.5%로 가장 활발하였고, 형정(290, 13.5), 시연 등(288, 13.4), 군사(267, 12.4), 국왕거동 등(257, 11.9), 사물 등(146, 6.5)의 순서였다. 예종 1년~성종 9년에는 형정이 380건 (27.7%)로 가장 활발하였고, 명사지대 등(157건, 11.4%), 인사(145, 10.5), 군사(91, 6.6), 사물 외(76, 5.5), 국왕거동 등(72, 5.2)의 순서였다.

또 승정원의 활동을 분야·연대별로 보면 형정은 역대 국왕의 높은 관심과 관련되어[102] 태종 5년~성종 9년의 전시기에 걸쳐 높은 비중을 점하였다. 특히 태종 7·9·11·15·17년, 예종 1년, 성종 2·3·9년에는 30% 이상, 태종 8·10·14·16·18년, 세종 4·13·16·21·31년, 세조 11·12년, 성종 4·6·7·8년에는 20% 이상, 태종 1년, 세종 1~5·7·10·14·16·19·20·25~30·32년, 문종 1년, 단종 1·2년, 세조 1·2·7·9·13·14년, 예종 1년, 성종 5년에는 10% 이상을 각각 점하였다.

명사지대 등은 국왕의 훙서·책봉 등과 연관된 명사의 내왕과[103] 관련되어 세종 5~12·17·24·32년, 문종 2년, 세조 14년에는 30 이상, 태종 8년, 세종 1·13~16년, 세조 1·2년, 성종 1년에는 20% 이상, 태종 6·7년, 세종 2·18·31년, 세조 3·5·6·10·13년, 예종 1년, 성종 7년

---

102) 역대 국왕이 모두 형정(인명)의 중요성을 역설하였고, 특히 세조·성종대에는 도승지인 尹弼商·玄碩圭 등에게 형방을 분장-물론 당시는 이·병방 승지의 전주참여가 폐지되어 이방의 중요성이 약화-하게 되었다. 승지의 이·병조 분장을 통한 전주참여는 김창현, 앞 논문, 13~27쪽 참조.
103) 李鉉淙, 1974, <대명관계>, 《한국사》 9, 323~324쪽. 명과 국교가 정상화된 태종 1년으로부터 성종 25년까지에 총 119회의 명사출래가 있었다.

에는 10% 이상을 각각 점하였다. 군사는 국왕의 군사에 대한 관심·영토확장·국방문제와[104] 관련되어 세종 22년에는 30% 이상, 세조 13년에는 20% 이상, 세종 15·16·19·21·29년, 문종 1년, 세조 6 ·10~12년, 성종 6년에는 10% 이상을 각각 점하였다.

인사는 국왕의 지이조사로서 전주에 간여한 도승지에 대한 신임과[105] 관련되어 태종 8년, 세종 12~16·18·20~22·29·32년, 문종 1년, 단종 1년, 성종 2·4~7·9년에 각각 10% 이상을 점하였다.

국왕거동 등은 국왕의 개인적인 기호 등과 관련된 지방·도성외·궁내외 행행 등과 함께[106] 태종 12·13년, 세종 2년, 세조 4~6년에는 20% 이상, 태종 6·11·16·18년, 세종 1·3·8·23·26·27·31년, 단종 2년, 세조 3·8~11년, 성종 2·4·5년에는 10% 이상을 각각 점하였다.

사물 등은 국왕의 기호·신하우대와 관련되어 단종 2년과 성종 8·년에는 20% 이상, 세종 6·7년, 세조 2·4년, 성종 4·9년에는 10% 이상을 각각 점하였다.

시연은 세조의 기호와 관련되어 세조대에는 11·14년을 제외한 전시기에 10~20% 이상을 점하였고, 그 외는 단지 세종 3년에 10% 이상을 점하였다. 그 외의 분야는 교육은 태종 9년과 세종 10·11·18년에 10% 이상, 경제는 태종 17년과 세종 19·20년에 10% 이상, 의례는 태종 10년에 20% 이상과 세종 3·14년에 10% 이상을 각각 점하였다.

그 외에 위에서 살펴 본 활동을(기타 제외) 일반정사 활동과 국왕

---

104) 세종 15~25년에 4군6진이 개척되었고, 세조 6·13년과 성종 22년에는 북변의 안정을 위한 대규모의 여진정벌이 행해졌다(이현종, 1974, <여진관계>, ≪한국사≫ 9, 425~433쪽).

105) 뒤 277~282쪽 황희 등과 290~293쪽 박석명 등 참조. 김창현은 앞 논문, 26~30쪽에서 지이·병조사가 폐지된 세조 13년~성종 15년에는 승지의 전주권이 크게 약화되었다고 하였으나, 실제로는 다소 약화되기는 하나 의연히 계속된 것으로 생각된다.

106) 태종·세종은 講武에 관심이 많았고, 세조는 弓射에 열중하였고, 성종은 觀獵 등에 열중하였다.

을 중심한 활동으로 구분하여 보면 다음의 표와 같이 형정·군사·인사·교육·경제 등 일반정사 활동이 명사지대·국왕거동·사물·시연·의례 등 국왕을 중심한 활동 보다 대체로 높은 비중을 보였다. 즉, 빈삭한 시연이 행하여진 세조대를 고려하면 세종대에는 국왕을 중심한 활동의 비중이 다소 높으나 그 외에 있어서는 일반 정무활동이 압도하거나 비중이 높았다.

<표 36> 조선초기 승정원활동 성격(앞 <표 35>, 기타 제외)

		태종	세종	문종·단종	세조	예종 1~성종 9	합계
국왕을 중심한 활동	수	151	895	121	1033	337	2,537
	%	24.5	38.5	27.8	48.0	24.5	36.7
일반 정무활동	수	239	758	153	717	637	2,566
	%	38.7	32.6	35.2	33.3	46.4	37.1
합계	수	390	1653	274	1750	974	5,103
	%	63.2	71.1	63.0	81.4	71.0	73.9

이상에서 승정원은 태종 5년~성종 9년의 전시기를 통하여 국왕의 측근에서 왕명을 출납함은 물론 6조사의 분장이나 국왕의 승지에 대한 신임 등과 관련되어 비중의 차이는 있지만 형정·명사지대·군사·인사·국왕거동·사물·시연·문교·경제·의례·기타의 전국정에 걸쳐 광범한 활동을 전개하였음을 알 수 있다.

요컨대 승정원(승지)의 기능은 법제적으로는 왕명출납을 관장하도록 규정되었지만, 실제로는 왕명출납은 물론 6승지의 6조사 분장, 국왕에게 상달되고 국왕으로부터 하달되는 모든 문서·정무나 명령 등이 승정원을 경유하게 된 행정체계, 승지의 직장이 국왕과 밀착되고 승지에 대한 국왕의 신임 등과 연관되면서 국정전반에 큰 영향력을 행사한, 즉 정무기관으로서의 기능도 행사하였다고 하겠다. 이점은 세종

23년에 집현전부제학 崔萬里가 세종의 好佛을 간쟁하면서 승지를 두고 "대저 대언은 왕명을 출납하니 국왕의 호령이 이로부터 나오며 언로의 通塞과 치도의 隆替가 달려있다"[107] 라고 한 등에서 잘 입증된다고 본다.

3) 承旨와 承政院 機能

승정원은 법제적으로 규정된 왕명출납의 관장은 물론 국왕의 자문을 받거나 자의에 의하여 국정전반에 참여하였다. 또 승지의 제수에는 국왕의 신임·가계·자질이 상호 연관되었지만, 승지로서의 기능발휘는 '승지가 왕명을 출납하기 위해서는 국왕과 빈번히 접촉하여야 하였고, 그 직장상 직무를 수행하기 위해서는 국왕의 신임과 심오한 재식이 요청되었음에서' 가계적인 요인보다는 국왕의 신임과 자질이 중요한 배경이 되었을 것이라고 추측된다. 이점과 관련하여 조선초기에 활동이 현저한 黃喜 등 십수 명의 활동을 통하여 승지와 승정원 기능이 어떻게 연관되었는가를 살펴본다.

① 黃喜(태종 5년 7월~12월 좌부대언, 5.12~9.8 지신사)

황희는 문종 2년의 졸기에 "(태종 18년에) 태종이 황희의 생질 뮻致善을 유배지로 보내어 (황희에게) 말하기를 경은 비록 공신이 아니나 나는 그대를 공신으로 대우하였고, 하루라도 알현하지 아니하면 곧 반드시 應김하여 면대하였으며, 그대로 하여금 하루라도 좌우에서 떠나지 못하게 하였다. (하략)"[108] 고 하였음과 같이 태종의 깊은 신임을 받았고, 이러한 신임과 자질을 토대로 지신사로 재직하였던 태

---

107) ≪세종실록≫ 권94, 23년 10월 정축.
108) ≪문종실록≫ 권12, 2년 2월 임신.

종 6~8년에 걸쳐 형정·경제·명사지대·척불·국왕거동 등의 분야에서 활발히 활동하여 당시의 정치에 큰 영향력을 끼쳤다.[109]

② 柳思訥(태종 11.5~11.윤12 좌부, ~13.11 우, ~14.12 좌, ~16.3 지)

유사눌은 태종 16년 3월에 權緩의 蘇合油를 內藥房에 불법으로 구매시킨 일로 유배되었으나 동년 7월에 소환되고 동년 9월에 判尙州牧事로 발령되었음에서[110] 시사되는 바와 같이 태종의 깊은 신임을 받았고, 이를 토대로 형정·인사·명사지대·국왕거동 등의 분야에서 활발한 활동을 전개하였다.

③ 趙末生(태종 11.5~윤12 동부, ~13.11 우부, ~14.12 좌부, ~16.3 우, ~16.3 좌, ~18.7 지)

조말생은 태종 18년 7월에 지신사에서 가정대부이조참판에 초천되었고, 다시 익월에 형판에 초천되고 곧 병판에 체직 및 이후 상왕 태종과 세종의 총애를 받으면서 세종 8년 2월까지 병판에 재직하였음에서[111] 시사되는 바와 같이 태종의 신임이 깊었으며, 이를 토대로 태종말의 정치에 큰 영향력을 행사하였다.

④ 河演(태종 16.3~18.7 우부, ~세종 즉위. 8 좌부, ~즉위.8 ~좌, 1.12~2.12 지신사)

하연은 단종 1년의 졸기에

여러 관직을 역임하고 執義가 되었다가 同副代言에 발탁되었다. 태종이 하연의 손을 잡고 "경이 대언에 제수되게된 까닭을 아는

---

109) 《조선왕조실록》 태종 5~9년조, 문종 2년 2월 임신 졸기. 이하 유사눌 등에 있어서는 번다함을 피하여 특별한 경우를 제외하고는 전거제시를 생략한다.
110) 《태종실록》 권31, 16년 3월 무신, 권32, 16년 7월 갑오·9월 정사.
111) 《태종실록》 권36, 18년 7월 병진·8월 정해·계묘, 《세종실록》 권116, 29년 윤4월 무오 (졸기).

가?"라고 하니 "모릅니다"라고 하였다. 태종이 말하기를 "경이 대
간에 재직할 때 의연하게 언론을 행함으로 내가 경을 알게 된 때문
이다"라고 하였다. 세종이 선위를 받아 즉위한 후 지신사에 제수
되었다. 그 때에 국가에 일이 많았지만 하연이 조심하고 근신해서
상왕과 세종 사이에서 일을 잘 처리하였으므로 두 임금의 은혜와
대우함이 매우 두터웠다.[112]

라고 하였음과 같이 상왕과 세종의 신임을 받으면서 세종초의 정치에
큰 영향력을 발휘하였다.

  ⑤ 元肅(태종 17.6~18.7 우부,~세종 즉위.8 좌부,~즉위. 8
     좌, 1.12~2.12 지신사)

원숙은 세종 즉위년 8월에 좌승지에서 병조참의에 체직되었다가 동
왕 1년 12월에 다시 지신사에 제수 및 익년 12월에 이조참판에 승진
되었음에서[113] 시사되는 바와 같이 상왕과 세종의 신임을 받았고, 이
를 토대로 세종초의 정치에 활발한 활동을 전개하였다.

  ⑥ 安崇善(세종 12.8~13.2 동부, ~17.2 지신사·도승지)

안숭선은 동부승지에서 도승지에 超授되었음에서[114] 시사되는 바
와 같이 세종의 신임이 깊었고, 이를 토대로 외교·인사·군사·의례·형
정 등의 국정에 큰 영향력을 발휘하였다.

  ⑦ 金墩(세종 17.6~18.12 우부, ~19.7 좌부, ~20.3 우,
     ~20.6 좌, ~23.3 도승지)

김돈은 집현전 직제학·부제학을 역임하고 6년여에 걸쳐 승지에 재
직하였음에서[115] 시사되는 바와 같이 세종의 신임이 깊었고, 이를 토

---

112) ≪단종실록≫ 권7, 1년 8월 기해.
113) ≪세종실록≫ 권1, 즉위년 8월 갑진·권2, 1년 12월 임오·권10, 2년 12월 계묘.
114) ≪세종실록≫ 권51, 13년 2월 갑자.
115) ≪세종실록≫ 권63, 16년 2월 갑인·권67, 17년 3월 계사, 외.

대로 활발한 활동을 전개하였다.

    ⑧ 李季甸(세종 29.4~31.5 동부, ~31.12 우부, ~문종 즉.7 좌부, ~단종 즉.10 도승지)

이계전은 문종 즉위년 2월에 세종의 국상을 기하여 단종이 그의 집에 移居할 정도로 문종의 신임이 깊었고,[116) 이를 토대로 문종재위기를 통해 활발한 활동을 전개하였다.

    ⑨ 申叔舟(단종 1.3~1.6 동부, ~1.10 우부, ~1.11 우, ~2.2 좌, ~세조 1.9 도승지)

신숙주는 세조즉위에 기여한 공로는 한명회·권람 등에 미치지 못하지만 세조의 신임은 이들에 비등하였고,[117) 이를 토대로 세조초의 정치에 큰 영향력을 발휘하였다.

    ⑩ 盧思愼(세조 8.1~8.4 동부, ~9.6 우부, ~11.4 도승지)

노사신은 세조 11년 4월에 도승지에서 호판에 초천되었음에서[118) 시사되는 바와 같이 세조의 신임이 깊었고, 이를 토대로 활발한 활동을 전개하였다.

    ⑪ 尹弼商(세조 9.9~10.12 동부, ~11.5 좌부, ~13.4 좌, ~13.8 도)

윤필상은 세조 13년 8월 李施愛亂의 평정에 기여한 공로로 도승지에서 右參贊兼都摠管에 超遷되었는데[119) 이를 두고 사신이

> 필상은 영리하고 사리를 잘 알았고, 더욱 언변이 있어 임금의 하문이 있으면 즉시 잘 응대하였으므로 신임을 받아 매사를 위임받았다. 李施愛가 난을 일으킨 뒤로부터 軍務를 홀로 承稟하였는데 출

---

116) ≪문종실록≫ 권1, 즉위년 2월 정유.
117) ≪연려실기술≫ 세조조 고사본말 신숙주조.
118) ≪세조실록≫ 권35, 11년 4월 경진.
119) ≪세조실록≫ 권43, 13년 8월 계축.

납에 착오가 없었다. 항상 궁중에 있으면서 타인이 알지 못하는 바
를 필히 임금에게 계문하였다. 임금이 일찌기 참찬이라고 불렀는데
이 때에 이르러 왕명으로 참찬에 제수되었다.

라고 하였음에서 시사되는 바와 같이 세조의 신임이 지극하였고, 이
를 토대로 세조말의 정치에 큰 영향력을 발휘하였다.

⑫ 權瑊(세조 13.5~13.8 동부, ~13.12 좌부, ~성종 즉위.12
　　도승지)

권감은 예종 즉위년 12월에 예종이 嘉靖大夫에 승진시키면서 "세
조가 경을 도승지에 제수한 이후에 寵待가 심히 융성하였고 내가 즉
위한 이후에도 서무와 山陵에 노고가 많았다"[120) 라고 하였다. 또 도
승지로서의 위세를 두고 "우승지 韓繼純, 우부승지 鄭孝常, 동부승지
李崇元 등을 낭관과 같이 부렸고, 한계순 등 또한 감히 거역하지 못
하였다. 관계가 資憲大夫였고 예종의 신임이 극진하였다"[121) 라고
하였듯이 세조와 예종의 신임이 극진하였고, 이를 토대로 세조말·예종
초의 정치에 큰 영향력을 발휘하였다.

⑬ 玄碩圭(성종 5.8~6.6 동부, ~6.7 우부, ~7.3 좌부, ~8.8
　　도승지)

현석규는 성종 7년에 성종이 도승지에 제수하면서 "근일에 그가 진
언한 바를 보니 말하는 바가 모두 의에 합당하였다. 또 석규는 형방
으로서 직사에 근면하고 옥송이 冤滯됨이 없었다. 지금 도승지에 超
授하는 것은 현명한 이를 표창하는 것이다"[122) 라고 하였다. 또 성종
8년에 현석규가 좌승지 任士洪 등 제 승지와 불목할 때 임사홍 등은

---

120) ≪예종실록≫ 권2, 즉위년 12월 기해.
121) ≪예종실록≫ 권7, 1년 9월 병신.
122) ≪성종실록≫ 권65, 7년 3월 병진.

좌천되었지만 그는 자헌대부대사헌에 超遷되었는데[123] 이를 두고 대간이 탄핵하자 다시 형조판서에 승직시켰음에서[124] 시사되는 바와 같이 성종의 신임이 깊었고, 이를 토대로 형정을 중심으로 인사 등의 국정에 활발한 활동을 전개하였다.

또 황희 등이 도승지로 재직한 시기에 승정원과 의정부(구성원)·육조(구성원)의 국정운영에 나타난 영향력을 보면 황희 등 모두는 다소의 차이는 있지만 의정부·육조, 의정부나 육조, 의정·판서, 의정이나 판서의 기능을 각각 제약하거나 간섭하는 등으로 도승지의 기능과 승정원의 기능을 강화하였다.[125]

이상에서 황희~현석규 등은 국왕의 신임과 개인적인 자질을 배경으로 도승지와 좌승지 이하에 재직한 시기에 활발한 활동을 전개하였고, 이러한 활동은 그 외의 시기에 비하여 승정원활동을 크게 촉진시킴과 동시에 의정부(구성원)·육조(구성원)의 기능을 제약하거나 간섭하면서 국정에 큰 영향력을 발휘하였다고 하겠다. 이러한 경향은 모든 승지의 그것으로 일반화할 수는 없겠지만, 승지의 기능이 승정원의 기능과 직결되었음을 잘 보여준다고 하겠다.

5. 承政院과 統治機構

지금까지 승정원은 왕권·의정부·6조와 밀접히 연관되면서 독자적인 기능을 발휘하거나 국정논의에 참여하였음이 확인되었다. 승정원과 三司에 있어서는 구체적으로 살피지 않았지만 대간의 기능이 왕권과 국

---

123) ≪성종실록≫ 권82, 8년 7월 갑술, 권83, 8년 8월 신해·경신.
124) ≪성종실록≫ 권83, 8년 8월 계해.
125) 뒤 290~293쪽 박석명~한건 참조.

정을 논의하고 집행하는 百司·百官을 규찰하였던[126) 만큼 승정원은
삼사 기능과 밀접히 관련되었다고 추측된다. 승정원의 장관인 도승지
와 좌승지 등 5승지, 6승지와 주서에 있어서는 후자는 官品과 기능상
명확히 구분되지만 전자는 비록 관품과 기능은 동일하지만 도승지는
좌승지 이하를 지휘하면서 승정원사를 총관한 만큼 실제기능은 차이
가 있었다고 추측되었다. 또 승지와 院相·內宗親·宦官에 있어서는 원
상·내종친은 국왕의 측근에서 傳命을 담당하거나 국왕의 자문에 응하
여 대소 국정의 논의에 참여하였고, 환관도 전명에 참여한 만큼 승정
원의 기능과 밀접히 관련되었다고 하겠다. 여기에서는 이점과 관련하
여 승정원과 왕권, 승정원과 의정부·육조·삼사, 승정원과 원상·내종친·
환관, 도승지와 제 승지 등으로 구분하여 살펴본다.

1) 承政院(承旨)과 王權

승정원은 국왕의 측근에서 왕명을 출납하고 국왕의 자문에 응하여
대소국정의 논의에 참여한 만큼 승정원 기능은 왕권의 강약과 직결되
었을 것이라고 추측된다. 승정원이 왕권과 직결되었음은 앞절에서 많
이 언급되었지만, 여기에서는 그와의 중복을 피하여 국왕의 승정원(승
지)에 대한 인식, 국왕의 국정운영 취향, 국왕의 승지에 대한 신임과
영향력, 국왕의 승지인사, 왕권과 승정원활동의 연관 등으로 구분하여
살펴본다.

첫 번째로 국왕의 승정원과 승지에 대한 인식을 보면 태종은 국정
을 통리하는 재상,[127) 세종은 이·병조와 같은 權重의 관아,[128) 세조

---

126) ≪경국대전≫ 권1, 이전 경관직 사헌부, 사간원조.
127) ≪태종실록≫ 권35, 18년 4월 신묘.
128) ≪성종실록≫ 권56, 6년 6월 신묘.

는 機要의 관아,129) 성종은 樞機의 관아로130) 각각 인식하였다. 또 단종대에 황보인 등과 함께 국정을 전단하였던 김종서도 승정원을 권중의 관아라고 인식하였다.131)

두 번째로 국왕의 국정운영 취향을 보면 왕에 따라 차이는 있지만 세종은 대소 국사를 의정부·육조 등과 논의하기에 앞서 승지와 의논하였고,132) 제사·백관이 올린 국사를 승지와 의논하여 결정하였고,133) 대소 국사를 의정부당상·육조참판 이상 및 승지가 참가한 모임에서 논의하여 결정하였으며,134) 국사를 보고하거나 의논한 제신이 퇴출한 후에 승지와 다시 논의하여 결정한135) 등과 같이 승지는 대소 국정논의에 참여하였다. 또 성종대에는 성종의 호학과 연관된 경연의 활기찬 운영-경연정치의 구사-과 함께 경연에 참가한 승지는 경연에서 논의되는 대소 국정에 활발하게 참여하였다.136)

세 번째로 국왕의 승지에 대한 신임과 승지의 영향력을 보면 도승지나 승지 재직시에 강력한 영향력을 행사한 박석명·황희·조말생·안숭선·노사신·권감·현석규 등 모두는 국왕의 신임이 지극하고 재식이 출중하였던 만큼137) 승지의 국정에 대한 영향력 발휘는 왕권에서 크게 기인되었다고 하겠다.

네 번째로 국왕의 승지인사를 보면 승지의 제수에는 가계적인 영향과138) 함께 국왕의 신임이139) 크게 작용하였다. 승지에서 체직될 때

---

129) ≪世祖實錄≫ 권42, 13년 6월 기유.
130) ≪성종실록≫ 권187, 17년 1월 을묘.
131) ≪단종실록≫ 권6, 1년 6월 계사.
132) ≪세종실록≫ 권56, 14년 4월 계묘, 외.
133) ≪세종실록≫ 권49, 12년 8월 병신, 외.
134) ≪세종실록≫ 권61, 15년 8월 갑오.
135) ≪세종실록≫ 권58, 14년 12월 무자.
136) 권연웅, 앞 <조선 성종조의 경연>, 64쪽.
137) 위 논문, 191~193쪽.

에 당상관은 特旨로 제수되는 경향이 현저하였고,[140] 세조~성종대에는 加資濫發과 함께 당상관과는 90여에 불과하였으나 당상관 散階者는 400여명에 달하였으며,[141] 승지는 국왕의 신임을 토대로 대개 嘉善大夫에 승자되면서 六曹參判에 제수되었다.[142] 이에서 승지의 제수·체직에는 왕권이 큰 영향을 미쳤다고 하겠다. 나아가 왕의 승지 인사에 대한 이러한 영향력은 승지의 기능발휘가 왕권과 밀착되게 하였음은 물론, 극단적인 신권억압이 행하여진 세조대는 말할 것도 없거니와 태종·세종·문종·성종대에도 승지가 왕의 의사에 영합하는[143] 경향을 조장시켰다.

다섯 번째로 왕권과 승정원의 실제활동을 보면 승정원의 정치활동·활동분야가 의정부·육조 기능이나 의정부서사제·육조직계제에 구애되지 않고 시종 수명활동과 형정·외교·군사·인사·행행 등 분야가 중심이 되었음에서[144] 승정원의 실제기능은 왕권과 직결되어 전개되었다고 하겠다. 그러나 단종·성종 1~7년에는 비록 승정원활동 경향이 그 외의 시기와 같기는 하나, 이 시기는 왕의 유약으로 인한 의정부나 원상 중심의 정치가 진행되었음으로 왕권보다는 왕명출납·시종지임 등 승정원의 직장에서 기인된 것으로 추측된다.[145]

이상에서 조선초기 승정원 기능은 왕권과 직결되면서 발휘되었고,

---

138) 한충희, 앞 <조선초기 승정원연구>, 44~46쪽 <표 7-ㄱ>.
139) 뒤 290~293쪽, 박석명~현석규 참조.
140) 《세종실록》 권92, 23년 5월 임자, 《성종실록》 권108, 10년 9월 경진, 《경국대전》 권1, 이전 경관직 천관가자.
141) 한충희, 앞 <조선 세조~성종대의 가자남발에 대하여>, 191쪽.
142) 앞 254~255쪽. 조선초기 승지 역임자 276명 중 203명이 嘉善大夫 이상에 陞資되었고, 140명 중 79명이 참관에 제수되었다.
143) 《태종실록》 권26, 13년 9월 병신, 《세종실록》 권89, 22년 4월 을미, 《문종실록》 권1, 즉위년 4월 무술, 《성종실록》 권198, 13년 2월 기미, 외.
144) 뒤 289쪽 <표 38>.
145) 앞 266쪽 승지의 공신책록배경 참조.

승정원(승지) 기능에 대한 국왕의 영향력은 승정원의 직장과 함께 승정원(승지)이 왕에게 영합하는 경향을 촉진시켰다고 하겠다.

2) 承政院(承旨)과 議政府(議政) · 六曹(判書) 및 三司

승정원(승지)은 왕의 측근에서 왕명을 출납하고 왕의 자문에 응하거나 독자적으로 대소 국정의 논의에 활발하게 참여하였고, 의정부·육조·대간이 국왕에게 구두로써 의견을 개진하였고, 국왕을 면대하기 위해서는 승정원을 경유하였던 만큼 대소 국정의 결정에 승정원(승지)의 의사가 많이 투영되었다. 또 승정원의 기능에 따라 승지가 육조사를 분장하였고, 승지의 역관이 의정부·육조·삼사와 밀접하게 연관되었다. 이에서 승정원은 의정부·육조(기능)와 조화를 이루기도 하겠지만, 구조적으로 왕권과 밀착되면서 의정부·육조·삼사를 제약하는 경향을 띠었을 것으로 추측된다. 여기에서는 승정원과 의정부 등이 어떻게 연관되었는가를 승정원·의정부·육조의 정치활동과 승지와 의정·판서·삼사활동을 관련시키면서 살펴 본다.

첫 번째로 승정원·의정부·육조의 정치활동을 비교하여 보면 다음 쪽의 표와 같이 승정원은 태종 5~13년에는 수명활동이 중심이 되었으나 의의활동도 활발하였고, 태종 14년~세종 17년에는 수명이 중심이 되었으나 의의·계문도 활발하였다. 세종 18년~단종 2년에는 수명이 중심이 되었으나 의의·계문도 활발하였으며, 세조 1년~성종 9년에는 수명이 중심이 되었으나 계문·의의도 활발하였다.

의정부·육조는 태종 5~13년에는 의정부는 계문이 중심이 되었으나 의의도 활발하였고, 6조는 계문이 압도하였다. 태종 14년~세종 17년에는 의정부는 의의가 압도하였고, 육조는 계문이 압도하였다. 세종

18년~단종 2년에는 의정부는 계문이 중심이 되었으나 의의도 활발하였고, 6조는 계문·수명이 중심이 되었다. 세조 1년~성종 9년에는 의정부는 의의가 중심이 되었으나 계문도 활발하였고, 육조는 계문이 중심이 되고는 있으나 수명도 활발하였다.

각 시기의 연평균 활동수는 승정원·육조는 태종 14년~세종 17년·세조 1년~성종 9년이 앞 시기에 비하여 크게 증가되었고, 태종 5~13년·세종 18년~단종 2년에는 뒷 시기에 비하여 아주 적었다. 의정부는 승정원·육조의 경향과는 달리 태종 5~13년·세종 18년~단종 2년에는 뒤 시기에 비하여 크게 많았고, 태종 14년~세종 17년·세조 1년~성종 9년에는 앞 시기에 비해 크게 많았다.

<표 37> 태종 5년~성종 9년 승정원·의정부·육조 정치활동 비교[146]

		수명		계문		의의		계		연평균	비고
		수	%	수	%	수	%	수	%	(수)	
태종 5~13년	승정원	147	53.5	28	10.2	100	36.4	275	100	30.6	
	의정부	63	10.3	343	56.0	206	33.7	612		68.0	
	육조	27	11.0	186	78.0	27	11.0	240		26.7	
태종 14년~	승	1,077	60.2	289	16.2	422	23.6	1,788	100	81.3	
세종 17년	의	60	4.9	279	22.6	894	72.5	1,233		56.0	
	육	647	16.0	3,260	79.0	224	5.0	4,131		187.8	
세종 18년~	승	654	50.1	293	22.4	359	27.5	1,306	100	68.7	
단종 2년	의	79	2.5	1,890	59.7	1,199	37.8	3,168		166.7	
	육	737	41.0	916	50.0	166	9.0	1,819		95.7	
세조 1년~	승	2,298	65.3	619	17.6	604	17.2	3,521	100	146.7	
성종 9년	의	139	15.1	252	27.3	532	57.6	923		38.5	
	육	1,434	38.0	2,110	56.0	239	6.0	3,783		157.6	
	승정원	4,176	62.6	1,229	17.8	1,485	21.6	6,890	100		
합계	의정부	341	5.7	2,764	46.6	2,831	47.7	5,936			
	육조	2,845	28.5	6,472	64.9	656	6.6	9,973			

146) 한충희, 앞 <조선초기 의정부연구> 상, 119~120쪽 <표 11>, 앞 95~96쪽 <표 14>에서 종합.

이처럼 승정원의 정치활동 빈도수·경향이 육조와 비슷하고 의정부와는 상반되었음에서 육조와 직결되고 의정부와는 상반되었을 것으로 생각된다. 그러나 육조·의정부 기능이 왕권이 강력하면서 육조가 국정운영의 중심이 되었던 태종 14년~세종 17년·세조 1년~성종 9년에는 육조는 활동이 활발하면서 계문이 압도하거나 중심이 된 반면에 의정부는 활동이 침체되면서 의의가 압도하거나 중심이 되었다. 왕권이 미약하면서 의정부가 국정운영의 중심이 되었던 태종 5~13년·세종 18년~단종 2년에는 6조는 활동이 침체되면서 계문이 압도하거나 계문·수명이 중심이 된 반면에 의정부는 활동이 활발하면서 계문이 중심이 되고는 있으나 의의도 활발하였다. 즉 승정원은 육조와 의정부 활동이 상반되면서 진행되었음과는 달리 육조직계제나 의정부서사제의 실시에 구애되지 않고 시종 수명이 압도하였다. 또 육조와 의정부 활동이 상반된 경향을 보였던 배경이 육조·의정부에 대한 국왕의 신임 등이었음에서 왕권과 직결되면서 전개되었음을 알 수 있다.

두 번째로 승정원·의정부의 활동분야를 비교하여 보면[147) 다음 쪽의 표와 같이 태종 5~13년에는 승정원은 형정·행행·의례활동이 중심이 되면서 인사·교육·과거·외교활동도 활발히 전개되었고, 의정부는 형정·경제활동이 중심이 되면서 군사·의례·제도·인사활동도 활발히 전개되었다. 세종 14년~세종 17년에는 승정원은 외교·형정이 중심이 되면서 인사·행행도 활발하였고, 의정부는 형정·외교가 중심이 되면서 의례·경제·제도·군사·인사도 활발하였다. 세종 18년~단종 2년에는 승정원은 외교·형정이 중심이 되면서 인사·군사·행행도 활발하였고, 의정부는 형정·군사·의례·인사·제도가 중심이 되면서 경제·진휼·외교도

---

147) 육조에 있어서는 그 활동이 각조별로 전개되었기 때문에 부득이 제외하였다. 조선초기 육조의 활동분야는 한충희, 앞 <조선초기 육조연구>, 208~210쪽 <표 7> 참조.

활발하였다. 세조 1년~성종 9년에는 승정원은 형정·외교가 중심이 되면서 행행·군사·제도·시연도 활발하였고, 의정부는 군사·형정이 중심이 되면서 의례·외교·제도·인사도 활발하였다.

<표 38> 태종 5년~성종 9년 승정원·의정부 활동분야 비교[148]

	태종 5~13년				태종 14~세종 17				세종 18~단종 2				세조 1~성종 9				합계			
	승정원		의정부		승		의		승		의		승		의		승		의	
	수	%	수	%	수	%	수	%	수	%	수	%	수	%	수	%	수	%	수	%
형정	59	22	136	21	280	16	251	20	166	13	418	13	670	19	191	21	1175	17	996	17
외교	11	4	18		441	24	196	16	193	15	230	7	469	13	96	10	1114	16	540	9
행행 등	30	13			114	6			88	7			329	9			561	8		
군사	6		62	10	78	4	188	15	114	9	418	13	358	10	219	24	556	8	887	15
인사	13	6	34	5	132	7	62	5	126	10	352	11	219	6	48	5	490	7	496	8
시연	1				52				5				302	8			360	5		
사물	6				58				28				216	6			308	4		
의례	27	10	51	8	81	5	90	7	32		369	12	54		98	11	194		608	10
경제	6		107	17	30		75	6	56		249	8	83		34		175		465	8
문교	12	5	24		44		38		28		109		84		25		168		196	
제도			34	5			72	6			322	10			60	7			488	9
진휼			18				30				237	8			14				299	
기타	95	36	158	25	496	28	236	19	470	36	464	14	837	24	137	15	1898	27	995	17
합계	266	100	642		1806		1238		1306		3168		3621		922		6999		5970	

이상에서 승정원의 활동분야는 그 직장과 관련된 행행·시연을 고려하면 의정부의 활동 경향과 거의 일치하였다고 하겠고, 승정원과 의정부의 이러한 활동경향은 승정원과 의정부·육조의 정치활동 분석결과와 함께 승정원의 활동은 의정부기능과 무관하게 전개되었음을 시사하는 것이라고 하겠다.

---

148) 활동분야는 빈도수에 따라 선정하였고, 각 분야 중에서 5% 미만의 경우는 %의 제시를 생략한다.

세 번째로 승지활동과 의정부(의정)·육조(판서) 기능과의 관계를 국정에 큰 영향력을 발휘하였던 박석명 등의 활동상을 통하여 살펴 본다.

① 朴錫命은 고려말 이래에 걸친 태종과의 교분을 토대로 한 태종의 극진한 신임을 통하여 태종 즉위~5년에 도승지로 재직하면서[149] 정치에 큰 영향력을 발휘하였다. 그의 영향력을 볼 때 그가 의정부(구성원)와 육조(구성원) 기능을 제약하였다는 명확한 기록은 없지만[150] 知吏曹事의 직장과 관련하여 이·병조의 인사기능을 제약하였다고 추측된다.

② 黃喜는 탁월한 자질과 태종의 지극한 신임을 배경으로 태종 5~9년에 걸쳐 승지로 재직하면서 국정에 큰 영향력을 발휘하였다.[151] 특히 인사의 경우 전주를 주관하도록 된 판이·병조사인 좌·우정승과 이·병조판서를 제치고 인사를 전횡하는[152] 강력한 기능을 발휘하였다.

③ 趙末生은 태종의 깊은 신임을 받으면서 태종 11~18년에 6승지를 역임하면서 국정에 큰 영향력을 발휘하였다. 도승지로 재직할 때에는 세종이 집정자의 폐단을 논하면서 "지신사로부터 병조판서에 이르기까지 10여년의 장기간에 걸쳐 집정한 자는 조말생같은 자가 없었다"[153] 라고 한 것에서 지이조사로서 이·병판을 제약하는 영향력을 행사하였을 것으로 추측된다.

---

149) ≪태종실록≫ 권12, 6년 7월 경자(졸기).
150) 태종 5년에 황희를 후임으로 천거하여 실현시켰음은(≪문종실록≫ 권12, 2년 2월 임신(황희졸기), ≪연려실기술≫ 태조조고사본말 박석명조) 그의 인사에 대한 영향력을 잘 보여주고 있다고 하겠다.
151) 앞 277~278쪽 주108]·109] 참조. ③ 趙末生 이하의 국왕으로부터 받은 신임과 정치에 끼친 영향력에 대한 전거제시는 중복과 번다함을 피하여 생략한다.
152) ≪태종실록≫ 권15, 8년 2월 계미.
153) ≪세종실록≫ 권31, 8년 3월 신축.

④ 安崇善은 세종의 신임을 받으면서 왕 12~17년에 동부·도승지를 역임하면서 국정에 영향력을 발휘하였다. 세종 16년에 사관이 "판이조사인 좌의정 孟思誠과 이조판서 申槩를 제치고 인사를 전횡하였다"[154] 라고 하였듯이 이조의 인사권을 제약하였다.

⑤ 辛引孫은 세종의 신임을 받으면서 왕 16~20년에 우·좌·도승지를 역임하면서 국정에 영향력을 발휘하였다. 사헌부가 그의 매서 金布가 知蔚山郡事에서 金海府使에 승진된 인사를 두고 부당하다고 탄핵하여 본직으로 환원시킨 일을 듣고 "크게 웃고 부끄러운 기색이 없었다"[155] 라고 한 것과 "도승지시에 뇌물을 많이 받았고, 그의 생일에 判中樞府事 李順蒙이 미 50석을 선물로 주었다"[156] 라고 하였음에서 이조의 인사기능을 제약한 것으로 추측된다.

⑥ 黃守身은 세종의 신임을 받으면서 왕 25~29년에 우부~도승지를 역임하면서 국정에 영향력을 발휘하였다. 세종 28년에 "지병조사로서 겸판병조사 鄭麟趾를 제치고 인사를 전횡하였다"[157] 라고 한 것처럼 겸판병조사와 병조의 인사기능을 제약하였다.

⑦ 韓明澮는 세조즉위에 기여한 공헌과 세조의 지극한 신임을 토대로 단종 2년~세조 4년에 6승지를 역임하면서 국정에 큰 영향력을 발휘하였다. 이러한 그의 위치, 당시의 혼란한 정치분위기, 세조의 국정천단 등을[158] 볼 때 명확한 기록은 없지만 의정부·육조 기능을 제약하였을 것으로 추측된다.

---

154) 《세종실록》 권65, 16년 8월 신해.
155) 《세종실록》 권76, 19년 1월 정사.
156) 《세종실록》 권83, 20년 12월 기미.
157) 《세종실록》 권113, 28년 7월 정해, 외.
158) 세조는 왕 1년에 일방적으로 육조직계제를 강행하였고, 2년에는 단종복위 기도사건이 있었고, 3년에는 금성대군 瑜의 모반과 이를 계기로 한 魯山君 사사가 있었다.

⑧ 曹錫文은 세조의 신임을 받으면서 왕 1~5년에 6승지를 역임하면서 국정에 영향력을 발휘하였다. 그가 세조의 신임을 획득하게 된 요인이 그의 재정에 대한 능력이었고,[159] 승지역임 이후에 호판과 겸판호조사에 재직하면서 재정에 기여하였음을 특기한[160] 것에서 승지시에는 호조기능을 제약하였을 것으로 추측된다.

⑨ 金國光은 세조의 신임을 받으면서 왕 6~7년에 동부·우부·좌부승지를 역임하면서 국정에 영향력을 발휘하였다. 승지 역임 이후에 세조로부터 '事知第一'[161] 이라는 칭송을 받으면서 주로 병사관계의 관직을 역임하였음에서[162] 승지시에는 병조기능을 제약하였을 것으로 추측된다.

⑩ 盧思愼은 세조의 신임을 받으면서 왕 8~11년에 동부·우부·도승지를 역임하면서 국정에 큰 영향력을 발휘하였다. 승지시에 6조기능을 제약하였다는 명확한 기록은 없지만 성종 1~4년 겸판이조사 때에는 "겸판병조사 韓明澮의 간섭을 배제하고 문반인사를 확고히 관장하였다"[163] 고 한 것에서 지이조사 때에는 이조 등의 기능을 제약하였을 것으로 추측된다.

⑪ 尹弼商은 세조의 신임을 받으면서 왕 9~13년에 걸쳐 동부·좌부·좌·도승지를 역임하면서 국정에 큰 영향력을 발휘하였다. 특히 세조 13년 이시애 난이 일어나자 항상 궁내에 숙직하면서 의정부·병조

159) ≪성종실록≫ 권83, 8년 8월 기해(졸기).
160) ≪세조실록≫ 권32, 10년 1월 신미, ≪성종실록≫ 권83, 8년 8월 기해(졸기). 세조 5년 11월~10년 1월에 호판, 12년 3월~13년 9월·14년 3월 이후에 겸판호조사를 각각 역임하였다.
161) ≪성종실록≫ 권123, 11년 11월 정해(졸기).
162) 세조 7년 5월~10년에 병조참판, 12년 4월~13년 7월 병판, ~13년 8월 우참찬겸판병조사, ~13년 9월 우찬성겸판병조사, ~예종 즉위년 10월 우찬성겸판병조사도총관을 각각 역임하였다.
163) ≪성종실록≫ 권48, 5년 10월 갑진.

를 제치고 세조와 함께 토벌책을 의논하고 지휘하는[164] 등 의정부·병조 기능을 제약하였다.

⑫ 權瑊은 세조·예종·세조비 윤씨의 신임을 받으면서 세조 13년~성종 1년에 동부·좌부·도승지를 역임하면서 국정에 큰 영향력을 발휘하였다. 특히 예종대에는 왕의 극진한 총애를 받으면서 "좌승지 이하를 요속과 같이 지휘하였다"[165] 라고 한 것에서 도승지 때에는 이·병조의 인사권을 제약하였을 것으로 추측된다.

⑬ 玄碩圭는 성종의 신임을 받으면서 왕 5~8년에 걸쳐 동부·우부·좌부·도승지를 역임하면서 국정에 영향력을 발휘하였다. 그의 도승지 발탁배경이 형방으로서의 근실한 근무였고, 도승지가 된 이후에도 改房되지 않고 계속 형방을 분장[166] 및 좌승지 李克基 등 제 승지의 형방사 간여를 단호히 배제하고 형방을 중심한 승정원사를 확고하게 관장[167] 하였음에서 형조기능을 크게 제약한 것으로 추측된다.

⑭ 韓健은 성종의 신임을 받으면서 왕 19~21년에 동부·우부·좌부·좌·도승지를 역임하면서 국정에 영향력을 발휘하였다. 졸기에 "도승지가 되자 벼슬을 청탁하러 오는 자가 항상 뒷방에 가득했고, 수령에 제수되어 인사하러 오는 자에게 반드시 술자리를 베풀고 전송하였다. 수년이 되지 않아 막대한 부를 축적하고 새 건물을 지었다"[168] 라고 하였음에서 도승지 때에는 이·병조의 인사기능을 제약한 것으로 추측된다.

이상에서 황희·안숭선·황수신·윤필상은 국왕의 신임을 배경으로 도

---

164) ≪세조실록≫ 권43, 13년 8월 계축.
165) ≪예종실록≫ 권7, 1년 9월 병신.
166) ≪성종실록≫ 권65, 7년 3월 병진·권82, 8년 7월 갑술.
167) ≪성종실록≫ 권82, 8년 7월 갑술.
168) ≪성종실록≫ 권293, 24년 10월 기축.

승지 등에 재직하면서 知曹事로서의 기능행사와 함께 의정인 겸판 이·병조사나 이·병조의 인사기능을 제약하였다. 박석명·조말생·신인손· 한명회·조석문·김국광·노사신·권감·현석규·한건은 국왕의 신임을 배경 으로 도승지 등에 재직하면서 지조사로서의 기능행사와 함께 이·병조 의 인사기능이나 병조의 군정기능 또는 호·형조의 재정·형정기능을 제약하였다고 추측된다. 그런데 위에서와 같이 강력한 기능을 발휘한 승지가 대개 도승지였고, 이들이 제약한 육조와 정사가 이·호·병·형조 와 인사·재정·병정·형정인 것은 도승지의 직장과 도승지에 대한 국왕 의 신임이 여타 승지의 그것과는 비교가 되지 못하였고, 문·무반의 인사나 병정이 가장 중요한 국사이고 재정·형정사도 국가통치의 근간 이 된 등에서 기인된 당연한 결과라고 하겠다.

네 번째로 승정원과 홍문관·사헌부·사간원의 관계를 보면 역관상 밀 접히 연관되기도 하나[169] 그 기능상 상호를 제약하는 경향을 띠었다 고 추측된다. 실제로 승정원은 왕권과 밀착되면서 삼사의 국왕면대·언 론활동을 봉쇄하였고,[170] 삼사는 승지의 인사활동·형정활동을 탄핵하 고[171] 승지가 왕의 의사에만 영합하고 국가의 대체를 돌보지 않는다 고 논박[172] 및 승정원사를 침범하는[173] 등으로써 제약하였다. 그런 중 에서도 승지는 때때로 대간의 언사로 인한 피죄나 대간의 언론활동에 있어서 왕에게 대간의 용서나 대간의 요청을 가납 및 대간의 우용을 청하는[174] 등으로[175] 대간을 옹호 하기도 하였다.

---

169) 한충희, 앞 <조선초기 승정원연구>, 40~41쪽 <표 6> 승지 임용직전관직 참조. 승지 274명 중 101명(사헌부 ‐ 35명, 사간원 ‐ 29, 홍문관 ‐ 37)이 삼사의 부제학 이하에서 제 수되었다.
170) ≪세종실록≫ 권88, 22년 1월 신미, ≪태종실록≫ 권21, 11년 1월 병인, 외.
171) ≪성종실록≫ 권128, 12년 4월 임자·권68, 7년 6월 병술, 외.
172) ≪성종실록≫ 권187, 17년 1월 을묘, 외.
173) ≪예종실록≫ 권3, 1년 2월 신묘.

이상에서 승정원(승지)과 의정부(의정)·육조(판서)는 역관과 국정운영상 긴밀히 연관되기도 하나 대개는 그 직장과 행정체계상 승정원은 왕권과 직결되면서 육조(의정부) 기능을 제약하였다. 승정원과 삼사는 역관상 연관되기는 하나 그 직장상 승정원은 왕권과 밀착되면서 삼사의 기능을 억제하는 경향이 강하였고 삼사는 승정원기능을 제약하였다. 요컨대 조선초기의 국가통치는 태종 5~13년·세종 18년~단종 2년에는 의정부 중심의 국정운영이, 태종 14년~세종 17년·세조 1년 이후에는 육조 중심의 국정이 각각 운영되었다. 그러나 국가의 최고 통치권자가 국왕이었기에 국왕의 신임을 받는 승정원(승지)은 왕명출납·6조사분장·근시지임의 수행과 함께 항시 의정부·육조기능을 제약할 수 있는 잠재력이 있었고, 실제로도 강력한 기능을 행사하면서 의정부·육조기능을 제약하였다. 승정원은 이러한 위세에서 때로는 그 기능이 의정부 보다 중하다거나 이·병조와 대등하다고 인식되었다.[176]

3) 承政院(承旨)과 院相 · 內宗親 · 宦官

승정원은 국왕의 측근에서 왕명을 출납하였고, 원상은 승정원에 좌정하여 승지를 지휘하면서 대소국정을 처리하였고, 내종친은 국왕의 측근에서 승지와 병립하면서 왕명을 출납하였으며, 환관은 국왕과 승정원(승지) 사이에서 전명과 각종 연락을 담당하였기에 승정원과 원상·내종친·환관은 상호 밀접히 관련되었다. 여기에서는 승정원과 원상 등의 관계를 구분하여 살펴본다.

---

174) ≪성종실록≫ 권70, 7년 8월 갑오(대간우용)·권123, 11년 11월 계사(언론가납), 외.
175) 성종대에는 국왕의 대간우대와 함께 특히 홍문관관은 승지·주서와 함께 시종지임을 수행하고 경연·국정논의·국왕자문 등에 광범히 참여하였다.
176) ≪세종실록≫ 권85, 21년 6월 임인, ≪성종실록≫ 권56, 6년 6월 신묘, 외.

(1) 承政院과 院相

원상제는 세조 13년에 세조가 신병 중일 때 명사가 오자 승정원의 명사지대 등에 착오가 있을 것을 염려하여 韓明澮·申叔舟·具致寬으로 하여금 승정원에 임석하여 국정을 지휘할 것을 명하면서 성립되었다.[177] 원상제는 이후 세조의 신병악화와 훙서, 예종의 급서, 성종의 유년즉위로 인한 왕권의 보호와 국정협찬의 필요에서 성종이 친정하기까지 계속되었다.[178] 이 시기의 정치는 원상제 성립 때의 한·신·구 3인과 그 후에 원상이 된 朴元亨·崔恒·洪允成·曺錫文·金礩·金國光(예종 즉위년 이전), 尹子雲(예종 1년 윤2), 鄭麟趾·鄭昌孫(성종 1년 12월), 成奉祖(성종 2년 10월), 尹士昕(성종 6년 7월) 등을 중심으로 전개되었다.[179]

이들 원상은 ㉠ 단종 1년 계유정변 이래로 성종 2년까지 각종 정변을 주도하고 수차에 걸쳐 공신에 책봉되었을 뿐만 아니라 의정을 역임한 원로대신이었기에[180] 승지는 관품·영향력 발휘 등에서 이들과 비교가 되지 못하였다. ㉡ 원상의 대부분은 의정으로서나 겸판호·예·병조사로서 의정부를 운영하고 호·예·병조를 지휘하였으며, 윤번으로 승정원에 시무하면서 6승지를 지휘하고 국왕의 자문에 응대 및 대소 국정의 논의에 참여하였다.[181] ㉢ 원상에 제수되면 사망하지 않는 한 원상제가 폐지되는 성종 7년까지 재직하였던 만큼 수시로 체직되는 승지와는 그 재직기간이 비교되지 못하였다.[182] ㉣ 원상제가 운영된

---

177) 金甲周, 앞 <원상제의 성립과 기능>, 34~36쪽.
178) 위 논문, 36~48쪽.
179) 위 논문, 52~59쪽.
180) 한충희, 1980, <조선초기 의정부연구> 상, ≪한국사연구≫ 31, 144~145쪽 <표 16>, 앞 <조선초기 승정원연구>, 90쪽 <표 14>.
181) ≪성종실록≫ 권38, 5년 1월 기유, 한충희, 위 <조선초기 의정부연구>, 120쪽 <표 11>.
182) 한명회·조석문·김질·김국광은 8년 이상, 신숙주·홍윤성·윤자운은 7년 이상, 최항·정창손은

시기에는 왕권이 동요되면서 원상의 기능발휘가 절실하였던 반면에 승정원은 그 기능이 위축되었다.[183] 이에서 원상은 승정원의 기능을 전반적으로 위축시키거나 제약하였다고 하겠다.

(2) 承政院과 內宗親

조선초기의 종친은 시기적으로 차이는 있지만 의정부, 육조, 삼군도총제부 등의 관직에 제수되어 당시의 정치·군사에 영향력을 발휘하였다.[184] 종친의 사환은 성종 1년에 龜城君 李浚이 유배된 사건이[185] 계기가 되어 ≪경국대전≫에 '宗親仕宦禁止'가 규정되면서[186] 금지되었다. 그러나 세조대에 있어서는 왕 9년에 정언 崔漢良이 寶城卿 容을 都鎭撫, 居平正 復·進禮正 衡을 衛將에 각각 제수한데 대하여 宗親典兵의 불가함을 논하자 세조가

> 六典의 조문은 내가 변경한 것이 많다. 너는 어찌 한번도 말하지 않다가 유독 이 일만 거론하느냐? 종친을 임용하지 않은 것은 옛사람도 취하지 않은 바였다. 또 공신을 임용하지 않는 다는 말이 있는데 공신과 종친은 다 같다. 지금 신숙주 이하를 모두 버리고 임용하지 말라는 뜻이냐?[187]

라고 하였음에서 시사되는 바와 같이 많은 종친이 중용되면서 정치에 큰 영향력을 발휘하였다.

6년 이상, 구치관·윤사흔은 2년여에 걸쳐 각각 재직하였다(한충희, 앞 <조선초기 의정부 연구>, 87~90쪽 <표 19>).

183) ≪성종실록≫ 권67, 7년 5월 정사, 외.
184) 金成俊, 1964, <宗親府考>, ≪史學研究≫ 18, 25쪽 <표 1>, 32~33쪽.
185) ≪성종실록≫ 권2, 1년 1월 계사.
186) ≪경국대전≫ 권1, 이전 종친부 盡親則依文武官子孫例入仕.
187) ≪세조실록≫ 권30, 9년 6월 경진.

세조의 종친 중용은 왕 2년에 종친 1인을 윤번으로 궐내에 직숙하게 하고 왕명을 출납시킨 內宗親制의 운영과[188] 함께 시작되었고, 10년 1월 이전에 兒宗制의 실시와[189] 함께 본격화되었으며, 13년 李施愛亂이 일어나자 龜城君 李浚을 咸吉江原平安黃海四道兵馬都摠使에 임명하여 토벌군을 총지휘하게 하고 익년에 구성군을 영의정에 발탁하면서[190] 절정에 달하였다. 이 중 아종은 주야로 궐내에 숙직하면서 국왕의 궁내외 행차에 시종하였고,[191] 승정원과 함께 백사·백관에 왕명을 전하였고,[192] 왕명을 받고 백관과 함께 국정논의에 참여하였고,[193] 入啓公事를 마감하여 更啓하였으며,[194] 수시로 의견을 개진하는[195] 등 국정에 영향력을 발휘하였다.

내종친의 기능과 승정원의 기능을 연관시켜 보면 승정원의 육조사 분장을 제외한 그 외는 모두가 일치하였다. 또 내종친은 승정원의 기능을 제약하거나 위축시킨 경향이 있기는 하나 내종친이 국왕을 중심한 기구였고, 그 활동경향이 승정원과 같았고, 내종친이 대두한 세조 10년 이후는 세조의 중앙집권책·왕권강화를 위한 신권억제 등에서 세조와 원로대신과의 불화가 노정되었다.[196] 이에서 내종친은 승정원과

---

188) 《세조실록》 권3, 2년 1월 신미, 한충희, 1998, <朝鮮 世祖代(1455~1468)의 內宗親에 대하여>, 《慶北史學》 21, 921~934쪽.
189) 아종제는 永順君 溥·龜城君 浚·銀山副正 徹·河城尉 鄭顯祖를 아종이라하고, 그 중 2인을 교대로 궐내에 입직시키면서 성립되었다(《세조실록》 권32, 10년 1월 갑인).
190) 《세조실록》 권42, 13년 5월 경진·권47, 14년 7월 갑술.
191) 《세조실록》 권4, 2년 5월 을미·권5, 2년 8월 신유·권32, 10년 2월 계사, 외.
192) 《세조실록》 권7, 3년 4월 을미·갑진·권25, 7년 8월 계유, 외.
193) 《세조실록》 권26, 7년 12월 경진, 외.
194) 《세조실록》 권39, 12년 8월 정묘.
195) 《세조실록》 권25, 7년 7월 병진, 외.
196) 한영우, 1974, <왕권의 확립과 제도의 완성>, 《한국사》 9, 217쪽 주19). 구체적인 설명은 없었지만 이시애 난이 일어났을 때 이에 云謂된 의심만으로 한명회·신숙주가 囚禁된 것은 이를 잘 시사한다고 하겠다.

함께 왕권에 밀착되면서 왕권을 강화하고 신권을 약화시키는 방향으로 작용하였다고 하겠다.

(3) 承政院과 宦官

승정원과 환관은 승정원이 왕명을 출납하였고, 내시부가 대내의 監膳·傳命·守門·掃除의 일을 관장하고 掖庭署는 傳謁·供御筆硯·闕門鎖鑰·禁庭鋪設의 일을 관장하였기에[197] 내시부의 '전명'과 액정서의 '전알'은 승정원의 기능과 관련되었다고 하겠다.[198] 그러나 전명·전알에 있어서도 엄밀히는 승정원 기능과 관련되지 않는다.

그런데 내시부의 尚膳(종2, 2직) 이하와 액정서 司謁·司鑰(정6, 각 1) 이하 구성원은[199] 법제적인 직장과는 달리 의정·승지 등과 함께 기밀사에 간여하였고,[200] 왕명을 출납하였고,[201] 入啓公事를 마감하여 更啓하였고,[202] 佛事 등을 監掌하였으며,[203] 정변에 참여하는[204] 등 승정원과 유사한 기능을 발휘하였다. 특히 단종~성종초에는 각종 정

---

197) 《경국대전》 권1, 이전 내시부·액정서.
198) 국왕의 명령은 환관을 통하여 승정원(승지)에 전달되고 승지가 국왕에게 정무를 보고하거나 국왕을 면대하기 위하여는 환관을 통하였다(《세종실록》 권25, 6년 8월 병진, 《태종실록》 권14, 7년 7월 기묘).
199) 《경국대전》 권1, 이전 경관직 내시부·액정서. 상선과 사알·사약 이외의 그 구성원은 다음과 같다.
　　내시부; 尚醞(정3당상, 1직), 尚茶(정3당하, 1), 尚藥(종3, 2), 尚傳(정4, 2), 尚册(종4, 3), 尚弧(정5, 4), 尚帑(종5, 4), 尚洗(정6, 4), 尚燭(종6, 4), 尚烜(정7, 4), 尚設(종7,6), 尚除(정8, 6), 尚門(종8, 5), 尚更(정9, 6), 尚苑(종9, 5).
　　액정서; 副司鑰(종6, 1직), 司案(정7, 2), 副司案(정7, 3), 司鋪(정8, 2), 副司鋪(종8, 3), 司掃(정9, 6), 副司掃(종9, 9).
200) 《태종실록》 권28, 14년 10월 병신, 외.
201) 《단종실록》 권14, 3년 윤6월 을묘, 외.
202) 《세조실록》 권39, 12년 8월 정묘, 외.
203) 《세종실록》 권96, 24년 4월 을미.
204) 《단종실록》 권13, 3년 1월 경오.

변에 참여하였을 뿐만 아니라 성종 즉위~7년의 세조비 윤씨의 섭정 시에는 환관이 직장상 승정원 보다 윤씨와 밀착되었고, 종신인 재직기 간에서 田畇·申雲·柳漢·李存命 등 10여명은 종2품 嘉靖大夫 이상에 승진하거나 공신에 책록되면서[205] 국정에 큰 영향력을 발휘하였다.

이를 볼 때 조선초기, 특히 단종~성종대의 환관은 승정원의 왕명 출납 등의 기능을 다소 위축시켰다고 하겠다. 그러나 환관은 대개 정 무와는 무관하면서 왕명의 출납·전명을 담당하였고, 환관은 승지 등과 함께 궐내에서 국왕을 시종하고 주야로 함께 근무하였고, 승정원과 내시부·액정서는 행정체계상 상하관계는 없지만 승지가 환관의 근만 을 고찰하고 환관의 국왕공궤사를 지휘·감독하였다.[206] 따라서 환관은 승지의 기능을 위축시켰다기보다는 승지와 밀착되면서 승정원의 기능 을 보충하였다고 하겠다.

이상에서 승정원(승지)과 원상은 원상이 승정원에 좌정하여 승정원 을 지휘하면서 국정운영을 주도하였기에 승정원은 원상제가 운영된 세조 13년~성종 7년에는 그 기능이 위축됨은 물론 정상적인 기능의 발휘가 제약되었다. 승정원과 내종친은 내종친이 발휘한 기능이 승정 원과 중복되었기에 승정원은 그 기능 발휘가 제약되기도 하나, 양자 의 기능과 그 발휘가 왕권과 직결되었던 만큼 세조의 왕권과 효율적 인 국정운영의 토대가 되었다. 승정원과 환관은 환관이 국왕의 최측 근(왕 - 환관 - 승지 - 백사·백관)에서 시종·전명·전알·국왕공궤를 담 당하였기에 승정원은 환관으로부터 그 기능을 제약받기도 하나 양자 의 신분차이·승지의 환관심찰·왕권과 밀착된 기능의 발휘와 운영 등

---

205) 한충희, 앞 <조선 세조~성종대의 가자남발에 대하여>, 170~171쪽 주34), 앞 <조선초기 승정원연구>, 95쪽 주182]).

206) ≪태종실록≫ 권14, 7년 10월 기축·≪세조실록≫ 권36, 11년 6월 경자, ≪태종실록≫ 권 34, 17년 12월 을류, 외.

에서 대개 환관은 승정원에 밀착되면서 승정원의 기능을 보완하였다.

요컨대 승정원(승지)과 원상·내종친·환관은 근무지·기능이 대동소이한 만큼 외면적으로는 원상·내종친·환관은 승정원의 기능을 위축·제약하는 면이 있었다. 그렇지만 실제에 있어서는 왕권과 밀착된 운영·기능발휘에서 원상은 승정원의 기능을 제약하면서 그 독자적인 운영을 저해하였지만, 내종친·환관은 승정원과 밀착되면서 승정원의 기능을 보완하였다고 하겠다.

4) 都承旨와 諸(左·右·左副·右副·同副)承旨

도승지는 좌승지 이하와 함께 승정원의 구성원이 되어 왕명을 출납 및 6조사를 분장하였지만 ㉠ 도승지의 품계는 여타 승지와 함께 정3품 통정대부이나 대부분 (동부승지→우부승지→좌부승지→우승지→) 좌승지를 역임한 인물이 제수되었다.[207] ㉡ 6조사의 분장에 있어서 가장 중요한 국사인 문반의 인사가 포함된 知吏曹事를 분장하였다.[208] ㉢ 6승지 모두가 왕의 신임을 받고 재능이 출중하였지만 특히 도승지에 대한 국왕의 신임이 각별하였고, 그 재능이 뛰어났다.[209] ㉣ 승정원의 장관으로서 원사를 총장하였고, 이와 관련되어 좌승지 이하와는 비교가 되지 않을 정도로 기밀사에 참여 및 해방사를 전장함은 물론 타방사에도 광범히 간여한[210] 등에서 좌승지 이하를 구속 또는 지휘하는 강력한 기능을 발휘하였다고 추측된다.

---

207) 도승지역임자 79명중 52명이 좌승지를 거쳐 도승지에 올랐고, 24명이 우승지 이하로서 도승지에 올랐고(우-11, 좌부-11, 우부-1, 동부-1), 3명이 전도승지나 좌승지로서 도승지가 되었다(좌→병참의→도, 좌→대사간→도, 도→파직→도 각1명).
208) 김창현, 앞 논문, 13~25쪽.
209) 앞 290~293쪽, ≪成宗實錄≫권231, 20년 8월 임자·을묘.
210) 앞 261쪽 주 70).

먼저 도승지와 제 승지의 관계를 보면 세종대의 지신사 安崇善과 예종대의 도승지 權珹의 직사수행을 두고 "좌승지 이하를 요속같이 부리면서 승정원사를 전횡하였고, 좌승지 이하는 그 분장사를 도승지에게 상의하고 계문하는 등 순응하였다"[211] 라고 한 등에서 도승지가 좌승지 이하를 구속하는 강력한 기능을 발휘하였음을 알 수 있다. 그리고 도승지와 좌승지 이하의 관계에 대하여 명백히 기술하지는 않았지만, 국왕의 신임과 개인적인 자질 등을 배경으로 강력한 기능을 발휘하였던 박석명, 황희, 조말생, 신인손, 황수신, 한명회, 조석문, 노사신, 윤필상, 현석규, 한건 등에 있어서도 좌승지 이하를 구속하는 강력한 기능을 발휘하였다고 추측된다.

두 번째로 앞의 <표 34·35>에서 제시된 승정원활동을 6승지 합동, 도승지 등 2~5승지, 도승지, 2 ~5 승지의 활동주체별로 구분하여 보면, 다음쪽의 표에서와 같이 전체적인 경우는 도승지 단독으로 행한 활동이 26.9%였고 제 승지의 활동이 25.8%였다. 태종·세종·문종~단종대에는 도승지의 활동이 제 승지의 활동을 능가 또는 압도하였고, 세조·예종 1년~성종 7년에는 도승지의 활동과 제 승지의 활동이 비슷한 것으로 각각 분석된 것도 도승지와 제 승지의 국정에서의 위치·기능을 잘 보여준다고 하겠다.

---

211) ≪세종실록≫ 권65, 16년 8월 신해, ≪예종실록≫ 권7, 1년 9월 병신.

<표 39> 조선초기 승정원과 승지 시기별 활동(수)

		태종5~18년	세종	문종~단종	세조	예종1~성종7	합계	비고
승정원 합동	수	146	498	157	1297	431	2,529	
	%	23.7	21.4	36.1	60.3	40.8	38.4	
도승지등 2~5승지	수	51	77	26	99	57	375	
	%	8.3	7.6	6.0	4.6	2.1	5.6	
도승지	수	220	990	160	376	458	2,046	
	%	35.7	42.6	36.8	17.5	16.9	31.0	
제승지	수	200	661	92	379	768	1,635	
	%	32.4	28.4	21.1	17.6	28.3	24.8	
합계		617	2,326	435	2,151	2,716	6,585	

그 외에 위세를 떨친 승지는 거의가 도승지였고, 승지에서 종2품 嘉靖大夫 이상으로 超資되면서 체직된 27명 중 22명이 도승지였고,[212] 도승지의 加資·遞職이 제 승지에 비하여 월등하였으며,[213] 도승지에 대한 대우가 제 승지의 그것에 비하여 보다 우대된 등[214]도 도승지와 제 승지의 관계를 잘 입증하고 있다고 하겠다.

이상에서 도승지와 좌승지 이하의 제 승지는 다같이 정3품 당상관으로서 승정원을 구성하고 왕명출납·6조사 분장·시종 등의 기능을 수행하였다. 그러면서도 도승지는 승정원의 장으로서 승정원사를 총장 및 좌승지를 거친 인물이 임명되었고, 도승지에 대한 국왕의 신임 등

---

212) 동기의 실록에서 종합. 그 인물은 다음과 같다.
　　종2품 嘉靖大夫 ; 趙末生·成任·金從舜·申瀞·柳輊·孫舜孝·申浚·朴叔蓁·李世佐·宋瑛 (이상 知申事나 都承旨), 魚世恭·尹繼謙(이상 左承旨).
　　정2품 資憲大夫·正憲大夫; 朴錫命·黃喜·安騰·申叔舟·韓明澮·盧恩愼·尹弼商·李克增·權瑊?·鄭孝商·李崇元·玄碩圭(이상 知申事나 都承旨), 李升商·李膚·韓繼純(이상 左承旨).

213) 한충희, 앞 <조선초기 승정원연구>, 40~41쪽 <표 6>에서 參判除授者 80명을 보면 趙末生 등 33명이 도승지였고, 成揜 등 47명이 좌승지 등이었다(좌승지-25, 우-11, 좌부-6, 우부-2, 동부-2).

214) 賜物·賻贈·侍從 등에 있어서 우대됨은 물론 使臣支待時에 도승지는 議政과 짝을 이루어 참여하였고(태종 6년 4월 을유조, 외), 進獻物封裹時에는 도승지만이 참여하였고(太宗 7년 2월 갑인조), 設宴時에도 도승지는 殿內에서 연회사를 감독하나 제 승지는 부복하여 머리를 숙이고 참여한(성종 24년 9월 기미조) 등이 있다.

과 관련되어 도승지사의 수행은 물론 좌승지이하 제 승지를 지휘·구속하면서 승정원사를 처리하는 강력한 기능을 발휘하였으며, 좌승지이하는 도승지의 지휘를 받으면서 승정원사나 해방사를 처리하였다고 하겠다.

6. 結語

조선초기 승정원은 정종 2년에 도평의사사를 의정부로, 중추원을 3군부로 각각 재편 및 이들로 하여금 정치와 군사를 분장하게 한 조치와 함께 조선개국 이래로 중추원(기능과 직제)의 일부를 이루었던 왕명출납의 기능과 왕명출납을 담당하였던 지신사·좌승지·우승지·좌부승지·우부승지 및 왕명 출납과 관련된 사무를 담당하였던 당후관이 중추원과는 별개의 관아를 구성함으로써 성립되었다.

정종 2년에 성립된 승정원의 직장과 구성원은, 직장은 변동 없이 조선말까지 계승되었지만 관아의 존속과 구성원은 승추부의 개편, 왕권강화도모, 6조의 지위강화 및 6조 중심의 국정운영 도모 등과 관련하여 ① 태종 1년 7월, ② 태종 5년 1월, ③ 세종 15년 9월에 걸쳐 변개되면서 도·좌·우·좌부·우부·동부승지 각 1인과 주서 2인으로 정비되었다가 ≪경국대전≫의 편찬과 함께 명문화되면서 확립되었다.

조선초기 승지의 초입사로는 문과가 140명(51.1%)으로 중심이 되고는 있으나 음서(음서, 음서후 문과·무과 포함)도 101명(36.9%)이나 되었다. 부·조의 역관은 163명(60%)이 조·부나 조나 부가 종2품관 이상을 역임하였고, 본관은 146명(53%)이 명문거족이었다.

조선초기 승지의 임용직전 관직은 153명(59%)이 종 5품~당하관직이었고 107명(41%)이 당상관직이었으며, 체직관직은 130명(53.5%)이 종2품 이상의 관직이었고 113명(46.5%)이 정3품 당상관직이었으며, 최고 관직은 112명(60.1%)이 정2품 이상이었다.

조선 초기 승지의 제수 배경은 종3품 이하관에서 승지에 초자되면서 발탁된 73명 중 30명(40.1%)과 나이 40세 미만 이나 문과급제후 15년 미만 및 음서후 20년 미만의 조기에 승지에 제수된 경우에 91명(57.1%)이 가계임이 명확하거나 가계적인 요인에서 비롯되었다고 추측된다.

조선초기 승정원(승지)의 기능은 법제적인 기능은 왕명출납으로 규정되었으나, 실제의 기능은 승지에 대한 국왕의 신임과 승지의 자질 및 국내의 제 정세 등과 관련되어 승지의 본직을 통한 기능, 승지의 겸직을 통한 기능, 승정원의 장소를 통한 기능, 기타 기능 등으로 광범하게 발휘되었다.

조선초기 승정원의 정치활동은 수명·계문·의의 활동으로 행하여 졌는데, 왕권의 강약과 연관되면서 정종 2년~태종 18년과 세종 및 세조대에는 수명활동이 중심이 되기는 하나 의의활동도 활발하였고, 문종~단종대와 예종 1년~성종 7년 및 성종 8~25년에는 수명활동이 중심이 되기는 하나 계문활동이 수명활동에 육박하였고 의의활동도 활발하였다.

조선초기 승정원의 활동분야는, 왕권의 강약과 승지에 대한 국왕의 신임 및 승지의 자질과 연관되면서 태종대에는 형정활동이 중심이 되면서 국왕거동·외교활동도 활발히 전개되었고, 세종대에는 외교분야가 중심이 되면서 형정·인사·군사분야도 활발히 전개되었다. 문종~단종대에는 외교·인사가 중심이 되면서 형정·군사·국왕거동도 활발히 전개되었고, 세조대에는 외교·형정·국왕거동·군사가 중심이 되면서 사물

도 활발히 전개되었으며, 예종 1년~성종 25년에는 형정이 중심이 되면서 외교·인사·군사·국왕거동·사물도 활발히 전개되었다. 그리고 이를 활동 성격별로 보면 형정·군사·인사·교육분야 등 일반적 정무활동이 명사지대·국왕거동·사물·시연·의례분야 등 국왕을 중심한 활동을 능가하였다.

조선 초기 승지와 승정원 기능은, 국왕의 신임이 두텁고 자질이 뛰어난 도승지가 재직할 때에는 그 직전이나 직후 보다 크게 강화되었고 도승지 활동이 승정원 활동의 중심이 되었다.

조선초기 승정원(승지)과 제 통치기구는 승정원(승지)과 왕권은 승정원의 직장과 기능상 밀접히 연관될 수밖에 없었고, 승정원은 왕권과 밀착되는 가운데 기능을 발휘하였다.

승정원(승지)과 의정부(의정)·6조-특히 이·병조(판서)- 및 삼사는, 승정원과 의정부·6조는 그 활동경향상 승정원은 6조와 비슷하고 의정부와는 판이하였고, 의정부와 6조는 왕권과 직결된 의정부서사제·6조직계제의 실시에 따라 상반된 기능을 발휘하기도 하나, 승정원은 왕의 신임을 배경으로 승정원사의 처리에 대한 의정부·6조의 기능을 제약하였다. 승정원과 3사는 때때로 승정원이 3사의 언론활동에 동조하거나 3사를 옹호하기도 하나, 대부분은 그 기능상 승정원은 3사의 기능을 제약하였고, 3사도 승정원의 기능을 제약하였다.

승정원(승지)과 원상·내종친·환관은 이들 모두가 국왕의 측근에서 왕명출납과 대소 정무의 논의-환관은 주로 전명·전알- 등에 참여하는 만큼 상호의 기능을 보완·제약하는 양면성을 지녔다. 그러나 원상·내종친제의 운영배경·기능·근무처 및 환관의 기능·근무처 등과 관련되어 승정원은 원상으로부터는 독자적인 기능의 발휘를 침해당하였고, 내종친·환관으로부터는 그 기능을 보완받았다.

이상에서 조선초기의 승지역임자는 대부분 가문이 좋았고, 승지에 제수되기까지의 승진과 역관에는 가계적인 요소가 크게 작용하였으나, 승지가 된 이후는 승정원의 직장과 직무수행으로 인한 국왕의 신임을 토대로 승(초)자체직 되었다. 승지는 그 직장상 항상 강력한 기능을 발휘할 토대가 마련된 셈이었고, 실제로 이것과 왕권 및 국왕의 지극한 신임을 배경으로 조선초기의 전기간에 걸쳐 왕명출납·시종의 기능은 물론 의정부·6조와 함께 대소의 국정에 광범히 참여하는 강력한 기능을 발휘하였다.

　요컨대 조선초기의 승정원과 승지는 고유의 직장과 이를 토대로 한 국왕의 신임에서 비서기관·정무기관·재상으로서의 기능을 발휘하였고, 이러한 승정원(승지)의 기능은 승정원을 의정부나 6조와 대등한 권부로 인식되게 하였다.

제7장 義興三軍府

1. 序言

조선 개국초의 중앙 정치기구는 고려말의 그것을 거의 그대로 계승하였지만 군사기구는 큰 변화를 겪으면서 운영되었다. 정치기구는 고려말 이래의 都評議使司를 필두로 한 門下府, 三司, 尙瑞司, 六曹 등이 있어 국정을 담당하였다. 그러나 군사기구는 고려 때의 中樞院과 八衛(鷹揚·金吾·左右·神虎·興威·備巡·千牛·監門衛)가 계승되기는 하나 義興三軍府가 설치되어 義興親軍衛가 개편된 義興親軍左·右衛와 8위를 지휘하면서 궁궐과 도성의 수비, 국왕의 시종, 군사훈련 등 군정을 총관하였다. 또 宗親·勳臣이 각 지방에서 번상하여 시위하는 주군병사(侍衛牌, 私兵)를 통솔하는 道節制使와 국왕에 직속된 禁軍이[1] 운영되었다.

개국초에는 國基의 불안정과 민심의 동요에서 중추부, 의흥친군

---

1) 10위와는 별도로 취급된 近侍忠勇四衛, 內廂節制使 李至·南摯·李天祐가 지휘한 군사, 都鎭撫 朴威·趙溫·趙英武 등이 관장한 군사가 이에 속한다고 생각된다. 이들의 군사적인 성격은 뒤 3절 참조.

위·8위, 지방번상군, 禁軍 등 다원적인 군사체제의 운영이 불가피하였다. 그러나 조선왕조의 이행과 함께 왕권강화, 통치질서의 확립을 위한 정치기구의 정비와 함께 중앙 군사기구도 정비를 보게 되었다. 태조 2년에 義興三軍府가 설치되면서 당시까지의 中樞府와 義興親軍衛·8衛·道節制使·禁軍體制가 義興三軍府—10衛(司)와 道節制使·禁軍體制로 개편되었다. 이어 정종 2년 사병의 혁파에 따른 시위패·금군의 의흥삼군부 귀속과 함께 의흥삼군부—10사체제로 통합되고 체계화되었다. 이것이 토대가 되어 태종대에 兵曹—3軍都摠府—10司體制로 개편되고, 문종대에 兵曹—3軍都摠府—5司體制로 개편되었으며, 세조대에 兵曹와 5衛都摠府—5衛體制로 정립되었다.[2]

태조~정종대에는 判義興三軍府事인 鄭道傳(태조대), 靖安君 李芳遠(정종대)을 중심으로 경·외의 모든 군사를 의흥삼군부에 소속시키고, 종친·훈신이 사적으로 거느린 사병의 혁파가 도모되는 등 모든 군사의 公兵化와 兵權의 집중이 모색되었다. 또 외교문서를 둘러싸고 朝明관계가 악화되는가 하면 1차 왕자의 난이 일어나면서 태조가 정종에게 양위하고, 곧이어 2차 왕자의 난이 일어나 정종이 태종에게 양위하는 격변이 있었다.

의흥삼군부는 이를 주제로 한 연구는 없었지만,[3] 閔賢九의 '조선초기 군사제도와 정치' 연구에 부수되어 그 기능과 통치기구 상에서의 역할 등이 간명하면서도 요령있게 정리되었다.[4] 그러나 의흥삼군

---

2) 軍政·軍令기관의 정비에 대해서는 閔賢九, 1983, ≪朝鮮初期의 軍事制度와 政治≫, 韓國研究院, 262~296쪽 참조.

3) 李大淑의 <三軍府 設置와 變遷에 대한 硏究>(≪學藝誌≫ 3, 육군사관학교 육군박물관, 1993)이 있기는 하나 그 논제와는 달리 삼군부 청사의 건립·건축구조·변천을 다루었다.

4) 민현구는 위 책, 263~272쪽에서 의흥삼군부는 판사를 정점으로 鎭撫所(鎭撫)와 중·좌·우군(절제사)으로 구성되었고, 10사·제도 시위패를 지휘하는 강력한 군령기관으로서 도평의사사와 양립하는 권부였으며, 중앙집권을 위한 병권집중책을 주도하였음을 고찰하였다.

부는 그 연구의 결여와 관계되어 그 조직과 운영, 그 구성원과 기능이 구체적으로 검토되지 않았다. 또 의흥삼군부(구성원)가 당시의 왕권, 정변, 군령·군정에 간여한 도평의사사·중추원·병조 등 정치기구와 어떻게 관련되면서 기능을 수행하였는가도 깊이 있게 분석되지 않았다. 여기에 의흥삼군부에 대한 연구의 필요성이 있다.

이 장에서는 지금까지의 연구성과를 수렴하면서 의흥삼군부의 조직과 운영, 구성원의 성분과 기능 그리고 의흥삼군부가 조선 개국초의 왕권 및 제 통치기구와 어떻게 관련되었는가를 살펴본다.

2. 義興三軍府의 組織과 運營

1) 義興三軍府의 組織

의흥삼군부는 태조 2년에 고려 공양왕 3년 이래의 三軍都摠制府를 개칭하면서 성립되고,[5] 태종 1년 7월에 承樞府로 개칭되면서 폐지되었다.[6] 이 시기에 운영된 의흥삼군부의 조직이 어떠하였는가는 그 직제의 설치와 폐지를 언급한 기록이 없기 때문에 명확한 내용을 알기 어렵다. 그러나 다행히 동기 ≪朝鮮王朝實錄≫의 인사관계 기사에는 의흥삼군부의 判事, 節制使, 同知節制使, 摠制, 同知摠制 등에 제수되거나 역임한 인물들이 많이 확인된다. 이 인사기사는 의

그 외에 조선 개국초 의흥삼군부를 언급한 연구에는 다음과 같은 것들이 있다.

韓永愚, 1973, <조선왕조의 정치·경제기반>, ≪한국사≫ 9, 국사편찬위원회.

李相佰, 1978, <鄭道傳論>, ≪李相佰著作集≫ 권1, 乙酉文化社.

鄭杜熙, 1980, <三峯集에 나타난 鄭道傳의 兵制改革案의 性格>, ≪震檀學報≫ 50.

車文燮, 1994, <군사조직>, ≪한국사≫ 권23 조선초기의 정치구조, 국편위.

5) ≪태조실록≫ 권4, 2년 9월 병진.

6) ≪태종실록≫ 권2, 1년 7월 경자.

홍삼군부의 조직에 대한 대체적인 윤곽을 짐작하게 한다.

의홍삼군부가 성립된 태조 2년 9월에는 그 직제에 대한 언급이 없다. 그러나 그 1개월 뒤에 여러 절제사가 거느린 군관의 직함을 고치고, 義興親軍衛 節制使였던 永安君 李芳果, 撫安君 李芳蕃, 興安君 李濟를 각각 의홍삼군부 중, 좌, 우군절제사에 改授하였다.[7] 또 金科가 의홍친군위 都事에서 의홍삼군부 鎭撫로 개수되었고,[8] 의홍친군좌·우위 등 10위에 각각 上將軍 1인(정3) 이하 正 40인(종9)에 이르는 4,230명의 무반이 편제되었다.[9] 따라서 의홍삼군부는 처음에는 이름만 존재하였고, 태조 2년 10월부터 중·좌·우군을 두고 그 각각에 절제사 1인 및 진무(인원불명, 1인 이상?)를[10] 두어 그 군에 배속된 衛를 관리하였다고 하겠다.

태조 3년 1월에는 判三司事 鄭道傳이 판의홍삼군부사로 활동하고 있었다.[11] 따라서 判事는 태조 2년 10월부터 태조 3년 1월까지의 어느 시기에 중·좌·우군 절제사의 상위에서 중·좌·우군을 통할하는 관직

---

7) ≪태조실록≫ 권4, 2년 10월 기축.

8) ≪태조실록≫ 권13, 7년 6월 갑진 濟州判官金科上陳情箋曰 (中略) 踐祚之初仍除臣爲親軍衛都事 復命屬於三軍鎭撫 兼稱下於原從功臣 (李)和英伊 (下略).

9) ≪태조실록≫ 권1, 1년 7월 정미, ≪증보문헌비고≫ 권109, 병고 1, 태조 2년조. 10衛에는 각각 중·좌·우·전·후령의 5領이 편제되었다. 10위와 5령에 소속된 무반은 다음과 같다.

	10위		5령					
정3	上將軍 각1	종4품	將軍 각1	7품	別將 각6	종9품	正 각40
종3	大將軍 각2	5품	中郎將 각3	8품	散員 각8		
정4	都護8衛將軍 각2	6품	郎將 각6	정9	尉 각20	합계	4,230.

10) 주8)에 언급된 김과의 경우 명칭상으로는 중·좌·우군을 통할하는 삼군진무인 듯하다. 그러나 문맥상 의홍친군위도사에서 곧 바로 삼군진무로 개수된 듯하고, 중·좌·우군을 통할하는 판사와 진무소는 이 보다 뒤에 설치되었다. 또 중·좌·우군에도 진무가 편제되었다(≪태조실록≫ 권5, 3년 1월 무진 (전략) 咨諸節制使掌務鎭撫 (하략)). 따라서 본고에서는 이 때의 진무는 3군 중의 어느 한 곳에 소속된 것으로 파악한다.

11) ≪태조실록≫ 권3, 3년 1월 정묘.

으로 설치되었다고 하겠다.[12] 동시에 판사를 보좌할 屬司와 사무관으로 鎭撫所와 鎭撫가 설치된 것으로 보인다.[13]

태조 3년 2월에는 정도전의 병제개혁안에 따라 10衛와 諸道를 삼군에 분속시켰다. 즉 義興親軍左衛·義興親軍右衛·鷹揚衛·金吾衛와 京畿左道·京畿右道·東北面을 중군에, 左右·神虎·興威衛와 江陵·交州·慶尙·全羅道를 좌군에, 備巡·千牛·監門衛와 楊廣道·西海道·西北面을 우군에 각각 소속시켰다.[14] 태조 4년 2월에는 전년 정도전의 병제개혁안에 따라 10위의 명칭을 4侍衛司와 6巡衛司, 즉 의흥친군좌위·의흥친군우위·응양위·금오위를 각각 義興·忠佐·雄武·神武侍衛司로 좌우·신호·흥위·비순·천우·감문위를 각각 龍驤·龍騎·龍武·虎賁·虎翼·虎勇巡衛司로 개칭하였다.[15]

한편 태조 7년 8월에는 南誾·李之蘭·張思吉이 절제사를 각각 겸대하였음이 확인되었는데,[16] 이들이 태조 2년 10월에 임명된 이방과·이방번·이제에 대신하여 절제사가 되었는지, 또는 그들과 함께 절제사였는지가 불명하다. 그런데 태조 2년에 임명된 절제사는 왕자이거나

---

12) 정도전은 태조 2년 11월에 道節制使가 거느리는 군사 가운데 무략이 있는 자에게 陣圖를 교습할 것을 건의하였고, 그 3일 후에는 毬庭에 군사를 모으고 진도훈련을 실시하였음에서 (≪태조실록≫ 권4, 2년 11월 경술·계사) 태조 2년 11월을 전후한 시기에 판사를 겸대한 것으로 생각된다.

13) 진무소는 태조 4년 2월 부터 확인되지만(≪태조실록≫ 권7, 4년 2월 계미) 판사의 직무에 미루어 이 때에 함께 설치된 것으로 파악한다.

14) ≪태조실록≫ 권5, 3년 2월 기해. 10위의 의흥삼군부 분속은 태조 3년 2월에 정도전이 올린 병제개혁안을 태조가 결재하였음에서 이 직후에 실현된 것으로 생각된다. 한편 이 때 올린 병제개혁안 중 10위 상장군 이하 무관의 명칭개정은 尉와 正만이 隊長과 隊副로 개칭되었고, 태조 4년 2월에 10위를 4시위사 6순위사로 개칭하고 중·좌·우군에 분속하였음이 확인됨에서 태조 4년에 10위가 10사로 개칭되고 3군에 분속된 것이 아닌가 하는 의문이 제기되기도 한다. 그러나 정도전이 3년 1월부터 판사직을 본격적으로 수행하였음에서 태조 3년으로 파악한다.

15) ≪태조실록≫ 권7, 4년 2월 정축.

16) ≪태조실록≫ 권14, 7년 8월 임자.

부마였고, 특히 이방번은 13세에 불과해 그 군을 지휘하기가 어려웠다고 하겠다. 또 제1차 왕자의 난 직후에 절제사 6인(중·좌·우군 각2)을 임명하였는데, 3인은 왕자이고 3인은 훈신이었다.[17] 따라서 남은 등은 이방과 등과 함께 절제사였다고 추측된다. 그리고 남은 등이 절제사에 임명된 시기는 태조 3년 11월에 대간이 조준·정도전·남은의 '俱掌政權兵權' 하였음의 시정을 요구하였고,[18] 이지란·남은·장사길은 태조 1년 7월에 의흥친군위의 절제사(이)나 동지절제사(남·장)를 겸대하였고, 의흥삼군부가 성립된 직후에 의흥친군위절제사가 의흥삼군부절제사로 개수된 것 등에서 태조 2년 10월로부터 태조 3년 11월까지의 어느 시기였다고 추측된다. 또 同知節制使는 태조 4년 4월에 慶尙道觀察使 崔有慶를 지중추원사중군동지절제사겸경상도관찰사에 제수한[19] 것에서 그 설치가 확인되었고, 제1차 왕자의 난 직후에 중·좌·우군 동지절제사 각 1인을 제수하였다. 따라서 동지절제사는 태조 4년 4월 이전부터 설치되었다고 하겠는데, 그 구체적인 설치시기는 알 수 없지만 남은 등이 절제사에 제수된 시기를 전후하여 설치된 것이 아닌가고 추측된다. 따라서 의흥삼군부는 태조 4년까지는 판사(1인)·삼군진무, 중·좌·우군 절제사(각2)·동지절제사(각1)와 진무, 道節制使의 관원, 삼군진무소와 중군, 좌군, 우군에 각각 3~4사와 3~4도가 소속된 조직을 갖추었다.

태조 6년 1월에는 義興(三軍)府舍人所를 건립하여 舍人과 6學教導를 두고 양반의 子胥弟姪을 소속시켜 經史, 兵書, 律文, 算數, 射御 등을 익히게 하였다가 탁용에 대비하게 하였다.[20]

---

17) ≪태조실록≫ 권15, 7년 9월 계유.
18) ≪태조실록≫ 권6, 3년 11월 경자.
19) ≪태조실록≫ 권7, 4년 4월 임신.
20) ≪태조실록≫ 권11, 6년 1월 정축, ≪연려실기술≫ 별집 권8, 관직전고 오위도총부 정종 2

태조 6년 12월에는 門下左政丞 趙浚이 판사로 임명됨에 따라[21] 종래까지 1명(정도전) 이던 판사가 2명으로 증가되었다. 이 때 판사가 증치된 명확한 이유는 알 수 없다. 그러나 당시는 태조 5년에 정도전이 지은 외교문서로 인해 明과 表箋문제가 발생하였다. 명은 이를 해명하러간 조선사신들을 억류하고 처형시켰을 뿐만 아니라 정도전의 압송을 강요하였다.[22] 정도전은 명에 압송되진 않았지만 判三司事에서 奉化伯으로 개수되었고,[23] 남은 등과 함께 요동공격론(攻遼論)을 제기하고 진법훈련을 강화하며 사병의 혁파 등 병권의 집중을 도모하였다. 반면에 조준은 공요론을 극력 반대하였고,[24] 정안군 이방원 등 사병을 거느린 종친·훈신도 병권집중에 반발하였다.[25] 이렇게 볼 때 조준이 판사에 임명된 것은 정도전이 주동하는 요동정벌도모·병권집중책을 견제하고, 종친·훈신의 정도전에 대한 반발을 완화하려는 의도였던 것으로 보인다. 또 태조 6년에는 의흥삼군부의 聽舍가 도평의사사의 맞은 편에 건립되었다.[26] 이에 이르러 의흥삼군부는 그 기능·구성원과 함께 명실상부한 군정·군령 총관관아로 정립되었다 .

태조 7년(정종 즉위) 9월에는 전월에 발생한 왕자의 난으로 인한 정안군 이방원과 그 측근의 대두 및 정종의 즉위와 관련되어 판사가 혁거되고 領事(1인)와 知事(1)가 신설되었다.[27]

한편 정종 2년 6월 이전에 궁중에 三軍鎭撫所를 설치하고 內甲士

년조. 《연려실기술》에 의하면 6학은 경학, 병학, 율학, 수학, 의학, 射學이었고, 각각은 堂號가 있었음에서 독립된 건물을 사용한 것으로 생각된다.
21) 《태조실록》 권12, 6년 12월 갑오.
22) 표전문제로 인한 조명관계는 이상백, 앞 논문, 315~328쪽 참조.
23) 《태조실록》 권10, 5년 7월 임오.
24) 《태조실록》 권11, 6년 6월 갑오.
25) 鄭杜熙, 1983, 《朝鮮初期 政治支配勢力研究》, 一潮閣, 29~32쪽.
26) 《태조실록》 권11, 6년 6월 신사, 《증보문헌비고》 권216, 직관고 3 의흥삼군부조.
27) 《태조실록》 권14, 7년 9월 계유.

수백명을 두어 시위에 충당시켰다.[28] 이 삼군진무소는 기존의 삼군진무소와 병치된 것인가 또는 기존 삼군진무소의 명호가 개정되고 등장한 것인가는 불명하다. 그런데 삼군진무소는 태조 7년 9월에는 존재하였음이 확인되나,[29] 정종 2년 9월경 이후에는 首領官·都事가 확인되었고,[30] 의흥삼군부가 승추부로 개칭된 직후에는 經歷이 확인되었다.[31] 또 屬司의 명칭은 都評議使司經歷司나 議政府舍人司 등의 예에서와 같이 대개 그에 속한 최고 관직명과 일치되었다. 이에서 정종이 설치한 삼군진무소는 기존의 삼군진무소가 三軍府經歷所(司?)로 개칭된 뒤에 의흥삼군부와는 무관하게 설치된 것으로 보인다. 그리고 경력소의 설치시기는 內甲士가 편제된 삼군진무소의 혁파논의가 懷安君 李芳幹을 따르던 갑사가 방간의 난 후 진무소에 소속된 것과 관련되었음에서[32] 정종 즉위 9월로 부터 정종 2년 1월까지의 어느 시기라고 하겠다. 그런데 의흥삼군부는 정종 즉위년 10월 부터 그 公事를 판사·3군절제사·道節制使가 도평의사사의 예에 따라 合坐한 후 擬議하여 시행하였고,[33] 수령관은 관찰사 등을 보좌하는 경력·도사 등 행정 말단의 실무를 담당하는 경외의 5~6품관을 지칭하였다.[34] 따라서 경력소는 태조 7년 10월경에 진무소가 개칭되면서 설치되었다

---

28) 《정종실록》 권4, 2년 6월 계축 成均樂正鄭以吾上書 略曰 (중략) 殿下旣任東宮以撫軍 乃於宮中別置三軍府鎭撫 而多養宮甲 東宮監撫之意安在 (중략) 卽罷鎭撫所甲士三百軍 器鎧伏 皆送三軍府 只留潛邸麾下百人.

29) 《태조실록》 권14, 7년 9월 기사.

30) 《정종실록》 권1, 1년 6월 首領官朴淳, 권5, 2년 9월 경진 三軍都事玄孟仁.

31) 《國朝人物考》 권상, 黃喜墓誌 壬午(태종2)冬 起復爲大護軍兼承樞府經歷. 그러나 태종 3년 7월에 진무가 확인되고(《태종실록》 권6, 3년 7월 갑오), 태종 5년 1월에 중·좌·우군도총제부에 각각 경력·도사를 설치하였음에서(《태종실록》 권9, 5년 1월 임자) 의문이 제기되기도 한다.

32) 《정종실록》 권4, 2년 6월 계축.

33) 《태조실록》 권14, 7년 10월 신미.

34) 《태조실록》 권12, 6년 8월 기해.

고 추측된다.

정종 2년 2월에는 세자에 책봉된 靖安君 芳遠이 군국총사를 총령하고 3군부를 친장함과 관련되어 판사가 복설되었고, 각군에 知節制使가 설치되었다.[35] 정종 2년 4월에는 사병혁파, 도평의사사의 의정부로의 개편과 함께 중추원이 의흥삼군부에 합병되면서 의흥삼군부의 조직이 크게 확대되는 변개가 있었다. 영사가 폐지되었고, 중·좌·우군 도절제사, 절제사, 동지절제사가 각각 都摠制, 摠制, 同知摠制로 개칭되었고, 參判三軍府事(2인)·簽書三軍府事(2인)를 신설하였다.[36] 이로서 의흥삼군부 구성원은 의흥삼군부계인 판사·지사·경력·도사와 중·좌·우군 도총제·총제·동지총제, 중추원계인 참판사·첨서사로 조직되었다.

정종 2년(태종 즉위) 11월~태종 1년 1월에는 참지삼군 1인과 중·좌·우군 총제·동지총제 각 1인이 증치되었다.[37] 이로서 의흥삼군부는 판사·참판사·지사·참지사·경력·도사와 중·좌·우군 총제·동지총제로 조직되었고, 이것이 태종 1년 7월 의흥삼군부가 승추부로 개칭될 때까지 계승되었다.

그러면 태조 2년 9월~태종 1년 6월까지 의흥삼군부에 편제된 영사 이하의 관직적 성격은 어떠하였는가. 영사 등 당상관은 태조 2

---

35) ≪정종실록≫ 권3, 2년 2월 기해. 이 때 李佇는 판사와 좌군도절제사의 두직에 제수되었는데, 도절제사에 있어서는 새로이 설치되었다기 보다는, 예컨대 정종 2년에 1품인 李居易가 領鷄林府尹에 제수된 것과 같이(≪정종실록≫ 권3, 2년 5월 임신) 그의 관품에 대응시켜 제수한 것이라고 생각되어 절제사에 포괄하여 파악한다.

36) ≪정종실록≫ 권4, 2년 4월 신축. 이 때 언급된 도총제·총제에 있어서 도총제는 전혀 확인이 되지 않았고, 총제는 태종 1년 1월부터 확인이 됨으로 그 운영이 의심스럽다. 그러나 정종 2년 4월 이후에 도절제사·절제사·동지절제사가 전혀 확인되지 않는 반면에 동지총제가 확인되었음에서 이 때에 도절제사·절제사도 도총제·총제로 개칭된 것으로 파악한다.

37) 태종 1년 1월에는 정종 2년 9월에 제수된 李茂를 필두로 尹柢·金英烈이 지삼군부사, 柳亮이 참지삼군부사, 趙卿·閔無咎(중군)와 李叔蕃·金承霔(좌군)가 총제, 辛克禮(좌)·尹坤·徐益(우)이 동지총제에 재직하고 있었다.

년~정종 2년 3월까지 모두 宰樞職이나 某某君(伯)으로써 제수되었다.[38] 정종 2년 4월 이후에는 중추원을 의흥삼군부에 합병하는 등의 관제개변과 관련되어 판사·참판사와 절제사(총제) 3인은 재상의 겸직이었고, 지사·동지사·첨서사는 녹직으로 조정되었다.[39] 또 정종 2년 이후에 신치된 참지사와 각군의 총제·동지총제도 녹직으로 운영되었다.

당하관은 진무는 김과의 예(주8)로 볼 때 녹직이었다고 추측된다. 경력·도사는 녹직 여부가 불명하지만, 정종 1년 6월에 장군 朴淳이 수령관(경력 또는 도사)을 겸대하였고,[40] 동월에 문하부의 상서에 따라 左散騎常侍 尹思修가 겸한 도평의사사경력을 해직하였으며,[41] 도의 경력·도사를 경관으로 겸차한[42] 등을 볼 때 겸직이었다고 생각된다. 지금까지 살펴 본 의흥삼군부의 구성과 직제변천을 정리하면 다음의 도·표와 같다.

---

38) 이 시기 영사 등을 역임한 인물의 본직을 보면 다음과 같다(재직기간은 뒤 <표 41> 참조).
　　영사; 李和(판문하부사)
　　판사; 鄭道傳(판삼사사나 봉화백), 趙浚(문하좌정승), 李佇(상당후).
　　지사; 李天祐(동지중추), 鄭南晋(중추동부사?).
　　절제사; 李芳果(군), 李芳蕃(군), 李濟(흥안군), 南誾(참지문하나 의성군), 李之蘭(참찬문하나 찬성사), 張思吉(동지중추나 참찬문하), 李茂(참찬문하), 李芳遠(군), 李芳毅(군), 李佇(상당후), 趙英武(찬문하).
　　지절제사; 趙溫(지문하), 李天祐(판중추)
　　동지절제사; 崔有慶(지중추), 李之蘭(참찬문하), 張思吉(동지중추), 趙英武(판중추), 趙溫(중추사), 金輅(동지중추), 朴苞(지중추).
39) ≪정종실록≫ 권4, 2년 4월 신축.
40) ≪정종실록≫ 권1, 1년 6월조에서 종합.
41) ≪정종실록≫ 권1, 1년 6월.
42) ≪정종실록≫ 권2, 1년 12월.

<도 1> 태조 3년~태종 1년 의흥삼군부 편성

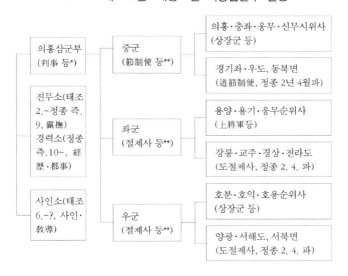

*그 외에 영사, 지삼군사, 참판삼군사, 참지삼군사, 첨서삼군사가 있
  었다(이들의 운영시기는 <표 40> 참조).
** 그 외에 지절제사, 동지절제사, 총제, 동지총제, 진무가 있었다
  (그 운영시기는 <표 40> 참조).

<표 40> 의흥삼군부 직제변천(한글은 겸직, 한자는 녹직)

		태조			정종				태종	
		2년10월	3.1경	6.12	즉.9	즉.10경	2.2	2.4경	1.1경	1.7
삼군부	영사				1인	→	→	혁		승추부
	판사		1인	2	혁		1	→	→	
	지사				1인	→	→	→	2?	
	參判事							1?	→	
	僉知事								1	
	僉書事							2?	→	
삼군진무소 鎭撫		설치? 1인?	→	→	경력사? 경력·도사?	→	→	→		
삼군	절제사	각1인	각2	→	→	→	→	摠制1?	2	
	동지절제사		각1?	→	→	→	→	同知摠制1?	2	
	진무	각1인?		→	→	→	→	?		

2) 義興三軍府의 運營

의흥삼군부와 각 기구간 및 판사와 각군 절제사 등은 법제적으로 태조 3년 2월 이후에는 앞의 <도 1>과 같이 의흥삼군부(판사 등)(진무소) ―중·좌·우군(절제사 등)―제사(상장군 등), 제 도(도절제사)의 상하체계를 형성하였다. 그러면 이들 상하기구·관직간과 각 기구내에 편제된 관직간의 직무수행을 위한 상호의 관계는 어떠하였겠는가?

먼저 의흥삼군부(판사), 진무소(진무), 중·좌·우군(절제사), 제 도(절제사)·제 사(상장군) 등 기구와의 그 직무수행을 둘러싼 상호의 관계를 살펴 본다. 의흥삼군부와 진무소(진무)는 진무소가 의흥삼군부의 영을 받들어 제위의 府衛兵을 점고하고 있었듯이[43] 의흥삼군부의 屬司로서의 기능을 수행하였다.

의흥삼군부(판사)와 중·좌·우군(절제사 등)은 절제사에 제수된 자는 뒤의 <표 41>에서와 같이 판사인 정도전 등에 못지 않는 왕자·부마(이방과·이방번·이제<태조대>, 이방의·이방간·이방원<정종초>)와 훈신(남은·이지란·장사길<태조대>, 이지란·이무·장사길<정종초>)이었기에 실질적인 상하관계가 성립하였는가에 대한 의문이 제기되었다. 의흥삼군부는 태조 3년 1월에 제 절제사를 지휘하여 纛祭를 거행하였고,[44] 태조 7년 8월에 왕자·종친·3군절제사·諸道節制使 이하 경외의 모든 전·현직 관직자를 대상으로 진법훈련을 실시하였음과 같이 중·좌·우군(절제사)을 지휘하였다.[45] 그러나 독제와 진법훈련에 불참한 절제사의 치죄를 보면 전자의 경우에는 절제사를 징치하지 못하고 그 掌務鎭撫를 笞杖에 처하였고, 후자의 경우에는 그들이 왕실지친·부

---

43) ≪태조실록≫ 권7, 4년 2월 계미.
44) ≪태조실록≫ 권5, 3년 2월 무진.
45) ≪태조실록≫ 권16, 7년 8월 갑진.

마나 개국공신이라하여 그 휘하병을 대신 笞刑에 처함에 그쳤다. 따라서 의홍삼군부(판사)가 절제사 이하를 강력히 지휘하지 못하였고, 또 의홍삼군부와 중·좌·우군간에는 엄격한 상하체계가 확립되지 못하였다고 하겠다.

의홍삼군부(판사)와 여러 도(절제사 등)·사(상장군 등)는 도절제사가 그 신분이나 지위가 판사에 못지 않은 왕자나 재추였기에[46] 비록 편제상으로는 의홍삼군부의 지휘를 받도록 되었지만 실제로 이행되었을까 하는 의문이 제기되었다. 도절제사는 진법훈련 때에는 의홍삼군부의 지휘를 받기도 하나 태조 7년 진법불참자에 대한 논죄시에는 종친이라하여 면죄되고 휘하군관이 태형을 받음에 그쳤다. 또 정종 2년 4월 사병혁파시까지 제 도의 군적을 관장하였고,[47] 제 도의 시위패를 典兵한 자는 풍년과 흉년을 막론하고 모두 번상시켜 그 집에 속하게 한 다음 사냥·토목공사 등에 동원하여 노예와 같이 부렸으며,[48] 이저가 정종 2년 1월 방간 난에 경상도시위패를 이끌고 이방원진영에 참여하였음과[49] 같이 관할 도의 시위패를 독자적으로 관장하였다.

제 사 상·대장군은 의홍삼군부로부터 숙위·순작사를 규찰·논죄받았고, 그 제수시에 영향을 받기도 하였다.[50] 그러나 상장군은 그 司의

---

46) 도절제사에 재직한 인물은 다음과 같았다(≪태조실록≫ 권1, 1년 7월 정유·권5, 3년 2월 기해, ≪정종실록≫ 권2, 1년 11월·권3, 2년 6월 계축조 참조).
　　이방원; 태조 1년 동북면, 1~7년 전라도, 정종 1.11~2.2 동북면·강원도
　　이방간; ?~태조 7 ?, 정종 1. 11~2.4 서북면·황해도
　　이방번; 태조 1~7년 동북면
　　이　저; 정종 1.11~2.4 전라·경상도
　　이방과; ?~태조 7 ?
　　이방의; ?~태조 7 ?, 정종 1.11~2.4 경기·충청도
47) ≪정종실록≫ 권3, 2년 1월 갑오·4월 신축.
48) ≪세종실록≫ 권110, 27년 10월 정사.
49) ≪정종실록≫ 권3, 2년 1월 갑오.
50) ≪태조실록≫ 권14, 7년 윤5월 병신.

印信을 관장하였고,[51] 상·대장군은 자의로 휘하병을 사사로이 사냥 등에 동원하고 隊副를 趨從으로 삼아 노예와 같이 부렸으며,[52] 상장군이 장군 이하를 거느리면서 궐문을 시위하고 성내를 순검하였다.[53] 따라서 의흥삼군부는 도(절제사 등)·사(상장군 등)를 강력히 지휘하지 못하였고, 또 양자간에는 엄격한 상하체계가 확립되지 못하였다고 하겠다.

또 중·좌·우군(절제사 등)과 諸 道(절제사 등)·諸 司(상장군 등)도 앞에서와 같이 도절제사의 구성원, 상장군을 중심한 제 사의 운영 등을 볼 때 실질적이고도 강력한 상하관계·지휘가 이루어지지 못하였다고 추측된다. 그런데 태종 6년에 左軍摠制인 閔無疾이 사직하자 그 휘하 100여인이 평소에 그가 휘하병을 위무하면서 직책에 충실한 것을 들어 계속 재직하게 할것을 청하였음에서[54] 각군이 제 사를 철저히 지휘하였다고도 생각된다. 그러나 태조 7년 9월에 李天祐를 同知中樞兼兵曹典書義興侍衛司上將軍知義興三軍府事에 제수하여 의흥시위사를 지휘케 하였음에서[55] 제 사의 지휘는 상장군이 주관한 것이 확실하다고 본다.

다음으로 의흥삼군부의 운영을 둘러싼 판사와 지사 등, 각군의 운영을 둘러싼 절제사와 동지절제사 등, 제 사의 운영을 둘러싼 상장군과 대장군 등의 영향력 발휘를 살펴 본다. 판사와 지사·참판사·참지사·첨서사는 지사 등은 판사를 보좌하여 府事를 집행하였을 뿐만 아니라[56] 국왕의 신임이나 조선개국·왕자의 난 때에 발휘한 영향력에

---

51) 《태조실록》 권5, 3년 2월 기해.
52) 《태종실록》 권1, 1년 1월 갑술.
53) 《태조실록》 권5, 3년 2월 기해. 그러나 장군은 "五員十將六十尉正을 장악하는 장병자였다"(《태조실록》 권5, 3년 2월 기해) 라고 하였음에서 상장군이 諸 領을 강력히 지휘하였겠는가의 의문이 제기되기도 한다.
54) 《태종실록》 권12, 6년 8월 임인.
55) 《태조실록》 권14, 7년 9월 계유.

있어서 뒤의 <표 41>에서와 같이 그 차이가 현격하였다. 또 참판사·참지사·첨서사는 수시로 명에 출사하였음과[57] 같이 무임소의 당상관이 대기하는 관직적 성격이 있었다.

各軍이나 各司의 운영에 있어서는 동지절제사·동지총제는 외관에게 加職되거나 入明하는 사신에게 제수되는 관직이었다.[58] 태종 9년에 의정부의 상계에 따라 각군 공사는 摠制·同知摠制·僉摠制가 동의하여 시행하고 各衛 공사는 護軍 이상이 동의하여 시행하게 되었다.[59] 이를 볼 때 태종 9년 이전에는 각군의 운영은 절제사나 총제가 주관하고, 각위는 상장군이 주관한 것으로 추측된다.[60] 따라서 의흥삼군부는 판사(영사)가, 각군은 절제사가, 각도는 도절제사가, 각사는 상장군 등이 각각 그 기구에 속한 차하위 이하를 지휘하면서 그 관아의 운영을 주관하였다고 하겠다.

이상에서의 설명을 종합할 때 의흥삼군부와 중·좌·우군, 제 도, 제 사 등은 비록 법제적으로는 중·좌·우군(절제사 등)은 의흥삼군부(판사나 영사)의 지휘·감독을 받고, 제 사(상장군 등)·제 도(절제사)는 의흥삼군부나 각군의 지휘·감독을 받는 상하관계에 놓였다. 그러나 의흥삼군부는 태조말의 진법훈련 때 상하관계에 입각하여 중·좌·우군 이하를 지휘의 예가 있기는 하지만 그 지휘관계가 느슨하였고, 중·좌·우군

---

56) ≪정종실록≫ 권4, 2년 4월 계축.
57) ≪태종실록≫ 권1, 1년 윤3월 갑진.
58) 崔有慶은 태조 4년에 경상도관찰사로서 동지절제자를 加職받았고(≪태조실록≫ 권7, 4년 4월 임신), 安爰은 태종 1년에 동지총제로서 명에 사은사로 파견되었다(≪태종실록≫ 권3, 1년 6월 병자).
59) ≪태종실록≫ 권18, 9년 10월 을축.
60) 뒤 <표 41>을 볼 때 동지절제사나 동지총제는 비록 국왕의 신임도나 당시의 정치에서 차지하는 비중이 절제사나 총제에 비하여 떨어지기는 하나 이들도 대개가 공신이었고 정치에 큰 영향력을 발휘한 인물이었음에서 단순히 절제사나 총제의 보좌기능만을 수행하였을까하는 의문이 제기되기도 한다.

절제사와 諸道節制使 및 상장군 등은 독자적으로 그 부대를 지휘하는 경향이 강하였다고 하겠다.

3. 義興三軍府 構成員의 性分과 機能

1) 義興三軍府 構成員의 性分

3軍과 10道·10司 등을 지휘하는 義興三軍府는 장관인 領事나 判事를 필두로 參判事·知事·參知事·僉書事 등이, 中·左·右軍에는 節制使·知節制使·同知節制使나 摠制·同知摠制 등이, 諸 司에는 上·大將軍 이하의 무관 등이 각각 편제되어 그가 속한 부대의 운영에 참여하였다. 의흥삼군부나 중·좌·우군의 기능발휘는 판사·절제사 등에 제수된 인물과 밀접히 관련되었다고 본다. 그런데 판사·절제사 이하에 재직한 인물을 보면 ≪조선왕조실록≫의 사료적 한계상 종2품 僉書事 이상은 많이 확인되나 상장군 이하는 일부만이 확인되고 그나마 그 내용이 소략하다. 따라서 여기서는 첨서사 이상의 의흥삼군부관과 동지절제사(동지총제) 이상의 3군관을 대상으로 그 성분을 살펴본다.

태조 2년~태종 1년 6월에 첨서사 이상에 재직하였음이 확인된 인물은 領事 李和 등 54명이었다. 이들의 출신, 가계, 공신책록 등 성분을 표로 정리하면 다음과 같다.

<표 41> 의흥삼군부 구성원 일람

관직	성 명	출사로	가 계	재 직 기 간	공신책록, 기타
영사	李 和		형 태조	태조 7.9~정2.4	개·정1, 좌2
판사	鄭道傳	문		태조 3.1~7.8	개1
	趙 浚	음·문	자 태종부마	태조 6.12~7.9	개1, 정1
	李 佇		태조부마	정종 2.2~2.5	정1, 좌1
	河 崙	문		정종 2.5~2.9	정1, 좌1
	李 茂	문		정종 2.9~태종 1.7	정1, 좌1.
지삼군 사	李天祐		부 태조형 원계	태조 7.9~정종 2.2	정2, 좌2
	鄭南晉			정종 2.2?~?	정종총신(內相)
	金英烈			?~태종 1.1?	좌3
	尹 柢			태종 1.1~1.6.	좌3, 사잠저태종
참판삼 군사	趙英武			정종 2.4~2.5	개3, 정1, 좌1
				태종 1.2~1.윤3	
	李 茂			정종 2.5.	정1, 좌1
	崔有慶			정종 2.5~?	
	崔雲海			?~정종 2.11	태조원종, 능무예
	朴子安			태종 1.윤3~1.6	유장략
	趙 溫		태조생질	태종 1.6.	개2, 정2, 좌4
참지사	柳 亮			태종 1.1~	좌4
첨서사	李文和	문		정종 2.7~태종 1.	
	李 詹			정종 2.11~태종 1.6	
절제사	李芳果		부 태조	태조 2.10~7.9	정종
	李芳蕃		부 태조	태조 2.10~7.8	
	李 濟		태조부마	태조 2.10~7.8	개1
	南 誾	문		태조 3.1~7.8?	개1
	李之蘭			태조 3.1~7.8?, 태 조 7.9~태종 1.1	개1, 정2, 좌3
	張思吉			태조 3.1~7.8?, 태 조 7.9~정2.4	개1, 정2
	李芳幹		부 태조	태조 7.9~정종 2.1	개1, 정1
	李芳遠		부 태조	태조 7.9~정종 2.2	개1, 정1, 태종.
	李芳毅		부 태조	태조 7.9~정종 2.1	개1, 정1
	李 茂	문		태조 7.9~	정1, 좌1, 태조원종
	李居易	문	자 태종부마	정종 2.2~	정1, 좌1
	李 佇		태종부마	정종 2.2~2.5	정1, 좌1
	趙英武			정종 2.2~2.4	개3, 정1, 좌1

관직	성명	출사로	가 계	재 직 기 간	공신책록, 기타
지절제사	趙溫		태조생질	정종 2.2~2.4	개2, 정2, 좌4
	李天祐		부 태조형원계	〃	정2, 좌2
동지절제사	趙英武			태조 7.9~ 정종 2.2	개3, 정1, 좌1
	趙溫		태조생질	태조 7.9~ 정종 2.2	개2, 정2, 좌4
	金輅			태조 7.9~	개3
	朴苞	문		태조 7.9~	개1, 정2
	李叔蕃			정종 2.2~ 2.4	정2, 좌1
총제	趙涓	음·문	태조생질	정종 2.~ 태종 2.	좌4
	李叔蕃	문		태종 1.1~ 2.6	정2, 좌1
	金承霍			태종 1.1~	좌4
	閔無咎		태종처남	태종 1.1~	정2, 좌1
	柳龍生			태종 1.2~	유장략
	馬天牧			태종 1.4~	좌3
	趙狷			태종 1.6~	개2
	尹坤			태종 1.6~	좌3
	辛克禮			태종 1.6~	정2, 좌1
동지총제	李叔蕃	문		정종 2.4~2.5.	정2, 좌1
	趙涓			정종 2.4~태종 1.1	좌4
	辛克禮			정종 2.9~태종 1.6	정2, 좌1
	洪恕			?~정종 2.12	좌4, 유무재.
	尹坤	문		태종 1.1~	좌3
	徐益			태종 1.1~	좌4

* 외관인 崔有慶(중군동지절제사)과 입명하는 安爰(동지총제)에게 제수된 것은 제외.

위의 표를 볼 때 영사·판사·절제사는 모두 종친이거나, 조선 개국에 적극 참여 또는 태종의 집권과 즉위에 크게 기여한 개국1등공신이거나 정사1등공신 등에 책록된 인물이었다. 지절제사·동지절제사는 모두 공신이었고, 총제는 9명 중 8명이 공신이었고, 동지총제는 6명 중 5명이 공신이었으며, 지삼군사·참판삼군사·참지사·첨서사도 13명 중 7명이 공신이었다. 그런데 지절제사 등으로서 공신인 자는 판사·절제사와는 달리 1등공신은 몇 명에 불과하였고, 대부분이 2등 이하의 공신이었다.

한편 공신이 아닌 정남진·최유경·최운해·박자안·이문화·이첨·유용생·홍서(뒤에 좌명4등에 책록)의 8명을 보면 정남진은 정종의 총신으로서 內相이었고,[61] 유용생·홍서는 武才가 있고 태종의 신임이 깊었다. 최유경 등 5인은 武才가 있기도 하였지만, 이들이 띤 관직은 직접으로 군사의 지휘에 참여하기 보다는 판사를 보좌하거나 무임소의 당상관을 대우하기 위한 참판사나 첨사사 등이었다.

이처럼 의흥삼군부의 구성원 중에서도 직접으로 군사를 지휘·감독하는 핵심이 된 영사·판사와 절제사·동지절제사·총제·동지총제 등은 대개 조선 개국이나 태종의 집권과 즉위를 주도한 종친·훈신이었다. 특히 영사·판사와 절제사는 다음의 설명과 같이 태조나 靖安君 芳遠의 깊은 신임을 받으면서 당시의 정치를 주도한 인물이었다.

영사 이화는 태조의 동생이면서 백관의 장인 判門下府事였다.

판사에는 정도전·조준·이저·하륜·이무가 있었다. 정도전은 의흥삼군부가 설치되기 이전에 이미 개국1등공신에 책록되었고, 門下侍郎贊成事로서 同判都評議使司事, 判戶曹事, 判尙瑞司事, 寶文閣大學士, 知經筵藝文春秋館事, 義興親軍衛節制使, 世子貳師를 겸대하고[62] 정치·경제·인사·문교·군사를 총괄하는 기능을 발휘하였다. 의흥삼군부가 설치되자 判三司事로서 앞서의 겸직 중 의흥친군위절제사를 제외한 겸직과 판의흥삼군부사를 겸하면서 계속 모든 국정을 총관하였으며, 태조 5년 7월에 奉化伯으로 개수되나 판도평의사사사 이하의 겸직은 계속 겸대하면서[63] 이후 제1차 왕자의난으로 피살되는 태조 7년 8월까지 정치·군사를 주도하였다.

---

61) ≪정종실록≫ 권4, 2년 6월. 그 외의 내상은 河崙·趙溫·李稷·趙珍·李叔蕃이었는데, 이들이 정안군의 지휘 하에 정치를 주도하였다.
62) 민족추진위원회, ≪韓國文集叢刊≫ 5, ≪三峯集≫ 권4, 敎告文 홍무 26년 7월조.
63) 위 책, 홍무 30년 5월 교고문, ≪태조실록≫ 권10, 5년 7월 신사.

조준은 조선 건국을 주도하고 개국1등공신에 책록되고 문하우정승에 제수되었고, 이후 좌정승에 오르고 경기좌·우도도통사를 겸대하면서 정치·군사를 주도하였으며, 태조 6년 12월에 문하좌정승으로서 의흥삼군부판사를 겸대하면서 의흥삼군부의 지휘에도 참여하였다. 조준이 판사가 된 것은 정도전·남은의 의흥삼군부사 지휘 등 군사의 독단을 견제하기 위해서였다.[64] 그러나 조준은 이 때 병으로 출사치 못한 관계로[65] 의흥삼군부의 지휘는 여전히 정도전에 의해 주도되었다.

이저는 태조 敬愼公主의 부마로서 제1·2차 왕자의 난 때 태종을 도와 정사·좌명 1등 공신에 책록되었으며, 정종 2년 2월에 上黨侯로서 判義興三軍府事左軍都節制使가 되어 군정을 총괄하였다.[66]

하륜은 태종의 집권과 즉위를 주도하고 정사·좌명1등공신에 책록되었으며, 제1차 왕자의 난이 마무리 된 태조 7년 8월 부터 정당문학(태조 7년 9월), 참찬문하부사(정종 1.12), 찬성사(정종 2.3), 우정승(정종 2.9) 등으로서 정국을 주도하였다.

이무는 정사·좌명 1등공신에 책록되었으며, 정종 2년 9월에 하륜의 뒤를 이어 판사가 되어 이후 義興府로 개칭되는 태종 1년 7월까지 의흥삼군부를 지휘하였다.

절제사나 총제 역임자를 보면 이방과·이방번·이방의·이방원은 태조의 왕자였고, 이제와 이저는 태조의 부마로서 각각 개국1등공신과 정사·좌명1등공신이었다. 남은·이지란·장사길·이무·이거이·조영무는 개국1등공신이나 정사1등공신 등으로서 태조나 이방원의 신임을 받고 정치·군사에 큰 영향력을 발휘하였다.[67] 또 이숙번·민무구는 태종의 집

---

64) ≪태조실록≫ 권10, 5년 7월 신사.
65) ≪태조실록≫ 권11, 6년 6월 갑오.
66) ≪정종실록≫ 권4, 2년 2월 기해.
67) 특히 남은은 태조 1년 7월~2년 10월에는 개국1등공신 관중추원사로서 의흥친군위동지절제

권과 즉위를 주도하고 이방원의 신임을 받으면서 정종·태종초의 정치를 주도하였다. 조연·김승주·마천목·조견·윤곤·신극례는 이방원의 신임을 받고 군정에 큰 영향력을 발휘하였고, 유용생도 공신은 아니나 조연 등과 차이가 없는 영향력을 발휘하였다.

이와 같이 의흥삼군부와 중·좌·우군의 장관인 판사와 절제사·총제 등은 조선 개국이나 태종의 집권을 주도하고 태조나 이방원의 신임을 받으면서 태조대나 정종~태종 1년의 정치·군사를 주도한 인물들이 제수되었다. 또 동지절제사나 동지총제도 절제사나 총제에 비하여는 다소 뒤떨어 지지만 당시의 정치에 강력한 영향력을 발휘한 인물들로 제수되었다.

이러한 판사·절제사·총제 등의 존재는 당시의 국왕으로 대표되는 왕실이 군사를 지휘하는 의흥삼군부 판사 이하의 관직을 얼마나 중시하였는가를 잘 보여준다고 하겠다. 동시에 판사·절제사 등은 의흥삼군부나 중·좌·우군의 기능을 강화시켰고, 의흥삼군부를 최고의 군령·군사기관으로 정립시켜가는 토대가 되었다. 그러면서도 절제사·총제가 판사에 못지 않는 인물이었고, 이로 인한 중·좌·우군의 강력한 지휘·감독은 판사를 중심한 의흥삼군부의 일원적인 지휘체계를 제약하고 지체시키는 요인이 되었을 것이라고 추측된다.

2) 義興三軍府의 機能

의흥삼군부의 기능은 태조 2년 성립된 때에는 언급되어 있지 않다.

사가 되어 도평의사사와 의흥친군위의 지휘에 참여하였다. 태조 3년 1월에는 참찬문하부사로서 절제사를 겸대하였다. 이후 본직은 삼사좌복야(태조 3년 3월), 지문하부사(태조 4.7), 참찬문하부사(태조 5.7, 12월에 판상서사사 겸대), 宜城君(태조 6년)에 改授되었지만 절제사는 계속 겸대하면서 제1차 왕자의 난으로 피살될 때까지 정도전과 함께 정치·군사를 주도하는 영향력을 발휘하였다.

그러나 의흥삼군부의 전신인 여말선초 三軍都摠制府가 中外의 군사를 통솔하고 班을 나누어 교대로 숙위를 하였고,[68] 의흥친군좌·우위와 8위를 통합하였던 것으로 볼 때 대개 고려말 이래의 삼군도총제부의 기능이 계승된 것으로 보인다. 또 의흥삼군부는 그 장관인 판사에 당시의 정치·군사를 주도하는 실력자가 제수되었음에서 강력한 기능을 행사하였을 것으로 추측된다. 실제로도 의흥삼군부는 정종 2년 4월에 權近과 金若采가 私兵을 혁파할 것을 청한 상소에 "太上(太祖)開國之初 特置義興三軍府 專掌兵權"[69] 이라고 하였듯이 병권을 전장하였다. 그러면 의흥삼군부가 과연 병권을 전장하는 기능을 발휘하였겠는가? 여기에서는 그 기능발휘를 의흥삼군부의 조직, 道節制使의 운영 등과 관련하여 크게 태조 2년 10월~정종 2년 4월과 정종 2년 4월~태종 1년 6월로 구분하여 살펴본다.

(1) 태조 2년 10월~정종 2년 4월

의흥삼군부는 태조 2년 10월~3년 1월경에는 법제적으로 고려말 이래의 삼군총제부의 기능이 계승되면서 중앙과 지방의 병권을 관장하도록 되었다. 그러나 이 때 태조가 義興親軍衛上鎭撫 趙琦에게 명하여 제 절제사가 거느린 軍官·閑良 受田者를 점고하고 있었던 것으로 봐[70] 의흥친군위와 8위를 망라한 의흥삼군부의 명칭만 정해지고 절제사만 임명되었을 뿐 실질적인 기능은 발휘되지 못한 것으로 생각된다. 단지 의흥친군좌·우위가 궁중숙위와 국왕행차를 시위하는 정도에 그친 것으로 보인다.[71]

---

68) 《고려사》 권46, 세가 46 공양왕 2 공양왕 3년 1월 기축.
69) 《정종실록》 권3, 2년 4월 신축.
70) 《태조실록》 권5, 3년 1월 을축.
71) 《태조실록》 권4,2년 10월 신묘.

의홍삼군부는 태조 3년 1월경 이후에는 당시의 정치를 주도한 정도전 등이 장관이 되고, 表箋문제를 둘러싸고 朝明관계가 악화되면서 요동정벌을 위한 진법훈련이 강화되는 등에 따라 군령기능과 군정기능이 강화되었다.

ㄱ) 京·外 武班과 軍士의 指揮

의홍삼군부는 조직상으로 태조 3년 2월부터는 국왕을 시종하였던 近侍·忠勇4衛와 司循·司衣,[72] 親衛(內廂)軍[73] 등 禁軍을 제외한 모든 경외군사, 즉 중앙의 10사와 도절제사가 사적으로 거느린 시위패 및 지방의 營鎭軍·守城軍 등에 대한 지휘·감독권을 행사하였다. 우선 태조 3년 2월에는 중·좌·우군에 4시위사·6순위사와 諸 道節制使를 분속시켰다.[74] 태조 4년에는 서반을 총령하였고,[75] 태조 6년에는 내외 動兵事를 관장하였다.[76] 태조 7년 8월에는 정변을 일으킨 이방원군이 의홍삼군부를 본부로 쓰고 있었고,[77] 정종 즉위년 10월에는

---

72) 《증보문헌비고》 권109, 병고 1 정종 2년조, 尹熏杓, 1993, <朝鮮初期 別侍衛硏究>, 《國史館論叢》 43, 35~36쪽. 이중 근시·충용위는 태조 3년 10사와 제도병을 의홍삼군부 중·좌·우군에 분속시키는 병제개혁 때에 혁파되었다가 정종 즉위년 11월에 복치되었다.

73) 《태조실록》 권13, 7년 2월 경자·권14, 7년 8월 기사, 《정종실록》 권5, 2년 7월 을축조 참조. 이들은 또 禁兵, 內甲土로도 불렸는데, 내상절제사 李天祐·李枝, 우상절제사 南贄, 친군위도진무 趙溫·趙英武·朴威, 내갑사제조 이천우 등에 의하여 지휘되었다. 이 금군이 의홍친군위가 개칭되면서 성립되고 의홍삼군부 중군에 소속되어 숙위의 중추가 된 의홍·충좌시위사군의 별칭인지 이와는 다른 군대인가는 명확하지 않다. 본고에서는 금병이 의홍삼군부에 소속된 각사가 상장군 이하에 의하여 지휘되었음과는 달리 절제사, 도진무, 제조 등에 의해 지휘된 점에서 의홍·충좌시위사와는 별개의 군대로 파악한다. 그러나 정종 7년에 내갑사제조인 이천우에게 동지중추겸병조전서의홍시위사상장군지삼군부사를 제수하여 의홍시위사를 지휘케 하였음에서 의홍·충좌시위사의 별칭이 아니었을까 하는 의문이 제기되기도 한다.

74) 《태조실록》 권5, 3년 2월 기해.

75) 《태조실록》 권8, 4년 7월 임자.

76) 《태조실록》 권12, 6년 10월 갑오.

77) 《태조실록》 권14, 7년 8월 기사.

무관을 총관하고 3군절제사·道節制使가 매일 아침 의흥삼군부에 모여 도평의사사의 예에 따라 중외 군사 및 대소 공무를 擬議하여 시행케 하였다.78) 이를 볼 때 의흥삼군부는 국왕의 親掌하에 시위를 담당하였던 내상군 등 금군을 제외한 모든 경외의 군사와 무반을 지휘하면서 군정을 처리하는 최고의 군령·군정기관으로서의 기능을 발휘하였다고 하겠다.79)

그러나 의흥삼군부의 중·좌·우군과 도절제사 지휘를 보면 태조 7년 8월 정도전이 중심이 된 의흥삼군부의 군령권 행사가 최고조에 달했을 때 조차 진법훈련에 불참한 3군절제사와 도절제사를 직접 치죄하지 못하였다. 또 태조 7년 8월에 왕자들이 사적으로 거느린 시위패 중 撫安君 芳蕃의 그것을 제외한 모두를 해산하기도 하나80) 10여일 후에 제1차 왕자의 난이 일어나면서 원상으로 복구되었기81) 때문에 정종 2년 사병혁파 때까지는 의흥삼군부가 시위패에 대한 지휘감독권을 행사하지 못하였다. 또 兵馬都節制使나 僉節制使 지휘하의 營鎭軍·守城軍은 당해 지휘관이 통솔하였기에 지휘권이 미치지 못하였다.82) 특히 道節制使의 시위패 통솔이나 都節制使가 지휘하던 지방군을 첨절제사가 지휘하도록 고친 것은 지방군사를 중앙에서 통솔하려는 즉, 중앙과 지방의 군사를 유기적으로 연결시킬려는 것이었지만 본래의 의도와는 달리 중앙에서 지방군을 실질적으로 지배하는데 실패하였음을 보이는 것이라고 하겠다.

따라서 의흥삼군부는 정종 2년 4월까지는 법제적으로는 금군을 제

---

78) ≪태조실록≫ 권14, 7년 10월 신미.
79) 이점은 민현구, 앞 책, 107~109쪽에서도 적기되었다.
80) ≪태조실록≫ 권14, 7년 8월 기사 (전략) 時命罷諸王子所領侍衛牌已十餘日唯芳蕃掌兵如舊.
81) ≪태조실록≫ 권16, 7년 12월 무신, ≪정종실록≫ 권2, 1년 11월.
82) 민현구, 위 책, 262쪽.

외한 모든 경·외의 무반·군사를 지휘·감독하도록 규정되었고 실질적
으로도 그들에 대한 군령기능을 행사하였다. 그러나 의흥삼군부가 발
휘한 군령기능은 그렇게 강력하지 못하였다.

ㄴ) 宮闕宿衛와 都城警備

의흥삼군부의 중군에 소속된 의흥·충좌·용무·신무의 4시위사는 국
왕의 숙위와 시위를 주관하였고, 좌군과 우군에 소속된 용양·용기·용
무·호분·호익·호용의 6순위사는 도성의 순검을 관장하였다. 이 시위와
순검 기능은 의흥삼군부가 운영된 전시기를 통하여 계승되면서 의흥
삼군부의 핵심기능이 되었다.

국왕의 시위는 4시위사 중에서도 의흥친군좌·우위가 개칭된 의흥시
위사·충좌시위사가 중심이 되었다.[83] 그러나 태조는 개국 이래의 近
侍忠勇衛, 사순·사의, 내상군 등 금군을 두어 궐내숙위를 담당시켰고,
정종도 즉위와 함께 신변보호를 위해 궁내에 다수의 長番甲士를 두어
숙위를 담당시켰기에[84] 숙위는 의흥삼군부가 전담한 것은 아니었다.

ㄷ) 陣法訓練 主管

진법훈련은 태조 2년 11월에 발의되어 익년 3월에 중·좌·우군절제
사 이하를 대상으로 거행된 진도강습으로부터 시작되어[85] 朝明관계
가 악화되고 요동정벌을 기도한 태조 6년경으로부터 본격화되었으
며,[86] 태조 7년 8월 정도전이 피살되기까지 의흥삼군부의 가장 중심
된 일이 되었다. 진법훈련은 처음에는 각군 절제사 휘하 군관, 西班

---

83) ≪태조실록≫ 권6, 3년 8월 을해.
84) ≪정종실록≫ 권4, 2년 6월 계축.
85) ≪태조실록≫ 권5, 3년 3월 무진.
86) ≪태조실록≫ 권11, 6년 6월 갑오·권12, 6년 8월 무자.

各品, 成衆愛馬, 각도 관원을 대상으로 실시하였으나,[87] 곧 절제사 이하 散員에 이르는 모든 무반에까지 확대되었다.[88] 그리하여 태조 7년 8월 제1차 왕자의 난 직전에는 경외의 모든 무반·군사, 종친·재추, 전·현직 문신이 망라되었고, 동 훈련에 참여하지 아니한 왕자 이하 모두에게 휘하의 인물(왕자·부마·친공신)과 본인(5품 이하)에게 笞刑을 과하거나 職牒1등을 회수(전직자)하는 처벌을 행하였다.[89]

이와 같이 진법훈련이 종친이하 모든 경외의 전·현직 문·무반을 망라하면서 본격적으로 실시된 것은 훈련 그 자체도 중요하였지만, 태조가 이 훈련을 주도한 의흥삼군부와 정도전(의흥삼군부판사)·남은(우군절제사)을 통해 道節制使가 사적으로 거느린 시위패를 강력히 통제함으로써 병권을 집중시키고자[90] 하였기 때문이다. 태조의 이러한 의도는 사적으로 시위패를 거느렸던 이방원 등 왕자와 조영무·조온·이천우 등 무장의 반발을 야기시켰다. 그 결과 이방원을 중심한 정변이 일어나 정도전·남은 등이 살해되면서 일단 좌절되었다.

ㄹ) 武班人事參與 및 其他

의흥삼군부는 各領 장군 이하 숙위군의 규찰과 천거에 참여하였다.[91] 또 10사·10도를 의흥삼군부의 중·좌·우군에 분속시키고 상장군 이하를 都尉使 이하로 개칭하는 등의 군제개편사를 주관하였고,[92] 兵器의 제작 및 사용에 관한 일과[93] 軍(纛)祭[94] 等事를 주관하였으며,

---

87) ≪태조실록≫ 권11, 6년 6월 갑오.
88) ≪태조실록≫ 권12, 6년 8월 무자.
89) ≪태조실록≫ 권15, 7년 8월 임자.
90) 민현구, 앞 책, 110~111쪽.
91) ≪태조실록≫ 권6, 3년 7월 무오·병인.
92) ≪태조실록≫ 권5, 3년 2월 기해.
93) ≪태조실록≫ 권12, 6년 10월 갑오.

지방민의 差役事를 주관하였다.[95] 그 외에 양반자제의 등용과 관련되어 양반자제를 대상으로 한 경사, 병서, 율문, 산수, 射御 등 6학 교육을 주관하였다.[96]

(2) 정종 2년 4월~태종 1년 6월

정종 2년 4월 이후의 의흥삼군부는 그 이전의 제 기능 중 진법훈련을 제외한 군령·군정기능이 계승되어 수행되었다. 특히 이 시기에는 정치·군사를 총괄한 정안군 방원의 주도하에 정도전·남은 등에 의하여 주도되었던 의흥삼군부를 중심한 경외의 병권집중과 군령·군정기관의 정비가 본격적으로 추진되면서 경외의 모든 군사와 금군이 의흥삼군부로 집중되었다.

정종 2년 4월에 사병, 즉 도절제사가 사적으로 거느린 시위패를 혁파하여 그 군적과 군사를 의흥삼군부로 돌리고, 명목상 軍機를 관장하던 중추원을 의흥삼군부에 병합시켰다.[97] 이와 동시에 都評議使司가 議政府로 개편되면서 發命權은 의정부(재상)가 갖고, 發兵權은 의흥삼군부(총제)가 갖도록 조정되었다. 그러나 의정부의 의흥삼군부에 대한 군령권 행사는 세자인 정안군 방원이 군정을 총괄한 것과[98] 관련되어 의흥삼군부가 의정부를 제치고 최고의 군령기관으로서의 기능을 발휘하였다. 정종 2년 6월에는 금군의 중심이 된 鎭撫所 甲士 400여명이 혁파되어 의흥삼군부에 귀속되었고,[99] 정종 2년 9월에는

---

94) 《태조실록》 권5, 3년 2월 정묘.
95) 《태조실록》 권15, 7년 12월 갑진.
96) 《태조실록》 권11, 6년 1월 정축.
97) 《정종실록》 권4, 2년 4월 신축.
98) 《정종실록》 권3, 2년 2월.
99) 《정종실록》 권4, 2년 6월 계축.

유일하게 의흥삼군부 밖에 편제되었던 친위군(元從侍衛牌) 마져도 의흥삼군부에 귀속시켰다.[100] 이에 이르러 의흥삼군부는 군령체계상 의정부가 承稟하여 의흥삼군부에 移命하는 즉, 의정부의 지휘를 받게되었지만 실제로는 국가의 모든 무반·군사를 동원하고 지휘·감독하는 최고의 군령기구가 되었다. 이 의흥삼군부는 태종 1년까지 운영되면서 세자인 이방원의 정치적 지위를 강화하고 태종대에 왕권을 강화하고 집권체제를 수립해가는 토대가 되었다.[101]

의흥삼군부는 도평의사사가 의정부로 개편되자 그 구성원인 지삼군사·동지삼군사·첨서학사와[102] 삼군총제가[103] 차례로 최고 정치기관인 의정부의 합좌에 참여하게 됨으로써 중요 국사에 영향력을 발휘할 수 있었다. 그 외에도 의흥삼군부는 武臣家에 대한 奔競禁止事와[104] 태종 즉위년 12월에 신치된 別侍衛의 선발을[105] 주관하는 등 군정기관으로서의 기능을 발휘하였다.

이와 같이 의흥삼군부는 태조 3년 2월~정종 2년 3월에는 경외의 무반·군사를 동원하고, 지휘·감독하는 등 군령기관과 궁궐숙위·도성경비·성보수축·병기·진법훈련 등을 관장하고 무반의 인사에 간여하는 군정기능을 발휘하였다. 이러한 기능은 정종 2년 4월~태종 1년 6월에도 대개 계승되었다. 특히 정종 2년 4월 이후에는 태조대에 정도전 등에 의하여 강력히 추진되던 사병혁파·병권집중이 결실을 맺음으로서 의흥삼군부는 명실상부한 최고의 군정·군령기관이 되었다. 의흥삼

---

100) ≪정종실록≫ 권5, 2년 9월 기사.
101) 韓永愚, 1983, <朝鮮建國의 政治·經濟基盤>, ≪朝鮮前期 社會經濟研究≫, 乙酉文化社, 57~61쪽.
102) ≪정종실록≫ 권4, 2년 4월 신축.
103) ≪정종실록≫ 권4, 2년 4월 계축.
104) ≪태종실록≫ 권1, 1년 5월 무신.
105) ≪정종실록≫ 권6, 2년 12월 기유.

군부의 이러한 관아적 지위·기능의 확립은 개국초의 혼란과 관련된 통치체제의 미확립, 종친·훈신의 제도병 지휘 등과 관련된 병권의 분산 등 정치적 혼란을 극복하면서 태종대 이후에 왕권이 강화되고 통치질서가 확립되며 병조·삼군(오위)도총부제를 중심한 군정·군령기관이 정립되는 토대를 제공하였다.

4. 義興三軍府와 王權 및 統治機構

1) 義興三軍府와 王權

태조 1년~태종 1년의 의흥친군위와 의흥삼군부는 궁중의 숙위와 도성경비를 관장하는 최고의 군령·군정기관이었다. 이 때문에 태조와 정종대의 이방원은 이 기관의 장악에 유념하였고, 이를 토대로 왕권을 보호하고 강화하고자 하였다. 태조는 개국과 함께 개국을 주도한 종친·친신의 인사에게 의흥친군위직을 겸대시켰고,[106] 그 1개월 뒤에는 다시 영안군 이방과, 무안군 이방번, 흥안군 이제를 의흥친군위절제사에 임명하여 의흥친군위에 대한 통제를 강화하였다. 다시 태조 3년에 의흥삼군부가 성립되자 의흥친군위의 절제사였던 영안군 이방과, 무안군 이방번, 흥안군 이제를 각각 그 중, 좌, 우군절제사로 제수하여 의흥삼군부를 통제하였다.

태조의 이러한 방침은 이후 태종 1년 7월에 의흥삼군부가 승추부로 개칭되어 소멸될 때까지 그 자신과 정종대의 정치·군사를 총괄한

---

[106] 의흥친군위도절제사, 절제사, 동지절제사에 제수된 인물은 아래의 표에서와 같이 모두가 조선개국을 주도하였고, 당시의 국정운영을 주도한 도평의사사를 구성한 문하부·중추원의 요직에 재직하였다.

이방원과 태종에 의하여 그대로 답습되었다. 태조는 왕 3년 11월에 殿中卿 卞仲良과 兵曹正郎 李薈가 "趙浚·鄭道傳·南誾에게 정권과 병권을 겸임시키는 것은 옳지 못하다" 라고 하자 "(이들은) 모두 나의 股肱之臣으로 처음부터 끝까지 한마음으로 나를 섬기는 자다. 이들을 의심할 것 같으면 누구를 믿을 수 있겠는가"[107] 라고 하면서 이들을 중심으로 정치·군사를 운영하였다. 이점은 태조가 도평의사사에 참여한 공신 및 재추들에게 모든 정치력이 집중되어 왕권이 상당히 제약되었기에 정도전의 강력한 집권적인 개혁안을 지지하여 사병의 혁파와 더불어 왕권을 강화함으로써 도평의사사체제를 극복하고자 한 의도와 직결된 것이었다.[108]

이렇듯 국왕과 왕실이 의흥삼군부를 철저히 통제하고 장악하기 위한 노력은 의흥삼군부 구성원의 분석에서도 언급되었지만, 동지절제사·동지총제 이상의 의흥삼군부직을 역임한 인물과 태조 3년 1월(정도전의

			의흥친군위	책록공신				의흥친군위	공신
문하부	판문하	洪永通			삼사	좌복야	吳仲華		
	좌정승	裵克廉		개국1등		우복야	李恬		
	우정승	趙浚		"	중추부	판사	南誾	동지절제사	개국1등
	찬성사	金士衡	판팔위사 절제사	"		사	金仁贊	동지절제사	"
	"	鄭道傳		"		지사	張思吉	동지절제사	개2
	참찬사	鄭熙啓	팔위상장군 절제사	"		동지사	趙琦	동지절제사	개1
	"	李之蘭				첨서사	鄭摠		"
	"	崔永沚		회군공신 개국2		부사	趙仁沃		
	지사	趙胖				"	金稇		개3
	정당문학	權仲和				"	李疑		
	상의문하	李和	도절제사	개국1		"	金乙貴		
삼사	영사	安宗源				학사	南在		개1
	판사	尹虎		개국2		상의중추	黃希碩		개2

107) 《태조실록》 권6, 3년 11월 경자.
108) 鄭杜熙, 1989, <朝鮮建國初期 統治體制의 成立過程과 그 歷史的意義>, 《韓國史研究》 67, 55쪽.

판사취임 직후), 태조 7년 9월(이방원 집권 직후), 태종 1년 1월(태종 즉위 직후)에 문하부·삼사·중추부 2품관 이상 재직자와 開國·定社·佐命功臣에 책록된 인물을 대비시켜 볼 때 더욱 분명하여 진다.[109]

태조 3년 1월에는 의흥삼군부관의 본직이 재추직인 자는 3인(판삼사사 정도전, 참찬사 이지란·남은)에 지나지 않았지만, 개국공신인 자는 5인(정도전·이제·이지란·남은·장사길)이었는데 그 모두는 1등공신이었다.

태조 7년 9월에는 재추직인 자가 8인(판문하 이화, 참찬사 이지란·이무·장사길, 지문하 조영무, 판중추 김로, 중추사 박포·이천우)이었는데, 이 숫자는 동기 재추 18명의 1/3이 되는 것이었다. 또 정사공신인 자는 11명(1등 이화·이방의·이방간·이무·조영무, 2등 이지란·장사길·조온·김로·이천우)이었는데 이 숫자는 총공신 29명의 1/3이상이었고, 특히 1등공신은 12명의 반수에 해당되는 것이었다.

태종 1년 1월에는 의흥삼군부관이 대개 녹관이었기에 문하부·삼사직에 있는자(중추원은 정종 2년 4월에 의흥삼군부에 합병)가 1명도 없었다. 그러나 좌명공신인 자는 12인(1등 이무·이숙번·민무구·신극례, 3등 윤저·김영렬·윤곤, 4등 유량·조경·김승주·서익·홍서)이었는데 이 숫자는 총 48명의 1/4이었고, 1등 공신은 반수(8명)에 가까운 것이었다. 또 태종은 즉위와 함께 갑사 2천인을 복립시켜 수하에 있던 친병적인 성격의 무인들을 여기에 충당시키고, 그 중 1천인을 교대로 諸司職에 충당해서 제 사를 철저히 장악하였다.[110]

이와 같이 태조 3년, 정종 즉위년, 태종 1년에 의흥삼군부 당상직에 재직한 자는 당시의 정치를 주도하는 도평의사사에 참여하는 재상

---

109) 개국·정사·좌명공신에 대해서는 정두희, 앞 책, 8~56쪽 참조.
110) 《정종실록》 권6, 2년 12월.

(문하부·삼사·중추원 2품관 이상)이었고, 조선 개국이나 태종의 집권과 즉위에 적극 참여하고 각종 공신에 책록된, 즉 태조와 이방원의 신임을 받는 인물이었다. 따라서 태조와 정종즉위 이후에 정치를 총관한 이방원은 가장 믿을 수 있는 재상·공신에게 군권을 장악시켜 왕권이나 집권의 토대로 삼았다고 하겠다.

다음으로 제1·2차 왕자의 난 당시의 의홍삼군부관 및 금군 지휘자 등 典兵者의 활동상을 살펴본다.

태조 7년 9월 제1차 왕자의 난 직전에 의홍삼군부 당상에 재직하였던 인물은 정도전(판사), 이방과·이방번·이제·남은·이지란·장사길(절제사) 등 이었다. 이들의 제1차 왕자의 난 때의 활동상을 보면 정도전·이방번·이제·남은은 이방원측에 의하여 살해되었다. 이방과는 별 활동이 없었고, 이지란·장사길은 단독으로 이방원군에 참여하였다. 한편 都鎭撫 박위·조영무와 內廂節制使 조온·이지·남지·이천우 등은[111] 의홍삼군부와는 별도로 존치된 금군을 지휘하 겼다. 박위·남지는 정변군에 의해 피살되었고, 이지는 정변군에 비판적이었고, 조영무·조온·이천우는 왕과 세자 방석을 보호하여야 했지만 군사를 거느리고 이방원군에 적극 참여하였다.[112]

제1차 왕자의 난을 성공시킨 이방원 중심의 정변군은 그 군사가 수십명에 불과하였기[113] 때문에 그 성공을 확신하지 못하였다. 이점은 이방원이 이숙번에게 "勢力이 대적하기 어렵다. 鄭道傳과 南誾 등을 斬殺한 뒤에 우리 4, 5 형제가 三軍府門前에 주둔하여 國人의

---

111) ≪태조실록≫ 권14, 7년 8월 기사, ≪정종실록≫ 권5, 2년 7월 을축.
112) ≪정종실록≫ 권5, 2년 5월 을축 (太祖曰)趙溫與趙英武皆掌禁兵直宿內殿當戊寅寡人 不豫之時 不顧昔日愛護之恩 率軍內應(芳遠) 背恩忘德 無可比者.
113) ≪태조실록≫ 권14, 7년 8월 기사 (전략) 騎兵纔十 步卒纔九人 乃出夫人所備鐵槍 中折 分與軍士 諸君從者及各人奴僕十餘 皆執杖 獨小斤把劍.

여론을 볼 것이다. 사람들이 따르지 않으면 그만일 것이고, 흔쾌하게 따른다면 우리들이 살 것이다"[114] 라고 한 데서도 알 수 있다. 그런데도 정변이 성공할 수 있었던 것은 정도전·남은의 피살과 태조의 와병으로 의흥삼군부와 금군의 지휘체계가 마비되었기 때문이었다. 즉 의흥삼군부의 군사는 정도전·남은을 중심으로 지휘·장악되었기에 세자 방석·정도전을 추종하는 고위 무관 수십 명이 각급 군직에 포치되었지만,[115] 정도전·남은이 피살되면서 그 지휘체계가 와해되었기 때문이었다. 궁궐을 숙위한 금군도 그 지휘자인 박위·이지·남지·조영무·조온·이천우는 태조가 중병이므로 지시를 받을 수 없었고, 그 위에 박위·이지·남지는 그들이 추종하였던 정도전·남은의 피살로 대응을 하지 못하다가 피살되었고(이지는 불문), 조영무·조온·이천우는 자의적으로 이방원 편에 가담하였다. 이처럼 정도전과 그 당여가 의흥삼군부와 금군을 장악하였음에도 불구하고 수십 명에 불과한 이방원의 정변군에게 궤멸당한 것은 그 군사지휘가 공적인 조직 보다 장수 중심으로 운영되었기 때문이었다.

정종 1년 1월 제2차 왕자의 난 직전에 의흥삼군부 당상에 재직하였던 인물은 이화(영사), 이방의·이방간·이방원·이지란·이무·장사길(절제사), 조영무·조온·김로(동지절제사), 이천우(지부사) 등이었다. 이들의 거취를 보면 이방간과 이방원은 정변의 두 주역이었고, 중립을 지켰

---

114) ≪태조실록≫ 권14, 7년 8월 기사.
115) 정변과 관련되어 살해되거나 논죄된 인물은 대개 정도전의 당여라고 생각되었는데, 그 중 10사 등의 지휘에 참여하였다고 추측되는 인물은 다음과 같았다(≪태조실록≫ 권14, 7년 8월 병인·을사조에서 종합, ( )는 정변직전관직).
　　李濟(興安君)·沈孝生(富城君)·柳蔓殊(중추?)(이상 피살), 康澤(대장군)·韓珪(대장군)·孫原萬(대장군)·宋千祐(대장군)·任得邦(장군)·河承海(전장군)·睦仁海·朴得·李千祐(불)(수군충군), 康繼權(商山君)·吳蒙乙(寶城君)·鄭臣義(지중추)·趙洪(장군)·李登(전장군)(유배), 趙思義(전첨절제사)·李伯由(完城君) 등(불문).

던 이방의(와병중)를 제외한 모두는 이방원 편에 참가하였다. 그러나 참가자도 정변 당일의 기록을 보면 이화·이천우는 이방원에게 이방간을 치기 위한 動兵을 적극 권하였지만, 그 외는 뚜렷한 활동이 보이지 않는다. 오히려 휘하 병을 거느리고 동 정변에 적극 참여한 인물은 정변의 당사자인 이방간·이방원과 이방원을 지지한 경상·전라도 道節制使 이저였다. 또 정변일에 이방원군에 모여든 군사의 대부분은 知安山郡事 李叔蕃이 貞陵를 移葬하기 위하여 거느리고 온 부역군이었다.[116]

제2차 왕자의 난 자체가 의흥삼군부의 지휘체계가 확립되어 있지 못하였음을 보이는 것이기도 하지만, 제2차 왕자의 난에 동원된 군사도 의흥삼군부의 공적 지휘체계를 통한 것이 아니라 이방간이나 이방원과의 친분 등과 관련되어 사적으로 동원되어 참여하였던 것이다.

따라서 의흥삼군부나 금군은 국왕이나 왕실이 신임의 종친·훈신에게 병권을 장악시켜 왕권을 보호하고 치안을 유지한다는 본래의 기능을 발휘하지 못하였음을 알 수 있다. 이것은 왕권이 안정되지 못하였고, 이와 관련되어 시위패를 거느린 종친·훈신세력이 강력하였기 때문이었다. 또 지휘체계가 확립되지 못하여 그 통제·지휘가 공적 조직보다는 정도전의 예와 같이 한두 실권자를 중심한 사적 지휘가 행해졌기 때문이었다. 이점에서 태조 2년~태종 1년에 운영된 의흥삼군부는 경외의 군사를 획일적으로 편제하여 강력히 지휘하였다기 보다는 그 휘하의 중앙군과 종친·훈신이 사적으로 거느린 시위패를 의흥삼군부로 집중시켜 태종대 이후에 본격화된 군정·군령기관의 정비의 기초를 제공하였다고 하겠다.

---

116) ≪정종실록≫ 권3, 2년 1월 갑오, ≪연려실기술≫ 권1, 태조조고사본말 太宗定社.

2) 義興三軍府와 統治機構

(1) 義興三軍府와 都評議使司·議政府

조선 개국초의 도평의사사는 정치·군사·경제·외교 등 모든 국정을 총관하였고, 의정부는 정종 2년에 도평의사사를 개편하면서 성립되어 정치를 총관하였다.[117] 그런데 의흥삼군부는 앞에서 살펴본 바와 같이 최고 군사기구로서 군령·군정 전반에 걸친 기능을 발휘하였다. 따라서 의흥삼군부의 기능발휘는 도평의사사나 의정부 기능과 밀접히 관련되었다고 추측된다.

도평의사사는 태조대에는 兵書講習事와[118] 외방 군사를 동원하여 훈련을 실시할 것을 상언하였고,[119] 왕명을 받아 사헌부에 巡衛司의 巡綽事를 점고 할 것을 명하였다.[120] 또한 각 도 군사를 징발하여 경성을 축조하였고,[121] 赴京品官을 점고하였으며,[122] 숙위군을 엄선할 것을 상계하였다.[123] 왕명을 받고 장수선발·성보축조 등사와[124] 각도에 이첩하여 6품 이상 나이 70세 이하자의 군적녹적사를 주관하였으며,[125] 제 위 상장군~尉·正간의 의례사를 啓聞하였다.[126]

도평의사사나 의정부는 정종 즉위~태종 1년에는 군정과 관련된 활동이 없었다. 군령에 있어서 정종 즉위년에는 도평의사사가 稟旨하여

---

117) 韓忠熙, 1980, <朝鮮初期 議政府研究>상(《韓國史研究》 31), 116~118·121~142쪽 참조.
118) 《태조실록》 권6, 3년 12월 을해.
119) 《태조실록》 권11, 6년 2월 갑오.
120) 《태조실록》 권8, 4년 11월 기사.
121) 《태조실록》 권12, 6년 10월 정미.
122) 《태조실록》 권12, 6년 10월 병오.
123) 《태조실록》 권7, 4년 1월 을사.
124) 《태조실록》 권7, 4년 5월 계사.
125) 《태조실록》 권8, 4년 11월 신미.
126) 《태조실록》 권5, 3년 4월 신묘.

諸道節制使에게 移聞하게 하였고,[127] 정종 2년에는 "凡有軍事 使司承稟 上命移三軍府以應宰相發命之法"[128] 이라고 하였듯이 의홍삼군부를 지휘한 예가 없다. 또 의홍삼군부는 매 衙日에 本府 節制使·都節制使가 모여 도평의사사가 합좌한 예에 따라 중외 軍事 및 대소 공무를 의의하여 실행하였다.[129]

이와 같이 의홍삼군부는 태조대에는 최고의 군정·군령기관이기는 하나 도평의사사가 군령·군정에도 영향력을 발휘하였기 때문에 독자적인 지위와 기능을 발휘하지 못하였고, 정종~태종 1년에는 도평의사사와 양립하는 최고 군사기구가 되었다.

따라서 정종 2년 4월 사병혁파시에 의홍삼군부를 두고 "도평의사사와 양립되는 권부였고, 재상은 군정을 듣지 못하였다"[130] 라고 한 표현은 정종대 이후의 시기에 해당된다. 그럼에도 태조대까지 포함시킨 것은 판사인 정도전이 태조의 전폭적인 신임을 받으면서 정치·경제·군사·인사·문교 등을 주관한 것에서 기인되었을 것이라고 생각된다.

(2) 義興三軍府와 中樞府 · 兵曹 · 訓鍊觀

조선 개국초의 중추원은 왕명출납과 兵器·軍政·宿衛·警備의 差攝에 관한 일을 맡았고, 병조는 武選·軍籍·郵驛 등에 관한 일을 맡았으며, 훈련관은 武藝訓練·兵書敎習·習陣 등에 관한 일을 맡았다.[131] 따라서 중추원·병조·훈련원의 기능은 의홍삼군부의 군정·군령기능과 밀접히 관련되었다고 하겠다.

---

127) 《태조실록》 권15, 7년 9월 무술.
128) 《정종실록》 권4, 2년 4월 신축.
129) 《태조실록》 권15, 7년 9월 무술.
130) 《정종실록》 권4, 2년 4월.
131) 《태조실록》 권1, 1년 7월 정미.

중추원은 구성원상으로 장관인 判事(1인, 정2) 이하 20여명의 2품 관이 있었기에(승지제외)[132] 의흥삼군부에 못지 않았다. 그러나 의흥 삼군부의 장관인 領事나 판사는 정1~종1품이었으나 중추원의 판사는 정2품이었다. 의흥삼군부의 장관인 鄭道傳·李和·李佇·河崙·李茂는 앞에서 분석된 바와 같이 국왕의 신임이 두터웠고 당시의 정치·군사를 주도하는 실력자였다. 중추원의 장관인 南誾·南在·陳忠貴·李茂·李彬·李懃·金輅·鄭洪·李天祐가 발휘가 기능은 남은은 정도전과 함께 태조대의 정치·군사를 주도하는 영향력을 발휘하였지만 그 외는 그 비중이 의흥삼군부의 장관에 비할 바가 아니었다.[133]

그러나 중추원은 문하부와 함께 양부로 불리면서 왕명을 받고 嘉善大夫 이하 6품 이상자 중 軍民事를 겸임할만한 자를 천거하였고,[134] 便民條件을 개진하였고,[135] 祿科調整事를 개진하였으며,[136] 압록강·두만강변 여진추장의 給牒事를 주관하였다.[137] 특히 태종이 왕 9년에 경연에서 "태조대에는 삼군부가 병권을 다 장악하였으나, 제 도 군병의 진퇴는 모두 중추원의 지휘를 따랐다. 그러므로 병권이 양분되어 이를 혁파하여 승추부를 설치하였다"[138] 라고 한 것처럼

---

132) 《太祖實錄》 권1, 1년 7월 정미. 그 외의 관직에는 사(1)·지사(2)·동지사(4)·첨서(1)·부사(6)·학사(1)·상의원사(3)(모두 종 2품)가 있었다.
133) 《太祖實錄》·《定宗實錄》·《太宗實錄》에서 종합. 이들의 판사 재직기간은 다음과 같았다.
　　남　은 : 태조 1. 7~2. 9　　　　李　懃 : 태조 6. 7~7. 5
　　남　재 : 태조 2. 9~3. 3　　　　金　輅 : 태조 7. 5~?
　　陳忠貴 : 태조 3. 3~4. 2　　　　鄭　洪 : 정종 1. 12~2. 2
　　이　무 : 태조 4. 2~4. 8　　　　이천우 : 정종 2. 2~2. 4
　　李　彬 : 태조 4. 8~6. 7
134) 《太祖實錄》 권7, 4년 4월 갑신.
135) 《太祖實錄》 권11, 6년 4월 계묘·권14, 7년 5월 임술.
136) 《太祖實錄》 권13, 7년 4월 기묘.
137) 《太祖實錄》 권6, 3년 12월 기묘·권13, 7년 1월 임신.
138) 《太宗實錄》 권18, 9년 8월 병인.

중추원이 지방군에 대한 지휘권을 보유하고 행사하였다.

따라서 중추원은 의흥삼군부의 대두로 그 기능발휘가 제약되고 점차로 약화되었다. 그렇기는 하나 정종 2년 4월에 중추원을 의흥삼군부에 병합할 때나 태종 1년 6월에 문하부낭사가 중추원의 복구를 청하면서 "하는 일이 없이 허실화되었다"[139] 라고 한 것처럼 완전히 허설화된 것은 아니었다.

의흥삼군부와 병조·훈련관의 관계는 기구상으로는 비교가 되지 못하였다. 그러나 병조는 군정기관인 까닭에 의흥삼군부와 함께 시위군을 선발하였고,[140] 정종 1년부터는 상·대장군의 謝恩肅拜事를 주관하였다.[141] 훈련관은 태조 3년 1월에 陣圖를 교학하는 中軍軍候所를 합병하면서 병서·진도를 강습하는 전장기관이 되었다.[142] 또 상·대장군 이하의 諸家 兵書講習事를 주관하였고,[143] 武科都試와[144] 무과출신자의 서용을 위한 병서·무예 등 시험을[145] 주관하였다. 그러나 정도전 주도의 진법훈련이 본격화된 태조 6~7년에는 ≪조선왕조실록≫에서 훈련관의 활동이 확인되지 않는다.

따라서 법적으로 병조는 인사 등 군정의 주관 관아였고, 훈련관은 진도강습·무예훈련 등 무반·군사의 제 훈련을 주관하는 관아였지만, 의흥삼군부가 무반 인사에 간여하고 진법훈련을 주관하였기에 병조·훈련관은 그 독자적인 기능의 발휘가 제약되었다고 하겠다.

---

139) ≪정종실록≫ 권3, 2년 4월 신축, ≪태종실록≫ 권1, 1년 6월 계유.
140) ≪태조실록≫ 권7, 4년 1월 을사· 4년 2월 병인.
141) ≪정종실록≫ 권1, 1년 6월 병인.
142) ≪태조실록≫ 권5, 3년 1월 임자.
143) ≪태조실록≫ 권8, 4년 8월 기사.
144) ≪태조실록≫ 권7, 4년 4월 신묘.
145) ≪태조실록≫ 권11, 6년 5월 경술.

(3) 義興三軍府와 禁軍·都摠制使·都統使·都督中外諸軍事府·都節制使

조선개국초의 금군에는 近侍忠勇四衛·內廂軍(친군), 內甲士 등이
있었다. 이들은 국왕에 직속되어 內廂節制使·內甲士提調·親軍衛都
鎭撫 등에 의하여 지휘되면서 궁궐을 숙위하였다.[146] 그런데 앞에서
살핀 바와 같이 태조 7년 이방원 주도의 정변 때에는 금군의 지휘자
인 박위·남지가 정도전의 당여라 하여 살해되었다. 따라서 태조대에
금군은 의흥삼군부와 상하관계에 놓이지는 않았지만 의흥삼군부 판사
인 정도전의 영향력에 따라 간접적으로 의흥삼군부의 지휘를 받았을
것이라고 추측된다.

도총제사는 태조 3년에 趙浚이 交州江陵西海京畿左右五道 도총
제사, 鄭道傳이 慶尙全羅楊廣三道 도총제사에 각각 임명되었듯
이[147] 그 관할도의 군사를 통령한 관직이었다. 5道都統處置使는 태
조 5~6년에 金士衡이 임명되어 왜구의 본거지인 一岐島 공격을 지
휘한 관직이었다.[148] 경기좌·우도 도통사는 태조 1년~정종 즉위년
12월에 趙浚, 정종 즉위년 12월~정종 2년 4월에 金需가 각각 임명
되어[149] 왕명을 받아 무략이 있는 무반을 천거하면서[150] 그 도의 군
사를 통령한 관직이었다.

都督中外諸軍事府는 정종 2년 2월에 설치되었으나,[151] 그 2일 후
靖安君 李芳遠이 세자에 책봉되면서 장관인 도진무 조영무가 우군절
제사에 개수되었듯이[152] 정종 2년 1월 제2차 왕자의 난 직후에 혼란

---

146) 앞 주 73) 참조.
147) 《태조실록》 권5, 3년 3월 임인.
148) 《태조실록》 권10, 5년 12월 정해·권11, 6년 1월 계미.
149) 《태조실록》 권2, 1년 12월 임술·권15, 7년 11월 무신.
150) 《태조실록》 권7, 4년 2월 병인.
151) 《정종실록》 권3, 2년 2월 정유 趙英武爲都督中外諸軍事都鎭撫 商議中樞院使尹方慶
　　　前完山府尹崔遠爲上鎭撫.

을 방지하기 위하여 임시로 운영된 중외의 군사통령 기관이었다.

都節制使는 조선개국과 함께 고려 공양왕 1년의 도절제사를 계승하면서 성립되어 관찰사의 지휘하에 연변과 내륙요해처의 영진군과 수성군을 지휘하면서 왜구를 방어하였다. 태조 6년 5월에 정도전이 중심이 된 의흥삼군부가 왜구의 대응에 실효를 거두지 못한 것과 지방군의 통제를 강화하기 위해 2품 이상의 무신이 맡은 도절제사를 혁파하고 대신 왜구가 침입하는 연변 15개소에 첨절제사를 두어 그들로 하여금 그 기능을 수행하게 함에 따라 혁거되었다. 정도전이 피살된 직후(태조 7년 10월 이전)에 복치되었다.[153]

이처럼 금군, 도총제사, 도통처치사, 도통사, 도독중외제군사부(도진무), 都節制使 등은 국왕과 직결되면서 궁궐숙위나 지방의 군사 등을 통령하였다. 따라서 도총제사·도통사·도독중외제군사부는 비상적인 관직이었고, 금군·도절제사도 의흥삼군부와 직접적인 관련없이 운영되었다. 이것은 의흥삼군부가 비록 그 기구를 중심으로 경외의 모든 병권을 집중시켜가고, 최고의 군령·군정기구로 정립되어 가기는 하였으나 완전한 병권의 집중 및 군령기구로 확립되지 못하였음을 보이는 것이다.

---

152) ≪정종실록≫ 권4, 2년 2월 기해.

153) 吳宗祿, 1985, <朝鮮初期 兵馬節度使制의 成立과 運用>상, ≪震檀學報≫ 59, 80~86쪽, 張炳仁, 1984, <朝鮮初期 兵馬節度使>, ≪韓國學報≫ 34, 一志社, 165~169쪽. 都節制使는 道節制使와 혼동되기도 하나(李相佰, 1978, <鄭道傳論>, ≪李相佰著作集≫ 3, 乙酉文化社, 309쪽) 태조 3년 3월에 왜구가 延安府 경내를 침입하자 이에 대처하기 위하여 李承源을 양광도도절제사, 趙狷을 경상도도절제사(≪태조실록≫ 권10, 5년 8월 무자)에 각각 제수하였음이 확인된다. 따라서 都節制使는 留京하면서 시위패를 거느리는 道節制使와는 별개의 관직이었다.

5. 結語

의흥삼군부는 태조 2년에 고려말 이래로 당시까지 중외 군사를 지휘한 三軍都摠制府가 개칭되면서 성립되었고, 태종 1년에 承樞府로 개칭되면서 소멸되었다.

의흥삼군부는 장관인 判事를 정점으로 태조 3년~정종 2년 4월에는 판사를 보좌하는 知事·參判事·鎭撫와 각군을 지휘하는 節制使·同知節制使·鎭撫로 조직되었다. 정종 2년 4월~태종 1년 6월에는 판사와 판사를 보좌하는 知事·參判事·參知事·僉書事·經歷·都事와 각군을 지휘하는 摠制·同知摠制로 조직되었다.

의흥삼군부의 운영은 그 조직상 판사가 中·左·右軍과 10司·10道 그리고 여기에 속한 모든 무반과 군사를 지휘·감독하도록 규정되었다. 그러나 의흥삼군부는 진법훈련 등의 때에 삼군(절제사) 이하를 지휘하기도 하나 삼군·제 도는 종친·훈신인 節制使·都節制使에 의해 주관되었고, 各司는 上將軍이 주관하였기에 삼군(절제사)·각도(도절제사)·각사를 강력히 지휘하지 못하였다. 또 의흥삼군부의 삼군 등 지휘가 공적인 조직을 통해서라기 보다는 판사의 개인적인 역량에 의해 행사되는 경향이 현저하였다.

의흥삼군부와 중·좌·우군을 지휘한 판사 등 당상관은 대부분 왕자·부마이거나 조선 개국과 태종의 집권에 크게 기여하고 당시의 정국을 주도하거나 정치에 큰 영향력을 발휘한 훈신들로 제수되었다. 의흥삼군부 판사에는 태조대의 정치를 주도한 정도전, 정종대의 정치를 주도한 하륜 등이 제수되었기에 강력한 병권집중책을 실시할 수 있었고, 도평의사사나 의정부에 비교될 정도로 강력한 기능을 발휘하였다.

의흥삼군부는 운영된 시기를 통하여 신축은 있었지만 경외의 무반·

군사를 동원하고 지휘·감독하는 군령기능, 궁궐숙위·도성경비·진법훈련·군제개편을 주관하고 무반인사에 간여하는 등 광범한 군정기능을 수행하였다. 이중 핵심이 된 군령기능은 태조대에 정도전 주도의 진법훈련과 관련되어 토대가 잡혔고, 정종 2년에 왕자·훈신이 사적으로 거느린 사병(각도 시위패)을 혁파하여 그 군적과 군사를 삼군부에 소속시키고 군기를 관장하던 중추부를 합병함으로써 정립되었다.

의흥삼군부는 왕조개창의 혼란을 방지하고 왕권을 보호할 핵심적인 군사기구였다. 그러나 개국초에는 왕권과 통치질서가 확립되지 못하였고, 각 도에서 번상한 侍衛牌를 사적으로 지휘한 도절제사가 독자적으로 존재하였고, 의흥삼군부는 공적인 조직보다는 판사 등 개인에 의하여 운영되는 경향을 띠었다. 이리하여 태조 7년 이방원 일파가 쿠데타를 일으켰을 때는 판사 정도전이 정변군에게 피살됨에 따라 그 기능을 발휘하지 못하였고, 다시 정종 2년에 이방간의 난이 야기되었듯이 혼란을 방지하지 못했고 왕권도 보호하지 못하였다.

따라서 의흥삼군부는 왕조개창의 혼란을 방지하고 왕권을 보호한다는 측면에서 온전한 기능을 수행하지 못하였다. 그러면서도 의흥삼군부는 태조초 이래로 꾸준히 도모하였던 병권집중책의 실시를 토대로 정종 2년에 사병을 혁파하고 중추원을 병합함으로써 경외의 모든 무반·군사를 동원·지휘하는 기능, 즉 군령전장기관으로서의 지위를 획득하여 의정부와 병립하는 권부가 되었다. 요컨대 조선 개국초의 의흥삼군부는 10여년의 단기간에 존속한 기구였지만, 개국초에 다원적으로 운영된 군사와 병권의 통합을 주도하고 실현함으로써 태종대 이후에 왕권이 강화되고 군령·군정기관 등 군제가 크게 정비·체계화되는 토대가 되었다고 하겠다.

3^부

官衙와 國政運營

제8장 六曹屬衙門의 國政運營行政體系

1. 序言

　朝鮮初期 정치의 주체세력은 王을 정점으로 하고, 議政府·六曹·承政院·臺諫 등에 속하는 官僚群이었다. 그리고 국정에서의 구체적인 기능을 볼 때 王權의 强弱, 議政府署事·六曹直啓制의 실시, 議政府·六曹 등 구성원의 자질, 국내외 정세 등과 연관되면서 시기적으로 다소의 차이는 있지만 의정부는 국정을 통괄하였고, 육조는 屬衙門을 거느리고 국정을 분장하였고, 승정원은 왕의 측근에서 왕명을 出納하였으며, 대간은 국정전반을 규찰하였다. 이를 볼 때 六曹屬衙門(이하 屬衙門으로 약칭)은 국정운영의 중추기관은 아니지만 육조의 지휘를 받으면서 국정에 참여하는 중요 관아였음을 알 수 있다.

　屬衙門과 관련된 연구를 보면 의정부·육조·승정원·대간 등과 달리 본격적으로 연구된 것은 없다. 그러면서도 金雲泰, 車文燮, 麻生武龜가 ≪경국대전≫을 토대로 속아문의 기능·직제를 서술하였고,[1] 李

---

1) 김운태, 1981, ≪朝鮮王朝行政史≫ 近代篇, 博英社, 61~163쪽, 차문섭, 1974, <政治構

相佰이 ≪조선왕조실록≫에 기술된 속아문 변천기사를 검토하여 속아문의 변천을 정리하였기에[2] 속아문에 대한 개략적인 이해를 가능하게 하였다.

한편 속아문의 행정체계에 대해서는 이를 주제로 하거나 구체적으로 언급한 연구가 없었지만[3] ≪경국대전≫을 통하여 '王 － 六曹 － 屬衙門'의 체계가 인식되어 있고, 이것이 구태의연하게 답습되었기 때문에 현재에 있어서는 무엇인가 미흡한 듯하다.

또 속아문의 법제적인 행정체계가 "해조·속아문제조의 지휘·감독을 받으면서 정사를 수행한다"[4] 고 규정되기는 하나 ① 일반·법제적으로 인식하고 있는 행정체계와 실제의 행정체계의 일치여부, ② 該曹와 該提調의 속아문운영에 끼친 비중, ③ 각 속아문별 행정체계의 차이여부, ④ 속아문의 행정체계의 시기적 차이 여부 등에 대해서는 전혀 검토되지 않았다. 그 외에 속아문을 운영하게 된 의도가 무엇이고, 속아문의 운영이 조선사회의 성격과 어떻게 연관되었는가도 검토되지 않았다. 이점에서 속아문의 변천과 행정체계에 대한 보다 심층적인 연구가 요청된다고 본다.

이 장에서는 논제상 전 속아문을 통시적으로 파악해야 하는 어려움이 있지만 ≪조선왕조실록≫에 언급된 속아문의 활동유형, 속아문관의 포폄, 속아문관의 직사로 인한 득죄, 통치구조에 따른 속아문활동 등의 분석을 통해 속아문의 행정체계를 규명하고자 한다. 또 속아문

造>, ≪한국사≫ 10, 36~47쪽, 마생무구, 1923, <朝鮮中央及地方制度沿革史>, ≪朝鮮史講座≫, 조선총독부, 142~172쪽.
2) 이상백, 1968, ≪韓國史≫ 近世前期篇, 乙酉文化社, 175~182쪽.
3) 김운태, 앞 책, 89쪽, 차문섭, 앞 논문 36쪽, 李熙鳳, 1970, <韓國法制史>, ≪(고려대학교 민족문화사연구소)韓國文化史大系≫ 2, 160~161쪽에서 행정체계가 간단히 언급되었다.
4) ≪경국대전≫ 권3, 禮典 用文字式·권1, 吏典 褒貶條.

의 행정체계가 조선초기의 국가성격과 어떻게 연관되고 있는가를 살펴보고자 한다.5)

2. 屬衙門의 活動類型과 行政體系

속아문이 성립된 태종 5년 이후 속아문의 법제적인 행정체계는 ≪경국대전≫에

> 2품아문은 直啓하고(중외의 諸將, 承政院, 掌隷院, 司諫院, 宗簿寺는 또 직계할 수 있고, 긴요한 일이 있으면 提調가 직계한다. 大事는 啓本으로서 아뢰고, 小事는 啓目으로서 아뢰며, 외관은 계목이 없다) 直行移 하며(相考事 외에는 모두 上啓한다), 그 외의 아문은 모두 屬曹에 보고하여 처리한다.6)

라고 규정되었듯이 장예원·종부시(승정원·사간원은 직계아문)를 제외한 모든 속아문은 그 정사를 屬曹·提調(제조설치 아문)를 통하여 국왕에게 정사를 보고하고 다시 속조를 통하여 국왕의 지시를 받으면서 처리하였다. 그러면 속아문의 실제 국정운영 행정체계는 어떠하였겠는가? 여기에서는 속아문의 활동유형과 활동수, 속아문과 의정부·육조의 활동수, 속아문별 활동경향·활동수 등의 고찰을 통하여 규명해 본다.

첫 번째로 속아문의 활동유형을 보면 다음과 같다.

---

5) 1983년에 발표한 <朝鮮初期 六曹屬衙門의 行政體系에 대하여>(≪韓國學論集≫ 10)에서는 속아문제의 확립을 구체적으로 검토하였지만 여기에서는 본서 제3장 중앙관아의 정비에서 서술되었기에 중복을 피하여 생략한다. 속아문의 확립과정과 조선초기를 통하여 운영된 속아문은 앞 78~83쪽 <표 7> 참조.
6) ≪경국대전> 권3, 예전 용문자식조.

1. ≪太宗實錄≫ 권25, 13년 3월 신사 司僕寺上 馬政事目 啓曰 (하략)

2. ≪太宗實錄≫ 권25, 13년 6월 무오 命軍器監 放火藥于內庭

3. ≪成宗實錄≫ 권31, 5년 6월 임신 宗簿寺據司憲府關啓 (하략)

4. ≪太宗實錄≫ 권19, 10년 3월 병신 趙瑚死于獄中 初巡禁司與臺諫
刑曹啓曰(하략)

5. ≪睿宗實錄≫ 권6, 1년 7월 경인 傳于禮曹藝文館曰 孝靖廟祭文
(하략)

6. ≪世宗實錄≫ 권104, 26년 4월 정미 命議政府禮曹承文院提調 議
解送 (하략)

7. ≪世宗實錄≫ 권60, 15년 5월 경신 兵曹與司僕寺提調議啓 馬政
(하략)

8. ≪世宗實錄≫ 권78, 19년 7월 경자 傳旨 兵曹與三軍都鎭撫 選武臣(하략)

9. ≪世宗實錄≫ 권89, 22년 6월 정유 童倉欲徙居 (중략) 召議政府及
承文院提調 草奏本 (하략)

10. ≪世宗實錄≫ 권32, 8년 4월 무자 奉常判官朴堧上書曰 (樂律事)

11. ≪世宗實錄≫ 권39, 10년 3월 임자 命瑞雲正朴恬等 等三角山嶺
(하략)

12. ≪世宗實錄≫ 권25, 6년 7월 기해 司贍寺提調啓 (楮貨通用事)

13. ≪文宗實錄≫ 권5, 즉위년 12월 계사 命尙衣院提調鄭芬軍器監提
調李思任(甲胄製作事)

14. ≪成宗實錄≫ 권2, 1년 2월 계해 司饔院提調上洛君金礩都承旨李
克增啓曰(司饔院官兼職事)

15. ≪世祖實錄≫ 권15, 5년 2월 을유 戶曹據濟用監呈啓 (品布納付事)

16. ≪世宗實錄≫ 권55, 14년 3월 계해 禮曹啓 奉常判官朴堧上言 舞
佾之位 (하략)

17. ≪世宗實錄≫ 권48, 12년 6월 무자 禮曹據典醫監提調上言啓 醫
科出身者(하략)

18. ≪世宗實錄≫ 권20, 5년 4월 병진 禮曹據典醫監惠民局濟生院呈
啓 (藥材貿易事)

19. ≪世祖實錄≫ 권14, 4년 11월 갑진 吏曹據司譯院女眞通事黃中等
上言啓 (女眞學除授事)

20. ≪世祖實錄≫ 권24, 7년 6월 신사 吏曹據尙衣院提調單字啓 (諸員除授事)

21. ≪태종실록≫ 권26, 13년 11월 무술 議政府議上司宰監啓目 (舟楫管掌事)

22. ≪세종실록≫ 권105, 26년 7월 신유 議政府據繕工副正崔儒上言
議啓 (五鎭入居等事)

23. ≪문종실록≫ 권6, 1년 3월 병진 議政據園囿提調上言啓 各道講
武場內(하략)

24. ≪세종실록≫ 권110, 27년 10월 정묘 議政府據禮曹呈啓成均館牒
報 謹按大戴記云 (하략)

이를 볼 때 속아문활동은 일반적으로 인식된 '王 ― 該曹 ― 屬
衙門'의 행정체계와 ≪경국대전≫에 규정된 ① 왕 ― 해조 ― 속아
문, ② 王 ― 宗簿寺, 刑曹都官, ③ 왕 ― 속아문제조 등의 행정체
계로만 수행된 것이 아니었다. 즉, 이 외에 ④ 왕 ― 속아문, ⑤ 왕
― 타조 ― 속아문, ⑥ 왕 ― 의정부 ― 속아문, ⑦ 왕 ― 의정부
― 해조 ― 속아문 등의 다양한 행정체계로 수행되었음을 알 수 있
다. 또 속아문(구성원) 단독으로 활동하기도 하였고, 該曹·他曹(他司)·
타사관원과 공동으로 활동하기도 하였다. 위의 1~24의 유형에 의하
여 제시된 속아문 행정체계를 재정리하면 다음의 <도 2>와 같다(단
례는 상계활동이고, 복례의 경우는 앞의 것은 상계활동이고 뒤의 것
은 수명활동이다).

두 번째로 속아문의 활동수를 본다. 앞에서 제시한 1~24유형에 속
하는 총 활동수는 982건이었다. 이를 활동별로 볼 때 주목할 만한 경
향을 보이는 것은 속아문 상계활동(1) 242건, 속아문 수명활동(2) 182
건, 속아문제조 상계활동(12) 130건, 조가 속아문의 牒呈을 받아 행한
활동(15) 128건, 속아문녹관 상계활동(10) 109건 등이었고, 그 외는
극히 미미하였다.[7]

---

7) 뒤 377쪽 <표 45> 참조.

<도 2> 태종 5년~성종 9년 육조속아문 행정체계

따라서 속아문 활동경향은 비록 <도 2>에서와 같이 다양하였지만 실제에 있어서는 속아문이 직접으로 상계·수명한 활동, 속아문 제조·녹관이 직접으로 상계한 활동, 속아문이 해조를 통해 상계(전문)한 활동이 중심이 되었다고 하겠다.

그런데 속아문 총 활동수 982건이나 1·2·10·12·15의 활동유형을 동기의 의정부활동수 5,969건·육조 9,973건[8] 및 사헌부 2,851건·사간원 1,543건[9] 등의 활동과 100여 속아문과 그에 속한 400여 관원의

8) 한충희, 1980, <朝鮮初期 議政府研究> 상, ≪韓國史研究≫ 31, 119~120쪽 <표 11>.

규모를 고려할 때[10] 비록 ≪조선왕조실록≫이 의정부·육조·사헌부·사간원의 활동 및 각종 儀禮 등을 중심으로 기술되었다고는 하지만, 위에 나타난 982건이 속아문 활동의 중심을 이루었다고 보기는 곤란할 듯하다. 대부분의 속아문사는 속아문 장관인 正 이하가 자율적으로 처리하였고, 중대사·돌발사에 한하여 해조·겸관 등의 지시나 협의를 구하여 처리한 것으로 추측된다.

그런데 속아문제가 성립되기 이전부터 군소아문도 기능·직제가 명기되었고,[11] 육조속사의 운영이 속사에 소속된 정랑·좌랑의 책임하에 운영되었다.[12] 奉常寺·內資寺·內贍寺·軍資監·濟用監 등의 관원은 모두 久任官이었고 그 외의 아문에도 1~5원의 구임관이 설정되어 이들 아문의 운영은 구임관에 의해 주도되었으며,[13] 관제상 의정부·육조·승정원·대간 등은 속아문과 상하의 체계를 이루면서 인사가 교류되었다. 또 일부 속아문에 있어서는 刑曹都官은 "제조가 없는 아문은 해조 당상관이 褒貶한다"는 규정과는 달리 兼知刑曹事가 포폄을 행하였고,[14] 承文院祿官은 겸직을 금지하고 該司事에 전념시켰고,[15] 奉常寺의 '諡號議定事'는 判事(정3) 이하가 제조와 상의하지 않고 전장하였다.[16]

이를 볼 때 대부분의 속아문사는 그 공사의 비중과 관련되어 속아문이 자율적으로 처리하였고, 중대사·돌발사에 한하여 양조·제조의 지

---

9) 崔承熙, 1976, ≪朝鮮初期 言官·言論硏究≫, 서울대학교 출판부, 242쪽 <부표 1>(사헌부·사간원 합사활동 제외).
10) ≪경국대전≫ 권1, 이전 경관직 속아문조.
11) ≪태조실록≫ 권1, 1년 7월 정미.
12) ≪태종실록≫ 권10, 5년 11월 계묘·권11, 6년 6월 을해, 외.
13) ≪세조실록≫ 권21, 6년 8월 기미, ≪경국대전≫ 권1, 이전 각사조.
14) ≪태종실록≫ 권34, 17년 11월 계유.
15) ≪세종실록≫ 권51, 13년 1월 병술.
16) ≪태종실록≫ 권19, 10년 윤4월 계묘.

시를 받거나 협의하면서 운영되었다고 하겠다.

세 번째로 앞에서 제시된 1~24유형의 활동을 전개한 속아문과 그 활동수를 보자. 그 활동을 정리하면 다음의 <표 42>와 같다.

<표 42> 태종 5년~성종 9년 육조속아문 활동경향　　(단위 건)

	직계 활동					조 전문활동				
	ㄱ)태종 5~13년	ㄴ)태종14~세종 17	ㄷ)세종18~단종2	ㄹ)세조1~성종9	계	ㄱ)	ㄴ)	ㄷ)	ㄹ)	계
宗簿寺(1)		14	23	39	76	2			3	5
司僕寺(1)	2	4	3	4	13	3	2		2	7
集賢殿(1)		10	34	2	46	1				1
刑曹都官 (掌隸院)		5	2	17	27	7			4	11
承文院(1)		8	2		10	6				6
觀象監(1)	4	3	6	9	22	3	1		4	8
三軍(1)		1	2	1	4	4			1	5
春秋館(1)	1	4	5	3	13					
成均館(2)	1	4	8	1	15	3	1		9	13
軍器監(1)		2		1	3	4	2		2	8
藝文館(1)		4	3	11	18			1	2	3
掌樂院(2)		5	1	1	7	9			1	10
尙衣院(2)				3	3				2	2
奉常寺(1)		2	3		5	13	1		1	15
司譯院(1)						7			7	14
繕工監(2)									1	1
巡禁司(1)	14				14					
기타										

	제조(겸) 활동					수명 활동					합계				
	ㄱ)	ㄴ)	ㄷ)	ㄹ)	계	ㄱ)	ㄴ)	ㄷ)	ㄹ)	계	ㄱ)	ㄴ)	ㄷ)	ㄹ)	계
종부시(1)			6	2	8		2	12	15	29	0	18	41	58	117
사복시(1)	9	5	13		27		2	2	26	30	2	18	12	45	77
집현전(1)	2	3			5		5	7	1	13	—	18	44	3	65
형조도관 (장예원)						2	1		21	24	5	13	2	42	62
승문원(1)	22	14	5		41		3			3	0	39	16	5	60
관상감(1)	1			6	7	4	6	1	3	14	8	13	8	22	51
삼군(1)	6	16	1		23	1	1			2	1	12	18	3	34
춘추관(1)	4	3			7		5	4	4	12	1	13	12	7	33
성균관(2)	2	1			3	2				2	3	9	10	11	33
군기감(1)	2	5	1		8	2	6	2		10	2	14	9	4	29
예문관(1)	3	1			4	1			3	4	1	7	5	16	29
장악원(2)	4	1			5				3	3	0	18	4	3	25
상의원(2)	1	1	1		3		3	2	11	16	0	4	3	17	24
봉상시(1)			2		2			1	1	2	0	15	7	2	24
사역원(1)	2	2	4		8		1			1	0	10	2	11	23
선공감(2)	2	6	3		11		5	2	2	9	0	7	8	6	21
순금사(1)									4	4	18	—	—	—	18
기타															257

(1)·(2)는 최고 겸관의 직질이다.

이 표를 보면 활동수가 많은 속아문은 형조도관을 제외한 모두가 겸관이 운영된 아문이었고, 겸관이 설치된 16아문 중 11아문은 최고 겸관의 직질이 1품이고 5아문은 2품이었으며, 형조도관은 직계가 허용되면서 知刑曹事가 포폄을 행하고 刑決事를 전장하는 등 형조의 간섭을 받음이 없이 자율적으로 운영되었다.[17]

17) 주 14)에 겸지형조사가 포폄을 행사한 것, 세종 30년 4월 병인에 지형조사가 "형결사를 전

직계활동을 행한 속아문·속아문 녹관을 보면 속아문은 형조도관·종부시는 직계가 허용되었고,[18] 사복시·상의원은 일시적으로만 직계가 허용되었으며,[19] 그 외도 법제와는 달리 직계를 행하였다. 속아문 녹관의 직계는 언로개방과 연관되었지만, 활동수가 많은 경우에 직계가 허용된 형조도관·사복시를 고려할 때 성균관을 제외한 모두가 1품의 겸관이 설치된 아문이었다.

해조의 전문을 통하여 활동한 속아문은 빈도수가 높은 경우에 형조도관을 고려할 때 사복시·성균관·장악원을 제외한 모두가 1품의 겸관이 설치된 아문이었고, 사복시·성균관은 기능이 중시된 아문이었으며, 장악원은 세종이 관심을 갖고 추진한 악제를 주관한 관아였다.

제조 등 겸관을 통하여 활동한 속아문은 성종 9년 5월까지는 하등의 구애를 받지 않고 직계를 행하였는데,[20] 빈도수가 높은 사복시·선공감을 제외한 모두가 1품의 겸관이 설치된 아문이었으며, 사복시·선공감은 그 기능이 중시된 아문이었다.

수명활동에 있어서는 사복시·형조도관·상의원을 제외하고는 1품의 겸관이 설치된 아문이었고, 사복시·상의원 활동은 번다한 하사와 관련된 것이었다.

따라서 기능이 중시되면서 1품의 겸관이 설치된 대부분의 속아문과 2품의 겸관이 설치된 속아문은 겸관이나 해조를 통하여 상계·수명하는 경향이 현저하였고, 3품 이하의 겸관이 설치된 대부분의 속아문과

장하였다"고 한 등에서 추정한다.
18) ≪經國大典≫ 권3, 예전 용문자식조.
19) ≪世宗實錄≫ 권64, 16년 6월 정사, ≪文宗實錄≫ 권10, 1년 11월 신유, ≪成宗實錄≫ 권8, 1년 12월 무오. 세종 16년에 직계가 제한되었다.
20) ≪成宗實錄≫ 권92, 9년 5월 임술 傳于承政院曰 諸司凡有所啓事 文昭殿承文院宗簿寺司饔院內醫院尙衣院軍器寺繕工監典艦司典校署司僕寺外 提調毋得啓達 牒報該曹.

겸관이 없는 속아문은 대부분의 정사를 자율적으로 처리하였으며, 직계활동도 1품의 겸관이 설치된 속아문을 중심으로 전개되었다. 결국 기능이 중시된 속아문은 그 정사가 王旨를 구하여 처리하는 경향이 현저하였고, 그렇지 아니한 속아문은 그 정사를 자율적으로 처리하는 경향이 현저하였다.

이상에서 속아문은 법제적으로는 '왕 − 해조', '해제조 − 속아문'의 행정체계가 중심이 되면서 녹관 직계·속아문 직계·타사(조)를 통한 계문(전문) 등의 다양한 행정체계로 그 정사를 수행하였다고 하겠다. 속아문의 활동수를 종합할 때 대부분의 정사는 자율적으로 처리되었고, 일부의 중대사·돌발사는 해조·제조를 통해 수행하였으며, 해조·겸관을 통한 활동의 대부분은 1품의 겸관이 설치된 속아문이었다.

3. 屬衙門官의 褒貶과 行政體系

포폄제는 소임관리로 하여금 그 직에 충실하게 할 의도에서 태종대에 입법화되었고, 처음에는 상세하게 갖추어지지 못하다가 세종대 이후에 크게 정비되었으며,[21] ≪경국대전≫의 편찬과 함께 확정되었다. 여기에서는 속아문의 지휘·감독과 직결된 포폄제 즉, 해조·제조의 속아문관 포폄을 통해 속아문의 행정체계를 살펴 본다.

태종~세종초에는 속아문관에 대한 포폄이 어떻게 행하여 졌는가는 명확하지 못하다. 그런데 태종 13년에

　　의정부가 상소하여 각사의 提調·兼判事 실안겸대자는 본직의 근
　무일 이외에는 항시 속아문에 근무하여 일을 다스리고, 그 관원의

---

21) ≪세종실록≫ 권51, 13년 1월 갑신.

근만을 고찰하여 매년 冬季에 褒貶狀을 작성하여 계문하게 하소서[22]

라고 하였고, 세종 4년에 "傳旨를 내려 濟生院醫女 訓導官의 근만과 의녀의 習業能否를 예조·승정원으로 하여금 항상 고찰하게 하였다"[23] 라고 한 것에서 제조가 있는 속아문은 實案(例兼)의 提調·兼判事가, 그렇지 아니한 속아문은 해조가 포폄을 행한 것으로 추측된다.

그 후 세종 6년에 이조가

> 육조에 소속된 각사의 소임능부는 (제조가) 항시 고찰하지만 포폄 시에는 이에 불참하여 불편합니다. 지금부터 각사의 관원을 포폄할 때에는 앙(해)조의 당상관과 그 관아의 제조가 함께 의논하여 계문 하게 하고, 제조가 없는 속아문은 해조 당상관에게 명하여 마감한 후 계문하게 하소서[24]

라고 한 상계를 가납함으로써 제조가 있는 속아문은 해조당상관·제조 가 포폄하고, 제조가 없는 속아문은 해조 당상관이 포폄하는 원칙이 성립되었다. 이것이 후대로 계승되다가 《경국대전》에 성문화되었 다.[25]

그런데 세종 6년 이후의 해조 당상관·제조에 의한 속아문관 포폄에 있어서 ① 해조와 제조가 어떻게 연관되면서 속아문에 영향을 끼쳤 고, ② 해조와 제조의 속아문에 끼친 비중은 어떠하였고, ③ 속아문

22) 《태종실록》 권26, 13년 7월 병술.
23) 《세종실록》 권18, 4년 11월 정묘.
24) 《세종실록》 권24, 6년 4월 을축.
25) 《경국대전》 권1, 이전 褒貶 京官則其司堂上官·提調及屬曹堂上官 外官則觀察使 每六 月十五日·十二月十五日 等第啓聞.

에 대한 포폄이 규정되로 실시되었으며, ④ 해조와 제조의 속아문에 대한 지휘·감독이 실질적이었는가의 여부 등이 분명하지 못하였다.

먼저 해조와 제조의 속아문관 포폄에 대한 영향력을 보자. 태종 ~ 세종 6년에 있어서는 앞에 제시된 세종 6년 자료와 세종 6년 5월에

> 이조가 상계하기를 "사온서는 본래 제조가 없다가 계묘년(세종 5) 으로부터 그 관아의 포폄을 위하여 제조를 신설하였습니다. 그러나 지금은 제조가 없는 각 아문의 포폄은 해조의 장관에게 이를 행하 도록 명령하였고, 또 사온서는 노비가 적어 丘史를 제공하기가 어 렵습니다. 청컨대 제조를 없애소서" 라고 하였으므로 이를 좇았 다.[26]

라고 한 것에서 제조가 속아문의 포폄에 대한 실질적인 기능을 행사한 것으로 보인다. 해조와 제조의 포폄을 둘러싼 관계는 불명하나 앞의 세 종 6년 4월 을축 기사와 ≪경국대전≫에 해조 당상관·제조가 동의하여 계문하게 한 것에서 해사 제조가 1차로 포폄장을 작성하였고, 그 후에 해 제조·앙조 당상관이 이를 심의하여 계문한 것이 아닌가 한다.

세종 6년 5월 이후의 포폄은 원칙적으로 제조가 있는 아문은 제조· 해조 당상관이 동의하여 계문하였다. 제조가 없는 아문은 해조 당상 관이 포폄하도록 된 규정과 세종 8년 5월에

> 이조가 "각사에 제조를 설치한 것은 사무를 총치하기 위함인데 그 중에는 별로 긴요한 일도 없이 6·7명의 根隨만 거느리는 제조가 있습니다. (중략) 청컨대 사무의 煩簡을 짐작해서 불필요한 제조는 모두 없애고, 각사의 포폄은 해조가 시행하도록 명하소서" 라고 상 계하였다. 이를 좇았다. 이 때에 혁파된 각사의 도제조·제조가 31명

---

26) ≪세종실록≫ 권24, 6년 5월 을해.

이었다.[27]

라고 한 것 등에서, 특히 도제조·제조를 크게 줄이고 앙조로 하여금 포폄을 하게 한 것은 仰曹의 속아문에 대한 영향력을 강화시키는 조치라고 하겠다. 그러나 해 조·제조가 공동으로 포폄한 아문과 앙조가 단독으로 포폄한 아문의 지위를 보면 다음의 표와 같이 전자는 대부분이 정3품 아문이었으나 후자는 대부분이 4품 이하 아문이었다. 후자에 있어서 종2품 아문인 5위는 군사기구였고, 정3품 아문은 掌隸院은 자율적으로 운영되고[28] 상서원은 도승지가 실권을 행사하였으며,[29] 통례원은 집례기관이었다. 이를 볼 때 속아문관에 대한 포폄은 해 조·제조에 의한 것이 보다 중심이 되었다고 하겠다.

<표 43> 속아문별 포폄자 종합[30]

	사당상·제조 ·속조 당상	속조 당상 *	계		사당상·제조 ·속조 당상	속조 당상	계
종2품아문		1	1	정5품아문		2	2
정3	28	3	31	종5	2	6	8
종3	1		1	정6	2		2
정4	1	4	5	종6	9	3	12
종4	1		1	종9	1(이상)	1(이상)	2(이상)

* 잡직인 내시부(종2)·액정서(정6)와 원종공신아문인 충익부(종2) 제외.

한편 해조 당상관·제조가 함께 의논하여 포폄하도록 된 아문을 보면 제조가 속아문을 지휘·감독하였을[31] 뿐만 아니라, 다음과 같이 제

27) ≪세종실록≫ 권32, 8년 5월 갑인.
28) 앞 주 17).
29) ≪세종실록≫ 권52, 13년 6월 갑진.
30) ≪경국대전≫ 권1, 이전 경관직 각아문조에서 종합(내시부·충익부·액정서 제외).
31) 李光麟, 1967, <提調制度研究>, ≪東方學志≫ 8, 84~89쪽, 외.

조가 포폄을 하였거나 행할 것이 요청되었다.

① 세종 12년에 국왕이 俞孝通에게 말하기를 "경관의 殿最法은 매우 불편하다. 한 사람이 혹은 여러 (관아의) 일을 겸하고, 소관하는 제조의 포폄이 혹은 上으로, 혹은 下로 등제되니 어찌 한 사람의 몸에 美와 惡이 하나같지 아니한가? (하략)" 라고 하였다.[32]

② 성종 1년에 具致寬이 상계하여 "內需司는 이조의 속관이지만 그 別坐 등의 관원은 朝士가 아니므로 상례로 相見하지 않기 때문에 賢否를 알수 없어 포폄을 행하기가 어렵습니다. 청컨대 대신으로서 제조를 삼아 포폄하게 하소서. (하략)" 라고 하였다.[33]

③ 성종 9년에 司憲府大司憲 金紐 등이 箚子를 올려 "전일에 본부가 金孝貞의 司譯院副提調職을 파면하기를 청하였지만 허락을 받지 못하였습니다. (중략) 또 3품 당상관으로써 惠民署副提調에 제수되었습니다. 대저 제조는 한 관아를 총찰하고 郎吏를 黜陟하여 맡은 임무가 대단히 중요하므로 명망과 숙덕이 있는 인물이 아니면 마땅히 그 직에 거할 수 없습니다. (하략)" 라고 하였다.[34]

④ 세종 5년에 이조가 계하여 "諸都監·各色과 諸處 口傳官員은 能否와 근만을 빙고하여 서용하기가 어렵습니다. 청컨대 지금으로부터는 各司의 예에 따라 該提調로 하여금 포폄하도록 명하소서" 라고 하니 이를 쫓았다.[35]

이에서 비록 해조 당상관·해 제조가 공동으로 포폄하도록 규정되고 실제로도 양자가 포폄한 사례가 확인되지만,[36] 제조가 작성한 포폄장을

---

32) ≪세종실록≫ 권50, 12년 12월 무자.
33) ≪성종실록≫ 권6, 1년 6월 경신.
34) ≪성종실록≫ 권94, 9년 7월 계해.
35) ≪세종실록≫ 권22, 5년 11월 기해.
36) 그 예를 보면 다음과 같은 것이 있다.

토대로 해조 당상관·제조가 협의하여 계문하였을 것이라고 추측된다.

따라서 속아문에 대한 지휘·감독은 제조가 주도하였고, 포폄은 제조의 포폄장을 토대로 해조 당상관·제조가 협의하여 계문하는 체계로 운영되었다고 하겠다.

두 번째로 속아문(관)에 대한 포폄과 지휘·감독은 해조 당상관·제조가 수행하였음이 확인된다. 그러나 다음의 속아문에 대한 포폄과 지휘·감독 사례와 같이 知申事·承政院·司憲府·兼大司憲 등은 해조·제조는 아니지만 그 직장과 관련되어 일부의 관아와 관원에 대한 지휘감독과 포폄을 행하였다.

① 세종 13년에 이조에 傳旨하여 "지금까지 尙瑞司·司膳署 관원은 知申事가 홀로 포폄을 행하여 이조에 보내고, 이조가 이것으로써 올리니 옳지 못하다. 지금부터는 지신사와 이조 당상이 동의하여 시행하라"고 하였다.[37]

② 세종 18년에 의정부가 이조의 呈에 의거하여 "鑄字所는 서적을 인쇄하는 일을 전장하니 그 임무가 가볍지 않습니다. 지금으로부터는 승정원으로 하여금 계문하여 差定하게 하소서"라고 아뢰었다.[38]

③ 태종 7년과 8년에 승정원으로 하여금 內侍府와 成均館 관원의 근만을 고찰하게 하였다.[39]

④ 세종 8년에 이조가 "養賢庫는 본시 전곡아문이지만 兼丞은 成均博士가 겸하고 錄事는 學正·學錄이 겸차됩니다. 그 포폄은 兼大

ⓐ ≪태종실록≫ 권25, 13년 6월 을묘 吏曹啓 宗親府典籤司 未有所屬 無考察褒貶之法 請屬本曹 依宗簿寺例 與本寺提調 同議等第 從之.

ⓑ ≪세조실록≫ 권24, 7년 6월 을미 上謂兵曹參判金國光曰 凡軍士 皆有主將統察諸事 獨兼司僕無之 (중략) 如諸衛將褒貶時 與提調同議.

37) ≪세종실록≫ 권52, 13년 6월 갑진.
38) ≪세종실록≫ 권75, 18년 10월 기사.
39) ≪태종실록≫ 권14, 7년 10월 기축·권16, 8년 11월 계유.

司成·兼司成이 타례에 따라 시행하게 하소서"라고 상계하니 이를 쫓았다.[40]

⑤ 세종 21년에 의정부가 "祖宗이 濟生院을 설치한 것은 (중략) 그 藥材·種養의 채취 다소와 施藥 및 근만은 사헌부에 명하여 매월말에 점검하게 하소서"라고 상계한 것을 가납하였다.[41]

또 사헌부로 하여금 전곡제사를 請臺點檢하였고,[42] 氷庫·刑曹都官·典獄署 등은 그 관장사에 대한 국왕의 관심과 관련되어 承政院注書·內侍 등을 통하여 수시로 국왕의 규찰을 받았다.[43]

이에서 속아문과 그 관원에 대한 지휘감독과 포폄은 해조 당상관·제조가 행하도록 규정되었으며, 실제로도 이들의 주도로 수행되었다. 그러나 일부의 아문과 관리에 있어서는 승정원·사헌부 등의 직장과 관련되어 예외적으로 이들이 지휘감독과 포폄을 행하였다.

세 번째로 해조·제조의 속아문과 그 관원에 대한 비중과 실질적인 지휘·감독이 행하여졌는가를 살펴본다. 해조와 제조의 속아문에 대한 영향력의 발휘는 앞에서의 검토를 통하여 해조 보다는 제조의 역할이 보다 더 직접적이었음이 확인된다. 그 외에도 속아문이 성립되는 태종 5년과 확립되는 ≪경국대전≫의 속아문 분속이 각각 이조는 11·7아문, 호조는 18·7아문, 예조는 36·29 이상 아문, 병조는 14·6아문, 형조는 4·2아문, 공조는 11·7아문이었다.[44] 각조의 당상관은 판서·참판·참의 각 1원의 3원에 불과하고(병조는 참지 1명 추가) 그나마 다수 아문의 제조를 겸하였으며,[45] 각종의 도감·소·색·별감직과 내외의

---

40) ≪세종실록≫ 권34, 8월 11월 계축.

41) ≪세종실록≫ 권85, 21월 4월 병오.

42) ≪세조실록≫ 권26, 7월 12월 을류.

43) 한충희, 2005, <朝鮮初期 承政院注書 小考>, ≪大丘史學≫ 78, 60~61쪽.

44) ≪태종실록≫ 권9, 5월 3월 정유, ≪경국대전≫ 권1~6, 각전 서.

45) 한충희, 1983, <朝鮮初期 六曹屬衙門의 行政體系에 대하여>, ≪韓國學論集≫ 10,

출사 등으로 분주하였다.[46] 이에서 해조 당상관의 속아문과 그 관원에 대한 지휘감독과 포폄이 실질적으로 행해질수 있었을까는 의문시되었다.

이에 비해 제조는 직접적이고도 실질적으로 속아문을 지휘감독하였다고 분석되었고, 이점은 선학의 연구에서도 주장되었다.[47] 그러나 다음의 영의정 이하 녹직의 겸직을 볼 때 과연 제조 등이 속아문을 실질적으로 통제하였겠느냐는 의문이 제기된다.

① 세종 5년 3월에 정비된 영의정 이하 의정부·육조·한성부·사헌부·승정원 당상 27명이 총 80여의 관직을 예겸하였다.[48]

② 영의정 등 당상관은 1~3품관이 겸하게 된 司僕寺 등 30여 관아의 도제조 등 135 겸직의 대부분을 겸하였다.[49]

③ 영의정 등 당상관은 국초 이래로 의례·제도·노비·영선·진헌·국상·국혼·군사·지방행정·외교 등을 집중적으로 처리한 수십의 각종 所·色·都監·廳 등의 도제조 이하와 使臣에 임명되어 그 일을 지휘하고 관장하였다.[50]

④ 의정부·육조·승정원 등의 당상관 46명이 다음의 표와 같이 4.5배 이상에 달하는 총 200여의 도제조 이하를 겸대하였다(돈령부·중추부 등의 예우기관의 당상관을 제외하면 10배).

의정부·육조 등 당상관의 겸직수행을 보면 다음의 설명과 같이 提調·仰曹의 속아문 지휘감독과 포폄이 부실하였고, 그 문제점을 개선

---

46) 위 논문, 378쪽.
47) 李光麟, 1968, <「提調」制度 研究>, ≪東方學志≫ 8, 87쪽, 金松姬, 1987, <朝鮮初期의「提調」에 관한 研究>, ≪(한양대) 韓國學論集≫12, 72~79쪽.
48) 위 논문, 377~378쪽.
49) 위 논문, 378쪽.
50) 위 논문, 378쪽.

하기 위하여 正 이하가 포폄을 행할 것이 제기되었으며, 제조직이 조
정되었다.

<표 44> 종2품 이상관 본직·겸직 비교(*은 이상, ( )는 중추·돈령부 제외)51)

본직		정1품	종1	정2	종2	계
본직	의정부	3	2	2		7
	중추부	1	2	6	7	16
	돈령부	1	1	1	1	4
	의금부		1*	1*	1*	3*
	육조			6	6	12
	한성부			1	2	3
	오위도총부			1	1	2
	계	5	6*	17*	18*	46*
겸직	도제조·제조	22	1 / 100	12	16	151
	경연 영·지·동지사	3		3	3	9
	춘추 영·감·지·동지사	3		2	2	7

겸직		정1품	종1	정2	종2	계
겸직	홍문 영사·대제학·제학	1		1	1	3
	예문 영사·대제학·제학	1		1	1	3
	세자시강원 사·부·이사·빈객·부빈객	2	1	2	2	7
	성균 지·동지사			1	2	3
	5위장				12	12
	겸사복				3	3
	내금위장				3	3
	소계	32	2	22 / 100	45	201
	본직/겸직	5(3)/ 32		41(23)/ 169		46(26)/ 201

① 세종 12년에 집현전이 상계하여 "그윽히 보건대 본조의 京官考
績法은 모두 仰曹·提調가 주관하도록 명하고 있습니다. 그러나 앙
조·제조는 타사의 관원과 비슷하여 늘 접견하지 못하기 때문에 속관
의 현부를 모두 알기 어렵고, 포폄할 때를 당하여 혹 好惡로 인해 승
출에 공정함을 잃기에 이릅니다. 청컨대 고제에 의거하여 각사의 장
관에게 하관의 고과법을 위임시키도록 명하여 6품 이상의 아문은 장

51) 이광린, 앞 논문, 81~82쪽, ≪세종실록≫ 권19, 5년 3월 을사, ≪경국대전≫ 권1, 이전 경
관직·권4, 병전 경관직 각사조.

관이 주관하고 7품 이하의 아문은 양조가 주관하도록하며, 그 사람의 공과와 근만을 갖추어 기록하고 그 고하를 3등으로 정하여 이조에 보고하고, 이조는 각사 장관의 포폄을 수합하여 다시 마감을 가한 후에 계문하여 승출을 행한다면 거의 현부의 자취가 그 마땅함을 얻고 출척의 권한이 한곳으로 모일 것입니다" 라고 하였다.[52]

② 세종 14년에 국왕이 대언 등에게 "상의원은 內帑의 珠寶가 모이는 곳이므로 관계됨이 가볍지 아니하다. 내가 들으니 제조는 본사의 사무가 복잡하기 때문에 제조직을 수행하는 것이 근실하지 못하고 陵夷됨이 많다. 나는 제조를 혁파하고 낭청으로만 분장하게 하여 직무에 충실하도록 하고자 한다" 라고 하였다.[53]

③ 세종 27년에 의정부가 이조의 물에 의거하여 "군기감제조는 3원인데 그 1원은 병조참판이 예겸합니다. 그런데 병조의 사무가 번극하여 (병조참판이) 군기감에 근무할 겨를이 없습니다. (하략)" 라고 상계하였다.[54]

그러나 대부분의 속아문에 대한 제조·양조의 통제가 실제적이었겠는가? 라는 의문이 제기되었음과는 달리 승문원에 있어서는 태종 11년 6월에 제조의 逐日座司와 嚴加考察이 규정되었고,[55] 속아문에 좌사하지 않도록 규정된 도제조의 좌사가 규정된[56] 것에서 제조에 의한 실질적인 통제가 행해진 것으로 파악된다.

---

52) 《세종실록》 권50, 12년 12월 갑오. 그러나 세종 13년 1월 갑오에 형조판서 河演이 "각사 관리를 만약 장관으로 포폄하게 한다면 육조판서는 가하겠습니다마는 3품의 判事에 있어서는 職秩이 비록 높으나 그 또한 요속인데 하물며 5·6품인 署丞 등으로 포폄하게 한다면 어찌 능히 그 고하를 정하겠습니까?" 라는 반대로 실현되지 못하였다.
53) 《세종실록》 권56, 14년 4월 기유.
54) 《세종실록》 권108, 27년 6월 임자.
55) 《태종실록》 권21, 11년 6월 임진.
56) 《태종실록》 권27, 14년 6월 임자.

이상에서 대부분의 속아문과 그 관원에 대한 감독과 포폄은 법제에 규정된 해조 당상관·제조가 행하였고, 예외적으로 일부만이 타사 당상관에 의해 수행되었다. 해조와 제조의 속아문에 대한 영향력 발휘는 제조에 의한 것이 보다 직접적이었고, 제조에 있어서도 실질적으로 속아문을 통제하였는가는 명확하지 못하다.

4. 屬衙門官의 得罪와 行政體系

관원의 득죄(피죄)는 임무와 개인적인 과오에서 비롯되었다. 이 중 임무에서 기인된 피죄는 관인의 직사로 인한 책임한계와 직결되었을 것이라고 추측된다. 그러면 그 실제는 어떠하였겠는가?

먼저 태종 5년 3월~성종 9년까지 그 직무로 인해 유배되거나 파직되는 등 피죄된 속아문 관원을 보면 53회 100여명이 확인되었다.

정3품 당상	2명(지형조사),	정6품	4명,	종8품	2명,
정3품 당하	12,	종6	11,	정9	7[57]
종3	11,	정7	3,		
정5	3,	종7	8,		
종5	10,	정8	2,		

또 조선초기에 피죄된 제조를 보면 다음과 같이 10여 회에 15명이 확인되었다. 이때 피죄된 제조와 그 사유를 보면 朴子靑(②·⑥)은 태종의 신임을 받으면서 관직에 구애받지 않고 營繕事를 전횡하였기 때문이었고,[58] 金南秀(③)는 목장을 盜耕한 私事로 인한 것이었고,

---

57) ≪조선왕조실록≫ 태종 5년~성종 9년조.
58) ≪세종실록≫ 권22, 5년 11월 병술 박자청졸기.

崔德義(④)는 香을 남용한 개인적인 과오 때문이었다. 許稠(⑤), 李邊·金聽(⑦), 梁誠之·鄭顯祖(⑧), 승문원제조(⑨)는 직사로 인해서였다. 이들의 決罪를 보면 허조는 녹관은 杖流되었으나 석방되었고, 이변·김청은 녹관은 杖刑에 처해졌으나 파면됨에 그쳤고, 양성지·정현조와 사옹원제조는 丘史를 몰수당함에 그쳤다.

① 《세종실록》 권105, 26년 윤7월 정해 繕工監提調吏曹判書 朴信 유배
② 《세종실록》 권3, 1년 4월 병술 繕工監提調 朴子靑 하옥
③ 《세종실록》 권4, 1년 5월 임신 司僕寺提調左軍都摠制府事 金南秀 하옥
④ 《세종실록》 권4, 1년 7월 병진 昭格殿提調 崔德義 파직
⑤ 《세종실록》 권7, 2년 3월 무자 承文院제조 許稠 하옥
⑥ 《문종실록》 권3, 즉위년 8월 병신 承文院제조 李邊·金聽 파직
⑦ 《세종실록》 권12, 3년 7월 정축 繕工監提調 朴子靑 파직
⑧ 《세조실록》 권25, 7년 7월 병진 校書館提調 梁誠之·鄭顯祖 丘史沒收
⑨ 《세조실록》 권34, 10년 11월 임신 司饔院提調 3명 구사몰수

이를 볼 때 속아문관의 피죄는 태종대는 정3품 이하 녹관만 처벌되었고, 세종~성종 9년에 있어서도 정3품 이하 녹관은 모두 유배되거나 파직되는 등으로 치죄되었지만 제조는 몇 명만이 치죄되고 그나마 녹관에 비해 형식적으로 처벌됨에 그쳤다. 이러한 치죄상은 속아문의 운영이 정3품 이하 녹관을 중심으로 처리되는 경향이 현저하였음을 시사하는 것이 아닌가라고 추측된다.

한편 태종·세조대에는 行刑이 엄격하고 被罪가 빈번하였다.[59] 그

---

59) 金成俊, 1962, <太宗代의 外戚除去에 대하여>, 《歷史學報》 17·18합호, 573~623, 한충희, 1980, <朝鮮初期 議政府研究> 상, 《韓國史研究》 31, 139쪽.

런데도 불구하고 속아문사와 관련된 논죄가 정3품 이하 녹관을 중심으로 행해졌고 제조는 피죄된 인물이 적을 뿐만 아니라 형식적인 처벌에 그쳤다. 또 태종 11년 1월에 제조 1명과 예조 판서·참판·참의가 典廏署를 감독하였음에도 불구하고 署令 尹之和가 본인과 동료의 출근부를 조작하고 파직되었음은[60] 제조·앙조 당상의 속아문에 대한 지휘감독이 어떠하였는가를 단적으로 보여주는 예가 아닌가 한다.

따라서 속아문사로 인한 득죄는 속아문의 해당 관원과 녹관 책임자를 중심으로 치죄되었다고 하겠고, 죄의 경중에 따라 피죄의 범위가 달랐을 것이라고 예상되었음과는 달리 속아문 녹관의 범위를 넘지 않았다고 하겠다. 이렇게 볼 때 해조 당상관과 겸관인 도제조·제조 등이 속아문과 그 관원에 대한 지휘감독과 포폄 기능을 가졌다고는 하지만 실질적인 것 보다는 형식적인 것이 아닌가고 추측된다.

이상에서 속아문은 해조·제조와 상하의 행정체계를 영위하기는 하나 형식적인 관계에 불과하였고, 대개의 속아문사는 정3품 이하 녹관이 책임을 지면서 자율적으로 처리하였다고 하겠다.

5. 統治構造의 變遷과 屬衙門의 行政體系

조선초기의 국가통치는 왕권과 연관되면서 議政府署事制가 실시될 때는 의정부가 육조·백사를 지휘하면서 국정을 통할하였고, 六曹直啓制가 실시될 때에는 육조가 속아문을 지휘하면서 국정을 주도하였다. 그리고 육조직계제가 실시되는 시기에 있어서도 세조말~성종초에는 院相制가 실시되면서 원상이 육조·백사를 지휘하면서 국정을 주도하

---

60) ≪태종실록≫ 권21, 11년 1월 정묘.

였다.[61]

그런데 지금까지에 걸친 考察을 통하여 屬衙門은 王과 직접적으로 연결되거나 또는 該曹·提調 등을 통하여 간접적으로 국왕에 연결되면서 국정을 처리하는 다양한 行政體系가 영위되었고, 이러한 行政體系下에서 영위된 屬衙門事는 소수에 불과하고 대부분의 屬衙門事는 屬衙門의 책임하에 자율적으로 처리되었을 것이라고 추측된다.

따라서 ≪조선왕조실록≫에 언급된 소수의 屬衙門事 운영이 統治構造의 變遷과 연관이 된다고 하여도 큰 의미는 없겠지만, 제3절에서 제시된 각 속아문 활동의 行政體系가 議政府擬議制·六曹直啓制 등의 실시에 따른 통치구조의 변천과 어떻게 연관되는가를 살핌으로써 屬衙門의 行政體系를 규명하기로 한다.

첫 번째로 屬衙門의 활동과 통치구조의 변천을 연관시켜 보기로 한다. 앞의 제3절에서 제시된 각 유형의 활동을 議政府擬議制가 실시된 太宗 5年~13年 및 世宗 18年~端宗 2년, 六曹直啓制가 실시된 太宗 14年~世宗 17年 및 世祖 1년~成宗 9年의 4시기로 구분하여 보면 다음쪽의 표와 같다.

이 表를 볼 때 屬衙門이 직접으로 국왕에게 上啓하고 受命한 활동(1·2), 屬衙門의 祿官·提調가 上啓한 활동(10·12), 屬衙門提調가 受命한 활동(13)의 683件(70%)은 議政府擬議制나 六曹直啓制가 실시된 시기에 관계없이 평균되어 있다. 該曹·屬衙門이 공동으로 受命한 활동(5), 該曹·提調가 공동으로 上啓한 활동(7), 曹가 屬衙門의 呈에 의거하여 上啓한 활동(15), 曹가 屬衙門의 祿官이나 提調의 上言에 의거하여 上啓한 활동(16·17)의 239件(24%)은 六曹直啓制가

---

61) 한충희, 앞 <조선초기 의정부연구> 상, 121~148쪽.

실시된 太宗 14年~世宗 17年 및 世祖 1년~成宗 9년에 집중되어
있다.

<표 45> 속아문 활동과 통치구조 비교

	태종5~13년	태종14~세종17	세종18~단종2	세조1~성종9	합계
1 屬衙門上啓	21	72	66	83	242
2 命屬衙門	12	51	40	79	182
5 命該曹·屬衙門	10	3	3	31	47
7 該曹·提調啓	1	15	1	6	23
10 屬衙門祿官啓	9	36	47	17	109
12 屬衙門提調啓	1	40	42	47	130
13 命屬衙門提調	1	15	8	3	27
15 曹據屬衙門呈啓		84	11	33	128
16 曹據屬衙門祿官 上言啓		15		11	26
17 曹據提調上言啓		2	1	12	15
기타	13	6	25	9	53
합계	68	339	244	331	982

* 1, 2 등은 앞 <도 2>에서 제시된 활동유형임.

이에서 전체적으로는 통치구조의 변천과 屬衙門의 行政體系는 무
관한 것처럼 보인다. 그러나 비중은 적지만 六曹直啓制가 실시된 시
기에 집중된 활동을 보면 該曹가 屬衙門·屬衙門祿官·提調의 呈·上
言에 의하여 上啓한 것이 현저히 많았던 것은, 六曹直啓制가 실시된
시기 該曹에 의한 屬衙門·提調 통제가 議政府擬議制가 실시된 시
기 즉, 六曹가 위축된 시기보다 강화되었기 때문이라 하겠다.

그리고 議政府擬議制가 실시된 시기에는 王－議政府－六曹의 行
政體系에 의한 활동이 현저하였음에서,[62] 議政府擬議制가 실시된

---

62) 한충희, 앞 논문, 113쪽 <표 8>에 제시된 세종 18년~단종 2년의 의정부 계문활동 1,890
    회 가운데 1,190회가 육조 등 백사의 傳聞활동이었다.

시기의 屬衙門에 있어서는 ① 王-議政府-屬衙門, ② 王-議政府 -提調(祿官), ③ 王-議政府-六曹-屬衙門(祿官·提調)의 行政體 系가 번다할 것이라고 예상되었음과는 달리 그 활동은 소수에 불과하 였다.[63] 이를 볼 때 屬衙門은 議政府擬議制가 실시된 때에는 議政 府와 연결되는 行政體系를 구사하기도 하였으나 통치구조의 변화에 크게 영향 되지 않고 六曹를 중심으로 한 行政體系를 영위하였다고 하겠다.

이에서 屬衙門의 行政體系는 王-屬衙門(祿官 또는 提調)의 體 系가 중심을 이루었고, 六曹直啓制가 실시되면서 六曹機能이 강화된 시기에는 六曹에 의한 屬衙門·提調 통제가 다소 강화되면서 王-曹 -屬衙門의 行政體系가 대두되었으며, 議政府擬議制가 실시된 시기 에 있어서도 六曹와 屬衙門의 근본적인 관계는 그대로 지속되었다.

두 번째로 統治構造의 변화에 따른 該曹·提調의 屬衙門에 대한 영향력을 살피기로 한다. 앞에서의 분석을 통하여 六曹直啓制가 실 시된 시기에 六曹의 屬衙門·提調에 대한 통제가 강화되었음을 살펴 보았다. 議政府擬議制가 실시된 시기에는 議政府가 六曹의 上位에 서 政事에 참여하였고, 贊成·參贊은 判六曹事를 兼하면서 六曹를 지휘·감독한 것[64] 및 六曹判書를 역임하거나 승진한 인물이 贊成· 參贊에 진출하였음[65] 등에서 贊成·參贊으로 兼任된 提調는 該曹에 비하여 屬衙門에 대한 영향력을 강화하였을 것으로 예상되었다. 실제 로 이점은 世宗末~端宗初의 실권자였던 皇甫仁·金宗瑞의 경력에서 잘 입증된다고 하겠다.[66]

---

63) 1 유형 3회, 2 유형 3회, 3 유형 7회 등 모두 십수회에 불과하였다.
64) 한충희, 앞 논문, 137·146쪽.
65) 시대적으로 차이가 있지만 세종 1년~성종 9년의 찬성·참찬 69명 중 60명이 판서를 역임하 였고, 7명이 판서에서 찬성에 승직되었다.

그리고 六曹直啓制가 실시된 경우에 있어서도 世祖代 이후에는 빈번한 政變 등과 관련되어 수많은 功臣의 高官·冗官化가 있게 되었고,[67] 이 결과 議政을 역임하거나 議政이 되어야 할 正1品階를 가진 洪達孫·金礩·尹子雲[68] 등이[69] 本職없이 兼職 만을 띠면서 屬衙門에 대한 영향력을 행사하였다. 또 成宗 8年 6月에 大司憲 金永濡 등이 箚子를 올려

> 久任의 법은 大典에 실려 있는 金科玉條로서 萬世에 垂範이 되는 것인데 尹子雲·韓致亨이 司僕提調로서 國法을 준수하지 아니하고 私的으로 人才를 천거하니 법을 어지럽히는 단서가 되는 것입니다.[70]

라고 한 것, 동년 6月에 大司憲 孫比長 등이 상계하여

> (전략) 또 인재를 천거하여 官職을 제수하는 것은 銓曹의 임무인데 諸司가 또한 薦擧의 권한을 가진다면 政事가 여러 기관에서 나오게 될 것이니 폐단을 장차 구제하기 어렵습니다.[71]

----

66) 황보인은 세종 22년 8월에 좌참찬겸판병조사가 되었고, 이후 우찬성(25. 4 ~)과 우찬성겸판이조사(27.1 ~)를 역임하고 29년 6월에 우의정이 되었다. 김종서는 28년 1월에 우찬성겸판예조사가 되었고, 이후 우찬성겸판병조사(31. 2 ~)와 좌찬성(문종 즉. 7~)을 역임하고 문종 1년 10월에 우의정이 되었다. 이 때 황보인과 김종서는 여러 속아문의 제조를 겸대하면서 그 속아문에 큰 영향력을 행사하였다.

67) 鄭杜熙, 1983, ≪朝鮮初期 政治支配勢力研究≫, 一潮閣, 196~257쪽.

68) 홍달손은 세조대에 좌의정을 역임한 후 성종 1년 2월 계해에 장악원도제조, 김질은 예종대에 좌·우의정을 역임한 후 성종 1년 2월 계해와 4년 8월 병자에 원상으로서 사옹원제조와 도제조, 윤자운은 예종~성종 2년 10월까지 3의정을 차례로 역임한 후 성종 5년 1월 계해에 원상으로서 사복시제조, 한명회는 세조초에 의정을 역임한 후 세조말~성종 8년의 10여년간에 걸쳐 軍器寺提調를 각각 겸대하면서 영향력을 발휘하였다.

69) ≪성종실록≫ 권33, 4년 8월 계해 先是大司憲徐居正等上疏 (중략) 世宗朝三公提調但承文院書雲觀兩司而已 承政院重事大也 書雲觀重曆象也 今曾經政丞及已經一品職事者 爲瓦署掌樂院造紙署司僕寺軍器寺等司都提調 親履細事 (하략).

70) ≪성종실록≫ 권81, 8년 6월 신해.

71) ≪성종실록≫ 권81, 8년 6월 임자.

라고 한 등에서[72] 提調의 인사에 대한 영향력이 확인되었다. 이것은 屬衙門에 대한 提調의 영향력을 입증하는 것이라고 하겠다.

그 외에 定宗 2年 都評議使司를 폐지하고 議政府를 설치한 것이 高麗 忠烈王 이래의 有功臣下가 중심이 된 정치체제를 극복하고 王權을 중심으로 하는 中央集權的 정치체제를 시도하는 것이라면, 太宗 5年에 六曹直啓制가 도모되고 六曹의 下部(位)政治組織(체계)으로서 六曹屬衙門制가 실시된 것은 王權을 주축으로 하는 中央集權的 官僚體制를 위한 토대가 구축된 것이 아닌가 한다.

그리고 屬衙門의 운영에 따른 ① 王－(該曹堂上官·該提調)－屬衙門 ② 王－屬衙門의 行政體系는 王權, 六曹直啓制, 議政府擬議制 등 上部 統治構造의 변화에 따라 다소의 변화가 있기는 하였지만 근본적으로는 큰 변화 없이 진행되었다. 이것은 屬衙門의 行政體系가 時宜에 따라 적응할 수 있었기 때문이었다고 하겠다. 그러나 국왕(국가)을 중심으로 한 당상관을 통한 統治體制의 이행은 결과적으로 국왕과 소수의 당상관에게 국가권력을 집중시키는 것으로써 ① 王權 ② 堂上官 ③ 統治構造의 역학관계에 따라 국왕이 의도한 중앙집권적 관료체제와 堂上官이 중심이 된 정치체제의 양면성이 예상되었다. 실제로 太宗中期 이후와 世宗 및 世祖代에 있어서는－世宗·世祖後期는 고려의 여지가 있겠지만－ 국왕이 의도하는 것과 유사한 행정체제가 구사되었다고 추측되며, 世宗末~端宗 및 世祖末~成宗初에 있어서는 소수의 당상관이 중심이 된 정치체제의 성격이 강하였다고 추측된다.

이상에서 六曹屬衙門의 운영에 나타난 行政體系는 국왕이 소수의

---

72) ≪성종실록≫ 권83, 8년 8월 신유 傳旨吏曹曰 (중략) 宗廟署義盈庫長興庫直長以下一員 更定久任 諸曹及提調 擇其可任者 差久任.

堂上官을 통하여 전 국가기관과 국사를 장악하려는 의도에서 비롯된 것이었다고 하겠고, 비록 王權·臣權·統治構造에 따라 변화가 되었지만 그 자체가 지닌 탄력성으로 生命力을 갖고 후대로 계승되었다고 하겠다. 그리고 屬衙門이 대부분의 정사를 자율적으로 처리한 것은 屬衙門의 자율성을 보이는 것이겠지만, 또한 屬衙門事의 중요성이 六曹에 비하여 크게 떨어졌음을 보이는 것이라고 생각된다.

6. 結語

朝鮮의 直啓衙門과 六曹屬衙門은 太宗 5年에 王權强化를 위한 六曹中心의 국정운영 즉, 六曹直啓制 실시기도가 高麗의 各司를 六部에 分屬시킨 것과 周官의 理念 및 明制가 연관됨으로써 성립되었다. 屬衙門의 機能은 큰 변동이 없었으나, 그 職制·編屬은 六曹機能, 官制整備, 經費節減 등과 연관되면서 수시로 변천되어, ≪經國大典≫으로 成文化 되었다.

屬衙門事는 法制的인 ① 王－該曹－屬衙門 ② 王－掌隷院(刑曹都官) ③ 王－屬衙門提調, 言路開放과 연관된 ④ 王－屬衙門祿官, 그 외 필요에 따른 ⑤ 王－屬衙門 ⑥ 王-他司(曹)－屬衙門 ⑦ 王－議政府－該曹－屬衙門 등의 行政體系를 통하여 수행되었다. 속아문 활동은 屬衙門·提調·祿官의 直啓活動과 속아문의 受命活動 및 該曹의 傳聞을 통한 것 등이 중심이 되었다.

屬衙門事는 대부분이 屬衙門의 長官이 중심이 되어 자율적으로 영위되었고, 부분적인 돌발사·중대사만이 該曹·提調의 傳聞을 통하여 수행되었다. 該曹·提調를 통하여 수행된 대부분의 政事는 1品의 兼

官이 설치된 屬衙門이 主體가 되었다.

屬衙門에 대한 褒貶·指揮監督은 法制的으로 ① 該司堂上官·該曹堂上官·提調(兼官衙門) ② 該曹堂上官(無兼官衙門)이 행하도록 규정되었고, 실제로 이러한 규정이 준용되었지만 일부의 경우는 承政院·司憲府 등이 행사하였다. 該曹·提調의 屬衙門에 대한 영향력은 提調에 의한 것이 보다 직접적이었고, 이들에 의한 구체적인 실상은 該曹는 물론 提調에 있어서도 ① 本職에 비하여 과다한 兼職 ② 임시적이고 집중적인 각종 사업과 出使 ③ 屬衙門數 등을 고려할 때 실질적인 것보다는 형식적인 것이었다고 추측된다.

屬衙門官員의 임무로 인한 得罪範圍는 該官員·祿官責任官을 중심으로 처벌이 행하여졌고, 該曹堂上官·提調는 직접적으로 치죄되지 않았다. 이러한 치죄범위는 근본적으로 屬衙門의 自律性과 該曹·兼官의 형식적인 屬衙門統制를 반영하는 것이라고 추측된다.

統治構造에 따른 屬衙門의 行政體系는 '王─屬衙門'의 체계가 중심을 이루었고, 六曹直啓制나 議政府擬議制의 실시여부에 따라 該曹나 議政府構成員의 영향력이 대두되었다. 그리고 六曹直啓制가 실시된 시기에도 世祖後半 이후에는 功臣의 高官化 경향과 함께 이들로 兼職된 提調의 기능이 현저하였다.

요컨대 屬衙門은 六曹·提調 등과 형식적인 상하의 行政體系를 영위하면서 대부분의 정사를 자율적으로 처리하였다고 하겠고, 이러한 行政體系는 형식적으로나마 國家百司 즉, 국가의 전 권력을 六曹와 소수의 堂上官을 매개로 하여 국왕에게 예속시켰음을 입증하는 것이라고 하겠다.

제9장 直啓衙門의 協助와 葛藤

1. 序言

조선초기의 국정은 대개 議政府·六曹·承政院·司憲府·司諫院 등 直啓衙門이 왕을 받들고 宗簿寺 등 六曹屬衙門(百司)을 지휘하면서 국정을 주도하였다.

조선초기의 의정부·육조·승정원 등이 국정에 발휘한 기능은 왕권 및 왕권과 관련된 議政府署事制·六曹直啓制·院相制의 실시에 따라 적응되고 신축되었다. 그런가 하면 의정부·육조·승정원·사헌부·사간원 등은 그 직장을 볼 때 왕권, 통치구조, 그 구성원의 자질 등과 관련되어 상호 협조관계나 갈등관계를 야기하면서 국정을 수행하였을 것으로 추측된다.

그런데 직계아문 상호의 국정운영을 둘러싼 활동상을 보면 비록 이를 주제로 한 연구는 없었지만 의정부, 육조, 승정원, 대간 등의 연구에 수반되어 부분적이기는 하나 그 상호의 협조와 갈등상이 논급되었다.[1]

---

1) 그 대표적인 업적은 다음과 같다.

이 장에서는 이와 관련하여 지금까지에 걸친 연구성과를 종합하고 ≪조선왕조실록≫ 등을 검토하면서 의정부·육조 등 국정운영의 중심이 된 직계아문이 국정운영에서 발휘한 실제기능이 어떠하였고, 통치구조의 변천에 어떻게 적응되고 기능이 신축되었으며, 상호 어떻게 연관되면서 국정을 운영해 나갔는가를 고찰하고자 한다.

2. 議政府의 六曹關攝

1) 議政府의 六曹支配

의정부는 성립 초인 정종 2년~태종 4년에는 의정부를 설립한 취지와는 달리 都評議使司적인 직제, 기능을 답습하였다. 六曹는 여전히 정3품 아문이었기 때문에 朝政에 참여하지 못하였다. 이에서 議政府는 태조 1년~정종 2년의 都評議使司와 같이 六曹를 예속하는 강력한 기능을 발휘하였을 것이라고 추측된다.

이 시기 의정부 기능을 보면 다음에 제시된 예에서와 같이 議政府는 戶曹가 집행하는 楮貨法의 실시를 上啓하였고(①), 국왕의 명을 받고 각도의 田地損失數를 糾劾하였으며(②), 禮曹가 집행하는 開城留侯司의 宗廟立廟事를 국왕의 명을 받아 논의한 후 그 결과를 예

崔承熙, 1976, ≪朝鮮初期 言官·言論研究≫, 서울대학교 출판부.

閔賢九, 1983, ≪朝鮮初期의 軍事制度와 政治≫, 韓國研究院.

韓忠熙, 1998, ≪朝鮮初期 六曹와 統治體系≫, 계명대학교 출판부.

한충희, 1980, 1981, <朝鮮初期 議政府研究> 상, 하, ≪韓國史研究≫ 31, 32.

한충희, 1987, <朝鮮初期 六曹研究添補 - 六曹와 統治機構와의 관계를 중심으로 ->, ≪大丘史學≫ 33.

한충희, 1987, <朝鮮初期 承政院研究>, ≪韓國史研究≫ 59.

한충희, 1991, <朝鮮前期(太祖~宣祖 24년)의 權力構造研究 - 議政府·六曹·承政院을 중심으로 ->, ≪國史館論叢≫ 30.

조에 하달하였다(③).

① 議政府上 通行楮貨之法 允之[2]
② 命政府 更覈各道田地損失之數[3]
③ 命議政府 議留後司立廟可否 議政府移文禮曹 (하략)[4]

이처럼 議政府는 六曹가 집행하는 정사를 직접으로 上啓·受命하고 다시 受命한 정사를 六曹에 移聞하는 등으로써 六曹를 지배하였고, 六曹는 議政府의 지시를 받으면서 서무를 집행하였다.

2) 議政府의 六曹指揮

議政府는 태종 5~13년과 세종 18년~단종 2년에는 議政府署事制의 국정운영체계와 함께 六曹를 지휘하면서 국정운영을 주도하였다. 태종 5~13년의 議政府의 六曹指揮는 법제적으로는 태종 8년에 左政丞 成石璘 등이

> 의정부는 국정을 총관하면서 대체를 장악하고 있는데 지금 번거롭고 사소한 국정까지 수행하기 때문에 도리어 육조에 役屬되고 있습니다. 관직을 설치하여 국정을 나누어 맡은 체제에 크게 어긋납니다. 모쪼록 지금부터 무릇 전례가 있는 정사는 모두 육조에 위임하고 특별한 정사의 경우에만 의정부에 보고하게 할 것이며, 의정부에서는 경중을 참작하여 보고해야 될 것은 보고하고 지시해야 될 것만 지시하게 하십시오. 육조가 수행한 바가 잘못되고 지체되면 의정부가 勤慢을 고찰해서 시비를 가리게 하소서. 그렇게 되면 대

---

2) 《太宗實錄》 권3, 2년 2월 을축.
3) 《太宗實錄》 권3, 2년 2월 계해.
4) 《太宗實錄》 권3, 2년 1월 임자.

소가 서로 연결되고 煩簡함이 균형을 이루게 될 것이며, 재상은 사
소한 정사에 수고하지 않게 되고 庶官도 직임을 폐하게 되지 않을
것입니다. (종지).5)

라고 한 바와 같이 의정부는 육조의 모든 대소 정사를 보고 받아 검
토하여 국왕의 결재를 얻거나 독자적으로 결정한 후 六曹에 내려 시
행하게 되었다.

그러면서도 태종 5~7년에는 議政府는 모든 六曹의 정사를 보고
받아 검토한 후 국왕의 결재를 받아야 할 정사는 上啓하여 裁可를
받아 六曹에 내려 시행하게 하였고, 의정부가 자체적으로 처리해도
될 정사는 독자적으로 결정하여 六曹에 내려 시행하게 하였다.

태종 8년으로부터 13년까지는 이미 집행한 예가 있는 公事를 제외
한 六曹의 정사를 보고 받아 위에서의 과정을 거쳐 시행하되, 六曹
가 이미 집행한 예에 따라 처리한 公事도 잘못이 있으면 議政府가
다시 審察하여 처리하게 하였다. 이처럼 태종 8년에 六曹가 이미 처
리한 예가 있는 公事를 자체적으로 처리 한 것은 議政府가 六曹 지
휘의 골격을 유지하면서도 議政府署事制의 실시로 인한 업무의 폭주
를 개선하면서 있게 된 것이다.

그런데 이 때 위에서 모든 六曹 업무가 議政府의 지휘를 받아 처
리하게 되었지만, 세종 18년~단종 2년에는 吏·兵曹의 除授, 兵曹의
用軍, 刑曹의 死囚外 刑決은 그 曹가 直啓하여 수행하고 그 연후에
議政府에 보고하며, 그 일에 잘못이 있으면 議政府의 審駁에 따라
六曹가 다시 上啓하여 운영하는 시정책이 강구되었다.6) 또 태종은
치세를 통하여 병권관장에 각별한 관심을 기울였고,7) 세종에게 양위

5) 《태종실록》 권15, 8년 1월 임자.
6) 《세종실록》 권72, 18년 4월 무신.

를 한 후에 銓選과 軍政 등에 관한 일은 친히 관장하였다.[8] 이에서 吏·兵曹의 用軍, 刑曹의 死囚外 刑決 등 정사는 법제적으로는 그 曹가 直啓하면서 처리하도록 되었다고 하겠다.

태종 5~13년에 議政府가 六曹公事를 지휘한 실제를 보면

① -ㄱ) 命外戚勿封君 議政府啓據禮曹呈 (하략),[9] ㄴ) 議復用楮貨 議政府啓日 據戶曹呈用楮貨 (하략),[10] ㄷ) 建文四年七月初一日 議政府受判 各道各官貢賦 監司守令趁節上納 (중략) 至是吏曹考 戊子年供物未納者 報議政府 (하략)[11]

② -ㄱ) 命議政府令戶曹及各道監司 議中外司以感省之費以聞,[12] ㄴ) 刑判柳廷顯免 以咸傅霖代之 初議政府移牒刑曹 令鞫私奴 刑曹歷旬不問 (하략)[13]

이라고 한 예에서와 같이 의정부는 각각 예조, 호조, 이조의 보고에 따라 外戚封君事(①-ㄱ), 楮貨通用事(①-ㄴ), 監司守令의 貢物上納事(①-ㄷ)를 상계하여 시행하였다. 또 의정부는 왕명을 받고 호조에 京外官衙의 경비절감을 지시하였고(②-ㄱ), 형조가 그 지시를 이행하지 않았다고 하여 판서를 교체하였다(②-ㄴ). 이처럼 議政府는 六曹의 보고를 받고 六曹에 지시를 하면서 六曹의 정사를 지휘하였다. 이 중 議政府가 六曹의 보고에 의거하여 上啓한 "議政府據某曹呈啓"와 같은 형태로써 전개한 정사의 경우에 세종 18년~단종 2년에

---

7) 《태종실록》 권18, 9년 8월 정묘.
8) 《태종실록》 권36, 18년 8월 정해, 《세종실록》 권26, 6년 12월 임인.
9) 《태종실록》 권18, 9년 9월 무인.
10) 《태종실록》 권19, 10년 5월 신사.
11) 《태종실록》 권18, 9년 11월 병신.
12) 《태종실록》 권9, 5년 5월 임술.
13) 《태종실록》 권18, 10년 5월 경오.

는 議政府가 上啓한 정사의 대부분을 점하였음과는 달리 태종 5~13
년에는 십여 사례에 불과하였다. 그리고 議政府가 독자적으로 上啓
하고 왕명을 받은 정사를 보면 대개 六曹直啓制가 실시된 시기에
六曹가 上啓하고 왕명을 받은 정사와 같은 내용이었다.[14]

　　태종 5~13년에 議政府가 이와 같이 六曹정사를 上啓하고 受命한
것은 행정절차의 미숙성과도 관련되었겠지만, 議政府의 六曹 지휘가
세종 18년으로부터 단종대까지에 비하여 보다 직접적이고 강력하였음
을 보이는 것이라고 추측된다. 즉 議政府는 六曹의 보고를 받아 上
啓하기도 하지만, 대부분은 독자적으로 六曹 정사 전반을 上啓하고
受命하면서 六曹를 지휘하였기 때문이라고 하겠다. 그리고 육조가
直啓로써 처리하게 된 人事, 用軍, 死囚外 刑決은 議政府에서도
直啓하고 있다. 그리하여 議政府는 태종 8년에 이미 집행한 예가 있
는 公事의 六曹 자체 처리가 실현되기도 하였지만,[15] 여전히 정무가
폭주하면서 번다함을 면치 못하였다.

　　의정부는 세종 18년~단종대에는 세종 18년에 議政府署事制를 명
하는 傳敎에

　　　　지금부터 태조의 成憲에 의거하여 육조는 각각 그 직사를 모두
　　　　먼저 의정부에 보고하고, 의정부는 이를 헤아려 가부를 결정한 후
　　　　啓聞하고 王旨를 받아 다시 육조에 내려 시행하라. 오직 이·병조의
　　　　除授, 병조의 用軍, 형조의 死囚외의 刑決은 계속해서 그 조가 직계
　　　　하여 시행하되 그것도 즉시 의정부에 보고하며, 그 중에 합당하지

14) 동기에 의정부가 개진한 몇 정사를 보면 다음과 같은 등이 있다.
　　① ≪태종실록≫ 권11, 6년 5월 임진 議政府上 諸道量田之數 (하략).
　　② ≪태종실록≫ 권11, 6년 3월 계묘 議政府啓 致賻之法 從之.
　　③ ≪태종실록≫ 권10, 5년 11월 계축 議政府上書 請革寺社田口 從之.
15) ≪태종실록≫ 권15, 8년 1월 임자.

못한 것이 있으면 의정부가 이를 살피고 논박한 후 다시 계문하여 시행하라. 이렇게 하면 거의 옛날에 재상이 국정을 전담한 뜻에 부합할 것이다.[16]

라고 한 바와 같이 六曹가 直啓로써 처리한 吏·兵曹의 除授, 兵曹의 用軍, 刑曹의 死囚外 刑決을 제외한 모든 六曹의 정사를 보고 받았고, 그 정사를 검토한 후 上啓를 하여 결재를 받거나 독자적으로 결정하여 六曹에 내려 시행하였다.[17] 그리고 육조가 直啓한 정사도 육조의 보고를 받아 그 내용에 잘못이 있으면 그 교정한 내용을 육조로 하여금 다시 상계하게 하는 방향으로 지휘하였다. 이 때 六曹가 議政府에 보고하여 처리한 정사에 이미 집행한 예가 있는 공사가 포함되었는가는 불명하나, ≪태종실록≫ 권15, 태종 8년 1월 임자기사(앞 주 15)에 미루어 六曹가 독자적으로 처리하였다고 생각된다.

그런데 議政府는 吏, 兵, 刑曹가 直啓로써 처리하도록 된 除授, 用軍, 死囚外 刑決 등에 관한 일에 있어서도 단종대까지는 단종의 즉위 교서에

    예전에는 모든 정사를 中書省에서 관장하였다. 더구나 내가 유충
    하니 무릇 조치할 바는 모두 의정부와 육조가 擬議하여 시행하라.

---

16) ≪세종실록≫ 권72, 18년 4월 무신.
17) 의정부가 육조의 보고를 받고 지시를 내리면서 수행한 정사 중 몇 예를 적기하면 다음과 같다.
   ① ≪세종실록≫ 권73, 18년 윤6월 을해 議政府據吏曹呈啓 請汰集賢殿官十二名.
   ② 위 책 권72, 18년 5월 정유 議政府據戶曹呈啓 減各處公費.
   ③ 위 책 권72, 18년 5월 기축 議政府據禮曹呈啓 五部學堂之事.
   ④ 위 책 권73, 18년 윤6월 정축 議政府據兵曹呈啓 司僕官員分掌之馬事.
   ⑤ 위 책 권80, 20년 3월 기해 議政府據工曹呈啓 修城禁火都監救火之事(하략).
   ⑥ 위 책 권73, 18년 윤6월 을축 兵曹判書崔士康等啓曰 赴防守令之弊根絕 及毋遣都巡撫察里使專掌都節制使軍事之事 上議于議政府曰 (하략).

이전에 육조가 直啓하여 수행하던 정사는 지금부터 모두 의정부에
보고하고 啓聞하여 시행하라. 당상관 이상, 대간, 방어에 긴요한 연
변장수와 수령의 제수는 의정부와 이·병조가 함께 의논하여 시행하
고, 그 나머지 3품 이하의 제수도 의정부가 모두 審駁하라.[18]

고 한 바와 같이 兵曹의 用軍과 刑曹의 死囚外刑決은 모두 보고
받아 처리하였고, 吏·兵曹의 제수는 堂上官, 堂下 요직인 臺諫·沿
邊 將師와 守令의 제수는 政曹와 함께 의논하여 시행하는 등 六曹
업무 전반을 지휘하였다. 특히 인사에 있어서는 堂上官과 堂下官 要
職 인사는 六曹와 같이 의논하여 시행하고, 臺省 등을 제외한 당하
관 인사는 吏·兵曹가 주관하도록 되었다. 그러나 議政府는 그 기능
의 비대와 함께 堂下이하 庶官은 물론 임시직의 인사까지도 政曹를
지휘하면서 수행하였다.[19] 단종대에 議政府가 六曹에 대하여 발휘한
이러한 영향력은 태조 1년~태종 4년의 都評議使司나 議政府의 六
曹支配에 못지 않은 것이라고 하겠다.

이러한 議政府의 六曹 업무 지휘 기능과 관련하여 태종 5~13년
과 세종 18년~단종 2년에 議政府와 六曹가 수행한 정사를 그 활동
방법과 관련된 受命, 啓聞, 擬議活動으로 정리하여 살펴보자.

六曹의 활동은 다음 쪽의 표와 같이 태종 5~13년과 세종 18년~
단종 2년의 두 시기를 통틀어 各曹는 그 정사를 직접으로 국왕에게
上啓하여 처리하였다. 그러나 그 활동횟수를 보면 186건과 916건으
로 議政府의 343건과 1,890건에 비해 반 정도에 불과하였다.

---

18) ≪단종실록≫ 권1, 즉위년 5월 경술.
19) ≪단종실록≫ 권6, 1년 6월 계사.

<표 46> 太宗5~13년, 世宗18년~端宗2년 六曹·議政府 政治活動 比較[20]

		受命		啓聞		擬議		합계		비고(연평균건수)
		횟수	%	횟수	%	횟수	%	횟수	%	
태종 5~13년	六曹	27	11	186	78	27	11	240	100	26.7
	議政府	63	10	343	56	206	34	612	100	68.0
세종18 ~단종2	육조	737	41	916	50	166	9	1,819	100	95.7
	의정부	79	3	1,890	60	1,199	38	3,168	100	166.7

六曹는 왕명을 받고 모든 정사 논의에 참여하기도 하나 그 활동수를 보면 27건과 166건으로 의정부의 206건과 1,199건에 비해 1/10 정도에 불과하였다.

육조는 세종 18년~단종 2년에는 국왕으로부터 직접 명령을 받으면서 서무를 집행하였는데, 그 受命活動을 보면 27건과 737건으로 태종 5~13년에는 의정부의 63건에 미치지 못하였지만 이 시기에는 의정부의 79건을 압도하였다.

그런데 세종 18년~단종 2년에 의정부에서 상계한 활동의 과반수는 육조의 뫝에 의거하여 上啓(轉啓)한 것이다. 이러한 활동경향을 볼 때 의정부는 육조 업무를 강력하게 지휘하였고, 육조는 의정부의 지휘를 받으면서 서무를 분장·집행하였음을 알 수 있다.

또 判吏·戶·禮·兵曹事는 각각 그 曹 判書의 상위에서 判書 이하를 지휘하면서 文選, 財政, 外交·儀禮, 武選·軍政 등 그 曹의 중요한 정사를 관장한 만큼 그 일과 관련된 吏, 戶, 禮, 兵曹의 독자적인 운영과 기능발휘를 제약하였다고 하겠다. 이들 判事를 겸대한 관직은

---

20) 한충희, 1980, <조선초기 의정부연구> 상(≪한국사연구≫ 31), 119~120쪽에서 전재. 受命은 국왕으로부터 명을 받아 정사를 수행한 활동이고, 啓聞은 국왕에게 上言, 上啓, 上疏를 올려 의견을 개진하는 활동이며, 擬議는 국왕의 자문이나 논의지시에 따라 정사논의에 참여한 활동이다. 이러한 受命, 啓聞, 擬議活動은 육조와 의정부가 합동이나 단독으로 또는 몇 명에 의해 전개되었지만 포괄하여 파악한다.

대개 議政이 중심이 된 贊成, 參贊 등 議政府 당상이었다. 따라서 判曹事制가 운영된 시기의 議政府는 六曹를 지휘하고 중요한 六曹 업무를 관장함으로써 그 기능을 더욱 강화할 수 있었다.[21] 태종 5~13년과 세종 18년~단종 2년에는 다음의 설명과 같이 議政府署事制와 관련된 六曹 업무 지휘에 덧붙여 議政府의 六曹 업무 지휘 기능을 더욱 강화하였다.

첫째, 태종 6~7년과 태종 12~14년에 左政丞兼判吏曹事였던 河崙은 제수 때에 사적으로 성명을 기록하여 두었다가 銓注를 행하는 날에 이를 주머니에 꺼내어 공공연히 注擬하였다.[22] 둘째, 세종 22~29년까지 左參贊과 左·右贊成으로서 判兵曹事를 겸대한 皇甫仁은 軍政諸事를 총관하였다.[23] 그리고 六曹直啓制 하인 성종 5년에도 右贊成兼判吏曹事인 尹弼商은 吏判 鄭孝常의 인사개입을 차단하면서 文選을 천단하였다.[24]

이를 볼때 議政, 贊成, 參贊으로 겸대된 判吏·兵曹事는 물론, 判戶·禮曹事는 議政府署事制가 실시된 때에는 의정부의 기능을 더욱 강화하면서 吏, 戶, 禮, 兵曹의 기능을 제약하고 위축시켰으며, 六曹直啓制가 실시된 때에도 吏, 戶, 禮, 兵曹의 기능을 제약·위축하면서 議政府의 기능을 강화하였다.

그 외에 議政, 判書는 수시로 六曹公事에 의견을 개진하고 의정에 참여하는 가운데 국왕의 신임에 따라서는 자신이 소속된 관아의 기능을 강화시킬 수 있었고, 다른 관아의 업무와 기능을 간섭하고 제약하기도 하였다. 그 구체적인 내용을 議政府署事制가 실시된 시기

---

21) 韓忠熙, 1985, <朝鮮初期 判吏·兵曹事研究>(계명대 ≪韓國學論集≫ 11), 114~131쪽.
22) ≪세종실록≫ 권124, 31년 6월 을축.
23) 韓忠熙, 위 <朝鮮初期 判吏·兵曹事研究>, 125쪽.
24) ≪성종실록≫ 권48, 5년 10월 갑진.

에 뚜렷한 활동을 보였던 河崙·黃喜 등 議政, 判書 역임자의 사례를 통하여 살펴본다.

河崙은 태종의 극진한 신임을 받았고,[25] 이를 배경으로 정종 2년~태종 16년에 右, 左政丞과 領議政府事를 차례로 역임하면서[26] 政治·經濟·軍事의 국정전반에 큰 영향력을 발휘하는[27] 등 議政府의 기능을 강화하였다. 그 중에서도 인사에서 발휘한 영향력을 보면 세종 8년에 세종이 議政府 大臣을 불러 인사제도의 합리적 운영을 논하는 중에

> 정승 河崙은 제수를 행할 때에 외람된 바가 많았다. 제수는 기밀을 요하는 일인데 사사로이 이름을 적어 두었다가 제수를 논의 할 때 주머니에서 꺼낸 후 공공연히 제수하였다.[28]

라고 하였음과 같이 吏, 兵曹를 제치고 인사를 천단하였다.

黃喜는 태종, 세종의 지극한 신임과 뛰어난 재식을[29] 배경으로 태

---

25) 《太宗實錄》 권16, 8년 11월 신해 (전략) 上曰 宰相之位如晉山府院君者 古有之 至如李氏社稷 特有功德者 無如晉山府院君者·권31, 16년 5월 임인 (태종왈) 崙憂國如家 有所獻策輒進 今國家之安 顧非崙維持之力歟.

26) 정종 2년 9월부터 태종 1년 3월까지 우정승, 태종 2.10~4.6, 좌정승 5.1~7.7 좌정승, 12.8~14.4 좌정승, 14.~16.3 영의정부사를 각각 역임하였다. 이하 皇甫仁 등의 역관 제시는 번다함을 피하여 특별한 경우를 제외하고는 생략한다.

27) 태종 3년에 하륜이 발휘한 정치력의 몇 예를 보면 다음과 같은 등이 있다. 이하 인물의 전거 제시는 번다함을 피하여 생략한다.
   ① 《太宗實錄》 권5, 3년 5월 병오 命左政丞河崙入對 (議)密事.
   ② 《太宗實錄》 권5, 3년 6월 정사 命慶尙道租稅陸轉 從河崙之議也.
   ③ 《太宗實錄》 권5, 3년 8월 병인 遣議政府舍人於左政丞河崙弟 議進獻禮物.
   ④ 《太宗實錄》 권6, 3년 8월 을해 左政丞河崙等 進新修東國史略.
   ⑤ 《太宗實錄》 권6, 3년 11월 임자 召左政丞河崙 論漢武帝得失 及兀狄哈兀良哈吾都里等事.
   ⑥ 《太宗實錄》 권6, 3년 윤11월 병인 召河崙 議國事.

28) 《世宗實錄》 권31, 8년 3월 신축.

29) 《文宗實錄》 권12, 2년 2월 壬申 卒記

종 9~16년에 刑, 兵, 禮, 吏, 戶, 工判, 세종 9~31년에 右, 左, 領議政을 각각 역임하면서 국정전반에 큰 영향력을 발휘하였다. 그가 이러한 영향력을 발휘하게 된 것은 무엇보다도 태종과 세종의 극진한 신임을 받았기 때문이었다. 또 그가 활약한 시기는 태종 14년까지는 議政府를 중심으로 한 국정이 영위되었으나 태종이 즉위이래 議政府 大臣의 세력을 약화시키면서 왕권을 강화하고 이를 토대로 六曹의 지위강화·六曹중심의 국정운영을 모색하였으며, 세종 18년 이후는 議政府를 중심으로 국정이 운영되었기 때문이다.

黃喜는 이러한 정치 운영과 태종·세종의 신임을 토대로 判書로 재직한 때에는 그 曹의 기능을 확고히 행사하고 다른 曹에 영향력을 발휘하였고, 아울러 議政府의 그 曹에 대한 간섭을 약화시켰다.[30] 議政府署事制가 부활된 세종 18년 이후에 議政으로서 발휘한 영향력은 <표 46>에서 제시된 議政府의 擬議活動이 그를 중심으로 수행되는 등 의정부의 기능을 강화하면서 六曹에 대한 지휘기능을 확대하였다.

皇甫仁은 세종과 문종의 깊은 신임, 문종의 顧命 등을 배경으로 세종 18~22년에 兵判, 세종 29년~단종 1년에 右, 左, 領議政을 각각 역임하면서 국정전반에 큰 영향력을 발휘하였다.

그는 議政이 되기 전에 兵曹右參判(세종14년 9월)과 兵曹參判(16.10)을 거쳐 兵判에 승진하였고, 세종 22년 7월까지 동직에 재직하였다. 세종 22년 8월~25년 4월에 左參贊兼判兵曹事, 25~27년 1월에 右贊成兼判兵曹事, 27~29년 6월에 左贊成兼判吏曹事를 각각 역임하면서 武選·軍政, 文選을 총관하였다. 이와 동시에 平安咸吉道

---

30) 韓忠熙, 1987, <朝鮮初期 六曹研究 添補>(≪大丘史學≫ 39), 39쪽.

都體察使(22.3~23.윤11, 26.2~27.), 平安道都體察使(25.1~10)로 파견되어 당시의 현안인 四郡, 六鎭에 관한 일을 통령하는[31] 등 吏, 兵曹 公事를 지휘하였다. 특히 단종초에는 皇甫仁은 金宗瑞와 함께 단종 즉위교서에 따라 당상관·대간·이조·병조·연변장수·수령 등 중요한 인사는 의정부가 이조와 함께 논의하도록 되었지만, 그 범위를 넘어 判吏曹事를 지휘하면서 대소 인사를 천단하였다.[32] 또 병조의 군사지휘에 있어서도 兵判 鄭麟趾의 의견을 무시하고 禁軍, 防牌를 부역에 동원하였고, 그의 이러한 처사에 반대하는 정인지를 判中樞에 좌천시키는 전횡을 부렸다.[33] 그 외에도 그는 禮曹에 '왜·야인 접대사는 먼저 議政府와 의논하여 啓達하라'[34] 는 전교에 따라 外交事도 지휘하였다.

金宗瑞는 세종과 문종의 깊은 신임, 문종의 顧命 등을 배경으로 세종 22~28년에 刑, 禮判, 문종 1년~단종 1년에 右, 左議政을 각각 역임하면서 국정전반에 큰 영향력을 발휘하였다.

그는 判書시에는 《高麗史》와 《高麗史節要》의 편찬을 지휘하였고, 세종 23년에는 그 이전의 10여 년에 걸친 6鎭開拓의 지휘와 관련하여[35] 兵曹에 "지금으로부터 함길도의 事變과 防禦等事는 반드시 형판 김종서와 함께 의논하라"[36] 고 내린 傳旨에 따라 함길도의 군사 논의시에 반드시 참여하는 등 判書로 재직한 刑·禮曹의 업

---

31) 《단종실록》 권1, 즉위년 5월 신해 (전략) 初(皇甫)仁爲兩界都體察使 雖在京中 兩界必先報於仁以啓[( )저자 보].
32) 《단종실록》 권6, 1년 6월 계사.
33) 《단종실록》 권4, 즉위년 12월 기해.
34) 《세종실록》 권110, 27년 12월 신유.
35) 세종 15년 12월에 병조우참판겸함길도관찰사로 파견된 이후 세종 22년 12월 형관으로 入朝하기까지 함길도관찰사(16.10~17.3), 함길도도절제사(17.~22.)에 각각 재직하였다.
36) 《세종실록》 권92, 23년 1월 정사.

무는 물론 兵曹의 군정기능에 간여하는 영향력을 발휘하였다. 議政시에는 皇甫仁과 같이 文·武班의 人事, 軍政, 外交 등에 대한 일을 지휘하는 영향력을 발휘하면서 議政府의 기능을 극대화시켰고, 六曹를 억압·제약하였다. 또 贊成시에도 세종 31년~문종 즉위년 7월에 右贊成兼判兵曹事, 문종 즉위~1년 10월에 左贊成兼判兵曹事에 각각 재직하면서 武選·軍政을 관장하는 등 계속 兵曹에 큰 영향력을 발휘하였다. 이것은 皇甫仁이 贊成과 參贊시에 判吏曹事, 判兵曹事를 각각 겸대하고 吏, 兵曹의 인사와 군정기능을 주관한 것과 함께 議政府의 이 분야 정사에 대한 기능을 강화하는 것이었다.

이와 같이 皇甫仁과 金宗瑞가 중심이 된 의정부는 吏, 兵曹를 무력화하면서 인사를 專裁하고, 營繕事와 倭·野人接待事를 지휘하는 등 六曹를 제약하는 영향력을 발휘하였다.

이처럼 河崙, 黃喜, 皇甫仁, 金宗瑞는 議政府署事制가 실시된 시기에 議政府 堂上·判書, 議政, 判書로 각각 재직하면서 ① 議政府 중심의 국정운영, ② 議政, 判書의 관직체계에서의 지위, ③ 議政, 判書에 대한 국왕의 신임 등과 관련되어 議政 재직 때에는 議政府의 기능을 더욱 강화하면서 六曹의 독자적인 국정집행을 제약하였다. 반면에 判書로 재직하였을 때에는 육조의 기능을 강화하면서 육조에 대한 의정부의 關涉을 견제하였다. 특히 黃喜, 皇甫仁, 金宗瑞는 判書로 재직할 때에는 그 曹의 일을 확고히 장악함으로써 議政府의 關涉을 약화시켰고, 議政 재직시에는 반대로 議政府의 기능을 극대화하면서 六曹을 억압·제약하였다. 이에서 국왕의 신임을 받는 議政, 判書는 議政府, 六曹 기능에 구애받지 않고 강력한 기능을 발휘하였음을 알 수 있다.

이상에서 議政府는 議政府署事制 하에서는 대개 모든 六曹의 정사를 검토하여 국왕의 재결을 받거나 결정하여 시행하였고, 議政府堂上은 六曹의 判事를 겸하면서 六曹 업무를 지휘하였으며, 국왕의 신임을 받는 議政은 六曹公事에 크게 관여하였다. 그러나 부분적으로는 判書 재직자가 국왕의 신임을 통하여 그 曹의 업무를 확고히 관장함에 따라 議政府의 六曹에 대한 지휘기능이 약화되었다. 반면에 六曹는 이러한 議政府의 지휘와 關涉으로 대개는 그 기능 발휘가 위축되었다.

3) 議政府의 六曹事 關與

태종 14년~세종 17년과 세조 1년~성종 25년에는 六曹直啓制가 시행되면서 六曹가 모든 정사를 직접으로 국왕에게 보고한 후 결재를 받아 시행하거나 독자적으로 처리하면서 국정운영을 주도하였다. 議政府는 이러한 국정운영체계와 관련하여 직접으로 육조 업무에 관여할 수는 없었지만, 六曹 업무에 대한 上疏, 국왕의 지시에 따라 육조가 上啓한 政事擬議에 참여하는 등의 형태로 六曹 업무에 관여하였다.

태종 14년 이후에 의정부가 참여한 六曹公事는 태종 14년에 六曹直啓制의 실시를 명한 傳敎에 이은 史論에

> 처음에 태종이 의정부의 권한이 큰 것을 염려하여 의정부서사를 폐지하려고 하였지만 신중히 하기 위해서 실시하지 않다가 이 때에 실시하였다. 의정부가 관장한 일은 오직 사대문서와 사형수를 재심하는 일 뿐이었다. 지금 비록 의정부의 권한이 큰 폐단은 혁거되나 권력이 육조로 나누어지고 통일되지 못하여 국정이 제 때에 보고되지 못하는가 하면 많이 막히고 지체되었다.[37]

---

37) ≪태종실록≫ 권27, 14년 4월 경신.

라고 한 데서 알 수 있듯이 법제적으로는 禮曹의 對明外交, 刑曹의 重罪囚論決에만 관여할 뿐 그 외의 六曹 업무에 대해서는 직접적인 관여가 금지되었다.

그러나 이 시기에 議政府와 議政이 수행한 정사를 보면 다음의 예와 같이 左議政 孟思誠은 刑曹公事인 良人 남자와 公私賤女의 혼인사를 상계하였고(①), 좌·우의정이 김對되어 형조공사인 佛老의 논죄사를 논의하였다(②-ㄱ). 의정부는 육조와 함께 왕명을 받고 호조와 이조공사인 賑濟事와 賑濟檢察官의 선발을 논의하였다(②-ㄴ). 의정부는 육조와 함께 왕명을 받고 형조가 상계한 亂言者의 치죄(③-ㄱ)와 병조가 함길도 도절제사의 보고에 의거하여 상계한 함길도방어책을(③-ㄴ) 각각 논의하였다.

① 右議政孟思誠啓 公私賤嫁良夫之事 (하략)[38]
② -ㄱ) 召左右議政 議佛老之罪 (하략),[39] ㄴ) 命議于政府六曹曰 欲
　　　遣賑濟檢察官于各道 朝士與內官熟爲可遣 且何時遣乎 (하략)[40]
③ -ㄱ) 刑曹啓 (중략) 惟爾刑曹參考歷代刑律 與政府諸曹同議以聞
　　　(하략),[41] ㄴ) 兵曹據咸吉道兵馬都節制使牒啓 請於慶源高郎岐設
　　　柵 徒勇丁一百戶加入居 (중략) 令議政府六曹與其道所任已經者
　　　更議便否啓聞.[42]

이처럼 의정부와 의정은 六曹 정사에 대해 上書·上啓하였고, 왕명을 받고 六曹와 관련된 정사를 단독이나 六曹 등과 함께 논의하였으며, 육조가 올린 上啓를 왕명을 받고 논의하는 등 六曹 업무의 논의

---

38) ≪세종실록≫ 권45, 11년 7월 기사.
39) ≪세종실록≫ 권39, 10년 1월 을사.
40) ≪세종실록≫ 권39, 10년 1월 무신.
41) ≪세종실록≫ 권19, 5년 1월 병술.
42) ≪세종실록≫ 권19, 5년 2월 기사.

에 광범히 참여하였다. 세조 1년~성종 25년에도 議政府는 법제적으로는 세조가 六曹直啓制의 실시를 명하는 傳敎에

> 상왕이 유충하여 무릇 국정은 모두 대신에게 맡겨 擬議하여 시행했다. 이제 내가 천명을 받아 즉위했다. 군국의 서무는 모두 청단하고, 조종의 옛 제도를 모두 복구하겠다. 지금으로부터 형조의 사형수 이외에 무릇 모든 서무는 육조가 각각 그 직으로 직계하라.[43]

고 하였듯이 六曹가 刑曹의 死刑囚論決에 관한 정사를 제외한 모두를 直啓로써 수행하게 하였기 때문에 직접적인 육조 업무 관여가 단절되었다고 추측된다. 그러나 이 시기 議政府는 태종 14년~세종 17년과 같이 上疏·上啓를 통하여 육조의 정사에 참여하였고, 왕명을 받아 육조가 上啓한 정사를 단독 또는 六曹와 함께 논의하는 등 六曹 업무에 관여하였다.

그러면서도 이 시기 議政府가 전개한 六曹公事 關與 기능을 시기별로 보면 예종 즉위년~성종 6년에는 院相이 政治를 주도함에 따라 그 이전과 그 이후 보다 미약하였다.[44] 성종 7~25년에는 특히 성종 18년 이후에는 다음의 예와 같이 別貢減額事(①)와 평안도 북변의 방어를 위해 5鎭人의 流移禁止事(②)를 領敦寧府事 이상 원로 대신과 논의하여 결정하였다.

① 命召 領敦寧以上 議減別獻雜像及土豹皮貂鼠皮等物 鄭昌孫等僉議 (하략)[45]

---

43) ≪세조실록≫ 권2, 1년 8월 경술.
44) 의정부의 擬議活動을 보면 세조 1~12년에는 357건으로 연평균 30건이었고, 세조 13~성종 7년에는 151건으로 연평균 15건이었고, 성종 8~25년에는 1,675건으로 연평균 90여건이었다(韓忠熙, 1980, <朝鮮初期 議政府研究>상(≪韓國史研究≫31), 113~114쪽과 ≪성종실록≫에서 종합).

② 兵曹啓 永安道五鎭人物 互相流移 其許接戶首 固宜痛懲 依前受教
(중략) 命領敦寧以上 (하략)[46]

　이처럼 성종 7~25년에는 성종이 六曹가 上啓한 정사 중 비중이
큰 정사의 대부분을 領敦寧府事 이상 議政과 논의하여 결정하였고,
領敦寧府事 이상이 논의한 정사는 동기 議政府 擬議活動의 대부분
을 점한 만큼 議政府의 육조 업무 관여가 크게 강화되었다.
　이와 관련하여 태종 14년~세종 17년과 세조 1년~성종 25년에 議
政府가 수행한 육조 정사 참여기능을 受命, 啓聞, 擬議의 활동별로
살펴본다. 六曹는 다음 표에서와 같이 태종 14년~세종 17년에는 受
命활동 647건(의정부는 69건), 啓聞활동 3,268건(의정부 279), 擬議활
동 224건(의정부 804건), 세조~성종대에는 수명활동 2,001건(의정부
254), 계문활동 3,025건(의정부 367), 의의활동 728건(의정부 2,183)을
각각 수행하였다. 이처럼 육조는 태종 14년~세종 17년과 세조 1년~
성종 25년을 통하여 국왕에게 계문하고, 지시를 받아 서무를 분장하고
집행하는 등 국정운영을 주도하였다.

<표 47> 태종 14년~세종 17년, 세조~성종대 육조·의정부 정치활동 비교[47]

		受命		啓聞		擬議		합계		비고
		횟수	%	횟수	%	횟수	%	횟수	%	(연평균건수)
태종14	六曹	647	16	3,260	78	224	5	4,131	100	187.8
~17년	議政府	69	5	279	23	894	73	1,233	100	56.0
세조1~	육조	2,001	35	3,025	53	728	13	5,754	100	143.9
성종25	의정부	254	9	367	13	2,183	78	2,804	100	70.1

---

45) ≪성종실록≫ 권161, 14년 12월 정해.
46) ≪성종실록≫ 권162, 15년 1월 경술.
47) 한충희, 앞 <조선초기 승정원연구>, 80쪽 <표 13-ㄱ>, ≪성종실록≫에서 종합.

반면에 議政府는 왕명을 받고 六曹와 관련된 정사를 논의하거나, 六曹가 啓聞한 정사를 擬議함으로써 六曹 업무에 참여하였다. 議政府의 활동은 擬議活動만이 태종 14년~세종 17년과 세조 1년~성종 25년을 통틀어 六曹가 수행한 擬議活動을 능가하였다. 그런데 議政府의 擬議活動은 議政府 단독으로나 六曹 등과 공동으로 수행한 활동이 포괄된 것이기는 하나, 六曹 등과 공동으로 수행한 활동도 의정부가 그 논의를 주도하였던 만큼 의정부의 六曹 업무 관여가 광범하면서도 실질적이었음을 입증한다고 하겠다.

이를 볼때 議政府는 태종 14년~세종 17년과 세조 1년~성종 25년에는 六曹가 모든 정사를 국왕에게 직접으로 보고하고 지시를 받으면서 처리하였기 때문에 직접적인 六曹지휘는 단절되었다. 그러나 議政府와 議政은 上疏, 국왕의 명에 따라 六曹의 정사논의에 참여하는 등 六曹公事에 광범위하게 관여하는 기능을 발휘하였다. 특히 六曹上啓政事에 대한 領敦寧府事 이상의 논의가 일반화 된 성종 18년 이후에는 그 경향이 현저하였다.

다음으로 의정, 判書 재직자의 영향력 분석을 통하여 議政府의 六曹公事 관여를 살펴본다.

黃喜는 앞에서 살폈듯이 세종 9~31년까지 右, 左, 領議政을 차례로 역임하면서 강력한 政治力을 발휘하였다. 六曹直啓制가 실시된 세종 9~18년에는 왕명을 받고 六曹와 관련한 정사, 六曹가 上啓한 정사를 議政府 단독이나 六曹와 공동으로 논의할 때에 그 업무의 결정을 주도하였고, 吏曹의 인사에 깊이 개입하는[48] 등 六曹政事에 큰

---

48) 황희의 영향력이 보이는 몇 예를 적기하면 다음과 같은 등이 있다[( )는 저자 보].
　① ≪세종실록≫ 권53, 13년 8월 경신 上與諸大臣議 (明使)尹鳳弟重富除授之事 論議不一 上曰 黃喜之議是 姑勿授職 遂于咸吉道 命吏曹改之.
　② ≪세종실록≫ 권43, 11년 3월 무진 命政府與諸曹同議 咸吉道鏡城慶源糧餉 轉移之術

영향력을 발휘하였다.

曹錫文은 財政에 대한 해박한 식견과 세조의 신임을 배경으로 세조 5~13년에 戶曹判書를, 세조 13년~성종 7년에 左, 領議政을 각각 역임하면서 政治, 經濟에 큰 영향력을 발휘하였다.[49] 戶曹判書 시에는 세조가 호조의 箚啓에 조석문의 이름만 있으면 보지도 않고 결재할 정도로 국왕의 위임을 받으면서 戶曹政事를 전장하였다.[50] 세조 13년에는 都總使 龜城君 李浚과 함께 副摠使로써 李施愛 亂의 토벌에[51] 참여하는 등 兵曹 업무에도 관여하였다.

그는 議政시에는 위에서와 같은 財政·軍政에 대한 조예, 院相制의 실시로 인한 議政·元老大臣 중심의 국정운영과 함께 議政府의 기능을 강화하였고, 戶, 兵曹의 財政, 軍政에 관여하는 영향력을 발휘하였다.

盧思愼은 외조부가 沈溫(세종 국구)인 왕실과의 관계, 성종의 신임 등을 통하여 예종 1년~성종 7년에 右參贊, 左贊成, 左贊成兼判吏曹事를, 성종 18년~연산군 4년에 右, 左, 領議政을 각각 역임하면서 政治에 큰 영향력을 발휘하였다.[52] 성종 1년 9월~4년 8월에는 左贊成兼判吏曹事로서 이·병조가 의논하여 제수하도록 된 연변수령을 제외한 모든 이조의 인사를 전단하였고, 연변수령의 제수도 위세가 당당한 判兵曹事 韓明澮의 간섭을 배제하고 독단하는[53] 등 吏曹

(중략) 從(左議政黃)喜等議.

③ ≪세종실록≫ 권46, 11년 10월 계미 吏曹薦 前司直安崇信爲京畿左道察訪 上曰凡犯罪官吏 必先啓達然後用之 今崇信受罪未久 何不啓而遽薦乎 崇信戶判安純之子也 純與黃喜交結 自喜爲相 每 稱純之子塡爲天才 (중략) 喜强薦之.

49) ≪성종실록≫ 권83, 8년 8월 己亥 卒記, ≪國朝人物考≫ 曹錫文碑銘.
50) ≪성종실록≫ 권83, 8년 8월 기해 조석문졸기.
51) ≪세조실록≫ 권42, 13년 5월 신사·권 43, 13년 8월 임오.
52) ≪燕山君日記≫ 권31, 4년 9월 辛丑 卒記, ≪國朝人物考≫ 盧思愼碑銘.
53) ≪성종실록≫ 권48, 5년 10월 갑진.

의 인사를 오로지 하면서 吏判을 무력화하였다.

또 성종 18년~연산군 4년에 議政으로 제직하면서 당시의 정치운영은 六曹直啓制의 계속과 함께 국왕이 국정을 친단하도록 되었지만, 현안사와 중요한 六曹 上啓 정사는 領敦寧 以上의 大臣에게 擬議를 하게 한 후 그에 따라 결정하고 집행하였기에[54] 의정부의 육조 업무 관여를 확대시켜 六曹의 기능발휘를 위축시켰다.

尹弼商은 세조와 성종의 신임을 받으면서 세조 13년에 都承旨로서 李施愛 亂 평정을 籌劃한 공헌으로 일거에 정3품 당상관인 都承旨에서 정2품에 超資되고 右參贊兼五衛都摠管에 발탁되었다.[55] 이후 성종 8년까지 左參贊, 右贊成, 右贊成兼判吏曹事, 左贊成을, 성종 9~24년 右, 左, 領議政을 각각 역임하면서 국정에 큰 영향력을 발휘하였다.[56]

특히 성종 5년 判吏曹事 때에는 초기에는 判兵曹事 韓明澮의 위세로 제 기능을 발휘하지 못하였지만, 韓明澮가 물러난 후에는 이판 鄭孝常이 '자리만 지키고 있다'고 자탄할 정도로 文選을 전단하면서[57] 吏判을 무력화시켰다. 議政시에도 盧思愼의 설명에서도 언급된 성종대의 원로대신을 중심으로 한 정치운영과 관련되어 議政府의 기능을 강화하면서 六曹의 기능을 위축시켰다.

이를 볼때 黃喜, 曺錫文, 盧思愼, 尹弼商은 六曹直啓制가 실시된 시기에 議政·判書나 議政으로 각각 재직하면서 曺錫文은 六曹의 기능을 더욱 강화하였고, 黃喜, 曺錫文, 尹弼商은 의정부의 기능을 강화하면서 六曹 기능을 제약하는 영향력을 발휘하였다. 특히 曺錫文

---

54) ≪성종실록≫ 권161, 14년 12월 정해·권162, 15년 1월 경술.
55) ≪세조실록≫ 권43, 13년 9월 임오.
56) ≪조선왕조실록≫ 세조 13년~ 성종 25년조, ≪國朝人物考≫ 尹弼商墓表 참조.
57) ≪성종실록≫ 권48, 5년 10월 갑진.

의 예를 볼 때 국왕의 신임을 받는 判書와 議政은 六曹, 議政府의 직무에 구애되지 않고 강력한 기능을 발휘하였음을 알 수 있다. 국왕의 총애를 받은 議政이나 判書는 議政府나 육조가 중심이 된 국정운영체계에 구애되지 않고 議政府나 六曹의 기능을 강화하고, 六曹나 議政府의 기능을 위축·제약하면서 국정을 주도하는 기능을 발휘할 수 있었다. 결국 조선초기에는 議政府署事制, 六曹直啓制라는 政治운영체계와 병행되어 국왕, 국왕의 신임을 받는 소수 宰相을 중심으로 한 政治가 이루어졌다고 하겠다.

이상에서 朝鮮初期의 議政府는 태종 5년~세종 17년·세종 18년~단종 2년에는 모든 육조의 정사를 보고 받고 지시하면서 처리하는 등 육조를 강력하게 지휘하였다. 태종 14년~세종 17년·세조 1년~성종 25년에는 육조가 모든 정사를 국왕에게 직접으로 上啓하고 受命하면서 운영함에 따라 직접적인 六曹 지휘는 단절되었지만, 왕명에 의한 六曹정사 논의참가와 함께 六曹정사에 광범위하게 關與하는 기능을 발휘하였다.

3. 六曹와 承政院의 協助와 葛藤

1) 承政院과 六曹分房

조선초기의 승정원은 六曹公事를 分房하여 담당하였다. 승정원의 六曹分房은 태조 1년~태종 4년에는 都, 左, 右, 左副, 右副承旨가 位次에 따라 吏, 兵, 戸, 禮, 工曹를 각각 分房하였다.

태종 5년 이후, 즉 태종 5년에는 六曹가 정 2품아문으로 승격되고, 屬司, 屬衙門을 관장하고 지휘하면서 서무를 분장·집행하는 통치체제

정비에 수반되어 承政院도 同副承旨가 증치되고 이 同副承旨가 刑曹를 分房하게 되면서 6승지의 육조 分房이 정착되었다. 이에 따라 태종 5년~성종 25년 승정원의 六曹 分房은 대개 都承旨는 吏房을 분방하였다. 그러나 左, 右, 左副, 右副 同副承旨는 국왕의 기호, 承旨의 재식, 相避規定58) 등과 관련되면서 세조 9년에

> 尹贊을 承政院左承旨知兵曹事, 李坡를 右承旨知禮曹事, 李季甸을 左副承旨知戶曹事, 申灝을 右副承旨知工曹事, 尹弼商을 同副承旨知刑曹事에 제수하였다.59)

라고 한 인사에서와 같이 승지의 서열 2위인 좌승지가 육조의 서열 4위인 병조, 승지 서열 4위인 좌부승지가 육조 서열 2위인 호조를 각각 분방하였다. 이처럼 6승지는 그 位次와는 무관하게 戶, 禮, 兵, 刑, 工房을 分房하였다.60)

승지의 六曹 分房은 왕명출납의 기능과 함께 승정원 기능의 중심이 되었다. 그런데 승정원의 왕명출납은 단순히 국왕과 議政府·六曹 등 百司, 국왕과 百官의 매개 역할만을 수행하는 것이 아니었다. 승정원은 국왕에게 올라가는 모든 문서를 검토하여 국왕에게 보고하였

---

58) ≪경국대전≫ 권1 吏典 相避條 吏兵房承旨及本曹官員 有相避者 勿除職. 이와 관련된 예로서는 세조 13년에 동부승지로서 병방을 분장한 韓繼純이 처삼촌으로 이방을 분방한 도승지 權瑊을 피하여 형방으로 改房된 경우가 있었다(≪세조실록≫ 권41, 13년 2월 무오). 또 공방 등의 상피는 법문에 규정되지는 않았으나 성종 10년에 동부승지로서 공방을 분방한 李季소이 매부인 공판 柳輊를 피하여 換房된 예와 같이 상피되었다(≪성종실록≫ 권111, 10년 11월 정미).

59) ≪세조실록≫ 권31, 9년 9월 병자.

60) 자세한 내용은 全海宗, 1964, <承政院考>(≪震檀學報≫ 25~27합집), 210~211쪽, 金昌鉉, 1986, <朝鮮初期 承旨에 대한 一研究-承旨의 銓注機能과 任用實態를 中心으로->[(한양대) ≪韓國學論集≫ 9], 7쪽, 金大洙, 1982년, <朝鮮初期의 承政院-職制와 機能->(경북대학교 석사학위논문), 21~25쪽, 韓忠熙, 1987, <朝鮮初期 承政院研究>(≪韓國史研究≫ 59), 52쪽 참조.

고, 百官이 국왕을 面對하기 위해서는 승정원을 거쳐야 하였음과 같이 百司와 百官의 국왕면대를 통제하였다.

우선 국왕으로부터 하달되는 모든 명령과 정교는 반드시 승정원에서 살펴 국왕에게 다시 허락을 받은 후에 여러 정무기관에 하달되었고, 여러 정무기관과 관원 및 백성이 국왕에게 올리는 모든 敷奏와 復逆事가 또한 위에서의 과정을 거쳐 국왕에게 보고되거나 전달되었다.[61] 세종 28년에 禮判 鄭麟趾가 承傳色을 통하여 上啓하려고 하자 都承旨 黃守身이 司謁을 불러 "判書는 本院을 경유하지 않았으니 상계하려고 하거든 入啓하지 못하게 하라"[62] 고 하였고, 계속하여 "議政같으면 承政院을 거치지 않고 上啓할 수 있지만 贊成이하는 모두 本院을 경유하여야 합니다" 라고 상계 하였듯이 議政을 제외한 모든 관인이 국왕을 면대하기 위해서는 承政院을 경유하여야 하였다.

또 承旨는 그 分房과 관련하여 세종 7년에 都承旨로서 吏房을 분장한 郭存中은

> 吏判 許稠가 대언사에 가서 곽존중과 함께 "사대문서와 관련된 漢文과 吏文을 관장하던 공조참의 曹崇德이 죽었으니 후임자를 제수하지 않을 수 없다. 李蕆, 崔致雲, 金何가 이 일을 맡을 만 하다" 라고 의논했다. (하략)[63]

라고 한 것과 같이 이판과 함께 대중국 외교의 실무를 지휘할 인선을 논의하였다. 또 세종 16년에 도승지로서 吏房을 분장한 安崇善도

> 제수를 행할 때에 兼判吏曹事인 좌의정 孟思誠은 우유부단하였

---

61) ≪성종실록≫ 권91, 9년 4월 임자.
62) ≪세종실록≫ 권113, 28년 7월 정해.
63) ≪세종실록≫ 권29, 7년 8월 신사.

고, 이판 申槩는 의견을 좇을 뿐이었다. 제수는 모두 안숭선이 주장하였다.[64]

라고 한 바와 같이 판이조사와 이판이 우유부단함을 계기로 그들을 제치고 인사를 전횡하였다. 이처럼 이방승지는 判書나 判吏曹事·吏判과 함께 銓注에 참여하면서 吏曹의 인사에 큰 영향력을 발휘하였다.

특히 도승지는 승정원의 업무를 총지휘함과 관련되어

도승지는 출납을 총장하고 겸하여 제수를 관장하였으므로 그 권한과 왕의 총애가 극진하였다. 좌승지 이하가 바람에 쏠리 듯이 啓聞과 下達事를 모두 물어 의논한 뒤에 출납하였다.[65]

라고 한 것에서 자신의 分房 업무뿐 아니라 左承旨 이하가 分房한 업무에도 광범하게 관여하였다고 추측된다. 실제로도 태종 6년에 知申事로서 吏房을 分房한 黃喜는 受田을 위해 궐문 밖에 모인 무반들에게 병방승지를 대신하여 傳命하였고,[66] 호방승지의 관장 업무인 곡식보관책을 상계하였다.[67] 이처럼 도승지는 兵房公事를 傳命하고 戶房公事를 개진하는 등 六房公事 전반에 관여하였다.

左承旨 이하도 都承旨에는 미치지 못하지만 他房 업무를 출납하였음은 물론, 禮房承旨 韓尙德이 태종 14년에

풍해도관찰사 李垠이 '禾尺才人 納貢法'에 대해 상계하였다. (중략) 임금이 말하기를 (중략) 예방승지 한상덕이 "그 중에 농업에 종사하는 자는 군역을 부과하고 그 공물은 면제하는 것이 어떠하겠습니

---

64) 《세종실록》 권65, 16년 8월 신해.
65) 《세종실록》 권65, 16년 5월 신해.
66) 《태종실록》 권12, 6년 7월 계해.
67) 《태종실록》 권12, 6년 8월 신묘.

까?" 라고 대답 하였다.[68]

라고 한 예에서와 같이 禮房이 戶房의 업무에 의견을 개진하는 등
六曹 업무 전반에 참여하였다.

　이와 같이 諸承旨는 해당 曹, 判書 등 당상과 밀접한 관련하에
分房 업무를 관장하였고, 分房한 曹의 업무 논의와 결정에 간여하였
다. 아울러 都承旨는 承政院 장관의 지위에서 分房한 曹의 업무는
물론, 그 외의 他房과 左承旨 이하가 분방한 他曹의 업무에도 광범
위하게 참여하는 영향력을 발휘하였다.

2) 承政院과 六曹의 協助

　承政院은 六曹公事를 分房하고, 視事 등 때에 六曹公事를 출납
하며, 왕명을 六曹에 전달한 만큼 육조와 밀접히 관련될 수밖에 없었
다. 6承旨는 이점에서 모든 六曹公事에 의견을 개진하고 관여할 수
있었다고 추측된다. 실제로 承政院과 6承旨가 전개하였던 啓聞活動
과 왕명을 받고 대소 정사논의에 참가한 擬議活動을 보면 吏判과 銓
選을 논의하고, 戶曹公事인 貢物減免과 工曹公事인 倉庫造營 등에
관한 일을 上啓하는 등[69] 刑政, 外交, 軍事, 人事, 儀禮, 經濟, 教
育 등의 六曹 公事에 대해 上啓하고 擬議하는 활동을 전개하였다[70].

　이러한 조선초기 承政院의 활동상을 동기 六曹의 활동과 시기별,
受命, 啓聞, 擬議의 활동별로 비교하여 살펴본다. 承政院의 활동은
다음의 표에서와 같이 육조의 활동과는 달리 受命活動이 전 承政院

---

68) ≪태종실록≫ 권27, 14년 6월 갑인.
69) ≪세종실록≫ 권65, 16년 8월 신해, ≪태종실록≫ 권12, 6년 7월 계해·6년 8월 신묘·권27,
　　14년 6월 갑인.
70) 韓忠熙, 1987, <朝鮮初期 承政院研究>(≪韓國史研究≫ 39), 61~67쪽.

활동의 과반수 이상을 점하였다. 즉 태종 5~13년에는 147건 54%, 태종 14년~세종 17년에는 1,077건 60%, 세종 18년~단종 2년에는 654건 50%, 세조 1년~성종25년에는 3,568건 63%을 각각 점하였다. 또 啓聞·擬議活動은 태종 14~세종 17년과 세조 1년~성종 25년에는 각각 289건·422건과 1,249건·815건이나 되어 태종 5~13년 세종 18년~단종 2년의 28건·100건과 293건·359건을 크게 능가하는 등 육조의 활동 경향과 같이 왕권이 강력한 시기에 그 건수가 많았고, 의정부 기능이 강력한 시기에는 그 건수가 감소되는 경향을 보였다. 즉 承政院과 六曹는 왕권이 강력하면서 六曹가 국정운영을 주도한 시기에는 그 활동이 활발하였고, 議政府가 국가운영을 주도한 시기에는 그 활동이 미약하였다.

<표 48> 太宗 5년~成宗代 25년 六曹·承政院 政治活動 比較[71]

		受命		啓聞		擬議		합계		비고
		횟수	%	횟수	%	횟수	%	횟수	%	(연평균건수)
태종5 ~13년	六曹	27	11	186	78	27	11	240	100	26.7
	承政院	147	54	28	10	100	36	275	100	30.6
태종14 ~세종17	육조	647	16	3,260	79	224	5	4,131	100	187.8
	승정원	1,007	60	289	16	422	24	1,788	100	81.0
세종18 ~단종2	육조	737	41	916	50	166	9	1,819	100	95.7
	승정원	654	50	293	22	359	28	1,306	100	68.7
세조1 ~성종25	육조	2,001	35	3,025	53	728	13	5,754	100	143.9
	승정원	3,560	63	1,294	23	815	14	5,639	100	141.0
합계	육조	3,412	29	7,387	62	1,145	10	11,944	100	
	승정원	5,408	60	1,904	21	1,616	18	9,008	100	

승정원의 擬議·啓聞活動의 빈도수는 受命활동의 그것에는 미치지 못하였으나 위의 표에서와 같이 계문활동과 의의활동이 전 승정원 활

71) 한충희, 앞 논문, 80쪽 <표 13~ㄱ>에서 전재.

동의 21%와 18% 내외를 점하였음에서 承政院은 六曹公事 分房과 함께 六曹 기능을 제약하는 면을 지녔다고 생각된다. 또 承政院은 단독으로나 六曹 등과 공동으로 참여한 정사논의에서 뒤의 黃喜, 安崇善, 黃守身이 활동한 경우에서 나타나듯이 六曹를 제약하면서 그 정사결정을 주도하는 등 六曹와의 갈등관계를 촉발하면서 국정운영에 참여하였다.

그런데 承政院 職事의 중심이 되는 왕명출납, 六曹 分房은 서무를 분장하고 집행한 六曹와 국왕의 중간에서 양자를 연결함으로써 원활한 국정운영을 보장하는 성격을 지니는 것이었다. 아울러 朝鮮初期 承政院과 六曹의 영향력 발휘를 보면 양자 모두 왕권과 직결되면서 왕권이 강력할 때에는 활발한 활동을 전개하였고, 議政府가 국정운영을 주도할 때에는 그 활동이 침체되고 약화되었다.

이렇게 볼때 承政院은 그 職事의 수행과 관련하여 六曹의 기능을 제약하고, 직접으로 갈등관계를 촉발하면서 六曹公事에 참여하기도 하였다. 그러나 대개는 六曹의 公事를 국왕에게 전달하는 기능을 수행하였다고 하겠다.

3) 承政院과 六曹의 葛藤

承政院의 職務는 六曹判書 등 百司·百官과 國王의 중간에서 百司, 百官이 행하는 上疏와 上啓의 啓達 여부를 결정하였고, 啓達할 정사의 내용을 간추려서 上達하였고, 국왕이 百司·百官에 내리는 명령과 문서를 下達하였다. 또 단독이나 六曹 등과 함께 六曹公事를 개진하고 그 논의에 참여하는 정치기능을 발휘하였다.

특히 六曹公事의 개진과 논의의 참여에 있어서 承政院은 그 職務

상 왕권과 밀착되었고, 승지는 국왕의 寵信을 받았던 만큼 六曹 업
무를 제약하는 정치력을 발휘할 여지가 농후하다고 하겠으며, 이 경
우 承政院과 六曹의 갈등이 불가피하다고 하겠다. 이렇게 본다면 承
政院과 六曹의 六曹公事 운영과 관련된 갈등은 국왕의 寵信을 받은
인물이 承旨로 재직한 시기에 현저하였을 것이라고 추측된다.

그러면 承政院과 六曹의 갈등관계는 어떠하였는가? 그 구체적인
내용을 국왕의 寵信을 받으면서 강력한 정치력을 발휘하였던 黃喜
등 몇 承旨와 承政院의 활동경향을 통하여 검토하여 본다.[72]

黃喜는 탁월한 재식과 태종의 지극한 신임을 배경으로 태종 5~9
년에 左副代言, 知申事를 역임하면서 국정에 큰 영향력을 발휘하였
다. 그는 태종 8년 判吏·兵曹事를 부활하였다는 기사 끝의 史論에

> 옛 제도에 좌, 우정승이 겸판이, 병조사로서 제수를 관장하였다.
> 지신사 황희가 지이조사로서 이들의 중간에서 인사를 전횡한 것이
> 오래되었다. 좌, 우정승이 천거한 인물이라도 많이 등용되지 못하였
> 다. 자기가 親信한 인물을 왕에게 좋게 말하여 제수되게 하였다. 인
> 사에 참여한 재상이 매우 미워하였지만 어찌 할 방법이 없어서 제
> 수 할 때마다 사양하고 피하면서 물러났다.[73]

라고 하였음과 같이 문·무반의 인사를 관장한 兼判吏·兵曹事와 吏·
兵曹判書를 제치고 인사를 전횡하였다. 그 때문에 判吏·兵曹事인 좌
정승 成石璘과 우정승 李茂가 그를 꺼리어 銓選參與를 기피하는 등
吏·兵曹와 갈등 관계를 촉발하였다.

---

72) 논술의 편의상 황희 등을 대상으로 하였다. 이 외에도 辛引孫, 韓明澮, 曺錫文, 金國光,
   盧思愼, 權瑊, 玄碩圭, 韓健 등도 분방공사를 확실히 관장하면서 그 일과 관련된 육조의
   기능을 제약하였다. 이들에 대해서는 한충희, 앞 논문, 84~87쪽 참조.
73) ≪태종실록≫ 권15, 8년 2월 계미.

趙末生은 태종의 깊은 신임을 받으면서 태종 11~18년에 同副, 右副, 左副, 左代言과 知申事를 역임하면서 정치에 큰 영향력을 발휘하였다. 그는 태종 18년 7월에 知申事에서 兵曹參判에 승진하였고, 익월에 다시 刑判에 승진하였다가 兵判에 체직되었으며, 이후 상왕 태종과 세종의 깊은 신임을 받으면서 세종 8년 2월까지 兵判에 제직하면서 국정에 큰 영향력을 발휘하였다.[74]

그는 知申事와 兵判 재직 때에는 세종 8년에 세종이 집정자의 폐단을 논하면서

> 대저 庶官의 제수는 임금이 그 인물됨을 알지 못하므로 집정대신에게 위임한다. 대신이 등용하는 인물은 반드시 전일에 알던 사람이다. 고로 장기간 인사를 관장하면 비록 뜻을 세운 정직한 자 일지라도 다른 사람이 사사로이 제수하였다고 의심하게 되는 것이 자연스러운 일이다. 조말생은 지신사가 된 이후 병조판서에 이르기까지 10여년에 걸쳐 집정하였다. 조말생 같은 경우가 없더니 과연 오늘과 같이 뇌물을 받고 제수하였다.[75]

라고 한 것과 같이 知申事로 재직할 때에는 銓選과 軍政에 크게 영향을 끼쳤다.

趙末生이 兵判에 재직한 세종 즉위~4년의 정치는 세종이 王位에 있기는 하나 上王 太宗이 兵曹를 친히 장악하면서 국정을 총람하였고, 그에 따라 兵曹가 承政院의 예에 따라 上王의 명을 출납하면서 국정을 주도하였다.[76] 이러한 정치운영에 따라 趙末生은 위의 사료에

---

74) ≪조선왕조실록≫ 태종 11~18년조에서 종합. 이하 安崇善 등의 역관에 대한 전거는 번다함을 피해 생략한다.
75) ≪세종실록≫ 권31, 8년 3월 신축.
76) 한충희, 1980, <朝鮮初期 議政府硏究> 상(≪한국사연구≫ 31), 130쪽.

서와 같이 銓選과 軍政을 총관하면서 知申事 때와는 반대로 吏, 兵房承旨의 分房업무를 제약하고 위축시켰다.

安崇善은 세종의 신임을 받으면서 세종 12~17년에 同副承旨와 都承旨를 역임하면서 국정에 큰 영향력을 발휘하였다. 그는 왕 16년 도승지 재직 때에는 우유부단한 判吏曹事와 吏判을 제치고 文選을 좌우하였다.[77] 이러한 都承旨의 인사전횡은 銓選을 둘러싼 承政院과 吏, 兵曹의 갈등관계를 야기하였다.

黃守身은 세종의 신임을 받으면서 세종 25~29년에 右副, 左副, 右, 左, 都承旨를 차례로 역임하면서 국정에 큰 영향력을 발휘하였다. 左承旨로 재직하였던 세종 28년에는 병조를 분방하면서

> 예조판서 정인지가 겸판병조사였을 때 황수신이 지병조사였다. 제수 때 마다 황수신이 전횡하자 정인지가 政案을 황수신으로부터 빼앗고 정색하면서 "승지는 출납만 하면 되지 왜 병조의 제수에 관여하느냐" 라고 하였다.[78]

라고 한 것과 같이 判兵曹事인 鄭麟趾를 제치고 무관인사를 전단하였고, 이에 鄭麟趾가 '제수는 병조의 직무' 라고 하면서 강력히 반발하였음과 같이 승정원과 육조의 갈등을 촉발하였다. 黃守身은 또 都承旨 때에도 친분이 있는 副司正 任元濬을 무단히 동반의 7品職에 제수한 일로 파직되는[79] 등 문관 인사에 깊이 관여하였다.

尹弼商은 세조의 신임을 받으면서 세조 9~13년에 同副, 左副, 左, 都承旨를 차례로 역임하면서 국정의 영향력을 발휘하였다. 그는

---

77) ≪세종실록≫ 권65, 16년 8월 신해.
78) ≪세종실록≫ 권113, 28년 7월 정해.
79) ≪세종실록≫ 권117, 29년 9월 병신.

세조 13년에 "李施愛의 亂이 일어나자 항상 궁내에 숙직하면서 議政府와 兵曹를 제치고 세조와 함께 亂의 토벌사를 논의·지휘하였다"[80] 라고 한바와 같이 軍政에 큰 영향력을 발휘함으로써 兵曹의 군정기능을 제약하였다.

이상에서 살펴 본 바와 같이 黃喜, 安崇善, 黃守身은 문, 무관인사에서 吏, 兵曹와 갈등을 야기하였다. 趙末生, 尹弼商도 직접적으로 吏, 兵曹와 갈등관계를 촉발하였음이 확인되지는 않지만 이들이 끼친 영향력에 미루어 吏, 兵曹와의 갈등관계를 촉발하였다고 생각된다.

다음으로 승정원의 정치활동을 통하여 승정원과 육조의 갈등관계를 살펴보자. 承旨와 承政院은 국왕과 司憲府로부터 국정을 統理하는 宰相[81], 吏·兵曹와 같은 權重의 관아,[82] 樞機의 관아,[83] 의정부를 능가하는 權重의 관아로[84] 각각 인식되면서 우대되고 중시되었다. 그리하여 승지는 職秩로는 議政이나 判書와 비교가 되지 못하였지만 때로는 이들과 같이 권한이 중한 관직으로 인식되었다.

실제로 承政院(承旨)은 국왕이 국사를 議政府·六曹 등과 논의하기에 앞서 承旨와 의논하였고,[85] 百司와 百官이 올린 정사를 承旨와 의논하여 결정하였고,[86] 대소 국사를 議政府 당상·六曹參判 이상과 承旨가 참가한 모임에서 의논하여 결정하였으며,[87] 국사를 보고하고

---

80) ≪세조실록≫ 권53, 13년 8월 계축.
81) ≪태종실록≫ 권 35, 18년 4월 신묘.
82) ≪성종실록≫ 권56, 6년 6월 신묘 晝講訖 (중략) 知(經筵)事任元濬啓曰 世宗嘗敎云 吏兵曹之任母過三十朔 我國權重者 惟吏兵曹及承政院耳[( )저자 보].
83) ≪세조실록≫ 권42, 13년 6월 기유 (전략) (세조)因戒承旨等曰 政院機要之地 權威彌重 各愼乃事[( )저자 보].
84) ≪세종실록≫ 권85, 21년 6월 임인 司憲府啓曰 (중략) 承政院職 掌出納 國家庶務皆關於此 其權要反重於政府 (하략).
85) ≪세종실록≫ 권56, 14년 4월 계묘.
86) ≪세종실록≫ 권49, 12년 8월 병신.
87) ≪세종실록≫ 권61, 15년 8월 갑오.

의논한 諸臣이 퇴출한 후에 다시 그 정사를 承旨와 재차 논의하여 결정하였기에[88] 議政府나 六曹에 못지않는 기능을 발휘할 수 있었다.

또 承旨는 세종 29년에

李思哲을 도승지, 安完慶을 좌부승지, 韓確을 평안도관찰사에 제수하였다. 이 때에 이조 당상관이 탄핵되어 제수에 참여하지 못하였으므로 지이조사인 동부승지 李季甸에게 명해 제수를 관장하게 하였다.[89]

라고 하였듯이 피핵 중인 이조 당상을 대신하여 당상관의 제수사를 주관하였다. 그러나 이러한 承政院의 영향력 발휘는 앞에서 살핀 바와 같이 吏·兵曹를 제치고 銓注事에 강력한 영향력을 발휘한 黃喜, 安崇善, 黃守身을 두고 史臣이 자주 비판하였고, 判兵曹事 鄭麟趾가 정면으로 그 불가함을 논박하였으며, 성종 21년에 司憲府가 承政院의 銓注權 제한을 논의할 때에

승정원이 더욱 제수에 참가하는 것은 불가합니다. 하물며 인명에 대한 일은 지극히 중요하고 전곡에 관한 일도 가볍지 아니하지만 모두 논의에 참가하지 않고 단지 그 조의 문서를 갖추어 계달할 뿐입니다. 어찌 유독 제수만 참여하게 해서 전단하게 할 수 있겠습니까? 청컨대 지금부터 제수 때에는 명을 내려 승지가 참여하지 못하게 하소서. 근신이 제수에 참여하지 않는다면 인재등용이 잘못되는 일이 없을 것입니다.[90]

라고 하면서 承旨의 銓注 참여금지를 강경하게 주장하고 있음과 같

---

88) ≪세종실록≫ 권58, 14년 12월 무자.
89) ≪세종실록≫ 권117, 29년 5월 무술.
90) ≪세종실록≫ 권85, 21년 6월 임인.

이 정상적인 것은 아니었다.

또 승정원과 승지는 의정부·육조에 대비되고, 判書와 같은 宰相으로 인식되기도 하였으나, 관직체계와 관련하여 대개 종2품직인 參判에 체직되고 다시 判書를 거쳐 議政으로 진출하였다.[91] 이 경우에 承旨를 역임한 參判이나 判書는 계속하여 영향력을 발휘하였고, 반면에 六曹公事를 分房한 승지는 이들 참판이나 판서가 재직한 曹의 업무를 제약하는 영향력을 발휘하기가 어려웠다고 추측된다. 실제로도 위에서 검토하였음과 같이 黃喜와 趙末生은 都承旨 때에는 吏·兵曹의 銓注기능을 제약하는 영향력을 발휘하였고, 判書 때에는 그 曹의 公事를 출납한 承旨의 간섭을 배제하는 영향력을 발휘하였다.

그러나 承政院이 이와 같이 강력한 정치력을 발휘 할 수 있었던 것은 왕권이 강력하면서 국왕의 寵信을 받는 소수의 承旨를 중심으로 나타나는 일시적인 현상이었다. 또 六曹와 갈등관계를 촉발하는 것은 黃喜 등의 경우에서와 같이 文, 武官 인사와 관련된 吏, 兵房承旨에 불과하였다.

이상에서 朝鮮初期 承政院은 왕명출납, 六曹公事 分房, 각종 정사의 참여 등과 관련하여 六曹와 협조하거나 갈등관계를 유지하면서 국정운영에 참여하였다. 그러나 承政院과 六曹의 갈등은 한정된 시기의 일부 吏, 兵房承旨가 재직하였을 때에 불과하였고, 대부분의 시기와 承旨는 六曹와 협조관계를 유지하면서 그 직무를 수행하였다.

---

91) 한충희, 1987, 〈朝鮮初期 承政院研究〉(《韓國史研究》59), 39~43쪽. 정종 2년~성종 25년의 승지역임자 268명 중 80명이 참판에 체직되었고, 119명이 판서 이상의 관직에까지 올랐다.

4. 議政府·六曹와 三司의 葛藤

1) 議政府·六曹와 臺諫

議政府·六曹와 司憲府, 司諫院의 국정운영을 둘러싼 관계는 의정부는 국정을 총령하고 六曹는 서무를 분장·집행하였으며, 臺諫은 百司·百官을 규찰하였다. 또 吏曹는 臺諫의 인사를 관장하였고, 臺諫은 대개 5품 이하 관의 署經을 관장하였기에[92] 대개 서로의 기능을 제약하였다고 추측된다.

이와 관련하여 議政府·六曹와 臺諫의 관계를 臺諫의 실제활동, 臺諫의 언론활동에 대한 議政府·六曹의 태도를 통하여 검토해본다. 먼저 臺諫의 실제활동을 살펴본다. 臺諫은 태조~성종대, 즉 조선초기의 전시기에 걸쳐 다음에서의 설명과 같이 국정 전반에 광범하고 활발히 참여하면서 큰 영향력을 발휘하였다.

첫째, 臺諫은 朝啓·常參에 참여하여 議政府·六曹와 함께 대소 국정을 논의하였다.[93]

둘째, 臺諫은 議政府·六曹와 함께 朝啓·常參 이외의 장소에서 행해지는 政治·時務·立法 등의 논의에 참여하였다.[94]

셋째, 臺諫은 時政·人事異議·彈劾 등 활발한 언론활동을 전개하였다.[95]

넷째, 臺諫은 태종 13년~세조 12년과 성종 1년 이후부터 5품 이

---

92) 崔承熙, 《朝鮮初期 言官·言論研究》(韓國文化研究所, 1976), 52~59쪽. 동서에 의하면 署經의 범위는 각각 정종 2년과 태종 13년 4월~13년 10월에는 1~9품관, 태종 즉위~13년 4월에는 4~9품관, 태조 즉위~정종 1년과 태종 13년 10월~세조 12년 7월 및 성종 1년 3월 이후에는 5~9품관이었다. 또 세조 12년 7월~성종 1년 3월에는 署經이 폐지되었다.
93) 최승희, 앞 책, 4~48쪽 참조.
94) 위 책, 49~50쪽 참조.
95) 위 책, 35~46·99~153·159~239쪽 참조.

하 관원의 署經을 행하였다.96)

　다섯째, 司憲府는 刑曹·漢城府와 함께 각종 국문에 참여하였고, 刑曹·漢城府·掌隷院·地方官과 함께 경외의 각종 決訟에 참여하였다.97)

　그런데 위에서 언급된 司憲府와 司諫院의 활동 중에서도 人事異議·彈劾·署經·鞫問·決訟은 議政府 및 吏·兵·刑曹의 기능과 직접적으로 관련되는 정사였다. 時政에 관한 言論·朝啓·常參·經筵 등을 통한 정치활동도 議政府·六曹 기능과 간접적으로 연관되었다. 이처럼 臺諫 기능과 議政府·六曹 기능은 밀접하게 관련되었다.

　이와 관련하여 태조 1년~성종 9년의 대간활동에서98) 彈劾·人事異議가 점하는 비중을 보면 전 언관활동의 63.7%(3,565/5,599, 탄핵 ─ 2,871건 51.3%, 인사이의 ─694건 12.4%)를 점하였다.99) 특히 성종 1~25년의 탄핵활동에 있어서는 경외 정3품 이상 관인을 대상으로 한 비중이 61%(1,991/3,280)나 되었다.100)

　이러한 대간의 정치활동과 탄핵·인사이의가 점하는 비중에 미루어 臺諫은 議政府·六曹 당상이나 吏·兵曹의 인사기능을 제약하였다고 하겠다. 실제로 臺諫은 국왕이 臺諫의 언론활동을 탄압·억제하거나 議政府大臣이 국정을 천단하면서 臺諫을 억압한 태종·문종·단종·세조·성종초를101) 제외한 세종·예종·성종 중기 이후는 다음에서의 설명과 같이 吏曹와 吏曹官員의 인사기능을 제약·위축시켰다. 반면에 吏

---

96) 앞 주 92) 참조.
97) 최승희, 앞 책, 62~65쪽 참조.
98) 이 방면의 업적을 종합적으로 체계적으로 정리한 최승희교수는 위 책에서 태조 즉위~성종 9년을 파악하였고, 성종 10~25년에는 구체적으로 살피지 못한 관계로 부득이 이 시기에 한정하였다. 대간활동의 개략적인 윤곽 파악에는 큰 무리가 없다고 본다.
99) 崔承熙, 위 책, 242쪽 <부표 1>에서 발췌.
100) 鄭杜熙, 1986, 〈朝鮮 成宗代 臺諫의 彈劾活動〉, 《歷史學報》 109, 7쪽 <표 1>에서 발췌.
101) 崔承熙, 위 책, 116~150쪽 참조.

曹는 臺諫의 활동으로 인해 인사기능의 발휘가 제약되고 위축되었다.

첫째, 세종 15년에 吏判 權軫, 參議 鄭淵은 朴礎를 천거한 일로 피핵되었다.[102]

둘째, 세종 23년에 吏曹 堂上과 郎廳은 權需 등을 陞授한 일로 피핵되었다.[103]

셋째, 예종 즉위년에 吏曹判書 成任과 吏曹參議 李永垠은 李季 손을 超授하였는데, 이 일을 두고 司憲府가 탄핵하려고 하자 避嫌을 청하였다.[104]

넷째, 성종 22년에 史官이 吏判 李克均이 臺諫과 논란하면서 행한 인사를 두고

> 金應箕를 奉正大夫守司憲府執義에 제수하였다. (중략) 史臣이 말하기를 金輝, 金永銖를 연이어 장령에 제수하였는데 모두 대간의 논핵으로 파직되었다. 사람들이 모두 제수가 합당하지 못했다고 하였다. 판서 이극균이 수치스럽게 여기고 또 분노하여 무릇 대간에 제수 할 후보는 반드시 홍문관관에서 뽑았다. 이로 말미암아 김응기는 弘文館直提學(정3) 이었지만 아래 관직인 집의(종3)에 제수 되었다.[105]

라고 기술하였음과 같이 臺諫은, 李克均이 掌令에 제수한 金輝 등이 파직되자 臺諫의 제수논핵을 수치로 여김은 물론 분노하여 弘文館直提學에 재직 중인 金應基를 집의에 降授할 정도로 吏·兵曹의 인사기능을 직접적으로 제약하였다. 특히 위의 사료에 미루어 성종대

---

102) ≪세종실록≫ 권59, 15년 2월 신해.
103) ≪세종실록≫ 권93, 23년 7월 무술.
104) ≪예종실록≫ 권1, 즉위년 10월 병신.
105) ≪성종실록≫ 권254, 22년 6월 임술.

후반에는 臺諫이 吏, 兵曹의 인사기능을 제약하여 위축시키는 경향이 현저하였다고 하겠다.

그리고 이·병조는 물론 호조 등의 공사에 있어서도 세종대에 대간이 판서를 대상으로 전개한 탄핵활동이 이조판서 6회, 호판 2회, 예판 2회, 병판 6회, 형판 4회, 공판 2회나 되었음에서[106) 臺諫은 판서로 대표되는 그 曹의 활동을 제약하고 위축시켰다고 하겠다.

또 朝鮮初期를 통하여 臺諫이 전개한 時政이나 經筵에서의 국정개진에 있어서도 그 활동이 議政府·六曹 기능을 제약하였다는 명확한 예는 찾아지지 않는다. 그러나 臺諫이 다룬 내용이 議政府·六曹의 직장과 관련된 국정이었음에서[107) 臺諫의 시정·경연 등을 통한 언론·정치활동은 議政府·六曹 기능을 제약하는 경향을 띠었다고 추측된다.

다음으로 朝鮮初期에 臺諫이 집요하게 전개한 언론활동에 대한 議政府·六曹의 태도를 살펴본다. 六曹는 臺諫이 전개한 태종 14·15년 閔無疾·閔無恤에 대한 請罪, 세종 6·10년의 세종의 讓寧大君優容 철회요구, 세종 23·30년의 興天寺 舍利閣 停罷 및 內佛堂 건립 중지 요구, 세종 24·25년의 세자섭정에 대한 반대, 문종·단종대의 寫經·佛寺建立 중지요구와 내불당 정파요구, 세조 6년의 臺諫 감원 반대, 성종대의 빈번한 大臣彈劾[108) 등의 계속적이고 집요한 언론에 대해 대개는 이에 반대하였다.[109) 또 이들 臺諫언론에 대한 국왕, 議

---

106) 정두희, 앞 논문, 52~93쪽에서 종합.
107) 崔承熙, 앞 책, 41~42쪽. 權延雄, <朝鮮 成宗朝의 經筵>(≪韓國文化의 諸問題≫, 1982) 및 동기의 ≪조선왕조실록≫에서 종합. 최교수는 동서에서 대간이 자주 거론한 時政으로 田制, 稅制, 儀禮, 科學, 敎育, 軍事, 軍役, 赴役, 奴婢, 土木, 營繕, 救荒, 獄訟, 貨幣 등의 분야를 적기하였는데, 이 모두는 의정부의 기능과 관련되고 육조의 직장으로 규정된 것이었다. 권교수도 대간이 중심이 된 경연이 대소 국정을 광범히 논의하는 '經筵政治'로 이행되었다고 하였는데, 이 때에 다룬 정사도 모두 의정부의 기능 및 육조의 직장과 연관되는 것이었다.
108) 崔承熙, 위 책, 254~309쪽, 鄭杜熙, 위 논문, 15~17쪽에서 종합.

政府의 반응도 대개 六曹와 같았다.

물론 이것은 議政府가 국정을 총괄 및 六曹의 중심 기능이 국정 분장이고 臺諫의 중심 기능이 論事였음에서 야기되는 당연한 귀결이라고도 하겠으나, 臺諫과 議政府·六曹가 상충적 기능을 발휘하였음을 보이는 것이라고 하겠다.

2) 議政府 · 六曹와 弘文館(集賢殿)

議政府·六曹와 集賢殿(세종 2년~세조 2년)이나 弘文館(성종 7년 이후)의 관계는 집현전이나 홍문관이 臺諫과 함께 三司로 통칭되었고, 時政에 참여 및 언론활동을 전개하였던 만큼 議政府·六曹의 기능을 제약하였다고 추측된다. 실제로 弘文館(集賢殿)은 다음의 설명과 같이 국정 전반에 걸쳐 광범하고 활발히 참여하면서 의정부·육조 기능을 제약하는 영향력을 발휘하였다.

첫째, 弘文館(集賢殿)은 朝啓·常參에 참여하여 대소 국정을 논의하였고, 朝啓·常參 이외의 장소에서 행하여지는 政治·時務·立法 등의 논의에 참여하였다.[110]

둘째, 弘文館(集賢殿)은 활동건수에 있어서는 臺諫의 그것에 미치지 못하였으나 集賢殿은 時政·斥佛分野에서 활발한 활동을 전개하였고,[111] 홍문관도 척불은 물론 인사이의·탄핵분야에서 활발한 활동을 전개하였다.[112]

---

109) 한충희, 1987, <朝鮮初期 六曹硏究 添補>, 《大丘史學》 33, 28쪽 참조.

110) 최승희, 1982, <집현전연구> 하, 《역사학보》 33, 43~56쪽, 崔異敦, 1986, 〈成宗代 弘文館의 言官化 過程〉, 《震檀學報》 61, 27~42쪽.

111) 崔承熙, 앞 책, 87~94쪽 참조. 동서에서 세종 2~32년의 31년간에 걸쳐 시정 34회, 척불 33회, 간쟁 14회, 시무조진 6회, 탄핵 2회 등 89회의 활동을 행하였다고 하였다. 대간의 활동건수는 앞쪽 참조.

112) 최이돈, 앞 논문, 27~37쪽 <표 7>에서 성종 9~25년에 걸쳐 척불 53회, 간쟁 47회, 인

셋째, 弘文館은 성종 8~25년에 弘文館官員이 중심이 된 경연운영, 경연에서 행한 광범한 정치논의와 관련되어[113] 국정전반에 큰 영향력을 발휘하였다.

이러한 弘文館(集賢殿)의 언론과 시정활동은 議政府는 물론, 吏·兵曹의 인사기능 등 六曹 기능을 위축시키는 것이었다. 그러나 홍문관의 인사기능 발휘에 있어서는 성종 21년에 성종이 臺諫의 이조탄핵을 두고 "지금 대간이 이조의 죄를 청한 것은 홍문관의 논의를 두려워해서이다"[114] 라고 하였음과 같이 대간이 홍문관의 논란을 피하기 위해 이조를 탄핵한 즉, 臺諫을 통한 간접적인 성격이 강하였다. 또 그 영향력도 臺諫에 비해 미약하였다.

이상에서 議政府·六曹와 臺諫 및 弘文館(集賢殿)의 三司는, 三司는 人事異議·彈劾活動을 통하여 吏·兵曹의 인사기능을 직접적으로 제약하였고, 朝啓·常參 등의 국정참가, 時務條의 개진·時政에 대한 관여와 '經筵政治'에 수반된 활동 등을 통하여 議政府·六曹의 제기능을 간접적으로 제약하였다. 반면에 議政府·六曹는 이러한 삼사의 활동으로 인해 그 기능의 일부가 제약되고 위축되었다. 즉 의정부·육조와 삼사는 그 직장과 활동 상 삼사는 의정부·육조기능을 제약·위축시켰고, 의정부·육조는 삼사의 활동으로 인해 인사업무 등의 독자적인 집행이 제약되고 위축되었다.

사·탄핵 37회, 시무조진 11회 등 총 162건의 활동을 행하였다고 분석하였다.
113) 權延雄, 앞 논문, 62~66·79~87쪽 참조.
114) ≪성종실록≫ 권242, 21년 7월 갑술.

5. 結語

조선초기의 관제를 볼 때 의정부·육조·승정원과 사헌부·사간원·홍문관 등은 그 직장이 명확히 규정되었지만, 실제기능은 왕권·국정운영체계 및 그 구성원의 성분 등과 관련되어 신축되면서 발휘되었다.

議政府는 정종 2년~태종 4년에는 육조를 예속시키면서 국정운영을 주도하였고, 태종 5~13년·세종 18년~단종 2년에는 육조를 지휘하면서 국정운영을 주도하였으며, 태종 14년~세종 17년·세조 1년 이후에는 육조의 정사에 협조하면서 국정을 총괄하였다.

六曹는 정종 2년~태종 4년에는 의정부에 예속되면서 관장사를 집행하였고, 태종 5~13년·세종 18년~단종 2년에는 의정부의 지휘를 받으면서 국정을 분장하였으며, 태종 14년~세종 17년과 세조 1년 이후에는 의정부를 제치고 서무를 분장하면서 국정운영을 주도하였다.

承政院은 조선초기를 통하여 왕명출납을 관장하였고, 재식이 탁월하고 국왕의 신임을 받은 승지가 재직할 때에는 의정부·육조의 기능을 크게 제약하고 위축하는 기능을 발휘하였다.

議政府·六曹는 조선초기를 통하여 최고 국정기관과 서무분장기관으로서의 기능을 발휘하였지만, 때때로 삼사·승정원의 영향력 발휘로 그 기능의 발휘가 다소 제약·위축되었다.

이상에서 議政府 등 국정운영의 중추가 된 直啓衙門은 그 직장, 왕권, 국정운영체계, 구성원의 성분 등과 관련되어 議政府와 六曹, 六曹와 承政院은 상호 협조하면서 국정을 운영하는 경향이 현저하였다. 그러나 議政府·六曹·承政院과 三司는 상호 협조하기도 하나 대개는 갈등하면서 국정을 운영하였다.

□ 참고문헌

1. 史料

≪三國史記≫   ≪九通分類總纂≫

≪高麗史≫   ≪文獻通考≫

≪朝鮮王朝實錄≫   ≪通志≫

≪史記≫   ≪訥齋集≫

≪新唐書≫   ≪保閑齋集≫

≪宋史≫   ≪三峰集≫

≪元史≫   ≪東文選≫

≪明史≫

≪燃藜室記述≫

≪國朝人物考≫

≪新增東國輿地勝覽≫

≪增補文獻備考≫

≪經國大典≫

2. 著書

金松姬, 1998, ≪朝鮮初期 堂上官 兼職制研究≫, 漢陽大學校出版部

金泰永, 1983, ≪朝鮮前期 土地制度史研究≫, 知識產業社

閔賢九, 1983, ≪朝鮮初期의 軍事制度와 政治≫, 韓國研究院

朴龍雲, 1980, ≪高麗時代 臺諫制度研究≫, 一志社

박용운, 2000, ≪高麗時代 尙書省 研究≫, 景仁文化社

邊太燮, 1971, ≪高麗政治制度史研究≫, 一潮閣

李秉休, 1984, ≪朝鮮前期 畿湖士林派研究≫, 一潮閣

李成茂, 1980, ≪朝鮮初期 兩班研究≫, 一潮閣

李樹健, 1989, ≪朝鮮時代 地方行政史≫, 民音社

李存熙, 1990, ≪朝鮮時代 地方行政制度史研究≫, 一志社

鄭杜熙, 1983, ≪朝鮮初期 政治支配勢力研究≫, 一潮閣

車文燮, 1973, ≪朝鮮時代軍制研究≫, 檀國大學校出版部

崔承熙, 1976, ≪朝鮮初期 言官·言論研究≫, 서울대학교 출판부

河炫綱, 1977, ≪高麗 地方制度의 研究≫, 韓國研究院

韓永愚, 1973, ≪鄭道傳思想의 研究≫, 서울대학교 출판부

韓忠熙, 1998, ≪朝鮮初期 六曹와 統治體系≫, 啓明大學校出版部

姜文奎, 1987, ≪中國歷代政制考≫, 國立編譯官

韓佑劤 외, 1986, ≪譯註 經國大典≫ 註釋篇, 韓國精神文化研究院

3. 論文

權延雄, 1982, <世宗朝의 經筵과 儒學>, ≪世宗朝 文化研究≫ 1, 博英社

권연웅, 1982, <朝鮮 成宗朝의 經筵>, ≪韓國文化의 諸問題≫, 時事英語社

金甲周, 1973, <院相制의 成立과 機能>, ≪東國史學≫ 12

金大洙, 1982, <朝鮮初期 承政院-職制와 機能->(경북대학교대학원 석사논문)

金成俊, 1962, <太宗代의 外戚除去에 대하여>, ≪歷史學報≫ 17·18

김성준, 1964, <宗親府考>, ≪史學研究≫ 18

金松姬, 1987, <朝鮮初期의 [提調]制에 관한 研究>, ≪(한양대)韓國學論集≫ 12

金潤坤, 1964, <麗末鮮初의 尙瑞司>, ≪歷史學報≫ 25

金昌鉉, 1986, <朝鮮初期 承旨에 관한 一研究-承旨의 銓注機能과 任用實態를 중심으로->, ≪韓國學論集≫ 10

南智大, 1980, <朝鮮初期의 經筵制度>, ≪韓國史論≫ 6

남지대, 1994, <朝鮮初期 禮遇衙門의 成立과 整備>, ≪東洋學≫ 24, 檀國大學校 東洋學研究所

閔賢九, 1983, <朝鮮初期 軍令·軍政機關의 整備>, ≪朝鮮初期의 軍事制度와 政治≫, 韓國研究院

朴秉濠, 1974, <經國大典의 編纂과 頒行>, ≪한국사≫ 9, 국사편찬위원회

朴龍雲, 1976, <高麗의 中樞院研究>, ≪韓國史研究≫ 12

邊太燮, 1971, <高麗都堂考>, ≪高麗政治制度史研究≫, 一潮閣

변태섭, 1976, <高麗의 中樞院>, ≪震檀學報≫ 41

변태섭, 1981, <高麗時代 中央政治機構의 行政體系>, ≪高麗政治制度史研究≫, 一潮閣

宋炳基, 1974, <東北·西北界의 收復>, ≪한국사≫ 9, 국사편찬위원회

申奭鎬, 1944, <朝鮮成宗時代의 新舊對立>, ≪近代朝鮮史研究≫

吳宗祿, 1985, <朝鮮初期 兵馬節度使制의 成立과 運用>, ≪震檀學報≫ 59

元永煥, 1981, <漢城府研究(1)-行政制度와 管轄區域을 중심으로->, ≪향토서울≫ 39

尹熏杓, 1993, <朝鮮初期 別侍衛研究>, ≪國史館論叢≫ 43

李光麟, 1967, <提調制度 研究>, ≪東方學志≫ 8

李大淑, 1983, <三軍府 設置와 變遷에 대한 研究>, ≪學藝誌≫ 3

李相佰, 1962, <朝鮮王朝의 政治的 構造>, ≪韓國史≫ 근세전기편,

乙酉文化社

이상백, 1964, <賤者隨母考>, ≪震檀學報≫ 25~27합호

이상백, 1978, <鄭道傳論>, ≪李相佰著作集≫ 권1, 乙酉文化社

李相寯, 1977, <捕盜廳의 設置에 관한 고찰>, ≪歷史學研究≫ 7

李成茂, 1973, <15世紀 兩班論>, ≪創作과 批評≫ 8

李樹健, 1969, <朝鮮 太宗朝에 있어서의 對奴婢施策>, ≪大丘史學≫ 1

李載浩, 1963, <李朝 臺諫의 機能의 變遷>, ≪釜山大論文集≫ 4

李鉉淙, 1974, <對明關係>, ≪한국사≫ 9, 국사편찬위원회

이현종, 1974, <女眞關係>, ≪한국사≫ 9, 국사편찬위원회

李弘烈, 1960, <臺諫制度의 法制史的 考察>, ≪史叢≫ 5

李熙鳳, 1970, <韓國法制史>, ≪韓國文化史大系≫ 2, 고려대학교출판부

張炳仁, 1984, <朝鮮初期 兵馬節度使>, ≪韓國學報≫ 34

全海宗, 1964, <承政院考>, ≪震檀學報≫ 25~27합호

鄭杜熙, 1980, <三峰集에 나타난 鄭道傳의 兵制改革案의 性格>, ≪震檀學報≫ 50

정두희, 1986, <朝鮮 成宗代 臺諫의 彈劾活動>, ≪歷史學報≫ 109

정두희, 1989, <朝鮮建國初期 統治體制의 成立過程과 그 歷史的意義>, ≪韓國史研究≫ 67

車文燮, 1964, <鮮初의 內禁衛에 대하여>, ≪史學研究≫ 18

차문섭, 1967, <鮮初의 忠義·忠贊·忠順衛>, ≪史學研究≫ 19

차문섭, 1974, <軍事組織>, ≪한국사≫ 10, 국사편찬위원회

차문섭, 1974, <政治構造>, ≪한국사≫ 10, 국사편찬위원회

千寬宇, 1962, <朝鮮初期 五衛의 形成>, ≪歷史學報≫ 17·18합호

崔承熙, 1967, 1968, <集賢殿研究> 상, 하, ≪歷史學報≫ 32, 33

최승희, 1970, <弘文館의 成立經緯>, ≪韓國史研究≫ 5

최승희, 1974, <양반유교정치의 진전>, ≪한국사≫ 9

최승희, 1985, <朝鮮時代 兩班의 代加制>, ≪震檀學報≫ 60

최승희, 1987, <朝鮮 太祖의 王權과 政治運營>, ≪震檀學報≫ 64

崔異敦, 1996, <成宗代 弘文館의 言官化 過程>, ≪震檀學報≫ 61

韓永愚, 1969, <太宗·世宗朝의 對私田施策>, ≪韓國史研究≫ 3

한영우, 1973, <王權의 確立과 制度의 完成>, ≪한국사≫ 9, 국사편찬위원회

한영우, 1974, <朝鮮王朝의 政治·經濟基盤>, ≪한국사≫ 9, 국사편찬위원회

한영우, 1983, <朝鮮建國의 政治·經濟基盤>, ≪朝鮮前期 社會經濟研究≫, 乙酉文化社

韓沽劤, 1961, <麗末鮮初 巡軍研究>, ≪震檀學報≫ 22

한우근, 1966, <勳官檢校考>, ≪震檀學報≫ 29·30합호

韓忠熙, 1980, 1981, <朝鮮初期 議政府研究>, 상, 하, ≪韓國史研究≫ 31, 32

한충희, 1981, <朝鮮初期 六曹研究-制度의 確立과 實際機能을 중심으로->, ≪大丘史學≫ 20·21합

한충희, 1983, <朝鮮初期 六曹屬衙門의 行政體系에 대하여>, ≪(계명대)韓國學論集≫ 10

한충희, 1984, <朝鮮初期 判六曹事研究>, ≪제27회 전국역사학대회 발표요지≫

한충희, 1985, <朝鮮 世祖~成宗代의 加資濫發에 대하여>, ≪韓國學論集≫ 12

한충희, 1985, <朝鮮初期 判吏·兵曹事研究>, ≪韓國學論集≫ 11

한충희, 1987, <朝鮮初期 承政院研究>, ≪韓國史研究≫ 59

한충희, 1987, <朝鮮初期 六曹研究添補>, ≪大丘史學≫ 33

한충희, 1991, <朝鮮前期(太祖~宣祖 24년)의 權力構造研究-議政府·六曹·承政院을 중심으로->, ≪國史館論叢≫ 30

한충희, 1994, <관직과 관계>, ≪한국사≫ 23, 국사편찬위원회

한충희, 1994, <정치구조의 정비와 정치기구>, ≪한국사≫ 23, 국사
　　　편찬위원회

한충희, 1994, <朝鮮初(太祖 2년~太宗 1년) 義興三軍府研究>, ≪啓
　　　明史學≫ 5

한충희, 1998, <朝鮮 世祖代(1455~1468)의 內宗親에 대하여>, ≪慶
　　　北史學≫21

한충희, 2000, <朝鮮 太宗代(定宗 2년~世宗 4년) 摠制研究>, ≪李
　　　樹健敎授停年紀念 韓國中世史論叢≫, 논총간행위원회

한충희, 2001, <중앙 관부의 구성과 기능>, ≪世宗文化史大系≫ 3,
　　　세종대왕기념사업회

한충희, 2001, <중앙 정치 기구의 정비>, 위 책

한충희, 2004, <朝鮮初期 道制와 郡縣制 整備>, ≪啓明史學≫ 15

한충희, 2005, <朝鮮初期 承政院注書小考>, ≪大丘史學≫ 78

麻生武龜, 1923, <朝鮮中央及地方制度沿革史>, ≪朝鮮史講座≫ 분
　　　류사, 朝鮮總督府

末松保和, 1956, <朝鮮議政府攷>, ≪朝鮮學報≫ 9

□ 색인

조선 초기 관아연구

인쇄일 초판 1쇄 2007년 06월 15일
       2쇄 2015년 04월 15일
발행일 초판 1쇄 2007년 07월 10일
       2쇄 2015년 04월 25일

지은이 한 충 희
발행인 정 찬 용
발행처 **국학자료원**
등록일 2006 11 02 , 제 324-2006-0041호

서울시 강동구 성내동 447-11 2층
Tel : 442-4623~4 Fax : 6499-3082
E- mail : kookhak2001@hanmail.net
ISBN 978-89-6137-251-0
가 격 28,000원